자바 프로그래밍에 빠져들게 하는 재미있고 쉬운 해설서

명품

황기태 지음

명품 자바 에센셜
명품 JAVA Programming *Light* Version

생능출판

저자 소개

황기태

현 한성대학교 컴퓨터공학부 교수
서울대학교 컴퓨터공학과 박사
서울대학교 컴퓨터공학과 석사
서울대학교 컴퓨터공학과 학사
비트교육센터 센터장
IBM Watson Research Center 방문 연구원
University of California, Irvine 방문 교수
University of Florida 방문 교수

저서

비트프로젝트1, 2(1994, 비아이티출판)
어드밴스 윈도우 NT(1996, 대림출판사, 번역)
자바스크립트 웹프로그래밍(2000, 대림출판사)
DHTML+자바스크립트(2003, 대림출판사)
명품 C++ Programming(개정판, 2018, (주)생능출판사)
명품 JAVA Programming(개정4판, 2018, (주)생능출판사)
명품 운영체제(2021, (주)생능출판사)
명품 HTLM5+CSS3+Javascript 웹 프로그래밍(개정판, 2022, (주)생능출판사)

명품 자바 에센셜

초판발행 2014년 11월 25일
제2판6쇄 2024년 2월 16일

지은이 황기태
펴낸이 김승기
펴낸곳 (주)생능출판사 / **주소** 경기도 파주시 광인사길 143
출판사 등록일 2005년 1월 21일 / **신고번호** 제406-2005-000002호
대표전화 (031)955-0761 / **팩스** (031)955-0768
홈페이지 www.booksr.co.kr

책임편집 신성민 / **편집** 이종무, 최동진 / **디자인** 유준범, 노유안
마케팅 최복락, 김민수, 심수경, 차종필, 백수정, 송성환, 최태웅, 명하나, 김민정
인쇄 · 제본 (주)상지사P&B

ISBN 978-89-7050-956-3 93000
정가 28,000원

– 본 연구는 한성대학교 교내 학술연구비를 지원받았음 –

《명품 자바 에센셜》 개정판을 출간하며

2014년 11월에 초판을 낸 후 지금까지 자바 에센셜을 사용해 주신 교수님들과 독자들에게 감사를 드립니다. 그동안 윈도우 운영체제가 바뀌고, 자바 언어와 플랫폼에도 여러 변화들이 있어 왔습니다. Java 7, 8을 지나면서 자바 언어에 새로운 기능들이 추가되었고 2017년 9월 Java 9에서는 모듈화(modularity)를 도입하는 획기적인 변화가 있었으며, 급기야 2018년 3월에는 Java 10이 출시되었습니다. 저자는 초판 이후 자바의 변화한 부분 중에서 꼭 알아야 하는 부분만 간략히 개정판에 반영하였습니다. 개정 내용은 간단히 다음과 같습니다.

1. 1장과 6장에 모듈의 개념을 언급하고, Java 9부터는 자바 API와 플랫폼이 모두 모듈화되었기 때문에 6.4절을 추가하여 모듈 개념, 모듈 기반 자바 실행 환경, 모듈화의 목적을 간략히 소개하였습니다. 모듈 프로그래밍은 어려운 내용이므로 홈페이지에서 자료로만 준비하였습니다.
2. 2.3절에 var 키워드로 변수 타입을 추론하는 기능(Java 10)에 대한 설명과 예제를 추가하였습니다.
3. 5장 인터페이스 부분을 수정하였습니다. Java 8, 9를 거치면서 인터페이스의 정의가 바뀌었습니다.
4. 6.7절 Wrapper 클래스 부분을 갱신하였습니다. Java 9부터는 Wrapper 객체를 생성자와 new 연산자를 사용하는 방법이 폐기되었기 때문입니다.
5. 실습문제를 추가하였습니다.
6. 소스 코드는 모두 JDK 10에서 이클립스 Oxygen4.7.3a 버전의 프로젝트로 만들었습니다.

본문에 넣기에 다소 어려운 내용은 홈페이지에서 제공합니다.

1. 자바의 람다식 기초.pdf 자바로 람다식을 만드는 기초를 설명합니다.
2. 이클립스로 모듈 만들기.pdf 모듈을 만드는 과정을 간단히 작성하였습니다.
3. jlink로 응용프로그램 맞춤형 실행 환경 만들기.pdf 커스텀 JRE를 만드는 사례를 소개하고, 크기와 실행 시간 메모리의 성능이 향상됨을 보였습니다.

머리말

자바 언어가 세상을 지배하는 영역은 상상을 초월합니다.

3 Billion Devices Run Java!

ATM, 스마트카드, POS 터미널, 블루레이 플레이어, 셋톱박스, 복합기 프린터, PC, 서버, 라우터, 스위치, 파킹미터, 복권 추첨 시스템, 비행기 시스템, IOT 게이트웨이, PLC, 각종 광학 센서, 무선 M2M 모듈, 접근 제어 시스템, 의학용 장비, 빌딩 제어기, 자동차 제어 시스템 등, 작은 임베디드 시스템에서 네트워크 장치, PC, 서버 컴퓨터에 이르기까지, 자바 언어가 사용되는 장치의 크기와 응용 범위는 참으로 다양합니다. 그래서 자바는 세계에서 가장 많이 사용되는 언어로 평가되며, 자바 프로그래밍을 잘하면 소프트웨어 분야 취업에 절대적으로 유리한 고지를 점령할 수 있습니다.

그러면 자바 언어에 입문하여 멋진 개발자가 되고자 하는 학생들이 최소한 알아야 하는 자바의 기초는 무엇일까요? 자바를 안다고 하면 적어도 다음 내용들을 알아야 합니다.

- 기본 자바 언어
- 표준 패키지 활용
- 컬렉션과 제네릭 활용
- 스윙 GUI 프로그래밍
- 스레드에 대한 기초 프로그래밍

한 학기에 배우는 《명품 자바 에센셜》

《명품 자바 에센셜》은 한 학기에 자바의 기초를 습득할 수 있도록 작성된 책입니다. 자바 언어에 대한 쉬운 설명과 의미 있는 예제를 도입하여 이론이 프로그래밍으로 이어지게 하고, 이해도 높은 삽화와 그림으로 본문에 쉽게 몰입할 수 있도록 하였습니다. 그러므로 이 책은 소프트웨어 전공 학생뿐 아니라, 공학의 비전공 학생들이나, 짧은 시간에 자바 프로그래밍의 핵심을 쉽게 이해하고 프로그래밍 기초를 확립하고자 하는 다양한 부류의 학습자들에게 적합합니다. 예제 소스, Open Challenge, 공개된 실습 문제의 정답 소스는 홈페이지(www.booksr.co.kr)에서 제공합니다.

자바, 왜 진정한 강자인가?

많은 기업이나 개발자들은 응용프로그램을 개발할 때 어떤 언어를 사용할지 고심합니다. C, C++, C#, 자바? 어떤 언어가 좋을까? 언어마다 그 나름대로의 장점과 단점이 있습니다. C 언어로 작성하면 실행 속도가 빠르긴 한데, 코드 길이나 파일 개수가 많아지면 프로젝트의 관리가 어렵고, 다루기 힘든 포인터의 사용이 부담스럽고, 동적 메모리를 할당받고 되돌려 주는 메모리 관리 등을 생각하면, C 언어의 사용을 주저하게 됩니다.

C++의 경우 객체 지향 구조로 코드 관리가 유용하지만 여전히 포인터의 사용과 동적 메모리 관리가 두렵습니다. 또한 C/C++는 실행 파일의 호환성이 없어서, 운영체제나 CPU마다 별도로 컴파일하여 실행 파일을 배포해야 합니다. 특히 GUI 응용프로그램을 작성하게 되면 더 심각해집니다. GUI 라이브러리는 운영체제나 컴파일러마다 완전히 다르기 때문에 실행되는 시스템마다 GUI 부분을 완전히 다시 작성해야 하는 부담이 매우 큽니다.

C#은 자바와 매우 유사한 언어와 실행 환경을 가지지만, 여전히 자바보다 활용률이 떨어집니다. 자바의 경우는 어떠할까요? 자바에는 포인터가 없습니다. 메모리를 할당받으면 되돌려줄 필요도 없습니다. 자바 플랫폼이 알아서 척척 메모리를 수거해 갑니다. 객체 지향 구조로 인해 소스 코드 관리가 쉽고 소프트웨어의 생산성이 높습니다. 무엇보다도 CPU나 운영체제에 대한 의존성이 없어서, 한 번 작성한 자바 프로그램은 어떤 컴퓨터, 어떤 운영체제에서도 실행됩니다.

```
Write Once Run Anywhere!
```

GUI 응용프로그램 개발 시 플랫폼 독립성은 더욱 큰 의미를 가집니다. 자바의 스윙 라이브러리로 작성된 GUI 자바 프로그램은 어떤 컴퓨터, 어떤 운영체제에서도 동일하게 작동합니다. C/C++ 언어와 GTK, X-Window, MFC, OWL, 윈도우즈 API 등 다양한 GUI 라이브러리로 GUI 프로그램을 개발해본 경험에 의하면, 자바의 스윙은 컴포넌트가 다양하고 정말로 배우기 쉬운 GUI 라이브러리입니다. 그래서 자바가 진정한 강자입니다.

감사의 인사

이 책의 탄생에 있어 책의 구성과 난이도, 디자인에 도움을 주신 이찬수 교수님, 지상현 교수님, 김효용 교수님, 그리고 소스 코드 정리를 도와준 김태완 학생에게도 감사드립니다. 항상 위로와 쉼이 되는 가족에게 감사합니다. 그러나 모든 것이 하나님의 은혜임을 알고 감사드립니다.

2018년 7월
황기태

이 책의 구성과 강의 계획

이 책은 C 언어나 다른 언어의 기초를 배운 학생을 대상으로 저술되었으며, 한 학기 강의에 맞추어 14장으로 구성하였습니다. 처음으로 프로그래밍 언어를 배우는 학생은 조금 어려울 수 있지만, 차분히 따라오면 학습이 가능합니다.

A. 완성형 강의 계획

- 가능한 모든 장을 강의하는 계획입니다.
- C 언어에 대한 전반적인 이해가 있는 경우 2, 3장을 한 주에 강의합니다. 2장에서 변수, 연산자, 조건문, 반복문은 간단히 다루고, main(), boolean, 레퍼런스, Scanner를 이용한 키 입력, switch의 case 값 등 특정 부분만 점검하고 넘어가면 됩니다. 3장의 배열부터 시간을 할애합니다.

주	강의 제목	강의 내용 및 목표
1	1장 자바 시작	자바 언어와 플랫폼에 대한 전반적인 이해. 이클립스를 이용한 자바 프로그램 개발
2	2장 자바 기본 프로그래밍	자바 프로그램의 기본 구조 이해. 화면 출력 및 키 입력 방법 습득
	3장 반복문과 배열 그리고 예외 처리	자바의 반복문을 이해하고, 자바의 독특한 배열의 구조를 알고 활용하기. 자바의 기초적인 예외 처리
3~5	4장 클래스와 객체	자바 클래스 작성, 객체와 객체 배열 생성. 객체 소멸과 가비지 컬렉션. static과 final
	5장 상속	상속의 개념 이해와 서브 클래스 작성. 오버라이딩과 동적 바인딩. 추상 클래스와 인터페이스 다루기
6	6장 모듈과 패키지 개념, 자바 패키지 활용	자바 패키지에 대한 개념을 이해하고 사용자 패키지 만들기. 자바의 다양한 패키지 다루기
7	7장 컬렉션과 제네릭	컬렉션과 제네릭의 개념을 이해하고, 컬렉션을 활용한 프로그램 작성
8	중간고사	
9	8장 자바 GUI 스윙 기초	자바 스윙을 이용한 GUI 프로그래밍의 기초를 이해하고 스윙 프로그램 작성
10	9장 자바의 이벤트 처리	자바의 이벤트 기반 프로그래밍을 이해하고, 이벤트 리스너 작성. 스윙으로 키보드와 마우스 다루기
11	10장 스윙 컴포넌트 활용	다양한 스윙 컴포넌트를 활용하여 GUI 프로그램 작성
12	12장 자바 스레드 기초	자바 스레드, 멀티스레드, 스레드 동기화에 대한 기초 개념을 이해하고, 스레드 작성
13	13장 입출력 스트림과 파일 입출력	자바의 표준 입출력 스트림의 개념을 이해하고, 텍스트, 바이너리 파일 입출력 프로그램 작성
14	자바 소켓 프로그래밍	소켓을 이용한 자바 통신 프로그램 작성
15	기말고사	
보강	11장 그래픽	선, 원, 이미지 그리기 등 스윙 그래픽을 이해하고 그래픽을 활용한 스윙 프로그램 작성

B. 기초형 강의 계획

- 천천히 강의하면서, 자바의 기초를 다지는데 초점을 두는 강의 계획입니다.
- 14주차에 조금 서두르면 11장 그래픽과 12장 자바 스레드 기초(동기화 부분 제외)를 한 주에 강의할 수 있습니다.

주	강의 제목	강의 내용 및 목표
1	1장 자바 시작	자바 언어와 플랫폼에 대한 전반적인 이해. 이클립스를 이용한 자바 프로그램 개발
2	2장 자바 기본 프로그래밍	자바 프로그램의 기본 구조 이해. 화면 출력 및 키 입력 방법 습득
3	3장 반복문과 배열 그리고 예외 처리	자바의 반복문을 이해하고, 자바의 독특한 배열의 구조를 알고 활용하기. 자바의 기초적인 예외 처리
4	4장 클래스와 객체(4.1~4.4)	자바 클래스 작성, 객체와 객체 배열 생성
5	4장 클래스와 객체(4.5~4.9)	객체 소멸과 가비지 컬렉션. static과 final
6	5장 상속(5.1~5.4)	상속의 개념 이해와 서브 클래스 작성
7	5장 상속(5.5~5.8)	오버라이딩과 동적 바인딩. 추상 클래스와 인터페이스 다루기
8		중간고사
9	6장 모듈과 패키지 개념, 자바 패키지 활용	자바 패키지에 대한 개념을 이해하고 사용자 패키지 만들기. 자바의 다양한 패키지 다루기
10	7장 컬렉션과 제네릭	컬렉션과 제네릭의 개념을 이해하고, 컬렉션을 활용한 프로그램 작성
11	8장 자바 GUI 스윙 기초	자바 스윙을 이용한 GUI 프로그래밍의 기초를 이해하고 스윙 프로그램 작성
12	9장 자바의 이벤트 처리	자바의 이벤트 기반 프로그래밍을 이해하고, 이벤트 리스너 작성. 스윙으로 키보드와 마우스 다루기
13	10장 스윙 컴포넌트 활용	다양한 스윙 컴포넌트를 활용하여 GUI 프로그램 작성
14	12장 자바 스레드 기초	자바 스레드, 멀티스레드, 스레드 동기화에 대한 기초 개념을 이해하고, 스레드 작성
15		기말고사
보강	11장 그래픽	선, 원, 이미지 그리기 등 스윙 그래픽을 활용한 스윙 프로그램 작성

이 책의 특징

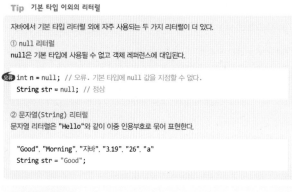

잠깐!
지나치기 쉬운 내용들을 환기시키기 위해 주의 사항 등을 설명하였습니다.

Tip 기본 타입 이외의 리터럴

자바에서 기본 타입 리터럴 외에 자주 사용되는 두 가지 리터럴이 더 있다.

① null 리터럴
null은 기본 타입에 사용될 수 없고 객체 레퍼런스에 대입된다.

```
오류  int n = null;  // 오류. 기본 타입에 null 값을 지정할 수 없다.
     String str = null;  // 정상
```

② 문자열(String) 리터럴
문자열 리터럴은 **"Hello"**와 같이 이중 인용부호로 묶어 표현한다.

```
"Good", "Morning", "자바", "3.19", "26", "a"
String str = "Good";
```

Tip
학습한 내용의 보충 설명이나 참고 사항 등을 정리하였습니다.

CHECK TIME

1 자바에서 클래스 바깥에 선언될 수 있는 것은?
① 변수 ② 상수 ③ 메소드 ④ 전역변수 ⑤ ①~④ 모두 가능 ⑥ ①~④ 모두 불가

2 다음 main() 메소드 선언에서 잘못된 것은?
```
static void main(String[] args) {
}
```

3 화면에 "Hi"를 출력하는 클래스 Hi를 작성하라.

CHECK TIME
배운 내용을 점검하기 위해 단답형 문제를 제시하였습니다.

요약 SUMMARY

○ **컴퓨터와 프로그래밍**
- 프로그램 또는 ⓐ _____는 컴퓨터가 이해하고 처리할 수 있는 일련의 명령들이다.
- 소스 파일을 컴퓨터가 이해할 수 있는 기계어로 변환하는 것을 ⓑ _____이라 한다.
- 자바 소스 파일의 확장자는 ⓒ _____이고 컴파일된 코드의 확장자는 ⓓ _____이다.

○ **자바의 출현과 WORA**
- 자바는 **1991**년 선마이크로시스템즈(현재 오라클)의 제임스 고슬링에 의해 개발되기 시작하여 **1995**년에 발표되었으며, 다양한 플랫폼과 적은 량의 메모리를 갖는 가전제품을 위해 플랫폼 독립적이고 적은 메모리에서도 실행 가능한 언어로 개발되었다.
- C/C++ 등 기존 언어로 개발된 프로그램은 컴파일된 플랫폼에서만 실행되므로 ⓔ _____이다.
- 자바는 한 번 작성하면 하드웨어나 운영체제에 관계없이 실행되는 플랫폼 독립적인 언어이며 시스템이다. 이런 자바의 특징을 ⓕ _____라고 부른다.

요약
주요 용어를 중심으로 배운 내용을 요약하였습니다. 빈칸 채우기를 통하여 용어를 다시 한 번 확인할 수 있습니다.

Open Challenge

프로젝트 문제로 그 장에서 학습한 내용을 응용하여 프로그램을 작성할 수 있도록 하였습니다.

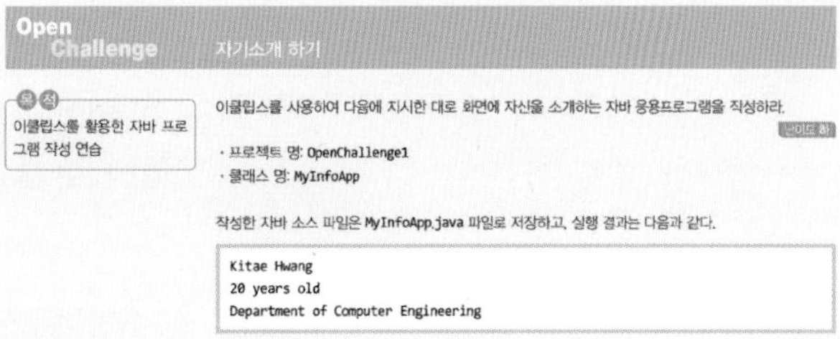

Open Challenge 자기소개 하기

목적: 이클립스를 활용한 자바 프로그램 작성 연습

이클립스를 사용하여 다음에 지시한 대로 화면에 자신을 소개하는 자바 응용프로그램을 작성하라.

난이도 하

- 프로젝트 명: OpenChallenge1
- 클래스 명: MyInfoApp

작성한 자바 소스 파일은 MyInfoApp.java 파일로 저장하고, 실행 결과는 다음과 같다.

```
Kitae Hwang
20 years old
Department of Computer Engineering
```

연습문제

배운 내용을 정확히 이해하고 있는지 스스로 검토할 수 있는 '이론 문제'와 이론을 바탕으로 실전 응용프로그램을 작성하도록 하는 '실습 문제'를 수록하였습니다. 실습 문제는 난이도별로 구성하여 단계별로 학습할 수 있습니다.

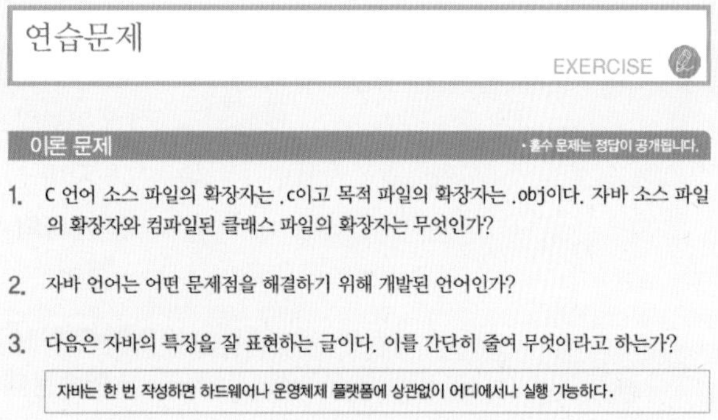

연습문제 EXERCISE

이론 문제 • 홀수 문제는 정답이 공개됩니다.

1. C 언어 소스 파일의 확장자는 .c이고 목적 파일의 확장자는 .obj이다. 자바 소스 파일의 확장자와 컴파일된 클래스 파일의 확장자는 무엇인가?
2. 자바 언어는 어떤 문제점을 해결하기 위해 개발된 언어인가?
3. 다음은 자바의 특징을 잘 표현하는 글이다. 이를 간단히 줄여 무엇이라고 하는가?

자바는 한 번 작성하면 하드웨어나 운영체제 플랫폼에 상관없이 어디에서나 실행 가능하다.

본문을 쉽게 이해하도록 돕는 그림과 삽화

내용을 쉽게 이해하고 재미를 더해주는 그림과 삽화를 다양하게 사용하였습니다.

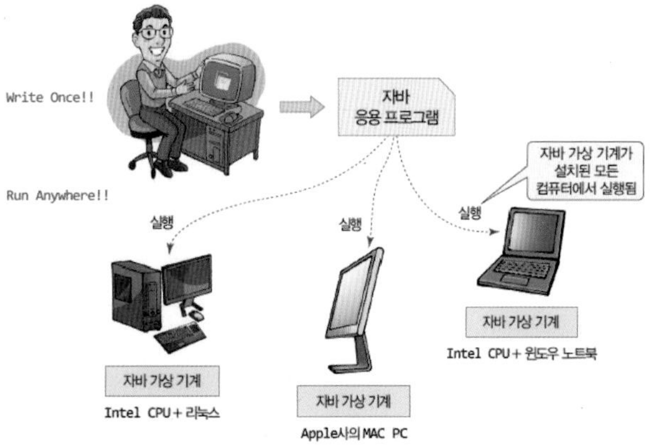

Write Once!!
자바
응용 프로그램
Run Anywhere!!
자바 가상 기계가
설치된 모든
컴퓨터에서 실행됨
실행
실행
실행
자바 가상 기계
Intel CPU + 리눅스
자바 가상 기계
Apple사의 MAC PC
자바 가상 기계
Intel CPU + 윈도우 노트북

차 례

머리말 4

이 책의 구성과 강의 계획 6

이 책의 특징 8

CHAPTER 01 **자바 시작**

1.1 컴퓨터와 프로그래밍 18

1.2 자바의 출현과 WORA 21

1.3 개발 도구와 자바 플랫폼 26

1.4 자바 프로그램 개발 과정 31

1.5 이클립스를 이용한 자바 프로그램 개발 33

1.6 자바 응용프로그램의 종류 39

1.7 자바의 특징 41

● 요약 44

● Open Challenge 45

● 연습문제 46

CHAPTER 02 **자바 기본 프로그래밍**

2.1 자바 프로그램의 구조 50

2.2 식별자 53

2.3 자바의 데이터 타입 54

2.4 자바의 키 입력 62

2.5 연산자 66

2.6 조건문 76

● 요약 83

● Open Challenge 84

● 연습문제 85

CHAPTER 03　반복문과 배열 그리고 예외 처리

3.1 반복문　　　　　　　　　　　　　　　　92
3.2 continue 문과 break 문　　　　　　　　97
3.3 자바의 배열　　　　　　　　　　　　　101
3.4 다차원 배열　　　　　　　　　　　　　110
3.5 메소드의 배열 리턴　　　　　　　　　　112
3.6 자바의 예외 처리　　　　　　　　　　　114
● 요약　　　　　　　　　　　　　　　　120
● Open Challenge　　　　　　　　　　121
● 연습문제　　　　　　　　　　　　　　123

CHAPTER 04　클래스와 객체

4.1 객체 지향과 자바　　　　　　　　　　　132
4.2 자바 클래스 만들기　　　　　　　　　　139
4.3 생성자　　　　　　　　　　　　　　　144
4.4 객체 배열　　　　　　　　　　　　　　153
4.5 메소드 활용과 객체 치환　　　　　　　　157
4.6 객체의 소멸과 가비지 컬렉션　　　　　　164
4.7 접근 지정자　　　　　　　　　　　　　167
4.8 static 멤버　　　　　　　　　　　　172
4.9 final　　　　　　　　　　　　　　176
● 요약　　　　　　　　　　　　　　　　178
● Open Challenge　　　　　　　　　　179
● 연습문제　　　　　　　　　　　　　　180

CHAPTER 05　상속

5.1 상속의 개념　　　　　　　　　　　　　190
5.2 클래스 상속과 객체　　　　　　　　　　192
5.3 protected 접근 지정　　　　　　　　196

CONTENTS

11

5.4 상속과 생성자 198

5.5 업캐스팅과 instanceof 연산자 204

5.6 메소드 오버라이딩 210

5.7 추상 클래스 218

5.8 인터페이스 222

● 요약 227

● Open Challenge 228

● 연습문제 230

CHAPTER 06 모듈과 패키지 개념, 자바 패키지 활용

6.1 패키지 240

6.2 패키지 만들기 243

6.3 모듈 개념 253

6.4 자바 JDK에서 제공하는 패키지 256

6.5 Object 클래스 257

6.6 Wrapper 클래스 262

6.7 String과 StringBuffer 클래스 266

6.8 StringTokenizer 클래스 270

6.9 Math 클래스 272

● 요약 274

● Open Challenge 275

● 연습문제 277

CHAPTER 07 컬렉션과 제네릭

7.1 컬렉션과 제네릭 개념 286

7.2 제네릭 컬렉션 활용 290

7.3 제네릭 만들기 310

● 요약 312

● Open Challenge 313

● 연습문제 314

CHAPTER 08 　자바 GUI 스윙 기초

8.1 자바의 GUI   322
8.2 자바 GUI 패키지   324
8.3 스윙 GUI 프로그램 만들기   326
8.4 컨테이너(Container)와 배치(Layout)   333
8.5 FlowLayout 배치관리자   337
8.6 BorderLayout 배치관리자   339
8.7 GridLayout 배치관리자   341
8.8 배치관리자 없는 컨테이너   343
● 요약   346
● Open Challenge   347
● 연습문제   348

CHAPTER 09 　자바의 이벤트 처리

9.1 이벤트 기반 GUI 프로그래밍   354
9.2 이벤트 객체   356
9.3 사용자 이벤트 리스너 작성   359
9.4 어댑터(Adapter) 클래스   367
9.5 Key 이벤트와 KeyListener   370
9.6 Mouse 이벤트와 MouseListener, MouseMotionListener   376
● 요약   381
● Open Challenge   382
● 연습문제   383

CHAPTER 10 　스윙 컴포넌트 활용

10.1 스윙 컴포넌트 소개   392
10.2 JLabel로 문자열과 이미지 출력   395
10.3 JButton으로 버튼 만들기   397
10.4 JCheckBox로 체크박스 만들기   400

10.5 JRadioButton으로 라디오버튼 만들기   405

10.6 JTextField로 한 줄 입력 창 만들기   408

10.7 JTextArea로 여러 줄의 입력 창 만들기   410

10.8 JList〈E〉로 리스트 만들기   412

10.9 JComboBox〈E〉로 콤보박스 만들기   414

10.10 메뉴 만들기   416

10.11 팝업 다이얼로그   421

● 요약   427

● Open Challenge   428

● 연습문제   429

CHAPTER 11   그래픽

11.1 스윙 컴포넌트 그리기   438

11.2 Graphics   442

11.3 도형 그리기와 칠하기   446

11.4 이미지 그리기   451

11.5 repaint()와 그래픽 응용   456

● 요약   460

● Open Challenge   461

● 연습문제   462

CHAPTER 12   자바 스레드 기초

12.1 멀티태스킹   468

12.2 자바 스레드 만들기   473

12.3 스레드 종료   481

12.4 스레드 동기화   484

● 요약   492

● Open Challenge   493

● 연습문제   494

CHAPTER 13 입출력 스트림과 파일 입출력

13.1 자바의 입출력 스트림   500
13.2 문자 스트림과 텍스트 파일 입출력   504
13.3 바이트 스트림과 바이너리 파일 입출력   510
13.4 File 클래스   515
13.5 파일 복사 응용프로그램 작성   519
● 요약   523
● Open Challenge   524
● 연습문제   525

CHAPTER 14 자바 소켓 프로그래밍

14.1 TCP/IP 기초   532
14.2 소켓 프로그래밍   535
14.3 서버-클라이언트 채팅 프로그램 만들기   544
14.4 수식 계산 서버-클라이언트 만들기 실습   550
● 요약   555
● Open Challenge   556
● 연습문제   557

● CHECK TIME 정답   564
● 찾아보기   570

C O N T E N T S

01

자바 시작

1.1 컴퓨터와 프로그래밍

1.2 자바의 출현과 WORA

1.3 개발 도구와 자바 플랫폼

1.4 자바 프로그램 개발 과정

1.5 이클립스를 이용한 자바 프로그램 개발

1.6 자바 응용프로그램의 종류

1.7 자바의 특징

CHAPTER 01

자바 시작

1.1 컴퓨터와 프로그래밍

컴퓨터와 소프트웨어

컴퓨터
프로그래머
소프트웨어

컴퓨터는 [그림 1-1]과 같이 요리 순서와 재료를 주면, 요리를 만들어내는 만능 요리 기계와 유사하게, 어떤 소프트웨어 혹은 프로그램도 처리할 수 있는 만능 기계이다. 프로그래머가 소프트웨어를 개발하는 것은 요리 설계사가 요리를 개발하여 요리 순서를 작성하는 것과 같다.

컴퓨터는 중앙처리장치(CPU)와 메모리, 그리고 키보드, 마우스, 스크린과 같은 입출력 장치를 갖추고, 어떤 종류의 소프트웨어든 처리한다. 컴퓨터는 프로그램 개발자의 손에 의해 게임기로, 문서 편집기로, 장난감으로, 통계 처리 장치로, 검색 도구로, 이미지 처리기로, 음악 감상기로 변신한다.

[그림 1-1] 만능 요리 기계와 컴퓨터

프로그래밍 언어

프로그래밍 언어는 컴퓨터가 실행할 프로그램을 작성하기 위한 언어이다. 컴퓨터의 CPU는 이진수(binary code)인 0과 1밖에 이해하지 못하며 이진수 명령어들로 구성된 언어를 기계어(machine language)라고 한다. 사람이 직접 이진수의 기계어로 프로그램을 작성하는 것은 매우 어렵기 때문에, 기계어의 각 명령을 ADD, SUB, MOVE 등 가급적 표현하기 쉬운 상징적인 니모닉 기호(mnemonic symbol)로 일대일 대응시킨 어셈블리어(assembly language)가 만들어졌다. 그러나 어셈블리어 역시 사람이 다루기 힘든 저급 언어로서, 다양한 프로그램 구조나 자료 구조를 표현하기에는 너무 복잡하였다. 이에 사람이 이해하고 표현하기 쉬우며, 복잡한 알고리즘이나 프로그램 구조, 자료 구조를 효율적으로 표현할 수 있는 Pascal, Basic, C/C++, C#, 자바 등의 고급 언어가 생겨나게 되었다. 고급 언어는 크게 절차 지향 언어와 객체 지향 언어로 나눌 수 있으며, 자바는 객체 지향 언어이다. [그림 1-2]는 프로그래밍 언어의 진화 과정을 보여준다.

> 프로그래밍 언어
> 이진수
> 기계어
> 어셈블리어
> 고급 언어
> 절차 지향 언어
> 객체 지향 언어

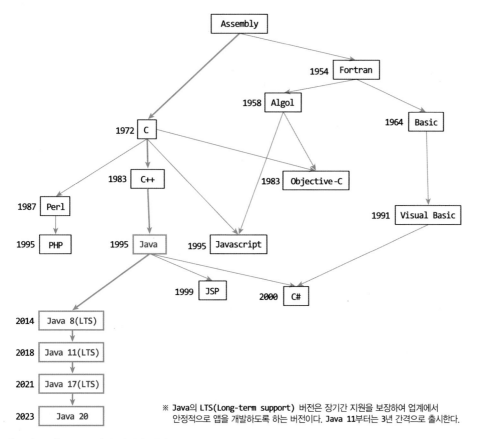

※ Java의 LTS(Long-term support) 버전은 장기간 지원을 보장하여 업계에서 안정적으로 앱을 개발하도록 하는 버전이다. Java 11부터는 3년 간격으로 출시한다.

[그림 1-2] 프로그래밍 언어의 진화

프로그래밍과 컴파일

컴파일

프로그래밍은 프로그래밍 언어로 프로그램 소스(source) 파일(혹은 소스 프로그램)을 작성하는 것으로 시작한다. 소스 프로그램은 텍스트 파일이어서 어떤 텍스트 편집기로도 작성이 가능하다. 컴퓨터는 C/C++나 자바와 같은 고급 언어로 작성된 소스 프로그램을 바로 이해할 수 없기 때문에, [그림 1-3]과 같이 소스 프로그램을 기계어로 변환하는 컴파일(compile) 과정이 필요하다. 이 소프트웨어를 컴파일러(compiler)라고 하며 각 언어마다 고유한 전용 컴파일러가 있다.

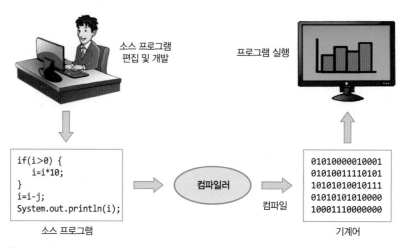

[그림 1-3] 소스 프로그램의 편집과 컴파일 및 실행 과정

.java
.class

소스 파일의 확장자로 프로그램을 작성한 언어를 구분한다. 어셈블리어의 경우 소스 파일의 확장자는 .asm이며, C 언어의 경우 .c이고, C++ 언어의 경우 .cpp이며, 비주얼 베이직의 경우 .vb이고, 자바의 경우 .java이다. 소스 프로그램을 컴파일하면 목적 파일이 생기며, 파일의 확장자는 언어나 운영체제에 따라 조금씩 다르다. 자바 프로그램의 경우 컴파일된 파일의 확장자는 .class이다.

> **잠깐!**   **자바와 자바스크립트**, JSP
>
> 자바(Java)와 자바스크립트(Java Script)를 혼동하지 말기 바란다. 이 둘은 완전히 다른 언어이다. 자바는 다양한 응용소프트웨어를 개발하는 데 사용되는 범용 언어이지만, 자바스크립트는 컴파일 없이 HTML 페이지에 소스 채로 내장되어 웹 브라우저에 의해 번역되어 실행되는 소위 스크립트 언어이다. 웹 클라이언트상에서 키나 마우스 입력을 받아 메뉴를 보여주거나 색을 바꾸는 등 HTML 페이지의 구성 요소를 제어하고 HTML 페이지에 동적인 변화를 주는 보조적인 역할을 주로 한다. 한편, JSP(Java Server Page)는 웹 클라이언트에서 실행되는 자바스크립트와는 또 다른 것으로 웹 서버상에서 실행되는 스크립트 언어이다. JSP로 작성된 프로그램은 실행 전에 컴파일되어 자바 코드(서블릿)로 변환되어 실행된다.

1 어셈블리어는 주로 어디에 사용될까?

2 고급 프로그램 언어를 기계어로 변환하는 과정을 무엇이라고 하는가?

3 자바 컴파일러로 C++ 소스 프로그램을 컴파일할 수 있는가?

1.2 자바의 출현과 WORA

자바의 태동

자바는 애초 지금과 같이 일반 컴퓨터에 사용될 목적으로 설계된 것이 아니었다. 1991년에 선마이크로시스템즈(SUN Microsystems)는 제임스 고슬링(James Gosling)이란 걸출한 엔지니어를 중심으로 그린 프로젝트(green project)라는 이름으로 가전제품의 소프트웨어 작성에 적합한 프로그래밍 언어를 개발하기 시작했다. 기존의 언어로 작성된 프로그램은 컴퓨터 플랫폼(platform) 간에 호환성이 없어, 플랫폼에 따라 소스를 다시 컴파일하거나 아예 프로그램을 재작성해야 하는 단점이 있었다. 특히, CPU의 종류나 처리 단위(워드)의 크기 등이 매우 다양한 하드웨어 플랫폼을 갖는 가전제품을 위해, 플랫폼 독립적인 언어의 필요성이 강력히 대두되었다. 또한 가전제품의 제어 장치는 매우 적은 양의 메모리를 사용하므로 새로운 언어는 이러한 내장형 시스템(embedded system)의 메모리 요구 사항을 충족해야만 했다.

이에 선마이크로시스템즈는 플랫폼 독립적(platform independent)이며 메모리 사용량이 적은 새로운 언어와 실행 체계를 개발하였고, 처음에는 이 언어의 이름을 오크(oak)라고 지었다. 이 새로운 언어는 초기에는 별로 알려지지 않았지만, 인터넷과 웹이 엄청난 속도로 발전하면서 급속도로 퍼지게 되었다. 웹은 한 번 개발된 웹 콘텐츠(웹 프로그램)가 전 세계의 다양한 클라이언트 플랫폼에 설치된 웹 브라우저에서 수정 없이 실행되도록 하는 것인데, 이 언어의 플랫폼 독립성과 딱 들어맞았기 때문이다. 선마이크로시스템즈는 오크를 인터넷 환경에 적합하도록 발전시켰으며, 마침내 1995년 SunWorld 95에서 자바(Java)라는 이름으로 발표하였다. 당시 가장 많이 사용되는 넷스케이프(Netscape) 웹 브라우저에 자바 기술을 적용하면서 자바는 급격히 퍼졌고, 오늘날 인터넷 시대의 프로그래밍 언어로 자리 매김을 하게 되었다. 2009년에 데이터베이스로 유명한 오라클에서 선마이크로시스템즈를 인수함으로써 현재는 오라클에서 자바를 제공하고 있다.

선마이크로시스템즈
제임스 고슬링

플랫폼 독립적
메모리 사용량이 적은
오크
자바
오라클

잠깐! 자바 이름의 유래

오크란 이름은 선마이크로시스템즈 사무실 앞의 참나무(oak)에서 따온 것이라고 한다. 그러나 이미 오크란 상표가 등록되어 있어 이름을 자바로 바꾸었다고 한다. 자바 이름의 유래에는 여러 가지 설이 있는데, 유력한 것으로는 개발자들이 너무 커피를 많이 마셨다는 설과 개발팀의 핵심 멤버인 James Gosling, Arthur Van Hoff, Andy Bechtolsheim의 이니셜을 따왔다는 설이 있다.

기존 언어의 플랫폼 종속성

C/C++ 등 자바 이전 프로그래밍 언어로 작성된 프로그램이 컴파일되면 실행될 컴퓨터 플랫폼, 즉 CPU와 운영체제에 종속된 기계어 코드로 변환된다. 예를 들어, [그림 1-4]와 같이 Intel CPU와 리눅스 운영체제가 탑재된 컴퓨터에서 컴파일된 기계어 코드는

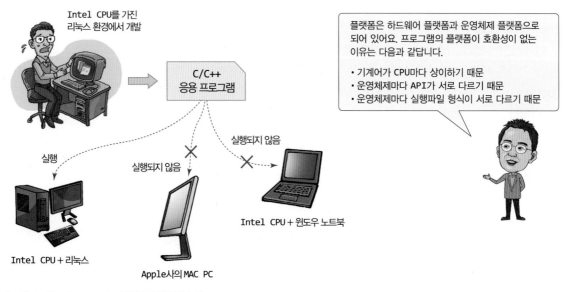

Intel CPU를 가진 리눅스 환경에서 개발

C/C++ 응용 프로그램

플랫폼은 하드웨어 플랫폼과 운영체제 플랫폼으로 되어 있어요. 프로그램의 플랫폼이 호환성이 없는 이유는 다음과 같답니다.

• 기계어가 CPU마다 상이하기 때문
• 운영체제마다 API가 서로 다르기 때문
• 운영체제마다 실행파일 형식이 서로 다르기 때문

실행

실행되지 않음

실행되지 않음

Intel CPU + 윈도우 노트북

Intel CPU + 리눅스

Apple사의 MAC PC

[그림 1-4] C/C++ 프로그램의 플랫폼 종속성

Intel CPU와 윈도우가 탑재된 컴퓨터에서는 실행되지 않는다. 그러므로 C/C++ 프로그램은 실행하고자 하는 각 플랫폼을 대상으로 소스 코드를 수정하거나, 각 플랫폼에서 따로 컴파일하여 플랫폼에 맞는 기계어 프로그램을 생성하여야 한다. 이러한 특징을 플랫폼 종속성(platform dependence)이라고 부른다.

> 플랫폼 종속성

자바의 플랫폼 독립성, WORA

한편, 자바 언어는 당초 목적대로 플랫폼에 독립적으로 설계되었다. 따라서 한 번 작성되고 컴파일된 자바 코드는 운영체제나 CPU 등 플랫폼에 상관없이 자바 가상 기계 (JVM)만 있으면 어떤 컴퓨터에서든 동일하게 실행된다. 이를 WORA(Write Once Run Anywhere)라고 한다.

> 자바 가상 기계
> WORA

[그림 1-5]는 자바의 플랫폼 독립적 특징을 보여준다. Intel CPU에 리눅스가 설치된 PC, 애플의 운영체제를 탑재한 MAC PC, Intel CPU에 윈도우가 설치된 노트북 등 플랫폼에 무관하게, 한 번 작성된 자바 프로그램은 수정 없이 실행 가능하다.

> 플랫폼 독립적

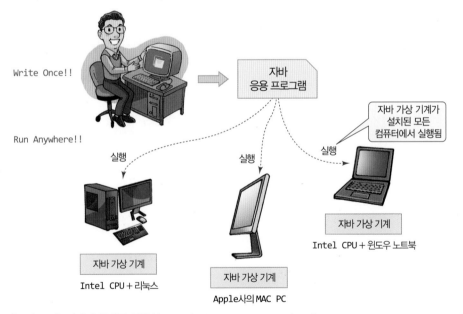

[그림 1-5] 자바의 플랫폼 독립성, WORA(Write Once Run Anywhere)

잠깐! C/C++로 개발할 것인가, 자바로 개발할 것인가?

독자들이 소프트웨어 회사를 운영한다면, 소프트웨어를 개발할 때 무슨 언어를 사용할 것인가? C/C++로 개발하여 윈도우, 리눅스, Mac, IBM, 도시바 등 운영체제마다 따로 개발하고, 버전 별로 업그레이드하는 무지막지한 작업을 할 것인지, 아니면 자바로 한 번만 작성하여 전 세계의 모든 컴퓨터에 동시에 판매할 것인지? 스스로 대답해보기 바란다.

자바 가상 기계와 자바 실행 환경

자바의 플랫폼 독립성을 실현 가능하게 하는 것은 자바 가상 기계와 바이트 코드 덕분이다.

●자바 가상 기계와 바이트 코드

바이트 코드
자바 가상 기계
인터프리터 방식

바이트 코드(byte code)는 자바 컴파일러가 자바 소스 프로그램을 컴파일한 일종의 기계어로서, 자바 가상 기계(Java Virtual Machine, JVM)에 의해 실행되는 바이너리 코드(binary code)이다. 자바 가상 기계는 보통 소프트웨어로 작성되지만, 자바 터미널(Java Terminal)과 같이 하드웨어로 만들어지기도 한다. 바이트 코드는 CPU에 의해 직접 실행되지 않고, 자바 가상 기계에 의해 인터프리터 방식으로 한 명령씩 해석되어 실행된다. 자바 프로그램의 입장에서 볼 때 자바 가상 기계는 운영체제이자 컴퓨터이다.

플랫폼 종속적

자바 가상 기계는 플랫폼에 적합하게 서로 다르게 구현되므로 플랫폼 종속적이다. 그러나 이들은 모두 동일한 자바 프로그램에게 동일한 인터페이스와 실행 환경을 제공한다. 자바 가상 기계는 자바 개발사인 선마이크로시스템즈(현재는 오라클)는 물론이고 IBM, 마이크로소프트 등 다양한 회사에서 제작 공급하고 있다. 자바 가상 기계의 명령어 체계는 유일하므로, 작성된 자바 응용프로그램은 어떤 회사의 자바 가상 기계에서든 정상적으로 실행된다.

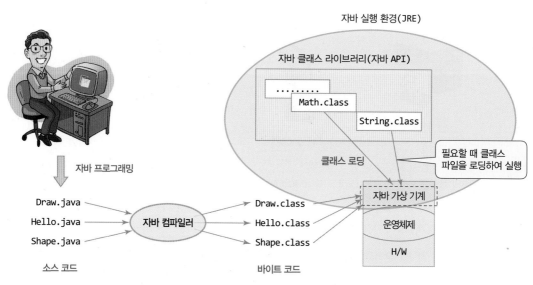

[그림 1-6] 자바 응용프로그램의 개발 및 실행 과정

●자바 응용프로그램 실행 환경

[그림 1-6]은 자바 소스 프로그램을 컴파일하고 실행하는 과정을 보여준다. 자바 컴파일러는 자바 소스 프로그램을 컴파일하여 바이트 코드를 클래스 파일(class file)에 저장한다. 자바 프로그램이 실행되기 위해서는 개발자가 작성한 자바 프로그램 외에 자바 플랫폼에서 제공하는 다양한 클래스 라이브러리(자바 APIs)가 반드시 필요하다.

> 클래스 파일
> 클래스 라이브러리

자바 가상 기계는 사용자가 작성한 클래스 파일을 로딩하여, 바이트 코드를 하나씩 실행한다. 프로그램 실행 도중, JRE의 클래스 파일이나 사용자가 작성한 다른 클래스 파일이 필요하면, 그 때 필요한 클래스 파일을 로딩하고 실행한다. 하지만, 메모리가 충분한 PC에서는 실행 중에 클래스 로딩으로 인한 시간 지연을 줄이기 위해, 사용자 클래스 파일과 필요한 JRE 클래스 파일을 미리 로딩하여 둔다.

> 클래스 파일 로딩

자바와 타 언어(C/C++)의 실행 차이

C/C++는 [그림 1-7]과 같이 컴파일한 목적 파일을 링크시켜 하나의 실행 파일(exe)을 만들며, 이 실행 파일 하나만 있으면 실행이 가능하다. 그리고 이 실행 파일은 컴퓨터의 CPU가 바로 실행한다. 그러나 자바의 경우 링크 과정이 없으며 자바 가상 기계가 컴파일된 클래스 파일을 실행한다. 자바는 컴파일된 클래스 파일들이나 이들을 하나로 압축한 jar 파일 형태로 배포한다.

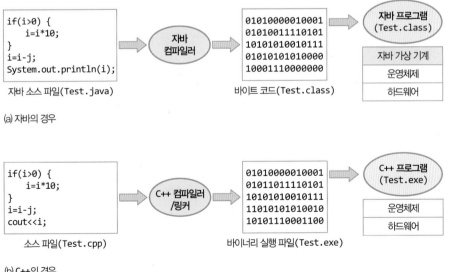

(a) 자바의 경우

(b) C++의 경우

[그림 1-7] 자바와 C/C++의 실행 환경 차이

1 자바의 태동 원인이 아닌 것은?

① 가전제품에 사용할 소프트웨어를 만들고자 하였다.

② 플랫폼 독립적인 언어와 실행 환경을 만들고자 하였다.

③ 내장형 시스템에 적합한 언어와 실행 환경을 만들고자 하였다.

④ 효율적인 절차적 언어를 만들고자 하였다.

2 WORA는 무엇의 약자이며 그 뜻은 무엇인가?

3 자바 가상 기계는 플랫폼 독립적인가, 종속적인가? 자바 응용프로그램은 플랫폼 독립적인가, 종속적인가?

4 다음 빈칸에 적절한 단어를 기입하라.

> 자바 컴파일러가 자바 소스 프로그램을 컴파일한 기계어를 _____라고 부르며, 이 코드는 _____에 의해 번역되어 실행된다.

1.3 개발 도구와 자바 플랫폼

JDK와 JRE

JDK(Java Development Kit)

JRE(Java Runtime Environment)

JDK(Java Development Kit)는 자바 개발자를 위한 상업용 소프트웨어로, [그림 1-8]과 같이 자바 컴파일러 등의 개발 도구와 JRE(Java Runtime Environment)로 구성된다. JRE는 자바 응용프로그램이 실행될 때 필요한 소프트웨어들로 개발자가 활용할 수 있는 자바 API(이미 컴파일된 다양한 클래스 라이브러리)와 자바 가상 기계를 포함한다. 개발자가 아닌 일반 사용자의 경우 JRE만 필요하며 JRE만 따로 다운받을 수 있다. JDK(Demo와 Samples 포함)나 JRE는 다음 오라클 사이트에서 다운로드받을 수 있다.

https://www.oracle.com/java/technologies/

자바 학습용으로 JDK를 무료로 사용하려면 무료로 공개된 OpenJDK를 사용하면 된다. OpenJDK를 설치하는 방법은 출판사 홈페이지에서 다운받을 수 있다.

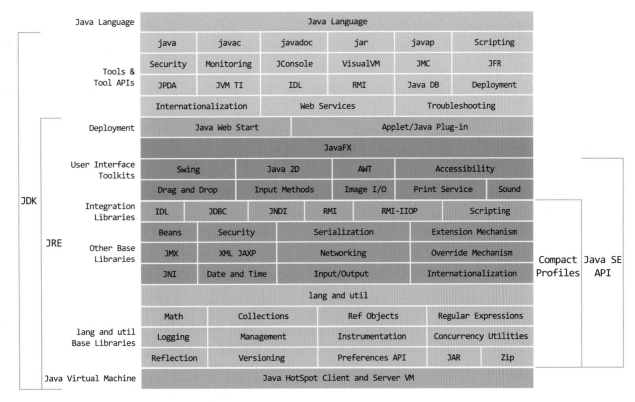

[그림 1-8] Java SE의 JDK 구조(출처: 오라클)

    JDK가 사용자 디렉터리에 설치되면 [그림 1-9]와 같이 구성되며, 특히 bin 디렉터리에는 자바 응용프로그램의 개발을 돕는 소프트웨어들이 들어 있다.

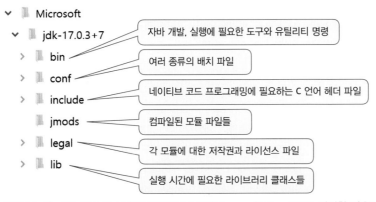

[그림 1-9] JDK 설치 후 사용자 디렉터리 구조(Microsoft OpenJDK를 설치한 경우)

다음은 bin 디렉터리에 들어 있는 주요한 개발 소프트웨어들이다.

- javac: 자바 컴파일러로 자바 소스를 바이트 코드로 변환
- java: 자바 프로그램 실행기. 자바 가상 기계를 작동시켜 자바 프로그램 실행
- javadoc: 자바 소스로부터 HTML 형식의 API 도큐먼트 생성
- jar: 자바 클래스 파일을 압축한 자바 아카이브 파일(.jar) 생성, 관리
- jmod: 자바의 모듈 파일(.jmod)을 만들거나 모듈 파일의 내용 출력
- jlink: 응용프로그램에 맞춘 맞춤형(custom) JRE 생성
- jdb: 자바 응용프로그램의 실행 중 오류를 찾는 데 사용하는 디버거
- javap: 클래스 파일의 바이트 코드를 소스와 함께 보여주는 디어셈블러

자바의 배포판

오라클은 응용에 따라 크고 작은 여러 종류의 JDK를 제공하는데 이를 배포판이라고 부른다. 배포판의 종류는 10여 가지 있지만 대표적인 것은 다음과 같다.

- Java SE(Standard Edition) - 자바 표준 배포판으로서, 데스크톱 응용프로그램과 서버 응용프로그램을 개발하기 위한 JDK로 구성은 [그림 1-8]과 같다. 이 책의 모든 예제는 Java SE를 활용하여 작성되었다.
- Java ME(Micro Edition) - 모바일용 배포판으로 IoT, TV, 블루레이, 셋톱박스 등 작은 하드웨어 자원을 갖는 장치에 적합한 JDK이다. 스마트폰이나 고해상도 TV 등은 안드로이드에 자리를 내주고 있어 존폐가 위태롭다.
- Java EE(Enterprise Edition) - 기업용 배포판으로 자바를 이용한 다중 사용자, 대규모 기업 응용프로그램 개발을 위한 JDK이다.

> **잠깐!** 자바는 언어이자 플랫폼이다.
>
> 독자들은 자바를 하나의 언어로만 보지 말기 바란다. 언어와 컴파일러, 그리고 자바 가상 기계 등의 실행 환경 모두를 갖춘 플랫폼으로 이해하도록 하라.

(사진 출처: 위키백과)

제임스 고슬링(James A. Gosling, 1955. 5. 19. ~)은 캐나다에서 태어난 소프트웨어 개발자이다. 1995년에 자바 프로그래밍 언어를 최초로 개발하였으며, 자바 이외에도 Multi-Processor용 UNIX와 Compiler, Mail System, 데이터 인식 시스템 등을 개발하였다. 제임스 고슬링은 많은 가전제품들이 하나의 거대한 네트워크에 연동될 것으로 예측하였다. 즉, 가전제품의 기능이 향상되어 프로그램이 바뀔 때마다 가전제품을 공장에 보내어 내장된 프로그램을 교체하는 대

Java 9부터 시작된 모듈 프로그래밍

Java 8 이후 오랜 시간이 걸려, 2017년도 9월 21일 Java 9가 세상에 나왔고 Java 9에서는 자바 플랫폼에 큰 변화가 이루어졌는데 바로 모듈화(modularity)이다. 모듈이란 자바 패키지들과 이미지, XML 파일 등의 자원들을 묶은 단위이며, 자바 응용프로그램을 마치 직소 퍼즐(jigsaw)을 연결하듯이 필요한 모듈을 연결하는 방식으로 구성되게 한다.

이를 위해 Java 9부터는 개발자들이 호출하는 Java SE의 모든 클래스들을 모듈들로 재설계하고 재정리하였다. JDK를 설치하면 [그림 1-10]과 같이 jmods 디렉터리 내에 담긴 모듈들을 볼 수 있다.

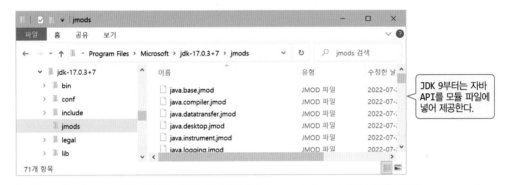

[그림 1-10] 자바 JDK에서 제공하는 전체 모듈 리스트(Microsoft OpenJDK를 설치한 경우)

자바 모듈화의 대표적인 목적은, 세밀한 모듈화를 통해 자바 응용프로그램이 실행되는데 필요 없는 모듈을 배제하여 작은 크기로 배포할 수 있도록 함에 있다. 이것은 하드웨어가 열악한 소형 IoT 장치에서도 필요한 모듈로만 구성된 작은 크기의 자바 응용프로그램 실행 환경(실행 시간 이미지라고 부름)을 만들어 실행시키고 성능을 유지하게 한다.

신에 네트워크를 통하여 새로운 프로그램을 다운로드받아 가전제품의 기능을 향상시킬 수 있다고 보았다. 그의 예측은 10년도 되지 않아 현실로 이루어져 지금은 휴대폰은 물론이고 TV셋톱박스, 로봇 등에 자바로 만든 프로그램이 탑재되어 폭넓게 쓰이고 있다. '자바의 아버지'라 불리며, 가장 영향력 있는 프로그래머 중 한 사람이 된 그는 인도네시아의 자바 섬에서 나온 커피를 하루에 10여 잔씩 마시는 Java 예찬론자이기도 하다. 그래서 'Java'라는 명칭을 커피 재배지인 자바 섬에서 따왔다고 한다.

잠깐! 자바 모듈

모듈 개념에 대해서는 6장에서 추가 설명한다. 모듈을 작성하는 것은 이 책의 범위를 넘어가므로 본
문에서는 설명하지 않고 홈페이지의 자료를 통해 간단한 사례를 보인다.

자바 API

자바 API
자바 API(Application Programming Interface)는 개발자들이 사용하도록 미리 만들
어놓은 유용한 자바 클래스들의 집합이다. Java 9부터는 모듈화 정책에 따라 모든 자
바 API의 클래스들을 서로 관련된 것들끼리 패키지로 묶고, 패키지들을 다시 모듈로
묶어 계층화해 놓았다. 자바 API는 워낙 광범위하여, 개발자는 이 API를 이용하여 쉽
고 빠르게 자바 프로그램을 개발할 수 있다. 자바 API에 대한 설명 문서는 버전에 따라
온라인으로 다음 사이트에서 제공된다.

https://docs.oracle.com/en/java/javase/17/docs/api/index.html

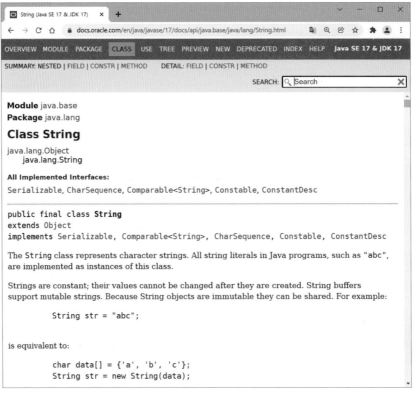

[그림 1-11] 온라인 자바 API 문서

[그림 1-11]은 온라인 자바 API 문서의 String 클래스를 설명하는 페이지 예이다. 저자는 자바 프로그램을 개발하는 동안에 이 사이트를 열어놓고 참고한다. 독자들도 이 사이트를 꼼꼼히 읽어가면서 자바 프로그램을 개발하기 바란다.

1.4 자바 프로그램 개발 과정

"헬로2030"을 출력하는 간단한 자바 프로그램 Hello2030.java를 작성하고 컴파일하여 실행시키는 과정을 알아보자.

자바 소스 편집

먼저 윈도우의 보조 프로그램에 있는 메모장을 실행시켜 [그림 1-12]와 같이 코딩하고 C:\Temp에 Hello2030.java로 저장한다. 자바에서는 클래스 이름과 자바 소스 파일 이름이 일치해야 한다. 클래스 이름이 Hello2030이므로 파일 이름은 Hello2030.java이다. 참고로 자바 소스 파일의 확장자는 .java이며, 파일 명에 대소문자를 구분하므로 주의하기 바란다.

> .java
> 클래스 이름과 자바 소스 파일 이름 일치

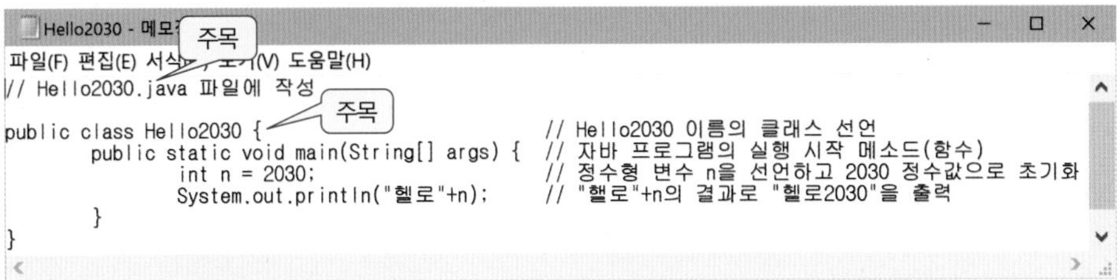

```
Hello2030 - 메모장                                                    —   □   ×
파일(F) 편집(E) 서식    보기(V) 도움말(H)
// Hello2030.java 파일에 작성
                            주목
public class Hello2030 {                  // Hello2030 이름의 클래스 선언
        public static void main(String[] args) {  // 자바 프로그램의 실행 시작 메소드(함수)
                int n = 2030;                      // 정수형 변수 n을 선언하고 2030 정수값으로 초기화
                System.out.println("헬로"+n);      // "헬로"+n의 결과로 "헬로2030"을 출력
        }
}
```

[그림 1-12] 메모장으로 Hello2030.java 소스 작성

자바 소스 컴파일

[그림 1-13]과 같이 명령창을 실행시켜 Hello2030.java 파일이 저장된 디렉터리로 이동한다. 그러고 나서 JDK에 포함된 javac(자바 컴파일러)를 실행하여 Hello2030.java를 컴파일한다. 컴파일된 바이트 코드는 Hello2030.class 파일에 저장된다.

> javac

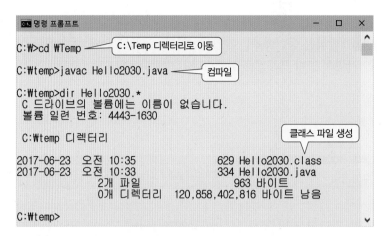

[그림 1-13] Hello2030.java 소스 컴파일, Hello2030.class 클래스 파일 생성

자바 응용프로그램 실행

java 명령

이제 JDK에서 제공되는 java 명령으로 Hello2030.class를 실행시켜보자. 이때 확장자 .class는 빼고 클래스 이름 Hello2030만 입력하는 것에 주의한다. Hello2030 응용프로그램의 실행과 결과는 [그림 1-14]와 같다.

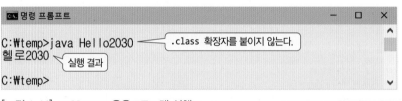

[그림 1-14] Hello2030 응용프로그램 실행

1 자바 프로그램의 실행이 시작되는 메소드(함수) 이름은?

2 다음 자바 소스 프로그램에서 빈칸에 적절한 것은 무엇인가? 그리고 이 소스 파일을 어떤 이름으로 저장해야 하는가?

```java
public _____ JavaApp {
    public static void main(String[] args) {
        System.out.println("헬로");
    }
}
```

1.5 이클립스를 이용한 자바 프로그램 개발

이클립스, 자바 통합 개발 환경

IDE(Integrated Development Environment)란 소스 코드 편집, 컴파일, 디버깅을 한 꺼번에 할 수 있는 소프트웨어 통합 개발 환경을 일컫는다. 마이크로소프트의 비주얼 스튜디오가 C/C++ 프로그램 개발에 사용되는 대표적인 IDE라면, 자바 프로그램 개발에 가장 널리 사용되는 IDE는 이클립스(eclipse)이다. 이클립스는 IBM이 자바로 만든 오픈 소스 소프트웨어로서 다음 사이트에서 무료로 다운로드받아 사용할 수 있다.

> **IDE**
> 소프트웨어 통합 개발 환경
> 이클립스

https://www.eclipse.org/downloads

이클립스의 설치는 매우 간단하다. 예제와 연습문제 정답 등 이 책의 모든 자바 프로그램은 이클립스를 이용하여 개발되었으며, 생능출판사의 홈페이지에서 제공하는 자료 파일에 이들을 이클립스 환경에 설치하는 법이 소개되어 있다. 지금부터 이클립스를 이용하여 쉽게 자바 프로그램을 개발하는 방법을 알아보자. 앞서 만든 Hello2030.java 프로그램을 대상으로 한다.

이클립스 실행

이클립스를 실행하기 전에, 미리 'C:\자바학습' 폴더를 생성해 두라. 이제, 이클립스를 실행하면 [그림 1-15] (a)의 첫 화면이 보이고 바로 workspace를 묻는 다이얼로그가 출력된다. workspace란 개발자가 자바 프로그램을 개발하는 작업 공간으로서 폴더이다. [그림 1-15] (b)에서 'Browse' 버튼을 눌러 미리 생성한 'C:\자바학습' 폴더를 지정한다. 처음으로 이클립스를 사용하였다면 Welcome 페이지가 출력될 것이다. 이 페이지를 닫으면 [그림 1-16]과 같이 이클립스의 사용자 인터페이스가 보인다.

> **workspace**

> **잠깐!** 이클립스의 workspace란?
>
> 한글 프로그램은 한글 편집기, 한글 사전, 한글 타자 연습 등 여러 프로그램으로 구성된다. 이클립스에서 workspace란 개발자가 작성하려고 하는 전체 소프트웨어의 개발 프로젝트들을 담는 컨테이너로서 디렉터리이다. workspace에는 한 프로젝트만 있을 수도 있고, 여러 프로젝트가 있을 수도 있다.

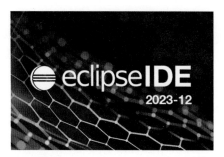

(a) 초기 화면

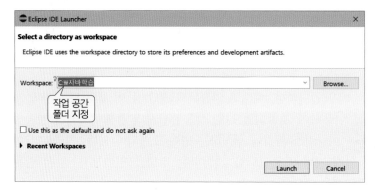

(b) 작업 공간(workspace)을 지정하는 윈도우

[그림 1-15] 이클립스 실행

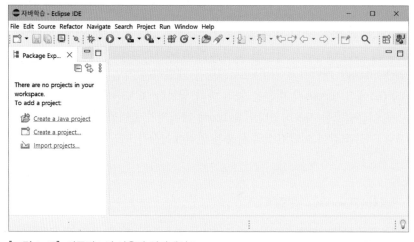

[그림 1-16] 이클립스의 사용자 인터페이스

프로젝트 생성

프로그램을 작성하기에 앞서 프로젝트(project)를 생성한다. 이클립스에서 프로젝트를 생성하려면 [그림 1-17]과 같이 File → New → Project 메뉴를 선택한다. [그림 1-18]과 같이 프로젝트의 종류를 선택하는 윈도우가 나타나고 여기서 Java Project를 선택한다. 이제 [그림 1-19]의 프로젝트 생성 윈도우가 나타난다. Project name 칸에 프로젝트 이름을 입력한다. 이 예에서는 프로젝트의 이름을 SampleProject로 입력하였다. 현재 이 컴퓨터에 Microsoft OpenJDK 17이 설치되어 있기 때문에, 프로젝트 생성 윈도우의 JRE 환경이 JavaSE-17로 설정되어 있는 것을 볼 수 있고, 그 밑에서 jdk-17.0.3+7을 디폴트 JRE로 사용할 수 있는 체크 박스도 보인다. Microsoft OpenJDK의 설치 방법은 생능출판사 홈페이지 자료로 다운받을 수 있다. Finish 버튼을 누르면 프로젝트의 생성이 완료된다.

프로젝트

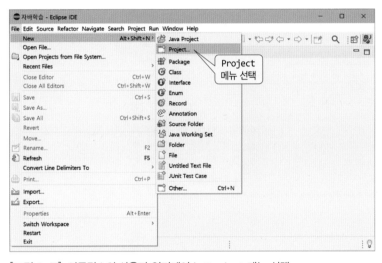

[그림 1-17] 이클립스의 사용자 인터페이스. Project 메뉴 선택

잠깐! 이클립스에서 프로젝트란?

이클립스에서 프로젝트는 하나의 자바 응용프로그램을 개발하기 위해 필요한 자바 소스 파일들과 이미지, 동영상 같은 리소스, 컴파일된 클래스 파일들을 일괄적으로 관리하기 위한 개념이다. 프로젝트가 생성되면 프로젝트 이름의 폴더가 생기고 그 안에 개발자가 만든 소스와 컴파일된 클래스 파일들이 생겨나게 된다.

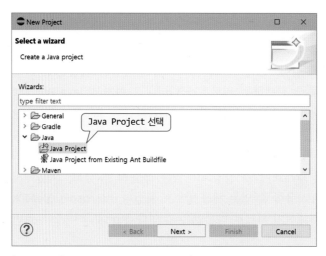

[그림 1-18] 프로젝트의 종류 Java Project 선택

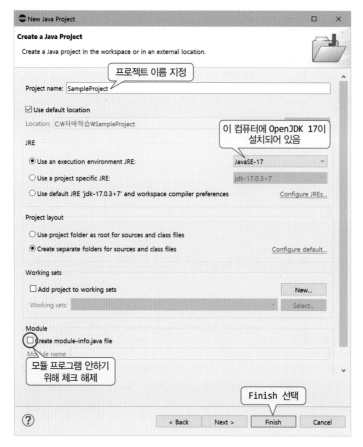

[그림 1-19] 프로젝트 생성 윈도우. 프로젝트 이름을 SampleProject로 입력

클래스 생성

프로젝트를 생성하고 나면, 자바 응용프로그램을 작성하기 위해 클래스를 생성해야
한다. 메뉴에서 File → New→ Class를 선택하면 [그림 1-20]과 같이 클래스 생성 윈도
우가 나타난다. Name 칸에 클래스 이름 Hello2030을 입력한다. 나머지 옵션은 수정할
필요가 없으므로 Finish 버튼을 눌러 클래스 생성을 마치면, [그림 1-21]과 같이 소스
편집 윈도우에 Hello2030 클래스의 선언을 포함하는 소스가 자동 생성된다.

클래스 생성
Name 칸
소스 자동 생성

[그림 1-20] 클래스 생성 윈도우. 클래스 이름을 Hello2030으로 입력

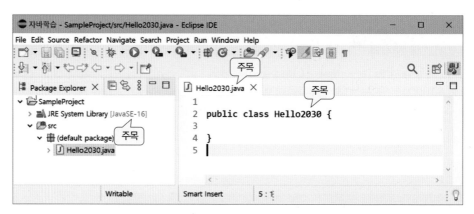

[그림 1-21] 생성된 Hello2030 클래스의 소스 코드. Hello2030.java 파일에 저장

소스 편집, 컴파일 및 실행

소스 편집 윈도우
자동 컴파일
자바 프로그램의 실행
콘솔 윈도우

[그림 1-21]의 소스 편집 윈도우에 [그림 1-12]의 메모장에 작성한 소스를 입력한다. 이클립스는 소스 입력과 동시에 자동으로 컴파일하기 때문에, 컴파일 과정이 따로 없이 바로 실행할 수 있다. 작성된 자바 프로그램의 실행은 Run → Run 메뉴를 선택하거나 툴바에서 아이콘(● ▼)을 클릭하면 된다. 작성된 프로그램을 실행하면 [그림 1-22]와 같이 실행 결과가 콘솔 윈도우에 출력된다.

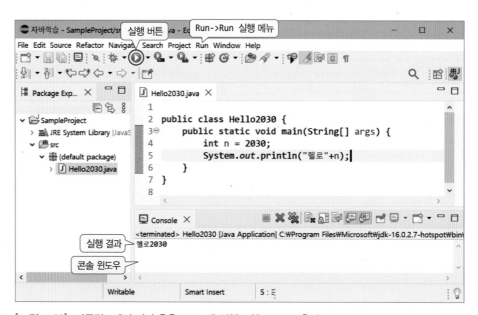

[그림 1-22] 이클립스에서 자바 응용프로그램 실행. '헬로2030' 출력

1.6 자바 응용프로그램의 종류

프로그래밍 언어의 인기 순위를 매기는 TIOBE 인덱스(www.tiobe.com)에 따르면 최근 10년 동안 자바 언어가 현존하는 프로그래밍 언어 중 현재 가장 많이 사용되는 언어로서 다양한 분야에서 사용된다. 자바 언어로 개발되는 응용프로그램의 종류에는 어떤 것들이 있을까? 자바 언어로 개발되는 응용 분야를 살펴보자.

TIOBE 인덱스

데스크톱 응용프로그램

가장 일반적인 자바 응용프로그램으로서 PC 등의 데스크톱 컴퓨터에 설치되어 실행된다. 이클립스도 자바 언어로 개발된 데스크톱 응용프로그램이다. 자바 실행 환경(JRE)이 설치된 어떤 컴퓨터에서도 실행되며 다른 응용프로그램의 도움 없이 단독으로 실행된다. 이 책 역시 데스크톱 응용프로그램의 개발을 다룬다. [그림 1-23]은 자바로 개발된 스네이크 게임의 예를 보여준다.

데스크톱 응용프로그램

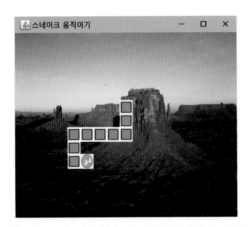

[그림 1-23] 자바 언어로 작성된 자바 데스크톱 프로그램 예

자바 서블릿(servlet) 응용프로그램

서블릿(java servlet)은 웹 서버에서 실행되는 서버용 자바 프로그램으로, [그림 1-24]와 같이 쇼핑몰이나 온라인 뱅킹 등을 구현할 때 쓰인다. 서블릿은 웹 브라우저의 요청에 따라 웹 서버에 탑재된 데이터베이스를 검색하거나 요청받은 내용을 처리하고 웹 페이지로 만들어 웹 브라우저에 응답하는 방식으로 작동한다. 서블릿은 웹 브라우저 상에서 실행되는 자바 스크립트 코드와 통신하기도 한다. 서블릿은 사용자 인터페이스를 필요로 하지 않으며 웹 서버에 의해 실행이 제어된다.

서블릿
서버용 자바 프로그램

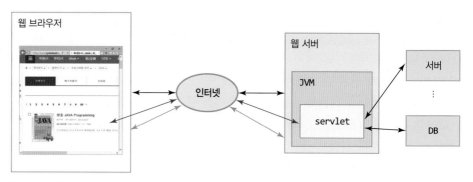

[그림 1-24] 서블릿 응용프로그램 예

모바일 응용프로그램

자바는 설계 당시부터 메모리 사용량이 적은 임베디드 혹은 통신 환경을 지원하도록 개발되었다. IoT, TV, 블루레이, 셋톱박스 등 다양한 하드웨어/소프트웨어 플랫폼의 모바일 응용프로그램 개발에 사용되고 있다.

[그림 1-25] 안드로이드 앱의 실행 화면

　　현재 자바가 모바일 응용으로 가장 많이 사용되는 것이 안드로이드 플랫폼이다. 검색 엔진으로 유명한 구글(Google)의 주도로 여러 모바일 회사가 모여 구성한 OHA(Open Handset Alliance)에서 개발한 무료 모바일 플랫폼을 안드로이드라고 한다. 오라클 사의 자바 라이선스를 피하기 위해 별도의 개발 도구를 개발하였으며, Dalvik 이라는 새로운 자바 가상 기계를 개발하였다. 하지만 최근 오라클이 구글에 자바 라이선스에 대한 소송에서 최종 승소함에 따라 안드로이드에 자바가 계속 사용될지 명확하지 않다. 안드로이드는 스마트폰뿐 아니라 모바일 학습기기, 태블릿 PC, PMP, 스마트 TV 등 다양한 종류의 모바일 플랫폼으로 확장하고 있다. [그림 1-25]는 안드로이드 에뮬레이터에서 실행되는 안드로이드 앱의 사례를 보여 준다.

안드로이드
Dalvik
새로운 자바 가상 기계

1.7 자바의 특징

자바 언어와 자바 플랫폼은 다음과 같은 독특한 특성을 가진다.

● 플랫폼 독립성

자바는 하드웨어, 운영체제 등 플랫폼에 종속되지 않는 독립적인 바이트 코드로 컴파일되며　자바 가상 기계만 있으면 하드웨어/운영체제를 막론하고 자바 프로그램의 실행이 가능하다.

● 객체 지향

자바는 객체 지향 언어로서 캡슐화, 상속, 다형성 등을 지원한다. 객체 지향 프로그램은 해결할 과제를 실제 세상의 객체와 객체 간의 상호 관계로 모델링하여 인간의 사고에 가깝게 표현한다. 객체 지향 특징은 4장과 5장을 참조하기 바란다.

● 클래스로 캡슐화

자바는 객체 지향 언어의 캡슐화(encapsulation) 원칙을 철저히 지켜, 변수나 메소드는 반드시 클래스 내에 구현하도록 한다. 클래스에 속하지 않은 변수나 메소드는 있을 수 없다. 자바는 클래스 안에 새로운 클래스, 즉 내부 클래스를 만들 수 있다.

캡슐화
내부 클래스

● 소스와 클래스 파일

자바 소스가 컴파일된 클래스 파일(.class)에는 반드시 하나의 자바 클래스만이 들어 있다. 그러므로 하나의 자바 소스 파일에 여러 개의 클래스를 작성한 경우, 컴파일하면 클래스마다 별도의 클래스 파일이 생성된다.

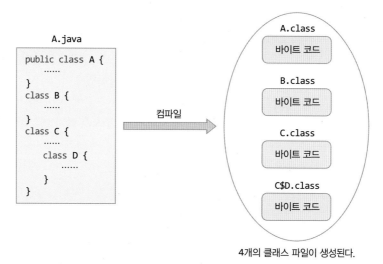

A.java

```
public class A {
    ......
}
class B {
    ......
}
class C {
    ......
    class D {
        ......
    }
}
```

컴파일

A.class

바이트 코드

B.class

바이트 코드

C.class

바이트 코드

C$D.class

바이트 코드

4개의 클래스 파일이 생성된다.

[그림 1-26] 소스 파일과 클래스, 클래스 파일의 관계

[그림 1-26]은 A.java에 4개의 클래스를 작성한 예이다. A.java를 컴파일하면 4개의 클래스 파일이 생성된다. 클래스 D는 클래스 C 내에 작성된 내부 클래스(inner class)로서 C$D.class 이름으로 생성된다. 하나의 자바 소스 파일에 작성된 클래스 중 오직 한 클래스만 public으로 선언할 수 있다. 소스 파일 내에 public으로 선언된 클래스의 이름과 소스 파일의 이름이 동일하게 작성되어야 한다.

● **실행 코드 배포**

main() 메소드

자바 응용프로그램은 한 개의 클래스 파일 또는 다수의 클래스 파일로 구성된다. 다수의 클래스 파일을 jar 파일 형태로 압축하여 배포 및 실행이 가능하다. 자바의 실행은 main() 메소드에서 시작되며, 하나의 클래스 파일에 두 개 이상의 main() 메소드가 있을 수 없다. 그러나 각 클래스 파일이 main() 메소드를 가지는 것은 상관없다.

● **패키지**

패키지

서로 관련 있는 클래스는 패키지로 묶어 관리한다. 패키지는 파일 시스템의 폴더 개념과 같다. 예를 들어, java.lang.System 클래스는 java\lang 폴더의 System.class 파일을 나타내며, 여기서 java.lang을 패키지라고 부른다.

● **멀티스레드**

멀티스레드

하나의 자바 프로그램에서 다수의 스레드가 동시에 실행할 수 있는 환경을 지원한다. 보통 멀티스레드 프로그램을 작성하기 위해서는, 운영체제가 멀티스레드를 지원하고 멀티스레드와 관련된 API나 라이브러리를 제공해야만 한다. C/C++ 등 많은 언어들은 자체적으로 멀티스레드를 지원하지 않아 운영체제의 도움을 받는다. 그러나 자바는 운영체제의 도움 없이 멀티스레드 프로그래밍이 가능하기 때문에, 멀티스레드를 지원하지 않는 운영체제에서도 자바를 이용하면 멀티스레드 프로그램을 개발할 수 있다. 멀티스레드 프로그래밍은 12장을 참조하기 바란다.

● 가비지 컬렉션

자바 언어는 메모리를 할당받는 기능은 있지만, 메모리를 반환하는 기능은 없다. 이것은 개발자로 하여금 대단히 기쁜 일이며, 프로그래밍의 부담을 대폭 줄여준다. 프로그램 내에 사용되지 않는 메모리는 자바 가상 기계의 가비지 컬렉션 기능에 의해 자동으로 회수된다.

메모리 반환 기능 없다
가비지 컬렉션

● 실시간 응용 시스템에 부적합

자바 응용프로그램은 실행 도중 예측할 수 없는 시점에 가비지 컬렉션이 실행되므로, 프로그램 실행이 일시적으로 중단된다. 이런 문제로 인해 일정 시간(deadline) 내에 반드시 실행 결과를 내야만 하는 실시간 시스템에는 자바 언어가 적합하지 않다.

가비지 컬렉션

● 자바 프로그램은 안전하다.

자바 언어는 타입 체크가 매우 엄격하며, C/C++와 달리 메모리의 물리적 주소를 사용하는 포인터의 개념이 없기 때문에, 잘못된 자바 프로그램으로 인해 컴퓨터 시스템이 중단되는 일은 없다.

타입 체크
포인터

● 프로그램 작성이 쉽다.

자바 언어는 C/C++에 있는 포인터 개념이 없기 때문에 프로그램 작성에 부담이 적다. 또한 프로그램 개발을 쉽게 도와주는 다양한 라이브러리와 스윙 등 강력한 GUI 라이브러리를 지원하므로 프로그램 작성이 빠르고 쉽다.

포인터

● 실행 속도를 개선하기 위해 JIT 컴파일러가 사용된다.

자바는 자바 가상 기계가 인터프리터 방식으로 바이트 코드를 실행하므로 일반적으로 C/C++로 작성된 프로그램보다 실행이 느리다고 알려져 있지만, 최근에는 자바 프로그램을 실행하는 도중 해당 CPU의 기계어 코드로 컴파일하고 CPU가 바로 기계어를 실행하도록 하는 JIT(Just in Time) 컴파일링 기법을 이용하여, 실행 성능이 C/C++와 거의 비슷하도록 개선되었다.

인터프리터 방식
JIT

SUMMARY
요약

컴퓨터와 프로그래밍

- 프로그램 또는 ① _____는 컴퓨터가 이해하고 처리할 수 있는 일련의 명령들이다.
- 소스 파일을 컴퓨터가 이해할 수 있는 기계어로 변환하는 것을 ② _____이라 한다.
- 자바 소스 파일의 확장자는 ③ _____이고 컴파일된 코드의 확장자는 ④ _____이다.

자바의 출현과 WORA

- 자바는 1991년 선마이크로시스템즈(현재 오라클)의 제임스 고슬링에 의해 개발되기 시작하여 1995 년에 발표되었으며, 다양한 플랫폼과 적은 량의 메모리를 갖는 가전제품을 위해 플랫폼 독립적이고 적은 메모리에서도 실행 가능한 언어로 개발되었다.
- C/C++ 등 기존 언어로 개발된 프로그램은 컴파일된 플랫폼에서만 실행되므로 ⑤ _____이다.
- 자바는 한 번 작성하면 하드웨어나 운영체제에 관계없이 실행되는 플랫폼 독립적인 언어이며 시스템 이다. 이런 자바의 특징을 ⑥ _____라고 부른다.
- 플랫폼 독립성을 실현하기 위해, 각 컴퓨터는 자바 프로그램을 실행하는 ⑦ _____가 필요하며, 오라클이 배포하고 있다.
- 컴파일된 자바 코드를 ⑧ _____라고 부르며, 자바 가상 기계에서 실행된다.

자바 개발 도구

- 자바는 실행 환경에 따라 다양한 배포판을 제공하며, 주요 배포판으로는 데스크톱이나 서버 응용을 위한 Java SE, 모바일 장치를 위한 Java ME, 대규모 기업용 응용을 위한 Java EE가 있다.
- ⑨ _____는 오라클에서 제공하는 자바 프로그램의 개발 도구이며, ⑩ _____는 개발된 자바 프로그램이 실행되기 위해 필요한 제반 환경을 말한다. 개발자에게는 자바 컴파일러와 같은 도 구와 개발자가 사용할 수 있는 많은 자바 API가 들어 있는 JDK가 필요하다.
- 자바 API에 대한 문서는 http://docs.oracle.com/javase/8/docs/api/에서 온라인으로 참조하면 된다.

자바 프로그램 개발

- 자바 클래스의 이름과 자바 소스 파일의 이름은 동일해야 한다. 그래야만 클래스의 바이트 코드가 담 긴 클래스 파일을 쉽게 찾을 수 있기 때문이다. 자바 프로그램은 클래스 선언으로 시작하며, 변수나 메소드는 클래스 내에서만 선언 가능하다. 자바 프로그램의 실행은 ⑪ _____ 메소드부터 시작 한다.
- 이클립스는 자바 소스 편집, 컴파일, 실행, 디버깅을 통합적으로 지원하는 자바 개발 소프트웨어이다.

자바 응용프로그램의 종류

- 자바 응용프로그램은 데스크톱에서 실행되는 응용프로그램, 웹 브라우저에서 실행되는 애플릿, 웹 서 버에서 실행되는 서블릿, 모바일 단말기에서 실행되는 응용프로그램, 안드로이드 앱 등이 있다.

자바의 특징

- 하나의 ⑫ _____ 파일에는 반드시 하나의 자바 클래스의 바이트 코드가 들어 있다.
- 자바 언어는 객체 지향, 멀티스레드, 캡슐화, 플랫폼 독립성, 패키지 등을 지원한다.
- 자바로 개발된 응용프로그램은 안전하지만, ⑬ _____ 기능으로 인해 실시간 응용에 부적합하다.

Open Challenge 자기소개 하기

목 적

이클립스를 활용한 자바 프로그램 작성 연습

이클립스를 사용하여 다음에 지시한 대로 화면에 자신을 소개하는 자바 응용프로그램을 작성하라.

난이도 **하**

- 프로젝트 명: OpenChallenge1
- 클래스 명: **MyInfoApp**

작성한 자바 소스 파일은 **MyInfoApp.java** 파일로 저장하고, 실행 결과는 다음과 같다.

```
Kitae Hwang
20 years old
Department of Computer Engineering
```

연습문제

이론 문제

• 홀수 문제는 정답이 공개됩니다.

1. C 언어 소스 파일의 확장자는 .c이고 목적 파일의 확장자는 .obj이다. 자바 소스 파일의 확장자와 컴파일된 클래스 파일의 확장자는 무엇인가?

2. 자바 언어는 어떤 문제점을 해결하기 위해 개발된 언어인가?

3. 다음은 자바의 특징을 잘 표현하는 글이다. 이를 간단히 줄여 무엇이라고 하는가?

   > 자바는 한 번 작성하면 하드웨어나 운영체제 플랫폼에 상관없이 어디에서나 실행 가능하다.

4. 자바 언어에 대한 설명 중 틀린 것은 무엇인가?
   ① 자바의 클래스 파일에 저장되는 것은 바이트 코드이다.
   ② 자바의 클래스 파일은 자바 가상 기계가 설치된 어떤 곳에서도 실행된다.
   ③ 자바는 링크 과정 없이 컴파일러에 의해 바로 바이트 코드가 생성된다.
   ④ 하나의 클래스 파일에는 컴파일된 클래스가 여러 개 저장된다.

5. JDK와 JRE는 어떤 차이가 있는가? JDK에는 JRE가 포함되는가? 자바 응용프로그램을 개발하고자 하는 개발자에게는 이 둘 중 어떤 것이 필요한가?

6. 자바 가상 기계에 대한 설명으로 틀린 것은?
   ① 리눅스 컴퓨터에 설치된 자바 가상 기계와 윈도우 운영체제에 설치된 자바 가상 기계는 서로 다르게 구현되었지만, 동일한 자바 응용 프로그램에 대해 동일한 결과를 낸다.
   ② 자바 프로그램은 자바 가상 기계 덕분에 플랫폼 독립적이다.
   ③ 바이트 코드는 자바 가상 기계만이 실행할 수 있는 명령어 코드이다.
   ④ 자바 가상 기계는 JDK나 JRE에 포함되어 있지 않으며, 따로 설치해야 한다.

7. 자바가 C/C++와 다른 특징이 아닌 것은?
   ① C/C++는 링크 과정이 있지만, 자바는 링크 과정이 없다.
   ② C/C++는 플랫폼 종속적이지만, 자바는 플랫폼 독립적이다.
   ③ C/C++는 절차 지향 언어이지만, 자바는 객체 지향 언어이다.
   ④ C/C++는 기계어로 컴파일되지만, 자바는 바이트 코드로 컴파일된다.

8. 다음 중 자바의 특징으로 잘못 설명된 것은?
   ① 가비지 컬렉션을 수행한다.
   ② 포인터가 없기 때문에 프로그램 작성이 더욱 어렵다.
   ③ 자바 패키지란 관련된 여러 클래스 파일을 묶어 놓은 폴더를 말한다.
   ④ 자바는 운영체제나 별도의 라이브러리 지원 없이도 멀티 스레드를 지원한다.

9. 다음 코드는 하나의 소스 파일에 저장된다.

```
public class W {
  ..........
  class X {
  ..........
  }
}
class Y {
  ..........
}
class Z {
  ..........
}
```

   (1) 이 소스 파일은 어떤 이름으로 저장하여야 하는가?
   (2) 이 소스 파일이 컴파일되면 어떤 클래스 파일이 생성되는가?

10. 다음 자바 프로그램이 저장되는 소스와 컴파일된 파일의 이름은 무엇인가?

```
public class Calc {
  public static void main(String [] args) {
    System.out.println("Calc");
  }
}
```

실습 문제

목표 이클립스로 간단한 자바 프로그램 작성 연습.
System.out.println() 써보기

1. 이클립스를 이용하여 화면에 "Welcome!!"을 출력하는 자바 프로그램을 작성하라. 작업 공간(workspace)은 C:\Temp로 하고, 프로젝트 이름은 **1-1**로 한다. 클래스 이름은 Welcome으로 한다. 난이도 하

```
Welcome!!
```

목표 이클립스로 간단한 자바 프로그램 작성 연습.
System.out.println() 써보기

2. 이클립스를 이용하여 화면에 "Sorry~~"을 출력하는 자바 프로그램을 작성하라. 작업 공간(workspace)은 C:\Temp로 하고, 프로젝트 이름은 **1-2**로 한다. 클래스 이름은 Sorry로 한다. 난이도 하

```
Sorry~~
```

목표 이클립스로 간단한 자바 프로그램 작성 연습.
System.out.println() 써보기

3. 이클립스를 이용하여 화면에 "1 2 3 4 5 6 7 8 9"를 출력하는 자바 프로그램을 작성하라. 작업 공간(workspace)은 C:\Temp로 하고, 프로젝트 이름은 **1-3**로 한다. 클래스 이름은 One2Nine으로 한다. 난이도 중

```
1 2 3 4 5 6 7 8 9
```

02

자바 기본 프로그래밍

2.1 자바 프로그램의 구조

2.2 식별자

2.3 자바의 데이터 타입

2.4 자바의 키 입력

2.5 연산자

2.6 조건문

02

자바 기본 프로그래밍

2.1 자바 프로그램의 구조

자바 프로그램의 기본 구조와 그 요소들을 설명하기 위해 예제 2-1에 Hello.java 코드를 준비하였다. 이 코드를 중심으로 자바 프로그램의 구성 요소를 하나씩 설명해보자.

예제 2-1 **Hello, 자바 프로그램의 기본 구조**

다음 코드를 보면서 자바 프로그램의 기본 구성을 알아보자.

```
1   /*
2   * 소스 파일 : Hello.java
3   */
4   public class Hello {
5
6       public static int sum(int n, int m) {
7           return n + m;                          } 메소드
8       }
9
10      // main() 메소드에서 실행 시작
11      public static void main(String[] args) {
12          int i = 20;
13          int s;
14          char a;
15
16          s = sum(i, 10);             // 메소드 호출          메소드
17          a = '?';
18          System.out.println(a);      // 문자 '?' 출력
19          System.out.println("Hello"); // "Hello" 문자열 출력
20          System.out.println(s);       // 정수 s 값 30 출력
21      }
22  }
```

실행 결과

```
?
Hello
30
```

● 클래스 만들기

자바에서는 클래스를 만들고, 그 안에 변수, 상수, 함수(메소드) 등 모든 프로그램 요소를 작성한다. 다음은 Hello 이름의 클래스를 선언하는 예이다.

```java
public class Hello {
    ...
}
```

class 키워드로 클래스 이름을 선언하고 '{'와 '}' 사이에 변수와 메소드(함수) 코드를 작성한다. public은 다른 클래스에서 Hello 클래스를 자유롭게 참조할 수 있다는 선언이다.

● 주석문

주석문은 개발자가 프로그램에 대한 설명이나 특이 사항 등을 자유롭게 덧붙일 때 사용하며, 자바에서는 다음 두 가지 종류의 주석문이 있다.

```java
// 한 라인 주석. 행이 끝날 때까지 주석으로 처리
/*
    여러 라인 주석으로 /*와 */로 구성
    .....................
*/
```

● main() 메소드

자바 프로그램은 main() 메소드에서부터 실행을 시작한다.

```java
public static void main(String[] args) {
    ...
}
```

main()은 반드시 public static void로 선언되어야 하며, 한 클래스는 두 개 이상의 main()을 가질 수 없다. 보통 실행을 시작할 클래스에만 main()을 작성하기 때문에 모든 클래스가 main()을 가지는 것은 아니다.

● 메소드

C/C++ 함수를 자바에서는 메소드(method)라고 부르며, 작성 방법이나 호출 방법은 C/C++ 함수와 거의 같지만, 반드시 클래스 내에 작성되어야 한다. 다음은 메소드 sum()을 선언한다.

```
public static int sum(int n, int m) {  // 매개변수 n, m
    return n + m;  // n과 m의 합 리턴
}
```

● 메소드 호출

다음은 변수 i의 값과 정수 10을 매개변수로 넘겨주는 sum() 호출문의 사례이다.

```
s = sum(i, 10);  // sum() 메소드의 매개변수 n, m에 각각 i 값과 10 전달
```

● 변수 선언

변수란 데이터를 저장하는 공간이며 사용 및 선언 방법이 C/C++와 동일하다.

```
int i=20;  // 정수를 저장하는 변수 i 선언. 20으로 초기화
char a;  // 문자 하나를 저장할 변수 a 선언
```

● 문장

자바에서 모든 문장은 C/C++와 동일하게 다음과 같이 ';'로 끝나야 한다.

```
int i=20;
s = sum(i, 20);
```

● 화면 출력

정수, 문자, 문자열 등 데이터를 화면에 출력하기 위해 System.out.println()을 이용하며, 사용 예는 다음과 같다. System.out.println()은 출력 후 다음 행으로 이동하지만, System.out.print()를 사용하면 출력 후 다음 줄로 넘어가지 않는다.

```
System.out.println("Hello"); // "Hello" 문자열 출력
```

CHECK TIME

1 자바에서 클래스 바깥에 선언될 수 있는 것은?

① 변수 ② 상수 ③ 메소드 ④ 전역변수 ⑤ ①~④ 모두 가능 ⑥ ①~④ 모두 불가

2 다음 main() 메소드 선언에서 잘못된 것은?

```
static void main(String[] args) {
}
```

3 화면에 "Hi"를 출력하는 클래스 Hi를 작성하라.

2.2 식별자

식별자(identifier)란 클래스, 변수, 상수, 메소드에 붙이는 이름을 말한다.

식별자

식별자 이름 규칙

자바에서 식별자를 만들 때 다음 규칙을 준수하여야 한다.

- 특수문자(%, *, &, @, ^ 등), 공백(탭, space 등)은 식별자로 사용할 수 없으나 '_', '$'는 예외다.
- 식별자로 한글을 사용할 수 있다.
- if, while, class 등 자바 언어의 키워드는 식별자로 사용할 수 없다.
- 식별자의 첫 번째 문자로 숫자는 사용할 수 없다.
- true, false, null은 식별자로 사용할 수 없다.
- 대소문자를 구별한다.
- 길이 제한이 없다.

다음은 식별자로 사용할 수 있는 예이다.

```
int     name;
char    student_ID;  // '_' 사용 가능
void    $func() { }  // '$' 사용 가능
class   Monster3 { } // 숫자 사용 가능
int     whatsYourNameMyNameIsKitae;   // 길이 제한 없음
int     barChart; int barchart;  // 대소문자 구분. barChart와 barchart는 다른 이름
int     가격;  // 한글 식별자 사용 가능
```

다음은 식별자로 사용할 수 없는 예이다.

```
int     3Chapter;  // 식별자의 첫 번째 문자로 숫자 사용 불가
class   if { }  // 자바의 예약어 if 사용 불가
char    false;  // false 사용 불가
void    null() { }  // null 사용 불가
class   %calc { }   // 특수문자 '%' 사용 불가
```

2.3 자바의 데이터 타입

데이터 타입

데이터 타입(data type)이란 자바에서 다룰 수 있는 데이터의 종류를 말한다. 자바 언어는 다음과 같이 총 9개 타입의 데이터를 다룰 수 있다.

● 기본 타입(basic type): 8개

* boolean, char, byte, short, int, long, float, double

● 레퍼런스 타입(reference type): 1개

레퍼런스 타입

레퍼런스 타입은 한 가지이지만 다음 세 경우로 이용된다.

* 배열에 대한 레퍼런스
* 클래스(class)에 대한 레퍼런스
* 인터페이스(interface)에 대한 레퍼런스

레퍼런스 포인터

레퍼런스란 C/C++의 포인터와 비슷한 개념이다. 그러나 C/C++처럼 실제 주소 값을 가지는 것은 아니다. 레퍼런스는 지금 다루기에 조금 어려운 개념이므로, '배열에 대한 레퍼런스'는 배열에 대한 주소 값 정도로, '클래스에 대한 레퍼런스'는 객체에 대한 주소 값 정도로 생각하고 넘어가는 것이 좋겠다. 레퍼런스는 뒤에서 클래스나 배열을 다룰 때 자세히 설명한다.

자바의 기본 타입

[그림 2-1]은 자바의 기본 타입과 메모리 공간, 데이터 값의 범위를 보여준다. 정수를 저장하는 타입은 byte, short, int, long의 4개이고, 실수는 float, double의 두 타입을 사용한다. 타입마다 크기가 다르기 때문에 다루는 값의 범위에 따라 적절한 타입을 선택해야 한다.

유니코드

문자는 char 타입으로 저장하며 크기는 2바이트이다. char가 1바이트인 C/C++와 달리 자바의 char가 2바이트인 이유는, 자바에서는 문자를 2바이트로 표준화된 유니코드(Unicode) 체계를 사용하기 때문이다. 자바에서는 한글, 영문 할 것 없이 문자 하나당 2바이트 코드가 사용되므로 영어와 한글이 섞인 경우 문자 다루기가 C/C++보다 편리하다.

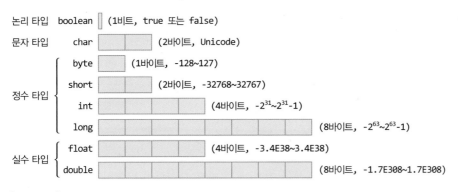

[그림 2-1] 자바의 8개 기본 타입

> **잠깐!   유니코드**
>
> 유니코드(Unicode)는 전 세계의 모든 문자를 표현하기 위해, 문자당 2바이트의 산업 표준 코드 체계로 유니코드 협회(Unicode Consortium)가 제정한다. 유니코드에는 **ISO 10646** 문자 집합, 문자 인코딩, 문자 정보 데이터베이스, 문자를 처리하기 위한 알고리즘 등이 포함되어 있다.

문자열

자바에서 문자열은 기본 타입에 속하지 않으며, JDK에서 제공하는 String 클래스를 이용한다. String 클래스와 문자열의 자세한 것은 6장에서 설명한다.

문자열
String 클래스

```java
String toolName="JDK";
```

그리고 자바에서는 다음과 같이 문자열과 기본 타입의 + 연산으로 문자열을 연결한 새로운 문자열을 생성한다.

+ 연산

```java
toolName + 1.8            -> "JDK1.8"
"(" + 3 + "," + 5 + ")"   -> "(3,5)"
System.out.println(toolName + "이 출시됨");  // "JDK1.8이 출시됨" 출력
```

변수와 선언

변수는 데이터를 저장하는 공간이다. 따라서 변수를 선언하면 변수의 타입 크기에 맞는 메모리 공간이 할당된다. 변수는 [그림 2-2]와 같이 선언한다.

변수

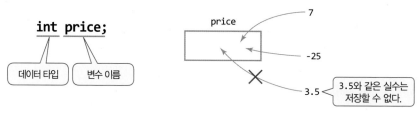

[그림 2-2] 변수 선언과 변수 공간

　　동일한 타입의 변수를 여러 개 선언할 때 콤마로 분리하여 나열하고, 선언 시에 초깃값을 지정할 수 있다.

```
int radius;
double weight = 75.56;  // weight 변수의 초깃값으로 75.56 지정
char c1, c2, c3='a';  // 3개의 변수를 한 번에 선언하고, c3을 'a'로 초기화
```

리터럴(literal)

리터럴

리터럴이란 프로그램에 직접 표현한 값을 말한다. 정수, 실수, 문자, 논리, 문자열 타입 모두 리터럴이 있으며 예를 들면 다음과 같다.

```
34, 42.195, '%', true, "hello"
```

●정수 리터럴

정수 리터럴

정수 리터럴은 〈표 2-1〉과 같이 4가지 유형이 있으며 변수와 함께 사용하면 다음과 같다.

```
int n = 15; // 십진수 15
int m = 015; // 015는 8진수로서 십진수 13
int k = 0x15; // 0x15는 16진수로서 십진수 21
int b = 0b0101; // 0b0101은 2진수로서 십진수 5
```

〈표 2-1〉 정수 리터럴의 4가지 유형과 사례

유형	설명	사례
10진수	0으로 시작하지 않는 수	15 -> 십진수 15
8진수	0으로 시작하는 수	015 -> 십진수로 계산하면 13(1x8+5=13)
16진수	0x로 시작하는 수	0x15 -> 십진수로 계산하면 21(1x16+5=21)
2진수	0b로 시작하는 수	0b0101 -> 십진수로 계산하면 5

자바에서 정수 리터럴은 int 타입으로 컴파일한다. 정수 리터럴을 long 타입으로 지정하고자 하면 숫자 뒤에 L 또는 l을 붙이면 된다. 예를 들면 다음과 같다.

```
long g = 24L; // 24L은 24l과 동일
```

● 실수 리터럴

실수 리터럴은 소수점 형태나 지수(exponent) 형태로 실수를 표현한 값이다.

실수 리터럴

```
12. 12.0 .1234 0.1234 1234E-4
```

실수 리터럴은 double 타입으로 자동 처리되며, 변수와 함께 쓰면 다음과 같다.

```
double d = 0.1234;
double e = 1234E-4; // 1234E-4 = 1234x10⁻⁴이므로 0.1234와 동일
```

숫자 뒤에 f 또는 F를 붙이면 float 타입으로, d 또는 D를 붙이면 double 타입으로 강제 변환할 수 있다.

```
float f = 0.1234f; // f = 0.1234로 하면 컴파일 오류. 0.1234는 본래 double 타입
double w = .1234D; // .1234D와 .1234는 동일
```

● 문자 리터럴

문자 리터럴은 단일 인용부호('')로 문자를 표현하거나 \u 다음에 문자의 유니코드 값을 사용하여 표현한다. 예들 들면 다음과 같다.

문자 리터럴

```
'a', 'W', '가', '*', '3', '글'
```

문자 리터럴을 변수와 함께 쓰면 다음과 같다.

```
char a = 'W';
char b = '글';
char c = \uae00; // '글'의 유니코드 값(ae00) 사용
```

특수문자 리터럴도 있다. 백슬래시(\) 다음에 특수 기호를 붙여서 표현하며, 이를 이스케이프 시퀀스(escape sequence)라고도 한다. 〈표 2-2〉와 같다.

특수문자 리터럴

〈표 2-2〉 특수문자 리터럴

특수문자 리터럴	의미	특수문자 리터럴	의미
`'\b'`	백스페이스(backspace)	`'\r'`	캐리지 리턴(carriage return)
`'\t'`	탭(tab)	`'\"'`	이중 인용부호(double quote)
`'\n'`	라인피드(line feed)	`'\''`	단일 인용부호(single quote)
`'\f'`	폼피드(form feed)	`'\\'`	백슬래시(backslash)

●논리 타입 리터럴과 boolean 타입

논리 타입 리터럴

true

false

논리 타입 리터럴은 true, false 두 개밖에 없고 **boolean** 타입의 변수에 직접 치환하거나 조건문에 사용한다. true와 false를 사용하는 예는 다음과 같다.

```
boolean a = true;
boolean b = 10 > 0;  // 10>0가 참이므로 b 값은 true
오류 boolean c = 1;  // 타입 불일치 오류. C/C++와 달리 자바에서 1, 0을 참, 거짓으로 사용 불가
while(true) {  // 무한 루프
    ...
}
```

Tip **기본 타입 이외의 리터럴**

자바에서 기본 타입 리터럴 외에 자주 사용되는 두 가지 리터럴이 더 있다.

① null 리터럴
null은 기본 타입에 사용될 수 없고 객체 레퍼런스에 대입된다.

```
오류 int n = null; // 오류. 기본 타입에 null 값을 지정할 수 없다.
   String str = null;  // 정상
```

② 문자열(String) 리터럴
문자열 리터럴은 **"Hello"**와 같이 이중 인용부호로 묶어 표현한다.

```
"Good", "Morning", "자바", "3.19", "26", "a"
String str = "Good";
```

var 키워드로 타입을 생략하고 변수 선언

다음은 지금까지 타입을 지정하여 변수를 선언하는 전형적인 예이다.

```
int price = 200;
String name = "kitae";
```

Java 10부터는 var 키워드를 사용하여 변수의 타입을 생략하고 간단히 변수를 선언할 수 있다. 컴파일러는 var 키워드로 선언된 문장을 추론하여 변수의 타입을 자동으로 결정한다. 다음은 var를 사용하는 사례이다.

var

```
var price = 200;              // price는 int 타입으로 결정
var name = "kitae";           // name은 String 타입으로 결정
var pi = 3.14;                // pi는 double 타입으로 결정
var point = new Point();      // point는 Point 타입으로 결정
var v = new Vector<Integer>(); // v는 Vector<integer> 타입으로 결정(7장 참조)
```

변수 선언문에 초깃값이 주어지지 않으면 오류가 발생하며, var 키워드는 지역 변수에만 한정되는 것을 잊지 말기 바란다.

오류　`var name; // 컴파일 오류. 초깃값이 주어지지 않아 변수 name의 타입을 추론할 수 없음`

---

var 키워드를 사용하여 변수 선언　예제 2-2

```
1  public class Var {
2    public static void main(String[] args) {
3      var price = 200;     // price는 int 타입으로 결정
4      var name = "kitae"; // name은 String 타입으로 결정
5      var pi = 3.14;       // pi는 double 타입으로 결정
6
7      System.out.println("price = " + (price + 1000));
8      System.out.println("name = " + name);
9      System.out.println("pi = " + pi*10);
10   }
11 }
```

→ 실행 결과

```
price = 1200
name = kitae
pi = 31.4
```

상수

리터럴을 상수로 선언하면 변수처럼 표현 가능하다. 상수는 final 키워드를 사용하여 선언하며, [그림 2-3]은 원주율 3.141592 리터럴을 상수 PI로 선언한 사례이다.

[그림 2-3] 실수 타입 상수 PI 선언

프로그램에 3.141592를 사용하는 것보다 PI를 사용하는 것이 훨씬 편하다. 상수는 선언 시 값이 초기화되면 더 이상 변경할 수 없다. 상수는 5장에서 배울 static 키워드를 붙여 선언하는 것이 더욱 바람직하다.

```java
static final double PI = 3.141592; // static 키워드를 붙이는 것이 바람직함
```

예제 2-3   **변수, 리터럴, 상수 사용하기**

원의 면적을 계산하여 출력하는 프로그램을 작성하라.

```java
1  public class CircleArea {
2    public static void main(String[] args) {
3      final double PI = 3.14;              // 원주율을 상수로 선언
4      double radius = 10.2;                // 원의 반지름
5      double circleArea = radius*radius*PI; // 원의 면적 계산
6
7      // 원의 면적을 화면에 출력한다.
8      System.out.print("반지름 " + radius + ", ");
9      System.out.println("원의 면적 = " + circleArea);
10   }
11 }
```

→ 실행 결과

반지름 10.2, 원의 면적 = 326.68559999999997

타입 변환

타입 변환이란 변수나 상수 혹은 리터럴을 다른 타입으로 변환하는 것을 말한다.

타입 변환

●자동 타입 변환

다음과 같이 치환문(=)이나 수식 내에서 타입이 일치하지 않을 때, 컴파일러는 작은 타입을 큰 타입으로 자동 변환한다.

자동 변환

```
long m = 25;   // 리터럴 25는 int 타입으로서 long 타입으로 자동 변환
double d = 3.14 * 10;   // 실수 연산을 하기 위해 10이 10.0으로 자동 변환
```

●강제 타입 변환

다음 코드를 보자.

```
int n = 300;
byte b = n;   // 컴파일 오류. int 타입은 byte 타입으로 자동 변환 안 됨
```
오류

n(300)을 byte 타입(0~255 범위)으로 자동 변환하게 되면, 변수 b에 300이 저장되지 않고 44(300%256=44)가 저장되어 손실이 발생한다. 그러므로 컴파일러는 이 경우와 같이 큰 타입을 작은 타입으로 변환해야 할 때 자동 변환 대신 컴파일 오류를 발생시킨다.

손실

개발자가 손실이 발생한다는 사실을 알고도 변환하기를 원한다면, 다음과 같이 () 안에 타입을 강제로 지정해야 한다.

```
byte b = (byte)n;   // n을 byte 타입으로 강제 변환. b = 44
```

강제 변환의 결과, 300에서 256을 초과한 만큼, 즉 300%256=44가 변수 b에 저장되어 데이터 손실이 발생한다.

강제 변환

마찬가지로 다음 코드에도 실수가 정수로 강제 변환됨에 따라 소수점 이하의 손실이 발생한다.

```
double d = 1.9;
int n = (int)d;   // 강제 타입 변환으로 n은 1이 됨
```

강제 타입 변환을 캐스팅(casting)이라고도 부른다.

캐스팅

예제 2-4

타입 변환

자동 타입 변환과 강제 타입 변환이 들어 있는 코드이다. 실행 결과는 무엇인가?

```java
public class TypeConversion {
    public static void main(String[] args) {
        byte b = 127;
        int i = 100;
        System.out.println(b+i); // b가 int 타입으로 자동 변환
        System.out.println(10/4);
        System.out.println(10.0/4); // 4가 4.0으로 자동 변환
        System.out.println((char)0x12340041);     하위 2바이트, 0x0041은 문자 'A'
        System.out.println((byte)(b+i));      227은 16진수로 0xE3, 즉 -29
        System.out.println((int)2.9 + 1.8);
        System.out.println((int)(2.9 + 1.8));
        System.out.println((int)2.9 + (int)1.8);
    }
}
```

◀─ 실행 결과

227
2
2.5
A
-29
3.8
4
3

CHECK TIME

1 다음 중 자바의 기본 타입은?

① byte   ② Double   ③ bool   ④ String

2 값이 365인 YEAR, 30인 MONTH, 7인 WEEK를 int 타입 상수로 선언하라.

3 다음 중 기본 타입의 리터럴이 아닌 것은?

```
'가', 012, 0x1A, "a", '\b', true, 0.23E-4
```

2.4 자바의 키 입력

System.in

System.in
표준 입력 스트림 객체

System.in은 [그림 2-4]와 같이 키보드 장치와 직접 연결되는 표준 입력 스트림 객체로, 키 값을 바이트 정보로 바꾸어 제공하는 저수준(low-level) 스트림 객체이다. 키보드 입력을 받기 위해 System.in을 직접 사용하면 읽은 바이트 정보를 응용프로그램이 문자나 숫자로 변환해야 하는 번거로움이 있다. 그러므로 키보드에서 입력된 키

를 문자나 정수, 실수, 문자열 등 사용자가 원하는 타입으로 변환해주는 고수준(high-level) 스트림 클래스 Scanner를 사용할 것을 권한다. Scanner는 키 입력을 위한 목적으로 자바 패키지에서 제공되는 클래스이다.

Scanner

Scanner를 이용한 키 입력

지금부터 Scanner를 이용하여 키 입력 받는 방법을 알아보자.

●Scanner 객체 생성

Scanner 객체는 다음과 같이 생성한다.

```
Scanner scanner = new Scanner(System.in);
```

scanner 객체는 [그림 2-4]와 같이 System.in으로 하여금 키보드로부터 입력을 받게 하고, System.in이 반환하는 바이트 스트림을 응용프로그램의 입맛에 따라 문자, 문자열, 정수, 실수 등으로 변환하여 리턴한다.

[그림 2-4] scanner 객체, System.in 그리고 응용프로그램 사이의 관계

●import 문 필요

Scanner를 사용하기 위해서는 프로그램의 맨 앞줄에 다음 import 문이 필요하다.

import 문

```
import java.util.Scanner;
```

import 문은 Scanner 클래스의 경로명이 java.util.Scanner임을 알려준다. 이 import 문이 없으면 자바 컴파일러가 Scanner 클래스 코드가 어디에 있는지 찾을 수 없다.

●Scanner 클래스로 키 입력받기

Scanner 클래스는 사용자가 입력하는 키 값을 공백('\f', '\r', ' ', '\n')으로 구분되는 토큰 단위로 읽는다. 예를 들어, [그림 2-5]와 같이 사용자가 "Kim Seoul 20 65.1 true"를 입력하면, Scanner는 빈칸으로 끊어서 "Kim", "Seoul", "20", "65.1", "true"

공백
토큰 단위

의 토큰 단위로 읽는다. 응용프로그램은 〈표 2-3〉에 보이는 Scanner 클래스의 메소드를 호출하여 각 토큰을 원하는 타입으로 변환하여 얻어낼 수 있다.

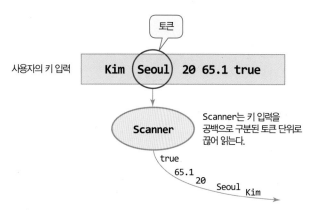

```
Scanner scanner = new Scanner(System.in);
String name = scanner.next(); // "Kim"
String city = scanner.next(); // "Seoul"
int age = scanner.nextInt(); // 20
double weight = scanner.nextDouble(); // 65.1
boolean single = scanner.nextBoolean(); // true
```

[그림 2-5] Scanner를 이용한 키 입력

〈표 2-3〉 Scanner 클래스의 주요 메소드

메소드	설명
String next()	다음 토큰을 문자열로 리턴
byte nextByte()	다음 토큰을 byte 타입으로 리턴
short nextShort()	다음 토큰을 short 타입으로 리턴
int nextInt()	다음 토큰을 int 타입으로 리턴
long nextLong()	다음 토큰을 long 타입으로 리턴
float nextFloat()	다음 토큰을 float 타입으로 리턴
double nextDouble()	다음 토큰을 double 타입으로 리턴
boolean nextBoolean()	다음 토큰을 boolean 타입으로 리턴
String nextLine()	'\n'을 포함하는 한 라인을 읽고 '\n'을 버린 나머지만 문자열로 리턴
void close()	Scanner의 사용 종료
boolean hasNext()	현재 입력된 토큰이 있으면 true, 아니면 새로운 입력 때까지 무한정 대기. 새로운 입력이 들어올 때 true 리턴. crtl-z 키가 입력되면 입력 끝이므로 false 리턴

● Scanner 스트림 닫기

Scanner의 사용을 종료하려면 다음과 같이 닫아 준다.

```
scanner.close();
```

응용프로그램에서 Scanner를 닫는 코드가 없으면 컴파일 시에 경고(warning)가 발생하지만, 실행하는 데는 특별히 문제가 없다. 프로그램이 종료되면 자동으로 닫힌다.

Scanner를 이용한 키 입력 연습　　예제 2-5

Scanner 클래스를 이용하여 이름, 도시, 나이, 체중, 독신 여부를 입력받고, 다시 출력하는 프로그램을 작성하라.

Scanner 클래스를 이용하여 문자열, 정수, 실수, 불린 값을 읽는 법을 연습할 수 있다.

```java
1   import java.util.Scanner;
2   public class ScannerEx {
3      public static void main(String args[])  {
4         System.out.println("이름, 도시, 나이, 체중, 독신 여부를 빈칸으로 분리하여 입력하세요");
5
6         Scanner scanner = new Scanner(System.in);
7         String name = scanner.next(); // 문자열 토큰 읽기
8         System.out.println("당신의 이름은 " + name + "입니다.");
9         String city = scanner.next(); // 문자열 토큰 읽기
10        System.out.println("당신이 사는 도시는 " + city + "입니다.");
11        int age = scanner.nextInt(); // 정수 토큰 읽기
12        System.out.println("당신의 나이는 " + age + "살입니다.");
13        double weight = scanner.nextDouble(); // 실수 토큰 읽기
14        System.out.println("당신의 체중은 " + weight + "kg입니다.");
15        boolean single = scanner.nextBoolean(); // 논리 토큰 읽기
16        System.out.println("당신은 독신 여부는 " + single + "입니다.");
17
18        scanner.close(); // scanner 스트림 닫기
19     }
20  }
```

→ 실행 결과

이름, 도시, 나이, 체중, 독신 여부를 빈칸으로 분리하여 입력하세요.
Kim Seoul 20 65.1 true ◁ 키 입력
당신의 이름은 Kim입니다.
당신이 사는 도시는 Seoul입니다.
당신의 나이는 20살입니다.
당신의 체중은 65.1kg입니다.
당신은 독신 여부는 true입니다.

2.5 연산자

식과 연산자

연산

주어진 식(expression)을 계산하여 결과를 얻어내는 과정을 연산이라고 한다. [그림 2-6]은 3개의 식과 연산자, 피연산자를 보여준다. 자바의 연산 종류와 연산자는 〈표 2-4〉와 같이 다양하다.

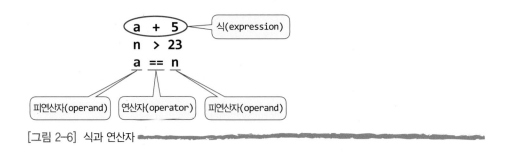

[그림 2-6] 식과 연산자

〈표 2-4〉 자바의 연산 종류와 연산자

연산의 종류	연산자
증감	++ --
산술	+ - * / %
시프트	>> << >>>
비교	> < >= <= == !=
비트	& | ^ ~
논리	&& || ! ^
조건	? :
대입	= *= /= += -= &= ^= |= <<= >>= >>>=

산술 연산

수식 계산에 사용하는 산술 연산자는 더하기(+), 빼기(-), 곱하기(*), 나누기(/), 나머지(%)의 5개다. /는 몫을 구하며, %는 나머지를 구한다. 예를 들어, 정수 69를 이루는 10의 자리수와 1의 자리수를 분리하려면 다음과 같이 하면 된다.

69/10 = 6 ← 몫 6
69%10 = 9 ← 나머지 9

% 연산자는 또 다음과 같이 정수 x가 홀수인지 짝수인지 구분할 때 사용한다.

```
int r = n % 2;  // r이 1이면 n은 홀수, 0이면 짝수
```

또한 n의 값이 3의 배수인지 확인하기 위해 다음 코드를 사용한다.

```
int s = n % 3;  // s가 0이면 n은 3의 배수
```

/와 % 산술 연산자 응용

예제 2-6

초단위의 정수를 입력받고, 몇 시간, 몇 분, 몇 초인지 구하여 출력하는 프로그램을 작성하라.

```java
1  import java.util.Scanner;
2  public class ArithmeticOperator {
3     public static void main(String[] args) {
4        Scanner scanner = new Scanner(System.in);
5
6        System.out.print("정수를 입력하세요:");
7        int time = scanner.nextInt(); // 정수 입력
8        int second = time % 60; // 60으로 나눈 나머지는 초
9        int minute = (time / 60) % 60; // 60으로 나눈 몫을 다시 60으로 나눈 나머지는 분
10       int hour = (time / 60) / 60; // 60으로 나눈 몫을 다시 60으로 나눈 몫은 시간
11
12       System.out.print(time + "초는 ");
13       System.out.print(hour + "시간, ");
14       System.out.print(minute + "분, ");
15       System.out.println(second + "초입니다.");
16       scanner.close();
17    }
18 }
```

→ 실행 결과

정수를 입력하세요:4000
4000초는 1시간, 6분, 40초입니다.

증감 연산

증감 연산자는 〈표 2–5〉와 같이 ++, --의 두 가지이며, 피연산자의 앞 또는 뒤에 붙어 값을 1 증가시키거나 1 감소시킨다.

```
int a = 1;
a++;      // a 값 1 증가. a는 2
++a;      // 다시 a 값 1 증가. a는 3
```

연산자가 변수의 앞에 붙을 때 전위 연산자라고 부르고, 뒤에 붙을 때 후위 연산자라고 부른다. 이 둘은 모두 1 증가시키는 연산을 실행하지만 연산 결과로 반환하는 값은 서로 다르다. [그림 2–7]과 같이 전위 연산자의 경우, ++a가 계산되어 a는 2가 되고 ++a의 연산 결과로 2를 반환하여, a, b 모두 2가 된다. 하지만 a++의 경우, a++가 계산되어 a의 값은 2가 되지만, 증가되기 전 a 값을 반환하여 b의 값이 1이 된다.

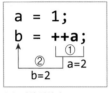

(a) 전위 연산자

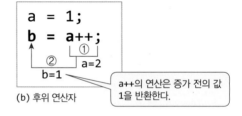

(b) 후위 연산자

[그림 2–7] 증감 연산 과정

〈표 2–5〉 증감 연산자

연산자	내용	연산자	내용
a++	a를 1 증가하고 증가 전의 값 반환	++a	a를 1 증가하고 증가된 값 반환
a--	a를 1 감소하고 감소 전의 값 반환	--a	a를 1 감소하고 감소된 값 반환

대입 연산

대입 연산자는 〈표 2–6〉과 같으며, 연산자의 오른쪽 식의 결과를 왼쪽에 있는 변수에 대입한다. 대입 연산의 예는 다음과 같다.

```
int a = 1, b = 3;
a = b;  // b 값을 a에 대입하여 a=3
a += b; // a = a + b의 연산이 이루어져, a=6. b는 3 그대로
```

〈표 2–6〉 대입 연산자

대입 연산자	내용	대입 연산자	내용
a = b	b의 값을 a에 대입	a &= b	a = a & b와 동일
a += b	a = a + b와 동일	a ^= b	a = a ^ b와 동일
a -= b	a = a - b와 동일	a |= b	a = a | b와 동일
a *= b	a = a * b와 동일	a <<= b	a = a << b와 동일
a /= b	a = a / b와 동일	a >>= b	a = a >> b와 동일
a %= b	a = a % b와 동일	a >>>= b	a = a >>> b와 동일

대입 연산자와 증감 연산자 사용하기   예제 2-7

다음 코드의 실행 결과는 무엇인가?

```
1   public class AssignmentIncDecOperator {
2     public static void main(String[] args) {
3       int a=3, b=3, c=3;
4       // 대입 연산자 사례
5       a += 3; // a=a+3 = 6
6       b *= 3; // b=b*3 = 9
7       c %= 2; // c=c%2 = 1
8       System.out.println("a=" + a + ", b=" + b + ", c=" + c);
9
10      int d=3;
11      // 증감 연산자 사례
12      a = d++; // a=3, d=4
13      System.out.println("a=" + a + ", d=" + d);
14      a = ++d; // d=5, a=5
15      System.out.println("a=" + a + ", d=" + d);
16      a = d--; // a=5, d=4
17      System.out.println("a=" + a + ", d=" + d);
18      a = --d; // d=3, a=3
19      System.out.println("a=" + a + ", d=" + d);
20    }
21  }
```

→ 실행 결과

```
a=6, b=9, c=1
a=3, d=4
a=5, d=5
a=5, d=4
a=3, d=3
```

비교 연산, 논리 연산

비교 연산자

비교 연산자는 두 개의 피연산자를 비교하여 true 또는 false의 논리 결과를 내는 연산자이며, 논리 연산자는 논리 값을 대상으로 AND, OR, XOR, NOT의 논리 연산을 하여 논리 값을 내는 연산자이다. 〈표 2-7〉은 비교 연산자를 〈표 2-8〉은 논리 연산자를 각각 보여준다.

〈표 2-7〉 비교 연산자

비교 연산자	내용	비교 연산자	내용
a < b	a가 b보다 작으면 true	a >= b	a가 b보다 크거나 같으면 true
a > b	a가 b보다 크면 true	a == b	a가 b와 같으면 true
a <= b	a가 b보다 작거나 같으면 true	a != b	a가 b와 같지 않으면 true

〈표 2-8〉 논리 연산자(a, b 모두 boolean 타입)

논리 연산자	내용
! a	a가 true이면 false, false이면 true
a ^ b	a와 b의 XOR 연산. a, b가 같으면 false
a || b	a와 b의 OR 연산. a와 b 모두 false인 경우만 false
a && b	a와 b의 AND 연산. a와 b 모두 true인 경우만 true

비교 논리 연산자를 복합적으로 사용할 수 있다. 예를 들어 보자.

```
(age >= 20) && (age < 30)              // 나이(int age)가 20대인 경우
(c >= 'A') && (c <= 'Z')               // 문자(char c)가 대문자인 경우
(x>=0) && (y>=0) && (x<=50) && (y<=50) // (x,y)가 (0,0)과 (50,50)의 사각형 내에 있음
```

위의 첫 번째 코드를 다음과 같이 하는 오류를 범하지 않도록 주의하기 바란다.

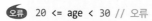 20 <= age < 30 // 오류

조건 연산

조건 연산자
삼항 연산자

조건 연산자는 세 개의 피연산자로 구성되어 삼항(ternary) 연산자라고도 하며, 형식은 다음과 같다.

```
condition ? opr2 : opr3
```

비교 연산자와 논리 연산자 사용하기

다음 코드의 실행 결과는 무엇인가?

```
1  public class LogicalOperator {
2    public static void main(String[] args) {
3      System.out.println('a' > 'b');
4      System.out.println(3 >= 2);
5      System.out.println(-1 < 0);
6      System.out.println(3.45 <= 2);
7      System.out.println(3 == 2);
8      System.out.println(3 != 2);
9      System.out.println(!(3 != 2));
10     System.out.println((3 > 2) && (3 > 4));
11     System.out.println((3 != 2) || (-1 > 0));
12     System.out.println((3 != 2) ^ (-1 > 0));
13   }
14 }
```

→ 실행 결과

```
false
true
true
false
false
true
false
false
true
true
```

앞의 식에서 조건문 condition이 true이면 전체 식의 값은 opr2의 값이 되고, false이면 opr3의 값이 된다. 예를 들어, 다음 문장은 x와 y 중 큰 값을 big에 대입하는 문이다.

```
int x=5, y=3;
int big = (x>y)?x:y; // x가 y보다 크기 때문에 x값 5가 big에 대입된다.
```

조건 연산자 사용하기

다음 코드의 실행 결과는 무엇인가?

```
1  public class TernaryOperator {
2    public static void main(String[] args) {
3      int a = 3, b = 5;
4
5      System.out.println("두 수의 차는 " + ((a>b)?(a-b):(b-a)));
6    }
7  }
```

→ 실행 결과

두 수의 차는 2

비트 연산

비트 연산은 비트끼리 AND, OR, XOR, NOT 연산을 하는 비트 논리 연산과, 비트를 오른쪽이나 왼쪽으로 이동시키는 비트 시프트 연산이 있다.

●비트 개념

비트 연산자(bit operator)를 설명하기 전에, 비트에 대해 간단히 알아보자. 컴퓨터의 모든 정보는 0과 1 값만 가지는 2진수로 다루어지고 저장된다. 2진수의 한 자리를 비트(bit)라 부르며, 8개의 비트를 바이트(byte)라고 한다. 십진수 10을 한 바이트로 표현하면 00001010이다. [그림 2-8]은 byte 타입의 변수 x에 10이 저장된 모양을 보여준다.

```
byte x = 10;        x 0 0 0 0 1 0 1 0
```

바이트

비트

[그림 2-8] 2진수 비트와 바이트

●비트 논리 연산

비트 논리 연산은 피연산자의 각 비트들끼리 이루어지는 AND, OR, XOR, NOT의 논리 연산으로 〈표 2-9〉와 같이 총 4개의 연산자가 있으며, [그림 2-9]는 비트 논리 연산의 사례를 보여준다.

　　비트 연산자의 사용 사례를 한 가지 들어보자. 어떤 비트가 1인지를 검사할 때 &(AND) 연산자를 이용한다. 예를 들어, 다음과 같이 변수 flag는 냉장고에 있는 8개의

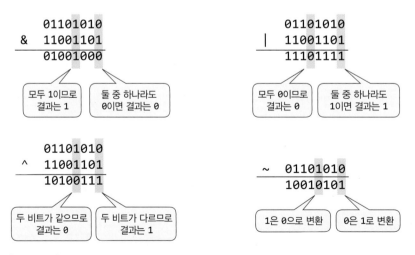

```
      01101010               01101010
  &   11001101           |   11001101
      01001000               11101111
```
모두 1이므로 결과는 1 / 둘 중 하나라도 0이면 결과는 0

모두 0이므로 결과는 0 / 둘 중 하나라도 1이면 결과는 1

```
      01101010
  ^   11001101               ~  01101010
      10100111                  10010101
```
두 비트가 같으므로 결과는 0 / 두 비트가 다르므로 결과는 1

1은 0으로 변환 / 0은 1로 변환

[그림 2-9] 비트 논리 연산 사례

〈표 2-9〉 비트 논리 연산자

연산자	별칭	내용
a & b	AND 연산	두 비트 모두 1이면 1, 그렇지 않으면 0
a | b	OR 연산	두 비트 모두 0이면 0, 그렇지 않으면 1
a ^ b	XOR 연산	두 비트가 다르면 1, 같으면 0
~ a	NOT 연산	1을 0으로, 0을 1로 변환

센서 값을 가지고 있고, 0도 이상이면 비트 3이 1이라고 할 때, 냉장고의 온도가 0도 이상인지 판별하는 코드는 다음과 같다.

```java
byte flag = 0b00001010; // 각 비트는 8개의 센서 값을 가리킴
if(flag & 0b00001000 == 0) System.out.print("온도는 0도 이하");
else System.out.print("온도는 0도 이상");
```

온도는 0도 이상

   flag의 비트 3이 1인지 판별하기 위해 flag와 이진수 00001000을 AND 연산한다. 비트 3을 제외한 나머지 비트들의 AND 연산 결과는 모두 0이 된다. 만일 flag의 비트 3이 0이면 AND 연산 결과 모든 비트가 0이 되어 if 문의 조건이 참이 된다.

시프트 연산

시프트 연산자(shift operator) 역시 각 비트들을 대상으로 연산이 이루어지며 〈표 2-10〉과 같이 3개의 연산자가 있다. float, double, boolean 데이터는 시프트 연산을 할 수 없다. [그림 2-10]은 여러 시프트 연산의 실행 과정을 보여준다. >> 와 <<를 이용하면, 한 번 시프트 할 때마다 각각 나누기 2, 곱하기 2의 효과가 나타난다. 예제 2-10은 [그림 2-10]을 코딩한 사례를 보여준다.

시프트 연산자

〈표 2-10〉 시프트 연산자

시프트 연산자	내용
a >> b	a의 각 비트를 오른쪽으로 b번 시프트한다. 최상위 비트의 빈자리는 시프트 전의 최상위 비트로 다시 채운다. 산술적 오른쪽 시프트라고 한다.
a >>> b	a의 각 비트를 오른쪽으로 b번 시프트한다. 그리고 최상위 비트의 빈자리는 0으로 채운다. 논리적 오른쪽 시프트라고 한다.
a << b	a의 각 비트를 왼쪽으로 b번 시프트한다. 그리고 최하위 비트의 빈자리는 0으로 채운다. 산술적 왼쪽 시프트라고 한다.

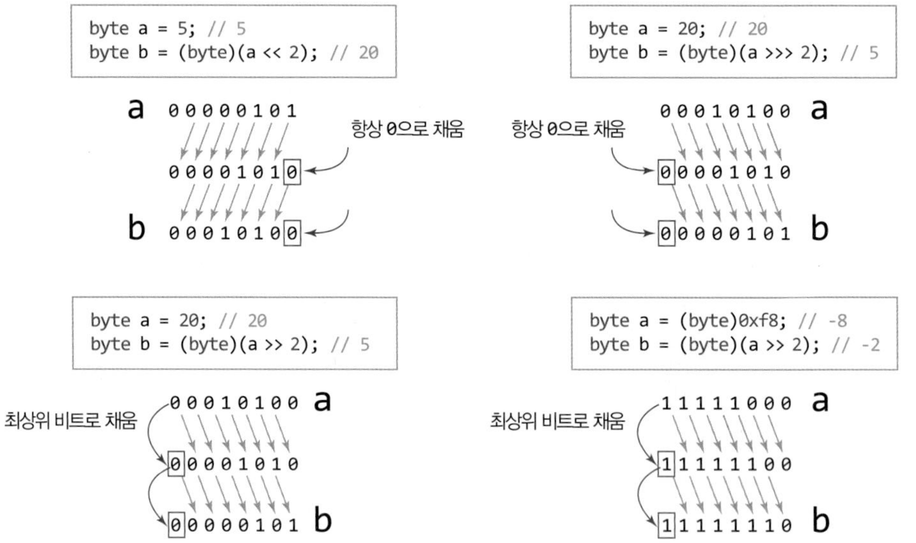

```
byte a = 5; // 5
byte b = (byte)(a << 2); // 20
```

```
byte a = 20; // 20
byte b = (byte)(a >>> 2); // 5
```

[그림 2-10] 시프트 연산자의 실행 사례

예제 2-10　　**비트 연산자와 시프트 연산자 사용하기**

다음 코드의 실행 결과는 무엇인가?

```java
1   public class BitShiftOperator {
2     public static void main(String[] args) {
3       short a = (short)0x55ff;
4       short b = (short)0x00ff;
5       // 비트 연산
6       System.out.println("[비트 연산 결과]");
7       System.out.printf("%04x\n", (short)(a & b)); // 비트 AND
8       System.out.printf("%04x\n", (short)(a | b)); // 비트 OR
9       System.out.printf("%04x\n", (short)(a ^ b)); // 비트 XOR
10      System.out.printf("%04x\n", (short)(~a)); // 비트 NOT
11
12      byte c = 20; // 0x14
13      byte d = -8; // 0xf8
14      // 시프트 연산
15      System.out.println("[시프트 연산 결과]");
16      System.out.println(c << 2); // c를 2비트 왼쪽 시프트
17      System.out.println(c >> 2); // c를 2비트 오른쪽 시프트. 0 삽입
18      System.out.println(d >> 2); // d를 2비트 오른쪽 시프트. 1 삽입
19      System.out.printf("%x\n", (d >>> 2)); // d를 2비트 오른쪽 시프트. 0 삽입
20    }
21  }
```

printf("%04", …) 메소드는 값을 4자리의 16진수로 출력하고 빈 곳에는 0을 삽입한다.

c가 양수이므로 시프트 시에 0 삽입. 나누기 4 효과

d가 음수이므로 시프트 시에 1 삽입. 나누기 4 효과

시프트 시에 최상위 비트에 0 삽입. 나누기 효과는 나타나지 않음

c에 4를 곱한 결과가 나타난다.

→ 실행 결과

```
[비트 연산 결과]
00ff
55ff
5500
aa00
[시프트 연산 결과]
80
5
-2
3fffffe
```

d(0xf8)는 시프트 연산 전에 int 타입으로 바뀌어 32비트의 fffffff8이 된다.
그리고 나서 >>> 연산이 이루어지면 0이 2번 삽입되어 3fffffe가 된다.

1 다음 문장을 수행한 후 z 값은?

```
int x = 2, y = 10, z = 0;
z = x++*2+--y-5+x*(y%2);
```

2 다음 문장을 실행하면 출력되는 값은?

```
System.out.println(8 >> 1);
```

3 다음 문장을 실행하면 출력되는 값은?

```
int opr = 4;
System.out.println(opr++);
```

2.6 조건문

if-else 문
switch 문

조건문을 이용하면 조건의 참, 거짓에 따라 서로 다른 작업을 수행할 수 있다. 자바의
조건문은 C/C++와 거의 동일하며 크게 if-else 문, switch 문으로 분류된다.

단순 if 문

단순 if 문

단순 if 문의 구문과 활용 사례는 [그림 2-11]과 같다.

```
if(조건식) {
    ... 실행 문장 ...  // 조건식이 참인 경우
}
```

```
if(n%2 == 0) {
  System.out.print(n);
  System.out.println("은 짝수입니다.");
}
if(score >= 80 && score <= 89)          한 문장이면
  System.out.println("학점은 B입니다.");    중괄호 생략
```

[그림 2-11] 단순 if 문의 구문과 코드 사례

조건식

'조건식'은 비교 연산이나 논리 연산의 혼합된 식으로 구성되며 결과는 불린 값이
다. '조건식'이 참(true)이면 if 내부의 '실행 문장'이 실행되며, 거짓(false)이면
if 문을 벗어난다.

중괄호 생략

'조건식'은 논리 타입 변수 하나만으로도 가능하며, '실행 문장'이 여러 개의 문으
로 구성되면 중괄호({ }) 사이에 묶어 한꺼번에 실행시킬 수 있다. 중괄호({ }) 사이
에 묶인 여러 '실행 문장'을 블록이라고 부르며, 하나의 단위처럼 다루어진다. '실행
문장'이 한 문장뿐이면 중괄호({ })를 생략할 수 있다.

if-else 문

if-else 문

if-else 문은 if의 '조건식'이 참인 경우와 거짓인 경우에 실행할 문장을 각각 지시한
다. if-else 문의 구문은 [그림 2-12]와 같다. '조건식'이 true이면 '실행 문장1'을 실
행한 후 if-else 문을 벗어나고, false이면 '실행 문장2'를 실행한 후 if-else 문을
벗어난다.

```
if(조건식) {
    ... 실행 문장 1 ...    // 조건식이 참인 경우
}
else {
    ... 실행 문장 2 ...    // 조건식이 거짓인 경우
}
```

```
if(score >= 90)
    System.out.println("합격입니다.");
else
    System.out.println("불합격입니다.");
```

[그림 2-12] if-else 문의 구문과 코드 사례 ━━━━━━━━━━

---

if-else 사용하기   예제 2-11

나이를 입력받아 20대인지 판별하는 프로그램을 작성하라.

```
1   import java.util.Scanner;
2   public class Twenties {
3       public static void main(String[] args) {
4           Scanner scanner = new Scanner(System.in);
5
6           System.out.print("나이를 입력하시오:");
7           int age = scanner.nextInt(); // 정수 입력
8           if((age>=20) && (age<30)) { // age가 20~29 사이인지 검사
9               System.out.print("20대입니다. ");
10              System.out.println("20대라서 행복합니다!");
11          }
12          else
13              System.out.println("20대가 아닙니다.");
14
15          scanner.close();
16      }
17  }
```

→ 실행 결과

나이를 입력하시오:23
20대입니다. 20대라서 행복합니다!

다중 if-else 문

다중 if-else 문은 if-else가 연속되는 것으로 전형적인 모양은 [그림 2-13]과 같다. 위에서부터 비교하여 '조건식'이 참인 경우, 해당하는 '실행 문장'을 실행한 후 다중 if-else 전체를 벗어난다.

다중 if-else 문

```
if(조건식 1) {
    실행 문장 1;  // 조건식 1이 참인 경우
}
else if(조건식 2) {
    실행 문장 2;  // 조건식 2가 참인 경우
}
else if(조건식 m) {
    ············  // 조건식 m이 참인 경우
}
else {
    실행 문장 n;  // 앞의 모든 조건이 거짓인 경우
}
```

> 실행 문장이 실행된 후 맨 아래 else 코드 밑으로 벗어남

```
if(score >= 90) { // score가 90 이상
    grade = 'A';
}
else if(score >= 80) { // 80 이상 90 미만
    grade = 'B';
}
else if(score >= 70) { // 70 이상 80 미만
    grade = 'C';
}
else if(score >= 60) { // 60 이상 70 미만
    grade = 'D';
}
else { // 60 미만
    grade = 'F';
}
```

[그림 2-13] 다중 if 문의 구성과 코드 사례

예제 2-12

다중 if-else를 이용하여 학점 매기기

다중 if-else 문을 이용하여 입력받은 성적에 대해 학점을 부여하는 프로그램을 작성하라.

```java
1   import java.util.Scanner;
2   public class Grading {
3       public static void main(String[] args) {
4           char grade;
5           Scanner scanner = new Scanner(System.in);
6
7           System.out.print("점수를 입력하세요(0~100):");
8           int score = scanner.nextInt(); // 점수 읽기
9           if(score >= 90) // score가 90 이상
10              grade = 'A';
11          else if(score >= 80) // score가 90보다 작고 80 이상
12              grade = 'B';
13          else if(score >= 70) // score가 80보다 작고 70 이상
14              grade = 'C';
15          else if(score >= 60) // score가 70보다 작고 60 이상
16              grade = 'D';
17          else  // score가 60 미만
18              grade = 'F';
19
20          System.out.println("학점은 " + grade + "입니다.");
21          scanner.close();
22      }
23  }
```

→ 실행 결과

점수를 입력하세요(0~100):89
학점은 B입니다.

중첩 if-else 문

if 문이나 if-else 문, 혹은 else 문의 '실행 문장'에 if 문이나 if-else 문을 내포할
수 있다. 예제 2-13을 참고하라.

중첩 if-else 문 사례

예제 2-13

점수와 학년을 입력받아 60점 이상이면 합격, 아니면 불합격을 출력하라. 다만 4학년은 70점 이상이어
야 합격이다.

```java
1   import java.util.Scanner;
2   public class NestedIf {
3      public static void main(String[] args) {
4         Scanner scanner = new Scanner(System.in);
5         System.out.print("점수를 입력하세요(0~100):");
6         int score = scanner.nextInt(); // 점수 읽기
7         System.out.print("학년을 입력하세요(1~4):");
8         int year = scanner.nextInt(); // 학년 읽기
9
10        if(score >= 60) { // 60점 이상
11           if(year != 4)
12              System.out.println("합격!"); // 4학년 아니면 합격
13           else if(score >= 70)
14              System.out.println("합격!"); // 4학년이 70점 이상이면 합격
15           else
16              System.out.println("불합격!"); // 4학년이 70점 미만이면 불합격
17        }
18        else // 60점 미만 불합격
19           System.out.println("불합격!");
20
21        scanner.close();
22     }
23   }
```

→ 실행 결과

```
점수를 입력하세요(0~100):65
학년을 입력하세요(1~4):4
불합격!
```

Tip if-else 문과 조건 연산자 식

if-else 문은 조건 연산자를 사용하여 간단
히 줄일 수 있다. 예를 들어, a-b의 절댓값을
알아내는 오른쪽 if-else 문이 있을 때,

```java
if(a > b) abs = a - b;
else abs = b - a;
```

이 문장은 오른쪽 조건 연산식으로 간단히
줄일 수 있다.

```java
abs = (a>b)?a-b:b-a;
```

switch 문

switch 문

값에 따라 여러 방향으로 분기하는 경우, if 문보다 switch 문을 사용하면 가독성이 높은 좋은 코드를 작성할 수 있다. switch 문은 [그림 2-14]와 같이 구성된다.

```
switch(식) {
    case 값1:  // 식의 결과가 값1과 같을 때
        실행 문장 1;
        break;
    case 값2:  // 식의 결과가 값2와 같을 때
        실행 문장 2;
        break;
    ...
    case 값m:
        실행 문장 m;  // 식의 결과가 값m과 같을 때
        break;
    default:  // 어느 것과도 같지 않을 때
        실행 문장 n;
}
```

```
char grade='B';
switch(grade) {
  case 'A':
    System.out.println("축하합니다.");
    System.out.println("잘했습니다.");
    break;
  case 'B':
    System.out.println("좋아요.");
    break;
  case 'C':
    System.out.println("노력하세요.");
    break;
  default:
    System.out.println("탈락입니다!");
}
```

좋아요.

[그림 2-14] switch 문의 구문과 코드 사례

case 문
break
default 문

switch 문은 먼저 '식'을 계산하고 그 결과 값과 일치하는 case 문으로 분기한다. case문의 '실행 문장'을 실행한 후 break를 만나면 switch 문을 벗어난다. '실행 문장'이 여러 개인 경우라도 중괄호({ })로 둘러싸지 않는다는 점에 유의하기 바란다.

만일 어떤 case 문의 값과도 같지 않은 경우, default 문으로 분기하여 '실행 문장 n'을 실행한다. default 문은 생략 가능하다.

●switch 문에서 break 문의 역할

switch 문에서 break 문은 중요하다. 어떤 case의 '실행 문장'이 실행되고 만난 break 문장은 switch 문을 벗어나도록 지시한다. 만일 case 문에 break 문이 없다면 아래의 case 문의 '실행 문장'으로 break 문을 만날 때까지 계속 실행한다.

예를 들어보자. 다음 [그림 2-15]의 코드와 같이 case 'A'에서 break 문을 삭제해보자. grade가 'A'이므로 case 'A' 문을 실행하고 break를 만나지 못해 case 'B' 문도 실행하게 된다. case 'B' 문에서 break를 만나 switch 문을 벗어난다.

```
char grade='A';
switch(grade) {
    case 'A':
        System.out.println("90~100점입니다.");
        break;
    case 'B':
        System.out.println("80~89점입니다.");
        break;
    case 'C':
        System.out.println("70~79점입니다.");
        break;
}
```

실행 결과

```
90-100점입니다.
80-89점입니다.
```

[그림 2-15] switch 문에서 break가 생략된 경우

● case 문의 값

case 문에 지정하는 값은 정수 리터럴, 문자 리터럴, 문자열 리터럴(JDK 1.7부터)만 허용한다. 다음 예를 보자.

정수 리터럴
문자 리터럴
문자열 리터럴

```
int b;
switch(b%2) {
    case 1 : ...; break;
    case 2 : ...; break;   정수 리터럴 1, 2
}
char c;
switch(c) {
    case '+' : ...; break;
    case '-' : ...; break;   문자 리터럴 '+', '-'
}
String s = "예";
switch(s) {
    case "예" : ...; break;
    case "아니요" : ...; break;   문자열 리터럴 사용
}
```

case 문에는 변수나 식을 사용할 수 없다. 다음은 오류가 발생하는 사례이다.

오류

```
int b;
switch(b) {
    case a : ... ; break;   // 오류. 변수 a 사용 안 됨
    case a > 3 : ...; break;   // 오류. 식(a>3) 사용 안 됨
    case a == 1 : ...; break;   // 오류. 식(a==1) 사용 안 됨
}
```

예제 2-14   switch 문 사용하기

1~12 사이의 월을 입력받아 봄, 여름, 가을, 겨울을 판단하여 출력하라.

```java
1   import java.util.Scanner;
2   public class Season {
3      public static void main(String[] args) {
4         Scanner scanner = new Scanner(System.in);
5
6         System.out.print("월(1~12)을 입력하시오:");
7         int month = scanner.nextInt(); // 정수로 월 입력
8         switch(month) {
9            case 3:
10           case 4:          주목
11           case 5:
12              System.out.println("봄입니다.");
13              break;
14           case 6: case 7: case 8:     case:를 여러 개 나열 가능
15              System.out.println("여름입니다.");
16              break;
17           case 9: case 10: case 11:
18              System.out.println("가을입니다.");
19              break;
20           case 12: case 1: case 2:
21              System.out.println("겨울입니다."); break;
22           default:
23              System.out.println("잘못된 입력입니다.");
24        }
25        scanner.close();
26     }
27  }
```

실행 결과

월(1~12)을 입력하시오:3
봄입니다.

요약 | **SUMMARY**

자바 프로그램의 구조

- 자바 프로그램은 클래스 선언으로 시작되며, 이 안에 메소드, 변수, 상수 등을 모두 선언한다. C/C++에서 말하는 전역 변수, 전역 함수가 존재할 수 없으며, 이들은 반드시 클래스 내에 캡슐화되어야 하다.
- 클래스는 **❶**_____ 키워드로 선언한다.
- 자바에서 화면에 출력할 때 System.out.println() 문을 사용하면 된다.

자바의 데이터 타입

- 자바에는 boolean, char, **❷**_____, short, int, long, float, double 등 8개의 기본 타입이 있다.
- 자바에는 클래스에 대한 레퍼런스, 인터페이스에 대한 레퍼런스, **❸**_____ 등 3가지 종류의 레퍼런스 타입이 있다.
- 레퍼런스 타입은 C/C++의 포인터와 비슷하지만 실제 메모리 주소를 가지지는 않는다.
- 문자열은 기본 타입이 아니며 레퍼런스 타입이다.
- 상수는 **❹**_____ 키워드를 이용하여 초깃값과 함께 선언하며, 프로그램 실행 중에 값이 바뀔 수 없다.
- 작은 데이터 타입에서 큰 데이터 타입으로 타입 변환은 자동으로 일어난다.
- 큰 데이터 타입에서 작은 데이터 타입으로 타입 변환은 명시적으로 지정해야 하며 데이터 손실이 발생할 수 있다.

자바에서 키 입력

- System.in은 키보드로부터 직접 입력받는 자바의 표준 입력 스트림 객체로서, 입력된 키에 해당하는 바이트 정보를 리턴한다.
- Scanner 클래스를 이용하면 자바에서 키 입력을 쉽게 받을 수 있다. Scanner 클래스는 입력된 키를 숫자, 문자, 문자열 등 원하는 타입으로 변환하여 제공한다.
- Scanner 객체는 다음과 같이 생성자에 System.in을 넘겨주는 식으로 생성하며, System.in으로부터 전달받은 바이트 스트림을 사용자가 원하는 데이터 타입으로 변환하여 전달한다.

```
Scanner scanner = new Scanner(System.in);
```

- Scanner 클래스를 사용하려면 Scanner 클래스의 전체 경로명을 알려주는 **❺**_____ 문이 필요하다.

연산자와 조건문

- 자바의 연산자는 C/C++와 거의 동일하며, 산술, 증감, 비교, 시프트, 비트, 논리, 조건, 대입 연산자를 제공한다.
- 자바의 조건문에는 단순 if 문, if-else 문, 다중 if-else 문, 중첩 if-else 문, switch 문이 있다.
- switch 문은 값에 따라 여러 실행 경로로 분기하는 경우에 적합하다.
- switch 문의 case에 **❻**_____이 생략되면 다음 break 문을 만날 때까지 아래로 계속 실행된다.
- case 문의 값으로는 정수 리터럴, **❼**_____, 문자열 리터럴만 사용할 수 있으며, 변수나 식은 사용할 수 없다.

Open Challenge

가위바위보 게임

 목 적

기본 자바 프로그램 작성 연습.
Scanner 이용한 입출력 연습.
if-else 문 연습

두 사람이 하는 가위바위보 게임을 만들어보자. 두 사람의 이름은 '철수'와 '영희'이다. 먼저 "철수"를 출력하고 "가위", "바위", "보" 중 하나를 문자열로 입력받는다. "영희"에 대해서 마찬가지 방법으로 입력받는다. 두 사람으로부터 문자열을 입력받은 후 누가 이겼는지 판별하여 승자를 출력한다. <u>난이도 중</u>

```
가위 바위 보 게임입니다. 가위, 바위, 보 중에서 입력하세요
철수 >> 가위
영희 >> 보
철수가 이겼습니다.
```

 힌트
Hint

● System.out.print()를 사용하면 화면 출력 이후 커서를 다음 줄로 옮기지 않는다.
● 문자열을 읽기 위해서는 Scanner 클래스의 next() 메소드를 이용하면 된다.
● 자바에서 문자열 비교는 주의를 기울여야 한다. String var;로 선언한 var와 "가위"를 비교하기 위해서는 if(var == "가위")로 해서는 안 되고, if(var.equals("가위"))로 비교하여야 한다.

연습문제

 EXERCISE

이론 문제

· 홀수 문제는 정답이 공개됩니다.

1. 자바에서 클래스를 선언할 때 사용하는 키워드는?

2. 다음 중 식별자 사용이 잘못된 경우를 모두 골라라.

```
int _i;
int %j;
char 안녕;
double 1var;
char student_ID;
```

3. 다음 각 항목이 나타내는 변수를 선언하라.
(1) int형 변수 age
(2) 0.25로 값이 초기화된 float형 변수 f
(3) age 값과 f 값을 더한 값으로 초기화된 double형 변수 d
(4) 문자 'a'로 초기화된 char형 변수 c
(5) 자신의 이름으로 초기화된 문자열 변수 name

4 다음 수식의 결과 값과 타입은?
(1) 67 + 12.8
(2) 'c' + 1
(3) 10/3
(4) 10.0/3
(5) 10==9

5. 다음 문장을 조건식으로 나타내라.
(1) a는 b보다 크거나 같다.
(2) a는 b보다 작고 c보다 크다.
(3) a 더하기 3은 10과 같지 않다.
(4) a는 10보다 크거나 b와 같다.

6. 다음 리터럴 중에서 case 문의 값으로 사용할 수 없는 것은?
① 10
② "A"
③ 'A'
④ 5.4

7. 다음은 20과 30을 더해 50을 출력하려고 작성한 자바 프로그램이지만 오류가 있다.

```java
public class SampleProgram {
    int i;
    int j;
    i = 20;
    j = 30;
    System.out.println(i+j);
}
```

(1) 이 프로그램은 어떤 소스 파일 이름으로 저장되어야 하는가?

(2) 이 프로그램이 정상적인 결과를 내도록 수정하라.

8. 다음 코드를 실행한 결과 출력되는 내용은?

```java
switch(option) {
    case 1:  System.out.println("옵션 1");
    case 2:  System.out.println("옵션 2");
    case 3:  System.out.println("옵션 3"); break;
    default: System.out.println("해당 없음");
}
```

(1) option이 1일 때   (2) option이 2일 때
(3) option이 3일 때   (4) option이 4일 때

9. 다음 조건문을 삼항 조건 연산자를 이용하여 한 줄로 작성하라.

```java
if(j%2 == 0) i = 10;
else i = 20;
```

10. 다음 if-else 문을 switch 문으로 바꾸어라.

```java
if(i == 1)
    System.out.println("!");
else if(i == 2)
    System.out.println("@");
else if(i == 3)
    System.out.println("#");
else
    System.out.println("*");
```

실습 문제

• 홀수 문제는 정답이 공개됩니다.

1. 두 정수를 입력받아 합을 구하여 출력하는 프로그램을 작성하라. 키보드 입력은 Scanner 클래스를 이용하라. **난이도 하**

목적 Scanner로 키 입력

```
두 정수를 입력하세요>>10 20
10+20은 30
```

2. 한 층의 높이가 5m일 때, 건물이 몇 층인지 입력받아 높이를 출력하라. **난이도 하**

목적 Scanner로 키 입력, 연산자 연습

```
몇 층인지 입력하세요>>155
775m 입니다.
```

3. x 값을 입력받아 $y = x^2-3x+7$ 식을 계산하여 y 값을 출력하는 프로그램을 작성하라. **난이도 하**

목적 Scanner로 키 입력, 연산식 연습

```
x 값을 입력하세요>>5
x=5, y=17
```

4. 2차원 평면에서 하나의 직사각형은 두 점으로 표현된다. (50, 50)과 (100, 100)의 두 점으로 이루어진 사각형이 있다고 하자. 한 점을 구성하는 정수 x와 y 값을 입력받고 점 (x, y)가 이 직사각형 안에 있는지를 판별하는 프로그램을 작성하라. **난이도 하**

목적 Scanner와 if 문 연습

```
점 (x,y)의 좌표를 입력하세요>>60 70
점(60,70)은 (50, 50)과 (100,100)의 사각형 내에 있습니다.
```

5. 다음과 같이 AND와 OR의 논리 연산을 입력받아 결과를 출력하는 프로그램을 작성하라. 예를 들어 'true AND false'의 결과로 false를, 'true OR false'의 결과로 true를 출력하면 된다. if 문 대신 switch 문을 이용하라. **난이도 중**

목적 Scanner와 switch 문 연습

```
논리 연산을 입력하세요>>true OR false
true
```

다음과 같이 키보드에서 3개의 토큰을 읽고 switch와 case를 구성하면 된다.

```
boolean a = scanner.nextBoolean(); // 첫 번째 논리 값 읽기
String op = scanner.next(); // 논리 연산자(AND 또는 OR)를 문자열로 읽기
boolean b = scanner.nextBoolean(); // 두 번째 논리 값 읽기
switch(op) {
  case "AND":
    ...
}
```

목적 Scanner와 if 문 연습

6. 돈의 액수를 입력받아 오만원권, 만원권, 천원권, 500원짜리 동전, 100원짜리 동전, 10원짜리 동전, 1원짜리 동전 각 몇 개로 변환되는지 출력하라. 실습 문제 9의 힌트를 참고하라. `난이도 중`

```
돈의 액수를 입력하세요>>65245
오만원1개, 만원1개, 천원5개, 500원0개, 100원2개, 10원4개, 1원5개
```

목적 switch와 break 문 연습

7. 학점이 A, B이면, "Excellent", 학점이 C, D이면 "Good", 학점이 F이면 "Bye"라고 출력하는 프로그램을 작성하라. switch와 break를 활용하라. `난이도 중`

```
학점을 입력하세요>>B
Excellent
```

목적 if와 switch 조건문 활용

8. 음료수 종류와 잔 수를 입력받으면 가격을 알려주는 프로그램을 작성하라. 에스프레소는 2000원, 아메리카노 2500원, 카푸치노 3000원, 카페라떼 3500원이다. `난이도 중`

```
커피 주문하세요>>카푸치노 3
9000원입니다.
```

(1) if 문을 활용하라.
(2) switch 문을 활용하라.

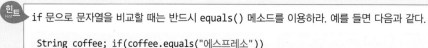 if 문으로 문자열을 비교할 때는 반드시 equals() 메소드를 이용하라. 예를 들면 다음과 같다.

```
String coffee; if(coffee.equals("에스프레소"))
```

9. 369게임의 일부를 작성해보자. 1~99까지의 정수를 입력받고 수에 3, 6, 9 중 하나가 있는 경우는 "박수짝", 두 개 있는 경우는 "박수짝짝", 하나도 없으면 "박수없음"을 출력하는 프로그램을 작성하라. 예를 들면, 13인 경우 "박수짝", 36인 경우 "박수짝짝", 5인 경우 "박수없음"을 출력하면 된다. 난이도 상

목적 연산자와 if 문 연습

> 1~99 사이의 정수를 입력하세요>>36
> 박수짝짝

 정수 n의 값이 36이라고 할 때 정수 3과 6을 분리하는 방법은 다음 코드를 참고하라.

```
int first = n/10;  // 10으로 나눈 몫 = 3
int second = n%10;  // 10으로 나눈 나머지 = 6
```

10. 실습 문제 8번을 변형해보자. 에스프레소는 2000원, 아메리카노 2500원, 카푸치노 3000원, 카페라떼 3500원이며, 에스프레소의 경우 10잔 이상을 주문하며 가격의 5%를 할인해준다. 난이도 상

목적 중첩 if-else 문 연습

> 커피 주문하세요>>에스프레소 9
> 18000원입니다.

> 커피 주문하세요>>에스프레소 10
> 19000원입니다.

목적 종합 응용

Bonus 1 사칙 연산을 입력받아 실행해주는 프로그램을 작성하고자 한다. 이때 연산자는 +, -, *, /의 4가지로 하고 피연산자는 모두 실수이며, 다음과 같이 피연산자와 연산자는 빈칸으로 분리하여 입력하는 것으로 한다.

```
32.3 + 3        16.6 - 20.3        5 * 2.1        6 / 3
```

이 프로그램의 실행 사례가 아래와 같을 때, 다음 코드를 완성하라. 난이도 중

```
식을 입력하세요>>32.3 + 3
연산 결과  35.3
```

```java
_____ // Scanner 클래스를 사용하기 위한 import 문
public class Arithmetic {
    public static void main(String[] args) {
        Scanner scanner = _____ // Scanner 객체 생성
        System.out.print("식을 입력하세요>>");
        double op1 = _____ // 첫 번째 피연산자 입력
        String operator = _____ // 연산자 스트링 입력
        double op2 = _____ // 두 번째 피연산자 입력
        double result = 0;
        switch(_____) {
           case "+" : result = op1 + op2; break;
           case "-" : result = op1 - op2; break;
           case "*" : _____
           case "/" :
                     _____ { // 나누는 수가 0이면
                            System.out.println("0으로 나눌 수 없습니다.");
                            return; // 프로그램 종료
                     }
                     result = op1 / op2;
                     break;
           default: System.out.println("연산 기호가 잘못되었습니다.");
        }
        _____ // 연산 결과 출력
    }
}
```

03

반복문과 배열 그리고 예외 처리

3.1 반복문

3.2 continue 문과 break 문

3.3 자바의 배열

3.4 다차원 배열

3.5 메소드의 배열 리턴

3.6 자바의 예외 처리

반복문과 배열 그리고 예외 처리

3.1 반복문

반복문

프로그램에는 동일한 연산이나 코드 블록을 반복적으로 실행하는 경우가 허다하다. 예를 들면, 1에서 100까지 더하기를 하는 경우 덧셈을 100번 반복해야 하고, 이름으로 점수를 검색하고자 할 때, 학생 리스트에서 이름이 발견될 때까지 반복적으로 이름을 비교하는 과정이 필요하다. 자바는 이러한 반복 연산을 프로그래밍 할 수 있도록 다음 3가지 종류의 반복문을 제공한다.

> for 문, while 문, do-while 문

for 문

for 문

반복문에서 가장 많이 사용되는 for 문의 구성과 코드 사례는 [그림 3-1]과 같으며, 그림 속의 번호는 for 문의 실행 순서이다.

```
① ② ④
for(초기문; 조건식; 반복 후 작업) {
    .. 작업문 ..
}
    ③
```

```
// 0에서 9까지 출력
for(int i=0; i<10; i++) {
    System.out.print(i);
}
```

```
0123456789
```

[그림 3-1] for 문의 구조와 코드 사례

논리 변수
논리 연산

　'작업문'은 for 문이 반복되는 동안 매번 실행되며, '작업문'이 하나의 문장인 경우 중괄호({ })가 필요 없다. '초기문'에서는 대개 for 문의 '조건식'에서 사용하는 변수를 초기화한다. '조건식'에는 논리 변수나 논리 연산을 사용하며, '조건식'의 결과가 true인 경우에 반복이 계속되고 false가 되면 for 문을 벗어난다.

● for 문 사례

'반복 후 작업문'에는 다음과 같이 콤마(,)로 분리하여 여러 문장을 둘 수 있다.

```
for(i=0; i<10; i++, System.out.println(i)) {
    ...................
}
```

'초기문'에는 지역 변수를 선언하고 바로 사용할 수 있다. 물론 이 변수는 for 문 내에서만 사용 가능하다.

```
for(int i=0; i<10; i++)        i는 for 문 안에서만 사용되는 지역 변수
    System.out.print(i);
```

for 문으로 무한 반복(infinite loop)하고자 하면 [그림 3-2]의 코드를 이용할 수 있다.

무한 반복

```
for(초기문; true; 반복 후 작업) { // 무한 반복
    ..........
}
```

```
for(초기문; ; 반복 후 작업) { // 무한 반복
    ..........
}
```

[그림 3-2] 무한 반복 for 문

---

for 문을 이용하여 1부터 10까지 합 출력하기　　예제 3-1

for 문을 이용하여 1부터 10까지 덧셈으로 표시하고 합을 출력하라.

```
1    public class ForSample {
2      public static void main(String[] args) {
3        int i, sum=0;
4        for(i=1; i<=10; i++) {   // 1~10까지 반복
5          sum += i;
6          System.out.print(i);   // 더하는 수 출력
7          if(i<=9)   // 1~9까지는 '+' 출력
8            System.out.print("+");
9          else {   // i가 10인 경우
10           System.out.print("=");   // '=' 출력하고
11           System.out.print(sum);   // 덧셈 결과 출력
12         }
13       }
14     }
15   }
```

◀─ 실행 결과

```
1+2+3+4+5+6+7+8+9+10=55
```

while 문

while 문의 구성과 코드 사례는 [그림 3-3]과 같으며, 번호는 실행 순서이다.

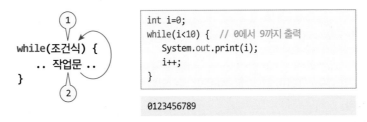

```
int i=0;
while(i<10) {  // 0에서 9까지 출력
    System.out.print(i);
    i++;
}
```

```
0123456789
```

[그림 3-3] while 문의 구조와 코드 사례

while 문의 '조건식'은 for 문과 동일하다. true인 경우 반복이 계속되며, false인 경우 while 문을 벗어난다. for 문과 달리 '조건식'이 없으면 컴파일 오류가 발생한다.

예제 3-2   **while 문을 이용하여 입력된 정수의 평균 구하기**

while 문을 이용하여 정수를 여러 개 입력받고 평균을 출력하라. 0이 입력되면 입력을 종료한다.

```
1   import java.util.Scanner;
2   public class WhileSample {
3     public static void main(String[] args) {
4        Scanner scanner = new Scanner(System.in);
5        int count=0, n=0;   // count는 입력되는 수의 개수
6        double sum=0;   // sum은 합
7
8        System.out.println("정수를 입력하고 마지막에 0을 입력하세요.");
9        while((n = scanner.nextInt()) != 0) {  // 0이 입력되면 while 문 벗어남
10          sum = sum + n;
11          count++;
12       }
13       System.out.print("수의 개수는 " + count + "개이며 ");
14       System.out.println("평균은 " + sum/count + "입니다.");
15       scanner.close();
16     }
17   }
```

→ 실행 결과

정수를 입력하고 마지막에 0을 입력하세요.
10 30 -20 40 0
수의 개수는 4개이며 평균은 15.0입니다.

do-while 문

do-while 문의 구성과 코드 사례는 [그림 3-4]와 같으며, 번호는 실행 순서이다.

do-while 문

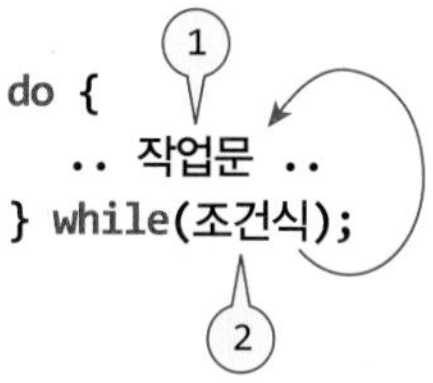

```
do {
  .. 작업문 ..
} while(조건식);
```
① ②

```
int i=0;
do { // 0에서 9까지 출력
    System.out.print(i);
    i++;
} while(i<10);
```

0123456789

[그림 3-4] do-while 문의 구조와 코드 사례

'조건식'은 while 문과 동일하며, '조건식'이 없으면 컴파일 오류가 발생한다. do-while 문은 다른 반복문과 달리 '작업문' 실행 후 반복 조건을 따지므로, '작업문'이 최초 한 번은 반드시 실행된다.

---

do-while 문을 이용하여 'a'에서 'z'까지 출력하기　　예제 3-3

do-while 문을 이용하여 'a'에서 'z'까지 출력하는 프로그램을 작성하라.

```
1  public class DoWhileSample {
2    public static void main(String[] args) {
3      char a='a';
4
5      do {
6        System.out.print(a);   // 문자 출력
7        a=(char)(a+1);   // 알파벳의 경우 1을 더하면 다음 문자의 코드 값
8      } while(a<='z');
9    }
10 }
```

◀ 실행 결과

abcdefghijklmnopqrstuvwxyz

중첩 반복

중첩 반복

반복문 안에 다른 반복문을 만들 수 있다. 이것을 중첩 반복(nested loop)이라 한다. for 문 안에 for 문이나 while 문을 둘 수도 있고, while 문 안에 for, while, do-while 문을 둘 수 있다.

중첩 반복의 사례를 보자. 학생 10000명이 있는 대학이 100개 있다고 하자. 100개 대학 학생의 성적 평균을 구하려면 100개 대학 학생들의 성적을 모두 더하여 평균을 내야 한다. 그러기 위해서는 한 학교의 성적을 모두 합치고, 다시 100개 대학의 성적을 모두 합쳐야 한다. [그림 3-5]는 100개 대학의 학생 성적을 모두 더하는 중첩 반복 구조를 보여준다.

반복은 몇 번이고 중첩 가능하지만, 너무 많은 중첩 반복은 프로그램 구조를 복잡하게 하므로 2중 또는 3중 반복 정도가 적당하다.

```
for(i=0; i<100; i++) { // 100개 학교 성적을 더한다.

    for(j=0; j<10000; j++) { // 10000명의 학생 성적을 더한다.
        ....
        ....
    }

    ....
}
```

while, do-while 문도 구성 가능

[그림 3-5] for 문을 이용한 이중 중첩 구조

잠깐! 반복문의 사용

반복의 횟수나 범위가 명확한 경우에는 for 문을 많이 사용하고, 반복 횟수를 처음부터 알 수 없고, 반복이 진행되면서 조건식의 결과가 달라지는 경우에는 while이나 do-while 문을 사용한다. 다만, 반복이 진행되면서 무한 반복에 빠지지 않도록 주의해야 한다.

이제 그만!

| 2중 중첩을 이용한 구구단 출력하기 | 예제 3-4 |

2중 중첩된 for 문을 이용하여 구구단을 출력하는 프로그램을 작성하라.

```java
1   public class NestedLoop {
2      public static void main(String[] args) {
3         for(int i=1; i<10; i++) {   // 단에 대한 반복. 1단에서 9단
4            for(int j=1; j<10; j++) {   // 각 단의 곱셈
5               System.out.print(i + "*" + j + "=" + i*j);   // 구구셈 출력
6               System.out.print('\t');   // 하나씩 탭으로 띄기
7            }
8            System.out.println();   // 한 단이 끝나면 다음 줄로 커서 이동
9         }
10     }
11  }
```

→ 실행 결과

```
1*1=1    1*2=2    1*3=3    1*4=4    1*5=5    1*6=6    1*7=7    1*8=8    1*9=9
2*1=2    2*2=4    2*3=6    2*4=8    2*5=10   2*6=12   2*7=14   2*8=16   2*9=18
3*1=3    3*2=6    3*3=9    3*4=12   3*5=15   3*6=18   3*7=21   3*8=24   3*9=27
4*1=4    4*2=8    4*3=12   4*4=16   4*5=20   4*6=24   4*7=28   4*8=32   4*9=36
5*1=5    5*2=10   5*3=15   5*4=20   5*5=25   5*6=30   5*7=35   5*8=40   5*9=45
6*1=6    6*2=12   6*3=18   6*4=24   6*5=30   6*6=36   6*7=42   6*8=48   6*9=54
7*1=7    7*2=14   7*3=21   7*4=28   7*5=35   7*6=42   7*7=49   7*8=56   7*9=63
8*1=8    8*2=16   8*3=24   8*4=32   8*5=40   8*6=48   8*7=56   8*8=64   8*9=72
9*1=9    9*2=18   9*3=27   9*4=36   9*5=45   9*6=54   9*7=63   9*8=72   9*9=81
```

3.2 continue 문과 break 문

continue 문과 break 문은 반복문과 함께 사용되면서 반복의 흐름을 바꾸거나, 반복에서 벗어나게 하는 중요한 기능을 한다.

continue 문
break 문

continue 문

continue 문은 반복문을 빠져나가지 않으면서 즉시 다음 반복으로 넘어가고자할 때 사용되며, 다음과 같이 그 자체가 하나의 문장이다.

```
continue;
```

[그림 3-6]은 continue 문에 의해 제어가 변경되는 것을 보여준다. for 문에서 continue 문을 만나면 '반복 후 작업'으로 분기하고, while 문이나 do-while 문에서는 '조건식'을 검사하는 과정으로 분기한다.

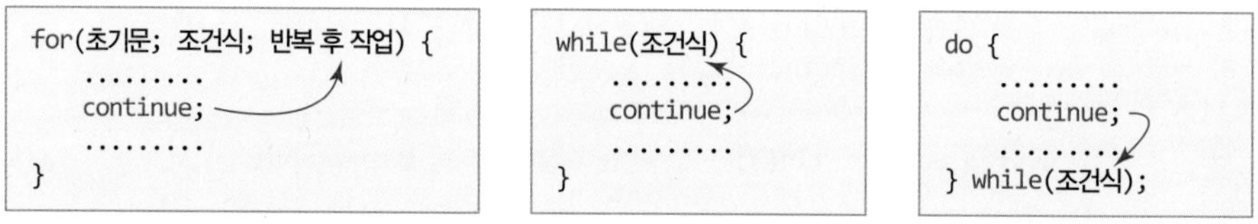

[그림 3-6] continue 문에 의한 반복문의 실행 경로 변경

예제 3-5   **continue 문을 이용하여 양수 합 구하기**

5개의 정수를 입력받고 양수 합을 구하여 출력하는 프로그램을 작성하라.

```
1   import java.util.Scanner;
2   public class ContinueExample {
3     public static void main(String[] args) {
4       Scanner scanner = new Scanner(System.in);
5
6       System.out.println("정수를 5개 입력하세요.");
7       int sum=0;
8       for(int i=0; i<5; i++) {
9         int n=scanner.nextInt(); // 키보드에서 정수 입력
10        if(n<=0) continue; // 0이나 음수인 경우 더하지 않고 다음 반복으로 진행
11        else sum += n; // 양수인 경우 덧셈
12      }
13      System.out.println("양수의 합은 " + sum);
14
15      scanner.close();
16    }
17  }
```

실행 결과

```
정수를 5개 입력하세요.
5
-2
6
10
-4
양수의 합은 21
```

---

break 문

break 문은 하나의 반복문을 즉시 벗어날 때 사용하며 아래와 같이 그 자체가 하나의 문장이다.

```
break;
```

break 문이 실행되면 현재의 반복문을 벗어나, 다음 코드로 실행이 계속된다. break 문은 하나의 반복문만 벗어나기 때문에, 중첩 반복의 경우 안쪽 반복문에서 break 문이 실행되면, 안쪽 반복문만 벗어나며 바깥 쪽 반복문 내에서 실행이 유지된다. [그림 3-7]은 break 문에 의해 제어가 변경되는 것을 보여준다.

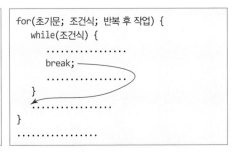

```
for(초기문; 조건식; 반복 후 작업) {
    ................
    break;
    ................
}
    ................
```
(a) 하나의 반복문을 벗어나는 경우

```
for(초기문; 조건식; 반복 후 작업) {
    while(조건식) {
        ................
        break;
        ................
    }
        ................
}
    ................
```
(b) 중첩 반복에서 안쪽 반복문만 벗어나는 경우

[그림 3-7] break 문으로 반복문 벗어나기

예제 3-6	break 문을 이용하여 while 문 벗어나기

"exit"이 입력되면 while 문을 벗어나도록 break 문을 활용하는 프로그램을 작성하라.

```
1   import java.util.Scanner;
2   public class BreakExample {
3      public static void main(String[] args) {
4         Scanner scanner = new Scanner(System.in);
5
6         System.out.println("exit을 입력하면 종료합니다.");
7         while(true) {
8            System.out.print(">>");
9            String text = scanner.nextLine();
10           if(text.equals("exit")) // "exit"이 입력되면 반복 종료
11              break; // while 문을 벗어남
12        }
13        System.out.println("종료합니다...");
14
15        scanner.close();
16     }
17  }
```

> 문자열 비교 시 String.equals()를 사용.
> 문자열이 같으면 equals()는 true 리턴

→ 실행 결과

```
exit을 입력하면 종료합니다.
>>edit
>>exit
종료합니다...
```

CHECK
TIME

1 다음 코드의 목적은 무엇이며 실행 결과는 무엇인가?

```
int n=0;
while(true) {
   n++;
   if(n>=20) break;
   if(n%3 == 0) continue;
   System.out.print(n+" ");
}
```

3.3 자바의 배열

배열이란

배열(array)은 인덱스(index)와 인덱스에 대응하는 일련의 데이터들로 이루어진 연속적인 자료 구조로서, 배열에는 같은 종류의 데이터들이 순차적으로 저장된다. [그림 3-8]은 **10**개의 정수 값을 합할 때, **10**개의 변수를 사용한 경우와 자바 배열을 사용한 경우를 대조하여 보여준다.

배열
인덱스

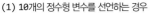

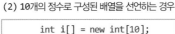
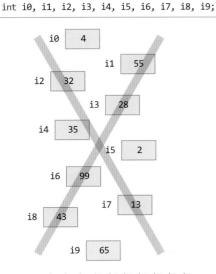
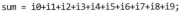
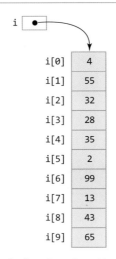

(1) 10개의 정수형 변수를 선언하는 경우

```
int i0, i1, i2, i3, i4, i5, i6, i7, i8, i9;
```

(2) 10개의 정수로 구성된 배열을 선언하는 경우

```
int i[] = new int[10];
```

(1)은 10개의 정수 값을 저장하기 위해 10개의 변수를 선언한 경우이고, (2)는 10개의 정수 공간을 가진 배열을 선언한 경우입니다. 10개 정수의 합 sum을 구하는 코드를 각각 보여주고 있습니다.

```
sum = i0+i1+i2+i3+i4+i5+i6+i7+i8+i9;
```

```
for(sum=0, n=0; n<10; n++)
    sum += i[n];
```

[그림 3-8] 자바의 배열 구성

[그림 3-8]에서 (1)의 경우는 서로 다른 변수 이름 **10**개를 사용하는 어려움이 있으며, sum을 구하는 코드는 길고 지저분하다. 만일 **1000**개의 정수를 합하고자 하면, 변수 **1000**개를 잡아야 하고, sum을 구하는 코드 역시 다음과 같이 작성이 거의 불가능하다.

```
sum = i0+ i1 +i2 + … + i998 + i999;
```

그러나 [그림 3-8]의 (2)와 같이 배열을 사용하면, 다음 코드로 **10**개의 정수 공간을 가진 배열을 간단히 생성할 수 있다.

```
int i[] = new int[10]; // 10개의 정수 공간을 가진 배열 생성
```

그리고 for 문을 사용하여 간단히 **10**개 정수의 합을 구할 수 있다.

```
for(sum=0, n=0; n<10; n++)
    sum += i[n];
```

배열 선언 및 생성

레퍼런스 변수 선언
배열 생성

자바에서 배열을 생성하는 방법은 C/C++와 달리 레퍼런스 변수 선언과 배열 생성의 두 단계가 필요하며, [그림 3-9]는 5개의 정수 배열을 만드는 과정을 보여준다.

1. 배열에 대한 레퍼런스 변수 선언
2. 배열 생성 - 배열 공간 할당

(1) 배열에 대한 레퍼런스 변수 intArray 선언

(2) 배열 생성

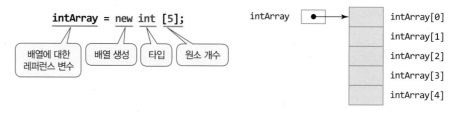

[그림 3-9] 배열의 선언과 생성

● 배열에 대한 레퍼런스 변수 선언

다음은 배열 선언문이다.

```
int intArray[]; // 배열에 대한 레퍼런스 변수 intArray를 선언한다.
```

이 선언문은 레퍼런스 변수 **intArray**를 선언하는 것으로, 배열 공간은 생성되지 않는다. **intArray** 변수는 레퍼런스(혹은 참조)라고 불리는 배열의 주소 값을 가지며 그 자체가 배열은 아니다. 이 선언문으로 아직 배열이 생성되지 않았으므로 **intArray** 변수 값은 null이다.

레퍼런스

배열에 대한 레퍼런스 변수는 다음 두 가지 방법으로 선언 가능하다.

```
int intArray[];  또는 int [] intArray;
```

선언 시 [] 안에 배열의 크기를 지정해서는 안 된다. 다음은 컴파일 오류이다.

오류
```
int intArray[5]; // 컴파일 오류. 선언 시 배열의 크기를 지정하면 안 됨
```

● 배열 생성

배열 생성은 배열 공간을 할당받는 과정이다. 반드시 new 연산자를 이용하여 배열을 생성하며 [] 안에 생성할 원소 개수를 지정한다. 다음 코드는 5개의 정수 공간을 할당받아 배열을 생성하고, 생성된 배열에 대한 레퍼런스를 **intArray**에 대입한다.

new 연산자

```
intArray = new int[5]; // 5개의 정수 배열 할당
```

이제 비로소 **intArray**를 배열로 사용할 수 있다. 배열은 다음과 같이 선언과 생성을 동시에 할 수도 있다.

```
int intArray[] = new int[5]; // 배열 선언과 동시에 배열 생성
```

● 배열 초기화

배열 선언문에서 '{ }' 사이에 원소를 나열하여 초기화된 배열을 만들 수 있다. 예를 들면 다음 코드와 같으며 실행 결과 [그림 3-10]과 같은 배열이 생긴다.

```
int intArray[] = {4, 3, 2, 1, 0};
double doubleArray[] = {0.01, 0.02, 0.03, 0.04};
```

intArray 배열의 크기는 자동으로 5가 되며, **doubleArray** 배열의 크기는 자동으로 4가 된다. 배열의 크기는 '{ }' 사이에 나열된 값의 개수로 정해진다.

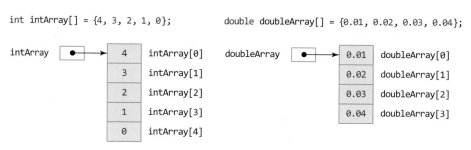

```
int intArray[] = {4, 3, 2, 1, 0};                double doubleArray[] = {0.01, 0.02, 0.03, 0.04};
```

[그림 3-10] 배열을 초기화하여 생성한 결과

배열 인덱스와 배열 원소 접근

배열의 인덱스는 정수만 가능하다. 인덱스는 0부터 시작하며 마지막 원소의 인덱스는 (배열 크기-1)이다. 배열의 원소는 레퍼런스 변수와 [ ] 사이에 원소의 인덱스를 적어 접근한다. 예를 들면 다음과 같다.

배열의 인덱스
배열 크기-1

```
int intArray = new int[5];          // 인덱스는 0~4까지 가능
intArray[0] = 5;                    // 원소 0에 5 저장
intArray[3] = 6;                    // 원소 3에 6 저장
int n = intArray[3];                // 원소 3의 값을 읽어 n에 저장. n은 6이 됨
```

다음은 음수 인덱스를 사용하거나 배열의 범위를 넘어서 접근한 잘못된 사례이다.

오류
```
int n = intArray[-2];      // 실행 오류. 인덱스로 음수 사용 불가
int m = intArray[5];       // 실행 오류. 5는 인덱스의 범위(0~4)를 넘었음
```

그리고 배열이 생성되어 있지 않는 상태에서 배열을 사용하면 오류가 발생한다.

```
int intArray [];           // 레퍼런스만 선언함
```
오류
```
intArray[1] = 8;           // 오류. 배열이 생성되어 있지 않음
```

레퍼런스 치환과 배열 공유

자바에서는 배열 공간과 레퍼런스 변수가 분리되어 있기 때문에 생성된 배열에 대한 공유가 쉽게 이루어진다. 즉 생성된 배열을 다수의 레퍼런스가 참조할 수 있다. 다음 코드와 함께 [그림 3-11]을 보자.

```
int intArray[] = new int[5];
int myArray[] = intArray; // 레퍼런스 치환. myArray는 intArray와 동일한 배열 참조
```

　　이 레퍼런스의 치환은 intArray 배열을 복사하여 새로운 배열을 만들어 myArray 배열을 생성하는 것이 아니다. 레퍼런스만 복사되므로, myArray는 intArray 레퍼런스 값을 가지게 됨으로써, myArray는 intArray의 배열을 공유하게 된다. myArray로 intArray의 배열 원소를 마음대로 접근할 수 있다.

레퍼런스 치환
배열 공유

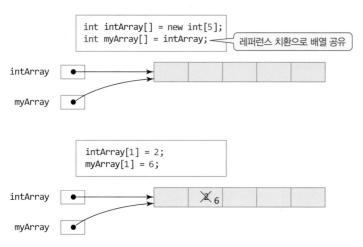

[그림 3-11] 레퍼런스 치환으로 두 레퍼런스가 하나의 배열을 공유

예제 3-7 | 배열 선언 및 생성

양수 5개를 입력받아 배열에 저장하고 제일 큰 수를 출력하는 프로그램을 작성하라.

```java
1   import java.util.Scanner;
2   public class ArrayAccess {
3     public static void main(String[] args) {
4       Scanner scanner = new Scanner(System.in);
5
6       int intArray[]; // 배열에 대한 레퍼런스 선언
7       intArray = new int[5]; // 배열 생성
8       int max=0; // 현재 가장 큰 수
9       System.out.println("양수 5개를 입력하세요.");
10      for(int i=0; i<5; i++) {
11        intArray[i] = scanner.nextInt(); // 입력받은 정수를 배열에 저장
12        if(intArray[i] > max)        // 입력받은 수가 현재 제일 크면
13          max = intArray[i];         // max 변경
14      }
15      System.out.print("가장 큰 수는 " + max + "입니다.");
16
17      scanner.close();
18    }
19  }
```

→ 실행 결과

양수 5개를 입력하세요.
1 39 78 100 99
가장 큰 수는 100입니다.

배열의 크기, length 필드

배열 객체
length 필드
배열 크기

자바는 배열을 객체로 다룬다. 객체는 4장에서 제대로 이해하기로 하고 우선 넘어가자. 배열이 생성되면 [그림 3-12]와 같이 배열 공간과 함께 배열의 크기 값을 가진 length 필드가 배열 객체 내에 생성된다.

배열의 크기는 length 필드를 이용하여 다음과 같이 간단히 알아낼 수 있다.

```java
int intArray [] = new int[5];
int size = intArray.length; // size는 5
```

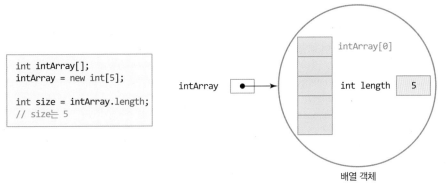

[그림 3-12] 객체로 관리되는 배열과 배열의 크기를 가진 length 필드

length 필드를 이용하면 프로그램에서 배열의 크기를 따로 관리할 필요가 없다. length 필드를 이용하여 배열의 모든 값을 출력하는 코드는 다음과 같이 작성할 수 있다.

```java
for(int i=0; i<intArray.length; i++) // intArray 배열 크기만큼 루프를 돈다.
    System.out.println(intArray[i]);
```

Tip 자바에서 메소드에 배열 전달

배열과 배열의 크기를 따로 관리해야 하는 **C/C++**에 비해, 자바는 배열이 스스로 그 크기를 제공하므로 배열을 다루는 것이 **10**배나 쉽다. 예를 들어, 배열의 합을 구하는 함수를 **C/C++**와 자바를 비교하면 다음과 같다.

```c
// C/C++의 경우
// 배열과 크기를 각각 전달받음
int sum(int x[], int size) {
  int n, s=0;
  for(n=0; n<size; n++)
      s += x[n];
  return s;
}


int a[] = {1,2,3,4,5};
int n = sum(a, 5);
```

```java
// 자바의 경우
// 배열만 전달받음
int sum(int x[]) {
  int n, s=0;
  for(n=0; n<x.length; n++)
      s += x[n];
  return s;
}


int a[] = {1,2,3,4,5};
int n = sum(a);
```

예제 3-8　**배열의 `length` 필드 활용**

배열의 `length` 필드를 이용하여 배열 크기만큼 정수를 입력받고, 평균을 출력하라.

```java
import java.util.Scanner;
public class ArrayLength {
   public static void main(String[] args) {
      Scanner scanner = new Scanner(System.in);

      System.out.println("5개의 정수를 입력하세요.");
      int intArray[] = new int[5]; // 배열의 선언과 생성
      double sum=0.0;
      for(int i=0; i<intArray.length; i++)
         intArray[i] = scanner.nextInt(); // 키보드에서 입력받은 정수 저장

      for(int i=0; i<intArray.length; i++)
         sum += intArray[i]; // 배열에 저장된 정수 값을 더하기

      System.out.print("평균은 " + sum/intArray.length);

      scanner.close();
   }
}
```

➡ 실행 결과

5개의 정수를 입력하세요.
2 3 4 5 9
평균은 4.6

배열과 for-each 문

for-each 문
배열
나열

for 문을 변형한 for-each 문은 배열이나 나열(enumeration)의 크기만큼 루프를 돌면서, 각 원소를 순차적으로 접근하는데 매우 유용하며 일반적인 구조는 [그림 3-13]과 같다.

```
          ①
     for(변수 : 배열레퍼런스) {
          .. 반복작업문 ..
     }
              ②
```

[그림 3-13] for-each 문의 구조

다음은 for-each 문을 사용하여 정수 배열의 합을 구하는 코드이다.

```
int [] n = { 1,2,3,4,5 };
int sum = 0;
for(int k : n) { // n.length 만큼 반복
    // 반복될 때마다 k는 n[0], ..., n[4]로 번갈아 설정
    sum += k;
}
```

> for 문으로 구성하면 다음과 같다.
> ```
> for(int i=0; i<n.length; i++) {
>     int k = n[i];
>     sum += k;
> }
> ```

---

for-each 문 활용 예제 3-9

for-each 문을 활용하여 int [] 배열의 합을 구하고, String [] 배열의 문자열을 출력하는 사례를 보인다.

```
1   public class foreachEx {
2      public static void main(String[] args) {
3         int [] n = { 1,2,3,4,5 };
4         int sum=0;
5         for(int k : n) { // k는 n[0], n[1], ..., n[4]로 반복     ◁ for-each 문
6            System.out.print(k + " ");   // 반복되는 k 값 출력
7            sum += k;
8         }
9         System.out.println("합은 " + sum);
10
11        String f[] = { "사과", "배", "바나나", "체리", "딸기", "포도" };
12        for(String s : f) // s는 f[0], f[1], ..., f[5]로 반복    ◁ for-each 문
13           System.out.print(s + " ");
14     }
15  }
```

➡ 실행 결과

```
1 2 3 4 5 합은 15
사과 배 바나나 체리 딸기 포도
```

---

1 10개의 문자를 저장하는 배열 myChar를 선언하는 코드는?

2 10개의 int 형 원소를 갖는 배열에 1~10까지 값을 저장하고 모든 원소의 값을 더하는 프로그램을 작성하라.

CHECK TIME

3.4 다차원 배열

자바에서 여러 차원의 배열을 만들 수 있다. 그러나 일반적으로 3차원 이상의 배열은 잘 사용하지 않기 때문에 이 책에서는 2차원 배열만 다룬다.

2차원 배열

● 2차원 배열의 선언과 생성

2차원 배열

1차원 배열과 마찬가지로 2차원 배열에서도 레퍼런스 변수 선언 후 배열을 생성하며, 2차원 배열의 레퍼런스 변수를 선언하는 방법은 다음 두 가지가 있다.

```
int intArray[][]; 또는 int [][] intArray; // 2차원 배열의 레퍼런스 변수 선언
```

2행 5열의 2차원 배열은 다음과 같이 생성한다.

```
intArray = new int[2][5]; // 2행 5열(2x5)의 2차원 배열 생성
```

여기서 첫 번째 []는 행의 개수를 나타내고 두 번째 []는 열의 개수를 나타낸다. 배열 선언과 생성을 동시에 하고자 하면 다음과 같이 할 수 있다.

```
int intArray[][] = new int[2][5];
```

● 2차원 배열의 구조

[그림 3-14]는 2 × 5의 2차원 배열 구성을 보여준다. 2차원 배열에서 행의 각 원소는 1차원 배열에 대한 레퍼런스이다.

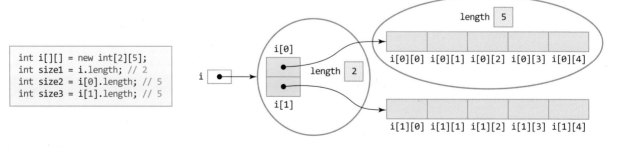

```
int i[][] = new int[2][5];
int size1 = i.length; // 2
int size2 = i[0].length; // 5
int size3 = i[1].length; // 5
```

[그림 3-14] new int[2][5]로 생성된 2차원 배열의 구조

[그림 3-14]에서 2차원 배열의 length 의미를 살펴보면 다음과 같다.

- i.length → 2차원 배열의 행의 개수, 2
- i[0].length → 0번째 행의 열의 개수, 5
- i[1].length → 1번째 행의 열의 개수, 5

● 2차원 배열의 초기화

다음과 같이 2차원 배열을 선언할 때 각 원소를 초기화할 수 있다. 이때 자동으로 초기화된 배열이 생성된다.

```
int intArray[][] = { {0,1,2}, {3,4,5}, {6,7,8} }; // 3x3 배열 생성
char charArray[][] = { {'a','b','c'}, {'d','e','f'} }; // 2x3 배열 생성
double doubleArray[][] = { {0.01,0.02}, {0.03,0.04} }; // 2x2 배열 생성
```

2차원 배열 생성 및 활용하기　　　　　　　　　　　　　예제 3-10

2차원 배열에 학년별로 1, 2학기 성적을 저장하고, 4년 전체 평점 평균을 출력하라.

```
1   public class ScoreAverage {
2     public static void main(String[] args) {
3       double score[][] = {{3.3, 3.4},      // 1학년 1, 2학기 평점
4                           {3.5, 3.6},      // 2학년 1, 2학기 평점
5                           {3.7, 4.0},      // 3학년 1, 2학기 평점
6                           {4.1, 4.2} };    // 4학년 1, 2학기 평점
7       double sum=0;
8       for(int year=0; year<score.length; year++) // 각 학년별로 반복
9         for(int term=0; term<score[year].length; term++) // 각 학년의 학기별로 반복
10          sum += score[year][term]; // 전체 평점 합
11
12      int n=score.length; // 배열의 행 개수, 4
13      int m=score[0].length; // 배열의 열 개수, 2
14      System.out.println("4년 전체 평점 평균은 " + sum/(n*m));
15    }
16  }
```

→ 실행 결과

4년 전체 평점 평균은 3.725

3.5 메소드의 배열 리턴

배열에 대한 레퍼런스 리턴

메소드가 배열을 리턴하는 경우를 알아보자. 이 경우 배열 메모리 전체가 아니라 배열에 대한 레퍼런스만 리턴된다. [그림 3-15]는 int[] 배열을 리턴하는 makeArray()를 만든 사례이다. 메소드의 리턴 타입에 배열의 크기를 지정하지 않는다는 점에 주의하기 바란다.

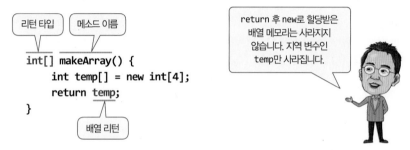

[그림 3-15] int[](배열 레퍼런스)을 리턴하는 메소드의 원형 및 코드

makeArray()로부터 배열을 리턴받아 보자. 다음과 같이 배열이 리턴하는 배열 타입과 같은 배열 레퍼런스를 선언하고, 배열을 리턴받는다.

```
int [] intArray; // makeArray()의 리턴 타입과 동일한 타입 선언
intArray = makeArray(); // 메소드가 리턴하는 배열 받음
```

intArray는 makeArray()가 리턴한 배열을 가리키게 되며, 다음과 같이 배열의 원소에 접근 가능하다.

```
for(int i=0; i<intArray.length; i++)
    intArray[i] = i;
```

[그림 3-16]은 이 과정을 자세히 보여 준다. (1)에서 intArray는 null이다. (2)에서 makeArray()가 호출되면, makeArray()는 배열을 생성하고 레퍼런스를 리턴한다. 그리고 intArray가 배열을 가리킨다. makeArray()가 종료하지만 배열 메모리를 그대로 남아 있다. (3)에서 intArray로 넘겨받은 배열을 마음대로 사용할 수 있다.

(1) int[] intArray;

(2) makeArray(); // 메소드 실행

(3) intArray에 temp 값 치환
    (intArray = makeArray())

(4) for(int i=0; i<intArray.length; i++)
        intArray[i] = i;

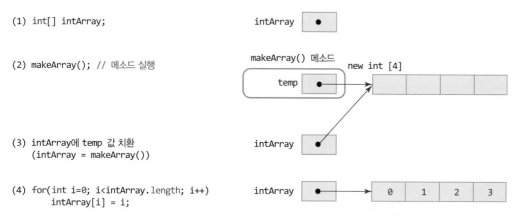

[그림 3-16] makeArray()로부터 배열을 리턴 받는 과정

배열 리턴   예제 3-11

일차원 정수 배열을 생성하여 리턴하는 makeArray()를 작성하고, 이 메소드로부터 배열을 전달받는
프로그램을 작성하라.

```
1   public class ReturnArray {
2      static int[] makeArray() { // 일차원 정수 배열 리턴
3         int temp[] = new int[4]; // 배열 생성
4         for(int i=0; i<temp.length; i++)
5            temp[i] = i; // 배열 초기화, 0, 1, 2, 3
6         return temp; // 배열 리턴         makeArray()가 종료해도 생성된 배열은 소멸되지 않음
7      }
8
9      public static void main(String[] args) {
10        int intArray[]; // 배열 레퍼런스 변수 선언
11        intArray = makeArray(); // 메소드가 리턴한 배열 참조      intArray는 makeArray()가
12        for(int i=0; i<intArray.length; i++)                    리턴한 배열을 가리킴
13           System.out.print(intArray[i] + " ");
14     }                                                    → 실행 결과
15  }
```

0 1 2 3

1 다음 중 배열 선언 및 생성이 옳은 것은?

① int [ ] a = new int [ ];   ② int a [5] = new int [5];
③ int a [ ] = new int [5];   ④ int [5] a = {1,2,3,4,5};

2 다음은 원소 4개로 구성된 일차원 문자 배열을 리턴하는 makeCharArray()를 작성한 코드이다. 빈칸을 채워라.

```
_____ makeCharArray() {
    char [] c = new Char[4];

    _____
}
```

3.6 자바의 예외 처리

예외란?

예외

실행 중 오동작이나 결과에 악영향을 미치는 예상치 못한 상황 발생을 예외(exception)라고 한다. 문법에 맞지 않게 작성된 코드는 컴파일러에 의해 컴파일 오류(compile time error)로 걸러지지만, 예외는 사용자의 잘못된 입력이나 배열의 인덱스가 배열의 크기를 넘어가는 등의 사건에 의해 프로그램 실행 중에 발생한다.

자바 플랫폼
강제 종료

실행 중에 예외가 발생하면 자바 플랫폼이 가장 먼저 알게 되어, 현재 실행중인 자바 응용프로그램에게 예외를 전달하여 응용프로그램이 예외에 대응하게 한다. 만일 응용프로그램에 예외에 대처하는 코드가 작성되어 있지 않다면, 자바 플랫폼이 응용프로그램을 강제로 종료시킨다.

예외 발생 경우를 몇 가지 나열하면 다음과 같다.

- 정수를 0으로 나누는 경우
- 배열의 크기보다 큰 인덱스로 배열의 원소를 접근하는 경우
- 정수를 읽는 코드가 실행되고 있을 때 사용자가 문자를 입력한 경우

예외 발생 사례

예제 3-12는 0으로 나누기를 실행할 때, 예외가 발생하여 응용프로그램이 강제로 종료되는 경우를 보여준다.

0으로 나누기 시 예외 발생으로 응용프로그램이 강제 종료되는 경우

두 정수를 입력받아 나눗셈을 하고 몫을 구하는 프로그램 코드이다. 사용자가 나누는 수에 0을 입력하면 자바 플랫폼에 의해 예외가 발생하여 프로그램이 강제 종료된다.

```java
1   import java.util.Scanner;
2   public class DivideByZero {
3      public static void main(String[] args) {
4         Scanner scanner = new Scanner(System.in);
5         int dividend; // 나뉨수
6         int divisor; // 나눗수
7
8         System.out.print("나뉨수를 입력하시오:");
9         dividend = scanner.nextInt(); // 나뉨수 입력
10        System.out.print("나눗수를 입력하시오:");
11        divisor = scanner.nextInt(); // 나눗수 입력
12        System.out.println(dividend+"를 " + divisor + "로 나누면 몫은 "
13            + dividend/divisor + "입니다.");
14     }
15  }
```

0으로 나누는 경우 ArithmeticException 예외 발생

→ 실행 결과

```
나뉨수를 입력하시오:100
나눗수를 입력하시오:0
Exception in thread "main" java.lang.ArithmeticException: / by zero
at DivideByZero.main(DivideByZero.java:13)
```

예제 3-12를 실행시키고 100과 0을 입력하면 라인 13의 dividend/divisor를 실행하는 도중, 정수를 0으로 나눌 수 없기 때문에 예외가 발생한다. 이 프로그램은 이 예외에 대한 대처 코드가 없기 때문에, 자바 플랫폼에 의해 강제로 종료된다. 예제 3-12의 실행 오류 메시지는 발생한 예외의 종류가 ArithmeticException임을 알려준다.

사용자가 0을 입력하는 예외 상황은 컴파일 시에 미리 걸러낼 수 없다. 다만, 예외가 발생할 때, 응용프로그램이 이에 적절히 대응함으로써 강제 종료되지 않고 사용자의 입력을 다시 받는 등 별도의 조치를 취할 수 있다.

ArithmeticException

자바의 예외 처리, try-catch-finally 문

예외 처리란 발생한 예외에 대해 개발자가 작성한 프로그램 내에서 대응하는 것을 말한다. 자바는 예외 처리 시 try-catch-finally 문을 사용한다. 사용법은 다음과 같다.

예외 처리
try-catch-finally 문

```
try {
    예외가 발생할 가능성이 있는 실행문(try 블록)
}
catch (처리할 예외 타입 선언) {
    예외 처리문(catch 블록)
}
finally {
    예외 발생 여부와 상관없이 무조건 실행되는 문장(finally 블록)   ┐
}                                                              ┘ ─ 생략 가능
```

try { } 블록
catch { } 블록

예외가 발생할 가능성이 있는 실행문들을 try { } 블록으로 묶고, 예외 처리 코드는 catch { } 블록에 작성한다. catch() 문의 () 안에는 처리하고자 하는 예외의 타입을 선언한다. catch { } 블록은 예외마다 하나씩 작성되어야 한다.

처리할 예외 타입 선언

[그림 3-17]은 try 블록에서 예외가 발생한 경우와 발생하지 않은 경우 실행되는 과정을 보여준다. try 블록에서 예외가 발생하면 응용프로그램은 남은 실행문을 실행하지 않고 바로 catch 블록의 예외 처리문으로 점프하여 실행한다. 물론 이때 발생한 예외와 catch() 문 안의 '처리할 예외 타입 선언'에 선언된 예외 타입이 일치해야 한다.

try 블록에서 예외가 발생하지 않은 정상적인 경우

try 블록에서 예외가 발생한 경우

[그림 3-17] 예외가 발생한 경우와 예외가 발생하지 않은 경우 실행 과정

finally { }

finally { }는 선택적 구문으로서 생략해도 상관없으며 실제 많은 경우 생략한다. finally 블록이 존재하는 경우, try 블록 실행 후 finally 블록이 순차적으로 실행되며, try 블록이 실행되는 도중 예외가 발생하였다면 catch 블록 실행 후 finally 블록을 실행한다. 그리고 finally 블록 아래의 코드를 계속 실행한다.

다수의 예외를 처리하고자 하는 경우에는 여러 개의 catch 문을 연속적으로 작성할 수 있으며, 이 중 발생한 예외와 타입이 일치하는 catch 문이 수행된다. 만일 발생한

예외 타입과 일치하는 catch 블록이 없으면 프로그램은 강제 종료된다. catch 블록 내에서 System.exit(0)을 호출하면 언제든지 프로그램을 종료할 수 있다.

자바의 예외 클래스

자바 플랫폼은 응용프로그램이 실행 중 오류를 탐지할 수 있도록 많은 예외를 클래스 형태로 제공한다. 자주 활용되는 예외는 〈표 3-1〉과 같다.

예외 클래스

〈표 3-1〉 자주 발생하는 예외

예외 타입(예외 클래스)	예외 발생 경우	패키지
ArithmeticException	정수를 0으로 나눌 때 발생	java.lang
NullPointerException	null 레퍼런스를 참조할 때 발생	java.lang
ClassCastException	변환할 수 없는 타입으로 객체를 변환할 때 발생	java.lang
OutOfMemoryError	메모리가 부족한 경우 발생	java.lang
ArrayIndexOutOfBoundsException	배열의 범위를 벗어난 접근 시 발생	java.lang
IllegalArgumentException	잘못된 인자 전달 시 발생	java.lang
IOException	입출력 동작 실패 또는 인터럽트 시 발생	java.io
NumberFormatException	문자열이 나타내는 숫자와 일치하지 않는 타입의 숫자로 변환 시 발생	java.lang
InputMismatchException	Scanner 클래스의 nextInt()를 호출하여 정수로 입력받고자 하였지만, 사용자가 'a' 등과 같이 문자를 입력한 경우	java.util

실행 중 try 블록 내에서 예외가 발생되면, 자바 플랫폼은 catch() 문의 '처리할 예외 타입 선언'부에 객체 형태로 전달한다. 예외 객체는 발생한 예외에 대한 정보를 제공한다. 다음은 배열의 범위를 벗어나 배열의 원소를 접근할 때 발생하는 ArrayIndexOutOfBoundsException을 처리하기 위한 try-catch의 예이다.

```
int intArray [] = new int[5];
try {
    intArray[3] = 10; // 예외 발생하지 않음
    intArray[6] = 5; // 예외 발생    이 문장 실행 시 ArrayIndexOutOfBoundsException 예외 발생
}
catch(ArrayIndexOutOfBoundsException e) { // 객체 e에 예외 정보가 넘어옴
    System.out.println("배열의 범위를 초과하여 원소를 접근하였습니다.");
}
```

> **잠깐!** 예외 타입
>
> catch()의 () 안에 선언할 수 있는 예외의 타입은 int, double과 같은 기본 타입은 사용할 수 없다.

예제 3-13 **0으로 나누는 예외에 대처하는 try-catch 블록 만들기**

try-catch-finally 블록을 이용하여 예제 3-12를 수정하여, 정수를 0으로 나누는 경우에 "0으로 나눌 수 없습니다!"를 출력하는 프로그램을 작성하라.

```java
1   import java.util.Scanner;
2   public class DevideByZeroHandling {
3     public static void main(String[] args) {
4       Scanner scanner = new Scanner(System.in);
5       int dividend; // 나뉨수
6       int divisor; // 나눗수
7
8       System.out.print("나뉨수를 입력하시오:");
9       dividend = scanner.nextInt(); // 나뉨수 입력
10      System.out.print("나눗수를 입력하시오:");
11      divisor = scanner.nextInt(); // 나눗수 입력
12      try {
13        System.out.println(dividend + "를 " + divisor + "로 나누면 몫은 "
14          + dividend/divisor + "입니다.");
15      }                    ┌─ divisor가 0인 경우 ArithmeticException 예외 발생
16      catch(ArithmeticException e) { // ArithmeticException 예외 처리 코드
17        System.out.println("0으로 나눌 수 없습니다!");
18      }
19      finally {
20        scanner.close(); // 정상적이든 예외가 발생하든 최종적으로 scanner를 닫는다.
21      }
22    }
23  }
```

실행 결과

```
나뉨수를 입력하시오:100
나눗수를 입력하시오:0
0으로 나눌 수 없습니다!
```
└─ ArithmeticException 예외가 발생해도 프로그램이 강제 종료되지 않고 정상 실행됨

입력 오류 시 발생하는 예외(InputMismatchException)　　　　예제 3-14

Scanner 클래스를 이용하여 3개의 정수를 입력받아 합을 구하는 프로그램을 작성하라. 사용자가 정수가
아닌 문자를 입력할 때 발생하는 InputMismatchException 예외를 처리하여 다시 입력받도록 하라.

```java
1  import java.util.Scanner;
2  import java.util.InputMismatchException;
3
4  public class InputException {
5     public static void main(String[] args) {
6        Scanner scanner = new Scanner(System.in);
7        System.out.println("정수 3개를 입력하세요");
8        int sum=0, n=0;
9        for(int i=0; i<3; i++) {
10          System.out.print(i+">>");
11          try {
12             n = scanner.nextInt(); // 정수 입력
13          }
14          catch(InputMismatchException e) {
15             System.out.println("정수가 아닙니다. 다시 입력하세요!");
16             scanner.next(); // 입력 스트림에 있는 정수가 아닌 토큰을 버린다.
17             i--; // 인덱스가 증가하지 않도록 미리 감소
18             continue; // 다음 루프
19          }
20          sum += n; // 합하기
21        }
22        System.out.println("합은 " + sum);
23        scanner.close();
24     }
25  }
```

> 사용자가 정수가 아닌 문자를 입력하면
> InputMismatchException 예외 발생

◀─ 실행 결과

```
정수 3개를 입력하세요
0>>5
1>>R
정수가 아닙니다. 다시 입
력하세요!
1>>4
2>>6
합은 15
```

1 다음 밑줄 친 문장을 실행할 때 발생하는 예외는 무엇인가?

  (1) int ar[]=new int [3];
    <u>ar[4]=5;</u>

  (2) int ar []=null;
    <u>ar[2]=4;</u>

요약 **SUMMARY**

반복문

- 자바의 반복문은 for 문, while 문, ❶ __________ 문의 3가지이다.
- 반복문 내의 다시 반복문을 사용할 수가 있으며, 이를 중첩 반복이라 한다.

continue 문과 break 문

- continue 문과 break 문은 반복문 내에 사용된다.
- ❷ __________ 문은 반복문을 빠져나가지 않고 다음 반복으로 진행한다.
- ❸ __________ 문은 하나의 반복문을 빠져나갈 때 사용한다.

배열

- 배열은 같은 종류의 데이터가 순차적으로 연결되어 저장된 자료 구조이다.
- 배열을 만드는 과정은 배열 레퍼런스 변수 선언과 ❹ __________의 두 과정으로 이루어진다. 배열 레퍼런스 변수의 선언은 배열 메모리를 가리키는 레퍼런스(주소와 유사) 값을 가질 변수에 대한 선언이고, 배열 생성은 배열 저장 공간을 확보하는 것이다.
- 공간 4개를 가진 정수형 배열을 만드는 코드 사례는 다음과 같다.

```
int [] array = new int [4]; 혹은 int array [] = new int [4];
```

- 배열 원소에 대한 접근은 배열 레퍼런스 변수명과 [] 사이에 원소의 인덱스를 적어 접근한다.
- 배열은 자바에서 객체로 처리된다.
- 배열의 크기는 배열 객체의 ❺ __________ 필드에 저장되어 있으며, 배열의 인덱스는 0부터 시작한다. 배열은 그 크기를 넘어서 접근하면 실행 중 오류(예외)가 발생한다.
- 자바에서는 다차원 배열을 선언하는 것이 가능하다.
- 메소드가 배열을 리턴하면, 배열의 레퍼런스만 리턴한다.
- ❻ __________ 문은 배열의 각 원소를 순차적으로 접근하는 특별한 for 문으로서, 정수 배열의 모든 원소를 출력하는 코드 사례는 다음과 같다.

```
int [] array = { 1,2,3,4 };
for(int k : array) { System.out.println(k); }
```

예외

- 실행 중에 오동작이나 결과에 악영향을 미치는 예상치 못한 오류를 ❼ __________라고 한다.
- 자바 플랫폼은 응용프로그램 실행 중에 발생한 예외(exception)를 응용프로그램에게 전달한다.
- 자바 응용프로그램이 예외 처리 코드를 가지고 있지 않으면, 강제 종료된다.
- 자바는 응용프로그램이 예외를 처리할 수 있도록 try-catch-finally 문을 제공한다.
- 예외가 발생할 가능성이 있는 코드는 ❽ __________ 블록으로 싸고, 예외가 발생할 때 처리하는 코드는 catch() { } 블록으로 작성하고, 예외가 발생하든 안 든 최종적으로 실행할 코드는 finally { } 블록에 작성한다. finally { } 블록은 생략 가능하다.
- catch()에서 ()안에는 처리하고자 하는 예외 타입을 선언한다.
- try 블록 내에서 예외가 발생하면 발생한 예외 타입과 일치하는 catch 블록으로 점프한다. 일치하는 catch 블록이 없으면 강제 종료된다.

ANSWER

① do-while ② continue ③ break ④ 배열 생성 ⑤ length ⑥ for-each ⑦ 예외 ⑧ try { }

숨은 번호 맞추기 게임(up & down 게임)

반복문 연습

숨은 번호를 맞추는 게임을 만들어보자. 컴퓨터는 0에서 99까지의 임의의 수를 선택하고, 사용자는 이 수를 맞추는 게임이다. 아래와 같이 컴퓨터가 가진 수가 98인 경우를 보자. 사용자가 55라고 입력하면 "더 높게", 다시 70을 입력하면 "더 높게"라는 식으로 메시지를 출력하고, 범위를 좁혀가면서 수를 맞춘다. 게임을 반복하기 위해 y/n을 묻고 "n"이 입력되면 종료한다. 난이도 중

```
Up & Down게임입니다. 숨겨진 수를 맞추어 보세요
0-99
1>>50
더 높게
50-99
2>>75
더 높게
75-99
3>>88
더 낮게
75-88
4>>81
더 높게
81-88
5>>85
더 높게
85-88
6>>86
맞았습니다.
다시하시겠습니까(y/n)>>y
Up & Down게임입니다. 숨겨진 수를 맞추어 보세요
0-99
1>>55
더 낮게
0-55
2>>30
더 높게
30-55
3>>41
더 낮게
30-41
4>>35
더 높게
35-41
5>>38
더 높게
38-41
6>>40
맞았습니다.
다시하시겠습니까(y/n)>>n
```

● 컴퓨터가 숨길 수를 임의로 선택하기 위해 다음과 같이 Random 클래스를 이용한다.

```
import java.util.Random;
Random r = new Random();
int k = r.nextInt(100);  // 0-99까지 임의의 정수 생성
```

● "다시하시겠습니까(y/n)>>"에 대한 답으로 사용자가 "y"나 "n"을 입력한다. 이때 사용자로부 터 입력받은 문자열과 비교하기 위해서는 다음 코드를 이용한다.

```
if(scanner.next().equals("n")) {
    // 종료하도록 작성한다.
}
```

연습문제

EXERCISE

1. while 문을 가진 다음 프로그램에 대해 물음에 답하라.

```
int i=0, sum=0;
while(i<10) {
   i = i + 2;
   sum += i;
}
System.out.println(sum);
```

(1) 무엇을 계산하는 프로그램이며, 실행 결과는?

(2) 앞의 실행 결과와 동일한 실행 결과를 얻고자 할 때 다음 빈칸을 채워라.

```
int i=0, sum=0;
while(true) {
   i = i + 2;
   sum += i;
   if(_____) break;
}
System.out.println(sum);
```

```
int i=0, sum=0;
do {
   i = i + 1;
   if(_____) continue;
   sum += i;
} while(i<10);
System.out.println(sum);
```

2. 다음 for 문에 대해 물음에 답하라.

```
double sum = 0.0;
double d[] = {1.0, 2.3, 3.4, 5.5 };
for(int i=0; i<4; i++) sum += d[i];
System.out.println(sum);
```

(1) 예상되는 실행 결과는 무엇인가?

(2) for(int i=0; i<4; i++) 부분을 배열의 length 필드를 이용하여 수정하라.

(3) while 문으로 바꾸어 작성하라.

(4) do-while 문으로 바꾸어 작성하라.

(5) for-each 문으로 바꾸어 작성하라.

3. 배열을 선언하고 생성하는 다음 물음에 답하라.

(1) 10개의 문자를 가지는 배열 c를 생성하는 코드를 한 줄로 쓰라.

(2) 0에서 5까지 정수 값으로 초기화된 정수 배열 n을 선언하라.

(3) '일', '월', '화', '수', '목', '금', '토'로 초기화된 배열 day를 선언하라.

(4) 5행 4열 크기의 실수 배열 d를 선언하라.

(5) 1에서 12까지 순서대로 정수로 초기화되는 3행 4열의 이차원 배열 val을 선언하라.

4. 다음 코드에 대해 실행 중 오류가 발생하는 보기는?

```
int myArray[] = { 1,2,3,4,5 };
```

① myArray[0] = -1;　　　　　② myArray[myArray.length] = 100;

③ int [] yourArray = myArray;　④ System.out.println(myArray[1]);

5. 다음 2차원 배열 선언문에서 문법적으로 잘못된 것은?

① int n [][] = new int [3][4];　② int [][] n = new int [3][4];

③ int n [][] = null;　　　　　④ int [3][2] n = { {1,2}, {3,4}, {4,5} };

6. for-each 문을 이용하여 배열 b를 모두 출력하고자 한다. 빈칸에 적절한 코드를 삽입하라.

```
boolean [] b = { true, false, true, true };
for(_____)
    System.out.println(boo);
```

7. 다음은 사용자로부터 배열의 개수를 얻어서 배열을 생성하여 리턴하는 allocArray() 메소드를 작성하고자 한다.

```
_____ allocArray() {
    Scanner scanner = new Scanner(System.in);
    double [] n = new double [scanner.nextInt()]; // 입력된 정수 크기의 배열 생성
    _____ // 배열 리턴
}
```

(1) 빈칸을 적절한 코드로 채워라.

(2) allocArray()를 호출하여 배열을 전달받는 한 줄의 코드를 작성하라.

8. 다음 코드에 대해 물음에 답하라.

```
String s = "123";
try {
    int n = Integer.parseInt(s);        ┌─ s가 정수 문자열이 아니면
    n++;                                 │  NumberFormatException 예외 발생
    System.out.println(n);
}
catch(NumberFormatException e) {
    System.out.println(s + "를 정수로 변환할 수 없습니다.");
}
finally {
    System.out.println("계산을 끝냅니다.");
}
```

Integer.parseInt(String s)는 문자열 s를 정수로 변환하여 리턴하는 메소드이다. 만일 s가 정수로 변환할 수 없는 문자열이면 NumberFormatException 예외가 발생한다.
(1) 코드를 실행한 결과 출력되는 내용은?
(2) s가 "23.5"일 때 앞의 코드를 실행한 결과 출력되는 내용은?

실습 문제　　　　　　　　　　　　　　　• 홀수 문제는 정답이 공개됩니다.

1. 영문 소문자를 하나 입력받고 그 문자보다 알파벳 순위가 낮은 모든 문자를 출력하는 프로그램을 작성하라. 난이도 하

> 목적 2중 중첩 반복문 연습

```
알파벳 한 문자를 입력하세요>>e
abcde
bcde
cde
de
e
```

힌트

Scanner로 문자를 읽을 때 다음과 같이 하면 된다.

```
String s = scanner.next();    // 문자열로 읽음
char c = s.charAt(0);         // 문자열의 첫 번째 문자
```

목적 배열과 반복문 연습

2. 정수를 10개 입력받아 배열에 저장한 후, 배열을 검색하여 3의 배수만 골라 출력하는 프로그램을 작성하라. `난이도 하`

```
정수 10개 입력>>2 44 77 6 8 9 12 88 100 2323
6 9 12
```

목적 자바의 예외 처리 연습

3. 정수를 입력받아 짝수이면 "짝", 홀수이면 "홀"을 출력하는 프로그램을 작성하라. 사용자가 정수를 입력하지 않는 경우에는 프로그램을 종료하라. 정답을 통해 **try-catch-finally**를 사용하는 정통적인 코드를 볼 수 있다. `난이도 하`

```
정수를 입력하세요>>352
짝수
```

```
정수를 입력하세요>>java
수를 입력하지 않아 프로그램 종료합니다.
```

목적 while 반복문과 자바의 예외 처리 연습

4. '일', '월', '화', '수', '목', '금', '토'로 초기화된 문자 배열 **day**를 선언하고, 사용자로부터 정수를 입력받아 7(배열 **day**의 크기)로 나눈 나머지를 인덱스로 하여 배열 **day**에 저장된 문자를 출력하라. 음수가 입력되면 프로그램을 종료하라. 아래 실행 결과와 같이 예외 처리하라. `난이도 중`

```
정수를 입력하세요>>15
월
정수를 입력하세요>>monday          정수가 입력되지
경고! 수를 입력하지 않았습니다.      않아 예외 발생
정수를 입력하세요>>-1
프로그램 종료합니다...
```

목적 배열과 for 반복문 연습

5. 정수를 10개 입력받아 배열에 저장하고 증가 순으로 정렬하여 출력하라. `난이도 중`

```
정수 10개 입력>>17 3 9 -6 77 234 5 23 -3 1
-6 -3 1 3 5 9 17 23 77 234
```

6. 다음과 같이 영어와 한글의 짝을 이루는 2개의 배열을 만들고, 사용자로부터 영어 단어를 입력 받아 한글을 출력하는 프로그램을 작성하라. **"exit"**을 입력하면 프로그램을 종료하라. 난이도 중

 목적 배열과 반복문 연습

```
String eng[] = { "student", "love", "java", "happy", "future" };
String kor[] = { "학생", "사랑", "자바", "행복한", "미래" };
```

```
영어 단어를 입력하세요>>love
사랑
영어 단어를 입력하세요>>happy
행복한
영어 단어를 입력하세요>>jaba
그런 영어 단어가 없습니다.
영어 단어를 입력하세요>>exit
종료합니다...
```

> 힌트
> String s, t;로 선언된 문자열 s와 t를 비교하기 위해서는 if(s.equals(t))로 비교해야 한다.

7. 1부터 99까지, 369게임에서 박수를 쳐야 하는 경우, 순서대로 화면에 출력하라. 2장 실습 문제 9를 참고하라. 난이도 상

목적 for 문과 여러 조건문 연습

```
 3  박수한번
 6  박수한번
 9  박수한번
13  박수한번
16  박수한번
19  박수한번
23  박수한번
26  박수한번
29  박수한번
30  박수한번
31  박수한번
32  박수한번
33  박수두번  ── 주목
~~~~~~~~~~~~~~~~~~~~~~~~~~~~~~~~~~~~~~~~~~~~~~
97  박수한번
98  박수한번
99  박수두번
```

반복문과 조건문을 활용한 종합 응용 연습

8. 컴퓨터와 사용자의 가위바위보 게임 프로그램을 작성하라. 사용자가 입력하고 <Enter> 키를 치면, 컴퓨터는 랜덤하게 가위, 바위, 보 중 하나를 선택한다. 그리고 누가 이겼는지 출력한다. "그만"을 입력하면 게임을 종료한다. 난이도 상

> 컴퓨터와 가위 바위 보 게임을 합니다.
> 가위 바위 보!>>가위
> 사용자 = 가위 , 컴퓨터 = 가위, 비겼습니다.
> 가위 바위 보!>>보
> 사용자 = 보 , 컴퓨터 = 가위, 컴퓨터가 이겼습니다.
> 가위 바위 보!>>그만
> 게임을 종료합니다...

힌트

● 다음과 같이 문자열 배열을 선언한다.

```
String str[] = { "가위", "바위", "보" };
```

● 컴퓨터가 내는 것을 랜덤하게 결정하기 위해 다음 코드를 이용한다. 0은 "가위", 1은 "바위", 2는 "보"로 처리한다.

```
int n = (int)(Math.random()*3); // 0, 1, 2 중에 랜덤 정수 리턴
```

● 컴퓨터가 낸 것이 "가위"인지 비교하는 코드는 다음과 같이 한다.

```
if(str[n].equals("가위")) // 컴퓨터가 낸 것이 "가위"인지 비교하는 문
```

Bonus 1　다음은 3x4의 2차원 배열을 만들고 이곳에 0~9 범위의 정수를 랜덤하게 저장한 후 2차원 배열과 합을 출력하는 프로그램의 실행 결과와 코드이다. 빈 곳에 적절한 코드를 삽입하라.　난이도 중

　동영상 2차원 배열과 반복문 연습

```
0       4       4       7
7       9       2       4
9       1       2       7
합은 56
```

```java
public class RandomArray {
  public static void main(String[] args) {
    int intArray[][];   // 2차원 정수 배열 선언
    _____  // intArray에 3x4 정수 배열 생성

    // 12개의 정수를 랜덤하게 발생시켜 배열에 순서대로 저장한다.
    for(int i=0; i<3; i++)
      for(int j=0; j<4; j++)
        intArray[i][j] = (int)(Math.random()*10); // 0~9의 랜덤정수

    // 3x4 배열을 출력한다.
    for(int i=0; i < _____ ; i++) { // length 필드를 이용하라.
      for(int j=0; j < _____ ; j++) // length 필드를 이용하라.
        _____ // 원소 [i][j] 출력
      System.out.println(); // 다음 줄로 넘어감
    }

    // 3x4 배열의 합을 구하여 출력한다.
    int i=0, sum=0;
    while(i<3) { // 3개의 각 행에 대해 반복

      _____

      _____

      _____

    }
    System.out.println("합은 " + sum);
  }
}
```

04

클래스와 객체

4.1 객체 지향과 자바

4.2 자바 클래스 만들기

4.3 생성자

4.4 객체 배열

4.5 메소드 활용과 객체 치환

4.6 객체의 소멸과 가비지 컬렉션

4.7 접근 지정자

4.8 static 멤버

4.9 final

04

클래스와 객체

4.1 객체 지향과 자바

세상 모든 것이 객체다.

객체
특성
행동

자바뿐 아니라 객체 지향 언어를 배울 때마다, 당면하는 어려움이 객체(object)에 대한 이해이다. 객체는 어려운 개념이 아니다. [그림 4-1]과 같이 우리 주변에 있는 모든 것이 객체이다. TV, 컴퓨터, 책, 건물, 의자, 사람 등 실세계는 객체들의 집합이다. 실세계의 객체들은 자신만의 고유한 특성(state)과 행동(behavior)을 가지며 다른 객체들에게 행동을 요구하거나 정보를 주고받는 등 상호 작용하면서 살아가며, 각 객체들이 특별한 흐름에 따라 움직이도록 만든 절차는 없다. 컴퓨터 프로그램의 예를 들면, 테트리스 게임에 나오는 각 블록들, 한글 프로그램의 메뉴나 버튼들이다.

| TV | 의자 | 책 | 집 | 카메라 | 컴퓨터 |

[그림 4-1] 우리 주변의 객체

자바의 객체 지향 특성

클래스
객체

객체 지향 언어는 실세계의 객체를 프로그램 내에 표현하기 위해 클래스와 객체 개념을 도입하였다. 객체 지향 언어는 다음과 같은 특성을 가진다.

●캡슐화

캡슐화

캡슐화(encapsulation)란 객체를 캡슐로 싸서 그 내부를 보호하고 볼 수 없게 하는 것으로 객체의 가장 본질적인 특징이다. 캡슐 약을 생각하면 쉽게 이해할 수 있다. 캡슐에 든 약은 어떤 색인지, 어떤 성분인지 보이지 않으며, 캡슐로부터 보호받기 때문에, 외부의 접근으로부터 안전하다. [그림 4-2]는 실세계의 객체가 자신만의 껍데기로 캡슐화 되어 있는 사례를 보여준다. TV에 케이스가 없다면 외부의 접촉으로부터 보호할 수 없으며, 사람이 피부나 근육으로 캡슐화 되어 있지 않다면, 혈관, 장기, 뇌 등이 노출되어 상상하기 어려운 끔찍한 일이 일어날 것이다.

객체는 캡슐화가 기본 원칙이지만 외부와의 접속을 위해 몇 부분만을 공개 노출한다. TV의 예를 들면 On/Off 버튼, 밝기 조절 버튼, 채널 버튼, 음량 버튼, 리모컨과 통신하는 부분은 다른 객체와의 통신을 위해 노출시킨다.

공개

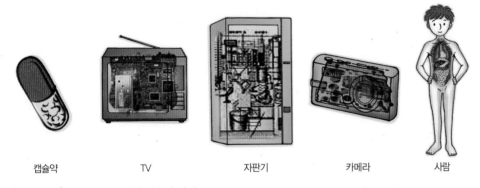

캡슐약   TV   자판기   카메라   사람

[그림 4-2] 실세계의 객체와 캡슐화 사례

자바에서 클래스(class)는 객체의 모양을 선언한 틀이며, 클래스 모양 그대로 생성된 실체(instance)가 객체이다. [그림 4-3]의 예와 같이 자바는 필드(field)와 메소드 (method)를 클래스 내에 모두 구현한다. 캡슐화를 통해 객체 내 필드에 대한 외부로부터의 접근을 제한한다.

클래스
실체
필드
메소드

클래스 선언

```
class Animal {
    String name;
    int age;
    void eat() {...}
    void speak() {...}
    void love() {...}
}
```

클래스 모양으로 만들어진 객체

```
String name "lion"
int age    4
                String name "bear"
                int age    8           } 필드(field)

void eat();
void speak();
void love();
                void eat();
                void speak();          } 메소드(method)
                void love();
```

Animal 객체 두 개 생성

[그림 4-3] 자바에서 클래스로 객체 캡슐화

●상속

상속(inheritance)은 상위 개체의 속성이 하위 개체에 물려져서, 하위 개체가 상위 개체의 속성을 모두 가지는 관계이다. [그림 4-4]는 실세계에서의 상속 사례를 보여준다. 이 그림은 '동물'은 '생물'의 속성을 가지고 있으며, '어류'는 '동물'의 속성과 '생물'의 속성을 모두 가지고 있고, '나무'는 '식물'의 속성과 '생물'의 속성을 모두 가지고 있음을 보여준다.

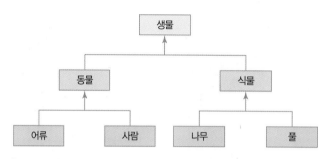

[그림 4-4] 생물 분류. 생물 사이의 유전적 상속 관계

　　자바의 상속은 자식 클래스가 부모 클래스의 속성을 물려받아 부모 클래스에 기능을 확장(extends)하는 개념이다. 자바에서 부모 클래스를 슈퍼 클래스(super class)라고 부르며 자식 클래스를 서브 클래스(sub class)라고 부른다. 상속은 슈퍼 클래스에 만들어진 필드와 메소드를 물려받음으로써 코드의 중복 작성을 방지하고, 코드를 재사용함으로써 코드 작성에 드는 시간과 비용을 줄인다.

　　[그림 4-5]에서 Animal 클래스와 Human 클래스의 상속 관계, Animal 클래스와 Human 클래스의 객체를 보여준다. Human 클래스는 Animal 클래스를 물려받기 때문에 name, age 필드와 eat(), speak(), love() 메소드를 다시 선언할 필요가 없다. 객체의 관점에서 보면, Human 클래스의 객체는 Animal 클래스의 속성에다 hobby, job, work(), cry(), laugh() 등 Human 클래스의 속성을 모두 가진다.

●다형성

다형성(polymorphism)은 같은 이름의 메소드가 클래스 혹은 객체에 따라 다르게 구현되는 것을 말한다. [그림 4-6]은 상속 관계의 다형성을 보여주는 예로서, 강아지, 고양이, 닭 클래스는 Animal 클래스를 상속받고, '소리내기(speak())' 메소드를 각각 다르게 구현하였다. 이것은 슈퍼 클래스에 구현된 메소드를, 서브 클래스에서 자신의 특징에 맞게 동일한 이름으로 다시 구현하는 이른바 메소드 오버라이딩(overriding)으로 부른다. 다형성의 또 다른 사례는 클래스 내에서 같은 이름의 메소드를 여러 개 만드는 메소드 오버로딩(overloading)이 있다.

```
class Animal {
    String name;
    int age;
    void eat() {...}
    void speak() {...}
    void love() {...}
}
```

Animal의 객체

```
String name;
int age;

void eat();
void speak();
void love();
```

Human의 객체

```
String name;
int age;

void eat();
void speak();
void love();

String hobby;
String job;

void work();
void cry();
void laugh();
```

상속

```
class Human extends Animal {
    String hobby;
    String job;
    void work() {...}
    void cry() {...}
    void laugh() {...}
}
```

[그림 4-5] Animal 클래스를 상속받은 Human 클래스와 객체 관계

[그림 4-6] 상속에서 나타나는 다형성

객체 지향 언어의 목적

객체 지향 언어의 주요한 목적은 다음과 같이 정리할 수 있다.

● 소프트웨어의 생산성 향상

컴퓨터 산업이 발전함에 따라 소프트웨어의 생명 주기(life cycle)가 짧아졌으며 이로 인해 빠른 시간 내에 새로운 소프트웨어를 만들어야 한다. 객체 지향 언어는 객체, 캡슐화, 상속, 다형성 등 소프트웨어의 재사용을 위한 여러 기법을 내장하고 있기 때문에, 이미 만든 소프트웨어를 상속받거나 재사용하기 쉬우며, 부분 수정을 통해 소프트웨어를 작성하는 부담을 대폭 줄일 수 있다.

● 실세계에 대한 쉬운 모델링

과거에는 통계 처리 등 데이터의 처리 절차가 중요하였지만, 점점 컴퓨터가 산업 전반에 활용됨에 따라 실세계에서 발생하는 일을 프로그래밍 해야 하는 경우가 많아지게 되었고, 이에 따라 실세계의 일을 보다 쉽게 프로그래밍 할 수 있는 객체 지향 언어가 필요하게 되었다.

절차 지향 프로그래밍과 객체 지향 프로그래밍

절차 지향 프로그래밍

C 언어처럼 실행하고자 하는 절차를 정하고, 이 절차대로 프로그래밍하는 방법을 절차 지향 프로그래밍이라고 부른다. 절차 지향 프로그래밍은 목적을 달성하기 위한 일의 흐름에 중점을 둔다. 자판기 소프트웨어를 구현하는 경우를 보자. 절차 지향 프로그래밍은 [그림 4-7]과 같이 흐름도를 설계하고 흐름도상의 동작들을 함수로 작성하며, 흐름도에 따라 일련의 동작들이 순서대로 실행되도록 작성한다.

  그러나 컴퓨터를 이용하여 문제를 해결하려는 실제 세상은 단순히 일련의 행위뿐 아니라 각 물체 간의 관계, 상호 작용 등 훨씬 복잡하게 구성되어 있다. 절차 지향 언

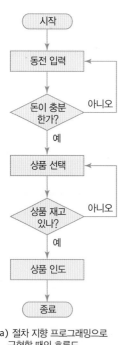

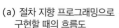

(a) 절차 지향 프로그래밍으로
    구현할 때의 흐름도

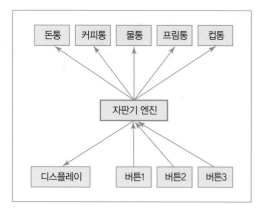

(b) 객체 지향 프로그래밍으로 구현할 때의 객체 관계도

[그림 4-7] 자판기 소프트웨어 설계

어로는 실세계의 문제를 프로그래밍하기에는 표현에 한계가 있다. 객체 지향 프로그래밍은 이러한 단점을 극복하고 실세상의 물체를 객체로 표현하고, 이들 사이의 관계, 상호 작용을 프로그램으로 나타낸다. 자판기를 객체 지향 프로그래밍으로 구현하면, [그림 4-7]과 같이 객체를 추출하고 객체들의 관계를 결정하고 이들의 상호 작용에 필요한 함수(메소드)와 변수(필드)를 설계 및 구현한다.

객체 지향 프로그래밍

클래스와 객체

자바를 비롯한 객체 지향 언어에서 클래스는 객체를 만들어 내기 위한 설계 혹은 틀이며, 클래스에 선언된 모양 그대로 생성된 실체가 객체이다. 이러한 연유로 객체를 클래스의 인스턴스(instance)라고도 부르며, 가끔 객체와 인스턴스는 구별 없이 사용한다.

클래스
객체
인스턴스

하나의 클래스에 객체들은 수 없이 많이 생성될 수 있다. [그림 4-8]은 붕어빵 틀과 붕어빵 객체 사이의 관계를 통해 클래스와 객체 관계를 보여준다. 자바로 말하자면 붕어빵 틀은 자바 클래스이며, 붕어빵은 자바 객체이다.

객체들은 클래스의 모양대로 모두 동일한 속성을 가지고 탄생하지만, 객체들은 각각 자신만의 고유한 값을 가짐으로써 구분된다. [그림 4-9]는 '사람' 클래스의 3객체, '최승희', '이미녀', '김미남'을 보여준다. 이들은 모두 이름, 직업, 나이, 성별, 혈액형 등 '사람' 속성을 가지고 있지만, 값은 각각 서로 다르다.

붕어빵 틀은 클래스이며, 이 틀의 형태로 구워진 붕어빵은 객체입니다. 붕어빵은 틀의 모양대로 만들어지지만 서로 조금씩 다릅니다. 치즈붕어빵, 크림붕어빵, 앙코붕어빵 등이 있습니다. 그래도 이들은 모두 붕어빵입니다.

[그림 4-8] 클래스(붕어빵틀)와 객체(붕어빵)의 관계

[그림 4-9] 객체들은 클래스에 선언된 동일한 속성을 가지지만 속성 값은 서로 다름

1 자바에서 객체를 정의하는 틀은 무엇인가?

2 캡슐화는 객체를 구성하는 요소를 캡슐로 싸서 그 내부를 보호하고 볼 수 없게 하는 것이지만, 일부 요소를 외부에 공개하는 이유는 무엇인가?

3 다음 중 자바의 객체 지향 개념에 포함되지 않는 것은?
① 상속   ② 흐름도   ③ 캡슐화   ④ 다형성

4 다음 예를 이용하여 객체 지향 특성을 설명하라.
(1) '메뚜기는 생물이다.'는 문구로 상속을 설명하라.
(2) 'TV는 튼튼한 플라스틱의 외형 때문에 내부를 볼 수 없다.'는 문구로 캡슐화를 설명하라.
(3) '볼펜, 만년필, 연필은 쓰는 도구이지만, 각기 쓰는 방법이 다르다.'는 문구로 다형성을 설명하라.

4.2 자바 클래스 만들기

자바 클래스 구성

자바에서 class 키워드로 클래스를 선언한다. 클래스는 C 언어의 구조체와 같이 개발자가 정의하는 새로운 데이터 타입이다. 클래스의 구성 요소를 멤버라고 부르며, 멤버는 필드(멤버 변수)와 메소드(멤버 함수)의 두 가지이다. [그림 4-10]은 원을 추상화한 클래스 Circle을 작성한 코드를 보여준다. 필드로는 반지름 값을 가지는 radius와 원의 이름을 표현하는 name, 메소드로는 원의 면적 값을 제공하는 getArea()로 구성된다.

class
필드
메소드

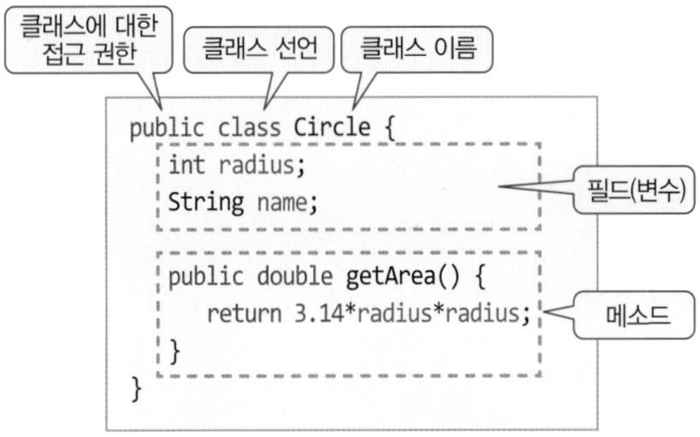

[그림 4-10] 자바의 클래스 선언과 구성

●클래스 구성

클래스는 class 키워드와 클래스 이름으로 선언하고 중괄호({ }) 안에 클래스의 필드와 메소드를 모두 작성해야 한다. 클래스 외부에 필드나 메소드를 결코 둘 수 없다.

●클래스 멤버

클래스의 멤버는 필드(field)와 메소드(method)로서, 필드는 객체의 상태 값을 저장할 멤버 변수이며, 메소드는 실행 가능한 함수이고 객체의 행위를 구현한다. getArea() 메소드는 원 내부의 반지름 정보를 이용하여 면적을 계산하여 알려준다.

●접근 지정자

클래스의 선언부 앞에 붙여진 public은 접근 지정자로서, Circle 클래스를 다른 클래스에서 이용할 수 있음을 지정한다. 멤버를 public으로 선언하면 다른 클래스에서 마음대로 호출하거나 접근할 수 있도록 공개한다는 뜻이다.

public
접근 지정자
공개

객체 생성과 활용

이제, 클래스를 선언하였으니 객체를 생성해보자. 객체를 생성하는 과정은 객체에 대한 레퍼런스 변수 선언과 객체 생성의 두 과정으로 구분된다. 예제 4-1은 Circle 클래스의 객체 donut과 pizza를 생성하고 활용하는 사례를 보여준다.

예제 4-1   **Circle 클래스의 객체 생성 및 활용**

반지름과 이름을 가진 Circle 클래스를 작성하고, Circle 클래스의 객체를 생성하라.

```java
1  public class Circle {
2     int radius; // 원의 반지름 필드
3     String name; // 원의 이름 필드
4
5     public double getArea() { // 멤버 메소드
6        return 3.14*radius*radius;
7     }
8
9     public static void main(String[] args) {
10       Circle pizza; // 객체에 대한 레퍼런스 변수 pizza 선언
11       pizza = new Circle(); // Circle 객체 생성
12       pizza.radius = 10; // 피자의 반지름을 10으로 설정
13       pizza.name = "자바피자"; // 피자의 이름 설정
14       double area = pizza.getArea(); // 피자의 면적 알아내기
15       System.out.println(pizza.name + "의 면적은 " + area);
16
17       Circle donut = new Circle(); // Circle 객체 생성
18       donut.radius = 2; // 도넛의 반지름을 2로 설정
19       donut.name = "자바도넛"; // 도넛의 이름 설정
20       area = donut.getArea(); // 도넛의 면적 알아내기
21       System.out.println(donut.name + "의 면적은 " + area);
22    }
23 }
```

→ 실행 결과

자바피자의 면적은 314.0
자바도넛의 면적은 12.56

예제 4-1이 실행되면 [그림 4-11]과 같이 객체가 생성된다.

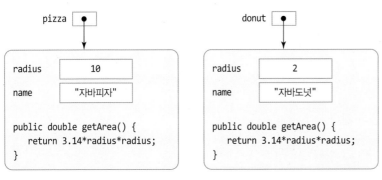

[그림 4-11] pizza와 donut 객체

이제, 예제 **4-1**의 코드에서 객체가 생성되고 활용되는 과정을 자세히 알아보자. [그림 4-12]는 pizza가 생성되고 활용되는 과정을 보여준다.

1. 레퍼런스 변수 선언

객체를 생성하기 전 객체를 가리킬 레퍼런스 변수의 선언이 필요하다.

```
Circle pizza; // 레퍼런스 변수 pizza 선언
```

이 선언문으로는 Circle 객체가 생성되지 않는다. 변수 pizza는 Circle 타입의 객체를 가리키는 레퍼런스 변수일 뿐 객체 자체는 아니다. 레퍼런스 변수를 객체 이름이라고도 부른다.

2. new 연산자로 객체 생성

자바에서는 반드시 **new** 연산자를 사용하여 다음과 같이 객체를 생성한다.

```
pizza = new Circle(); // Circle 객체 생성
```

new 연산자는 Circle 타입의 크기 만한 메모리를 할당받아 메모리에 대한 레퍼런스 (주소)를 리턴한다. 레퍼런스(주소) 값은 변수 pizza에 대입된다. 이때 주목할 것은 [그림 4-12]에서 보이는 바와 같이 pizza 객체의 **radius**와 **name** 필드가 초기화되지 않은 상태로 생성된다는 점이다. 객체가 생성될 때 객체의 필드나 객체의 초기화를 위해 생성자라는 특별한 메소드를 둘 수 있는데 다음 절에서 다룬다.

레퍼런스 변수를 선언하면서 다음과 같이 동시에 객체를 생성하기도 한다.

```
Circle pizza = new Circle(); // 레퍼런스 변수 pizza의 선언과 동시에 객체 생성
```

레퍼런스 변수 선언

객체 이름

new 연산자로 객체 생성

생성자

객체 멤버 접근
점(.) 연산자 이용

3. 객체 멤버 접근

객체의 멤버에 접근할 때는 다음과 같이 점(.) 연산자를 이용한다.

객체레퍼런스.멤버

예를 들면 다음과 같다.

```
pizza.radius = 10; // pizza 객체의 radius 값을 10으로 설정
pizza.name = "자바피자"; // pizza 객체의 name에 "자바피자" 대입
double area = pizza.getArea(); // pizza 객체의 getArea() 메소드 호출
```

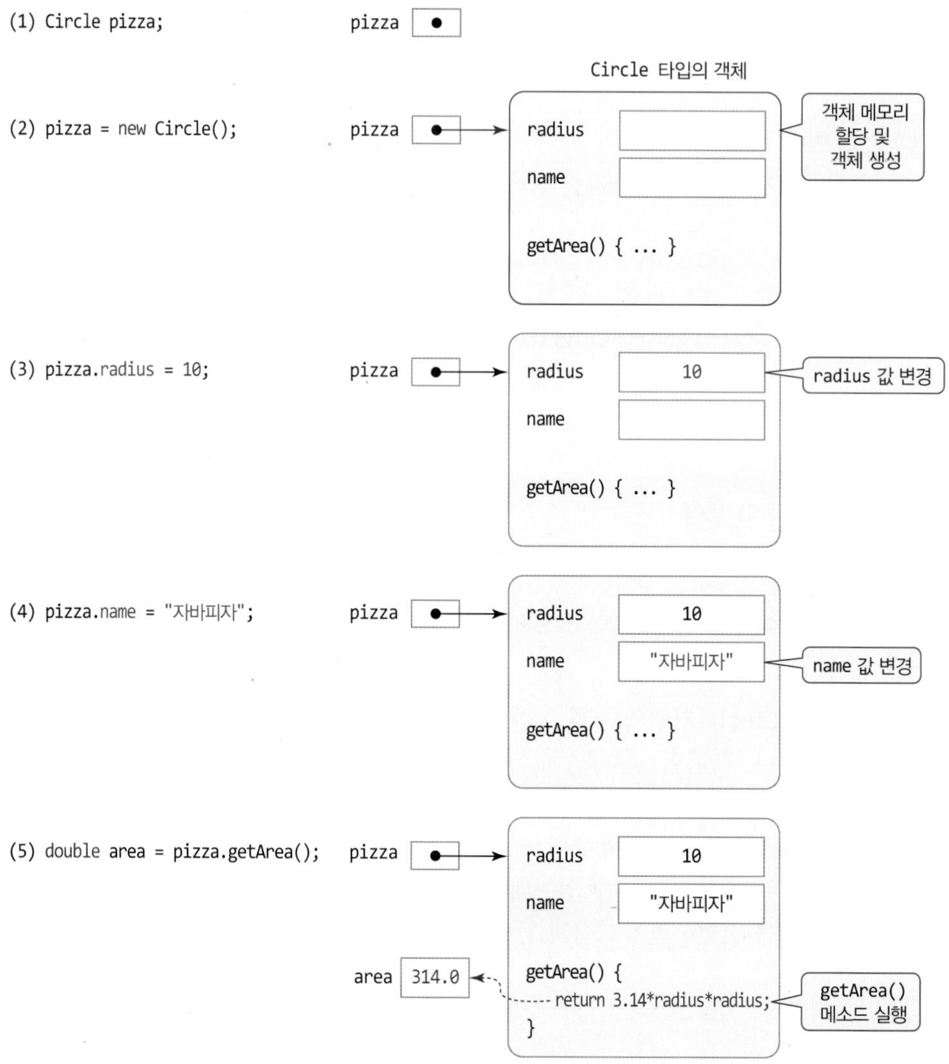

(1) Circle pizza;　　　　　　　pizza　●

　　　　　　　　　　　　　　　　　　　　　　　Circle 타입의 객체

(2) pizza = new Circle();　　pizza　●→　radius　□　　객체 메모리
　　　　　　　　　　　　　　　　　　　　name　□　　할당 및
　　　　　　　　　　　　　　　　　　　　　　　　객체 생성
　　　　　　　　　　　　　　　　　　　　getArea() { ... }

(3) pizza.radius = 10;　　　pizza　●→　radius　10　← radius 값 변경
　　　　　　　　　　　　　　　　　　　　name　□
　　　　　　　　　　　　　　　　　　　　getArea() { ... }

(4) pizza.name = "자바피자";　pizza　●→　radius　10
　　　　　　　　　　　　　　　　　　　　name　"자바피자"　← name 값 변경
　　　　　　　　　　　　　　　　　　　　getArea() { ... }

(5) double area = pizza.getArea();　pizza　●→　radius　10
　　　　　　　　　　　　　　　　　　　　name　"자바피자"
　　　　　area　314.0　←　getArea() {
　　　　　　　　　　　　　　　　return 3.14*radius*radius;　← getArea()
　　　　　　　　　　　　　　　}　　　메소드 실행

[그림 4-12] Circle 클래스의 객체 생성 및 객체 활용

Rectangle 클래스 만들기 연습

너비와 높이를 입력받아 사각형의 합을 출력하는 프로그램을 작성하라. 너비(width)와 높이
(height) 필드, 그리고 면적 값을 제공하는 getArea() 메소드를 가진 Rectangle 클래스를 만들어
활용하라.

```java
1   import java.util.Scanner;
2
3   class Rectangle {
4      int width;
5      int height;
6      public int getArea() {
7         return width*height;
8      }
9   }
10
11  public class RectApp {
12     public static void main(String[] args) {
13        Rectangle rect = new Rectangle(); // 객체 생성
14        Scanner scanner = new Scanner(System.in);
15        System.out.print(">> ");
16        rect.width = scanner.nextInt();
17        rect.height = scanner.nextInt();
18        System.out.println("사각형의 면적은 " + rect.getArea());
19        scanner.close();
20     }
21  }
```

→ 실행 결과

```
>> 4 5
사각형의 면적은 20
```

객체는 new 연산자로
생성하고, · 연산자로
멤버를 접근하는 거야.

4.3 생성자

생성자의 개념과 목적

생성자

앞에서 클래스는 객체를 생성하기 위한 설계도 또는 틀이며 객체는 설계도 또는 틀로 찍어낸 실체라고 하였다. 생성자는 객체가 생성될 때 초기화를 위해 실행되는 메소드 이다.

생성자의 이해를 돕기 위해 [그림 4-13]을 예로 들어보자. 얼굴이라는 클래스로 얼굴 객체를 만들어낼 수 있다. 만약 생성자 없이 그냥 객체를 생성한다면 새롭게 생성된 얼굴 객체는 맨 얼굴일 것이다. 그러나 생성자를 호출하여 얼굴의 각 부위를 화장, 즉 초기화를 하게 한다면 아름답게 화장한 얼굴 객체로 생성될 것이다. 또한 생성자를 호 출하여 화장하는 얼굴 부분이나 색을 다르게 하면, 서로 다른 모양의 얼굴 객체를 생 성할 수 있다.

기본 객체   생성자   초기화된 객체

[그림 4-13] 생성자 개념

생성자 개념은 자바, C++, C# 등 거의 모든 객체 지향 언어에 존재하며 사용하는 방법 또한 거의 비슷하다.

생성자 작성 및 활용

생성자는 객체가 생성되는 순간에 자동으로 호출되는 메소드로서, 객체에 필요한 초 기화를 수행하는 코드이다. 예제 4-3은 Circle 클래스에 2개의 생성자를 추가하여 수 정한 코드를 보여준다.

두 개의 생성자를 가진 Circle 클래스   예제 4-3

```
1   public class Circle {
2      int radius;
3      String name;
4
5      public Circle() { // 매개 변수 없는 생성자     ← 생성자 이름은 클래스 이름과 동일
6         radius = 1; name = ""; // radius의 초기값은 1
7      }
8                                                  생성자는 리턴 타입 없음
9      public Circle(int r, String n) { // 매개 변수를 가진 생성자 ←
10        radius = r; name = n;        ← 생성자는 radius와 name 필드 초기화
11     }
12
13     public double getArea() {
14        return 3.14*radius*radius;
15     }
16
17     public static void main(String[] args) {
18        Circle pizza = new Circle(10, "자바피자"); // Circle 객체 생성, 반지름 10
19        double area = pizza.getArea();
20        System.out.println(pizza.name + "의 면적은 " + area);
21
22        Circle donut = new Circle(); // Circle 객체 생성, 반지름 1
23        donut.name = "도넛피자";
24        area = donut.getArea();
25        System.out.println(donut.name + "의 면적은 " + area);
26     }
27  }
```

→ 실행 결과

```
자바피자의 면적은 314.0
도넛피자의 면적은 3.14
```

예제 4-3의 코드를 보면서 생성자의 특징을 정리해보자.

● 생성자의 이름은 클래스 이름과 동일하다.

생성자는 반드시 클래스의 이름과 동일하게 작성되어야 한다. 이로 인해 다른 메소드와 쉽게 구분된다.

●생성자를 여러 개 작성할 수 있다.

매개 변수의 개수와 타입만 다르다면, 클래스 내에 생성자를 여러 개 둘 수 있다. Circle 클래스에는 다음 두 생성자가 작성되어 있다.

```
public class Circle {
    public Circle() {...} // 매개 변수 없는 생성자
    public Circle(int r, String n) {...} // 2개의 매개 변수를 가진 생성자
}
```

●생성자는 객체를 생성할 때 한 번만 호출된다.

new

생성자는 객체를 생성할 때만 자동으로 호출되는 메소드이다. 컴파일러는 new 문장이 실행될 때 다음과 같이 적절한 생성자가 호출되도록 컴파일한다.

```
Circle pizza = new Circle(10, "자바피자"); // 생성자 Circle(int r, String n) 호출
Circle donut = new Circle(); // 생성자 Circle() 호출
```

●생성자에 리턴 타입을 지정할 수 없다.

생성자는 다음과 같이 어떤 리턴 타입도 선언해서는 안 된다.

```
public Circle() {...}
```

리턴할 값이 없다고 해서, void를 리턴 타입으로 지정해서도 안 된다.

오류 `public void Circle() {...}` // 오류. void를 리턴 타입으로 사용할 수 없음

●생성자의 목적은 객체가 생성될 때, 필요한 초기 작업을 위함이다.

다음 new의 객체 생성 문은 Circle(int r, String n) 생성자를 호출하여, pizza 객체의 radius 필드를 10으로, name 필드를 "자바피자"로 초기화한다.

```
Circle pizza = new Circle(10, "자바피자"); // 생성자 Circle(int r, String n) 호출
```

이렇게, 생성자는 객체가 생성될 때, 객체의 필드에 초깃값을 설정하거나, 필요한 메모리를 확보하거나, 파일을 열거나, 네트워크를 연결하는 등 객체가 활동하기 전에 필요한 초기화를 하기 위한 목적이다.

예제 4-4를 통해 생성자 만들기를 연습해보도록 하라.

생성자 선언 및 활용 연습

제목과 저자를 나타내는 title과 author 필드를 가진 Book 클래스를 작성하고, 생성자를 작성하여
필드를 초기화하라.

```java
1   public class Book {
2      String title;
3      String author;
4      public Book(String t) { // 생성자
5         title = t;
6         author = "작자미상";
7      }
8      public Book(String t, String a) { // 생성자
9         title = t;
10        author = a;
11     }
12
13     public static void main(String [] args) {
14        Book littlePrince = new Book("어린왕자", "생텍쥐페리");
                                   // 생성자 Book(String t, String a) 호출
15        Book loveStory = new Book("춘향전"); // 생성자 Book(String t) 호출
16        System.out.println(littlePrince.title + " " + littlePrince.author);
17        System.out.println(loveStory.title + " " + loveStory.author);
18     }
19  }
```

→ 실행 결과

어린왕자 생텍쥐페리
춘향전 작자미상

기본 생성자

기본 생성자(default constructor)란 매개 변수가 없고 또한 실행 코드가 없어 아무
일도 하지 않고 단순 리턴하는 생성자이다. 디폴트 생성자라고도 부르며 예를 들면 다
음과 같다.

기본 생성자
디폴트 생성자

```java
class Circle {
   public Circle() { } // 기본 생성자, 매개 변수 없고, 아무 일 없이 단순 리턴
}
```

● 기본 생성자가 자동으로 생성되는 경우

생성자가 없는 클래스는 있을 수 없다. 클래스에 생성자가 하나도 선언되어 있지 않은
경우, 컴파일러는 기본 생성자를 자동으로 생성한다. 예를 들어보자. [그림 4-14]는 생

성자가 선언되지 않은 Circle 클래스이다. 그러나 main()에서 다음 new 문은 매개 변수 없는 생성자를 호출하고 있다.

```
Circle pizza = new Circle(); // 생성자 Circle() 호출
```

몰래 기본 생성자 삽입

Circle 클래스에는 생성자가 만들어져 있지 않기 때문에, 컴파일 오류가 나는 것이 온당하다. 그러나 생성자가 하나도 만들어져 있지 않기 때문에, 컴파일러는 몰래 기본 생성자를 삽입하여 new Circle();이 실행될 때, 기본 생성자가 호출되게 한다.

```
public class Circle {
    int radius;
    void set(int r) { radius = r; }
    double getArea() { return 3.14*radius*radius; }        컴파일러에 의해 기본
                                                            생성자 자동 삽입
                                                        public Circle() { }
    public static void main(String[] args) {
        Circle pizza = new Circle();
        pizza.set(5);                          호출
        System.out.println(pizza.getArea());
    }
}
```

[그림 4-14] 자바 컴파일러에 의해 자동으로 기본 생성자 삽입

● 기본 생성자가 자동으로 생성되지 않은 경우

[그림 4-15]를 보자. 생성자가 하나라도 존재하는 클래스에는 컴파일러가 기본 생성자를 임의로 삽입해 주지 않는다. 다음 new 문장은 매개 변수를 가진 Circle(int r) 생성자를 호출한다.

```
Circle pizza = new Circle(10); // Circle(int r) 호출
```

그러나 다음 new 문장은 매개 변수 없는 생성자 Circle()을 호출하지만, Circle() 생성자가 구현되어 있지 않기 때문에, 컴파일 오류가 발생한다.

오류 `Circle donut = new Circle(); // 컴파일 오류. 생성자 Circle() 없음`

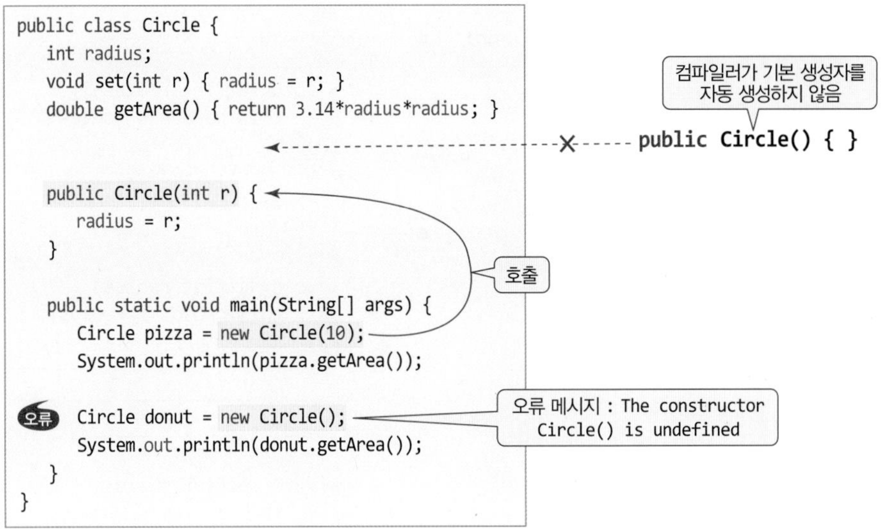

```
public class Circle {
   int radius;
   void set(int r) { radius = r; }
   double getArea() { return 3.14*radius*radius; }

   public Circle(int r) {
      radius = r;
   }

   public static void main(String[] args) {
      Circle pizza = new Circle(10);
      System.out.println(pizza.getArea());

      Circle donut = new Circle();
      System.out.println(donut.getArea());
   }
}
```

컴파일러가 기본 생성자를 자동 생성하지 않음

public Circle() { }

호출

오류 메시지 : The constructor Circle() is undefined

[그림 4-15] 컴파일러가 기본 생성자를 자동으로 삽입하지 않은 경우

this 레퍼런스

this는 객체 자신에 대한 레퍼런스로서 메소드 안에서 사용된다. this는 컴파일러에 의해 자동으로 관리되므로, 개발자는 사용하기만 하면 된다. Circle 클래스에 this를 사용해보자.

this
객체 자신에 대한 레퍼런스
컴파일러

```
class Circle {
   int radius;
   public Circle() { this.radius = 1; }
   public Circle(int radius) { this.radius = radius; }
   public double getArea() { return 3.14*this.radius*this.radius; }
   ...
}
```

멤버 radius

매개 변수

this는 현재 객체에 대한 레퍼런스이므로, this.radius는 Circle의 멤버 radius이다. 객체가 있어야 this도 의미가 있다. [그림 4-16]에서 main()은 3개 Circle 객체를 생성하였다. ob1.set(4)이 실행될 때 this는 현재 실행 중인 ob1 객체에 대한 레퍼런스이며, ob2.set(5)이 실행되면 this는 ob2 객체에 대한 레퍼런스이다.

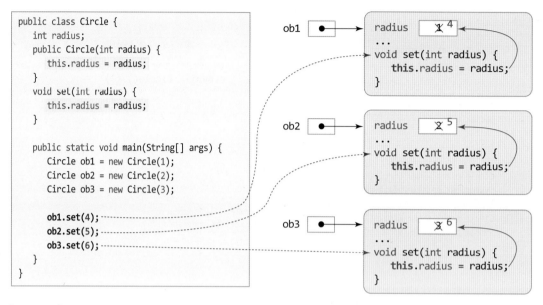

[그림 4-16] 각 객체 속에서의 this

this()로 다른 생성자 호출

this()는 클래스 내에서 생성자가 다른 생성자를 호출할 때 사용하는 자바 코드이다.
예제 4-5는 this()를 활용하는 코드 사례를 보여준다.

this()
다른 생성자 호출

---

this()로 다른 생성자 호출
예제 4-5

예제 4-4에서 작성한 Book 클래스의 생성자를 this()를 이용하여 수정하라.

```java
1  public class Book {
2     String title;
3     String author;
4
5     void show() { System.out.println(title + " " + author); }
6
7     public Book() {
8        this("", "");
9        System.out.println("생성자 호출됨");
10    }
11
12    public Book(String title) {
13       this(title, "작자미상");
14    }
15
16    public Book(String title, String author) {
17       this.title = title;
18       this.author = author;
19    }
20
21    public static void main(String [] args) {
22       Book littlePrince = new Book("어린왕자", "생텍쥐페리");
23       Book loveStory = new Book("춘향전");
24       Book emptyBook = new Book();
25       loveStory.show();
26    }
27 }
```

title = "춘향전",
author = "작자미상"

◀─ 실행 결과

생성자 호출됨
춘향전 작자미상

예제 4-5의 main()에서 다음 객체 생성 문을 보자.

```java
Book loveStory = new Book("춘향전");
```

bible 객체가 생성될 때, Book(String title)이 호출되며, title에는 "춘향전"이
전달된다. 그리고 이 생성자는 다음 this() 문을 실행한다.

```
this(title, "작자미상");
```

이 this() 문은 2개의 매개 변수를 가진 다음 생성자를 다시 호출한다.

```
public Book(String title, String author) { ... }
```

이 생성자에 의해 Book의 멤버 title과 author는 각각 "춘향전", "작자미상"으로
초기화된다.

this() 사용 시에 몇 가지 주의할 사항이 있다.

- **this()**는 생성자에서만 사용된다.
- **this()**는 반드시 같은 클래스의 다른 생성자를 호출할 때 사용된다.
- **this()**는 반드시 생성자의 첫 번째 문장으로 사용되어야 한다.

생성자 코드의 첫 번째 문장

this()의 호출은 생성자 코드의 첫 번째 문장이 되어야 한다. 그러므로 Book 클래스
의 생성자를 다음과 같이 수정하면 컴파일 오류가 발생한다.

```
public Book() {
    System.out.println("생성자 호출됨");
    this("", "");  // 컴파일 오류. 이 문장이 생성자의 첫 번째 문장이 아니기 때문
}
```

1 다음 코드에서 잘못된 부분이 3군데 있다. 모두 수정하라.

```
class Samp {
    int id;
    public void Samp(int x) { this.id = x; }
    public void Samp() {
        System.out.println("생성자 호출");
        this(0);
    }
}
```

4.4 객체 배열

객체 배열

자바에서 객체를 원소로 하는 배열을 만들 수 있다. C/C++의 객체 배열과 달리 자바의
객체 배열은 객체에 대한 레퍼런스를 원소로 갖는 배열이며 만드는 방법 또한 다르다.
다음 코드는 5개의 Circle 객체 배열을 생성하고 활용하는 코드이다. 이 코드로 객체
배열을 알아보자.

객체 배열
레퍼런스를 원소로 갖는 배열

```
Circle [] c;              ← Circle 배열에 대한 레퍼런스 변수 c 선언
c = new Circle[5];        ← 레퍼런스 배열 생성

for(int i=0; i<c.length; i++) // c.length는 배열 c의 크기로서 5
    c[i] = new Circle(i);  ← 각 원소 객체 생성

for(int i=0; i<c.length; i++) // 모든 객체의 면적 출력
    System.out.print((int)(c[i].getArea()) + " ");
                          ← 배열의 원소 객체 사용
```

[그림 4-17]과 함께 구체적으로 살펴보자.

배열 선언 및 생성

객체 배열을 만들기 위해서는 다음의 3단계가 필요하다.

1. 배열에 대한 레퍼런스 선언

다음은 Circle 클래스의 배열에 대한 레퍼런스 변수 c를 선언한다.

```
Circle [] c;
```

이 선언문은 레퍼런스 변수 c만 선언할 뿐 배열을 생성하는 것은 아니다. 그러므로
다음과 같이 배열의 개수를 지정하면 안 된다.

오류 `Circle[5] c; //` 배열의 크기를 지정하면 컴파일 오류 발생

2. 레퍼런스 배열 생성

다음 코드는 5개의 레퍼런스 배열을 생성한다. 배열의 원소는 객체가 아니라 Circle
객체에 대한 레퍼런스이다.

```
c = new Circle[5]; // Circle 객체에 대한 레퍼런스 5개 생성
```

3. 객체 생성

다음 코드는 Circle 객체를 하나씩 생성하여 배열 c[]의 각 레퍼런스에 대입한다.

```
for(int i=0; i<c.length; i++) // c.length는 배열 c의 크기로서 5
    c[i] = new Circle(i); // i 번째 Circle 객체 생성
```

배열의 크기만큼 Circle 객체를 생성하여 레퍼런스 배열에 하나씩 대입한다. 이렇게 하면 비로소 [그림 4-17]과 같은 Circle 객체 배열이 생성된다.

배열의 원소 객체 접근

배열 c의 i번째 객체를 접근하기 위해서는 c[i] 레퍼런스를 사용한다. 다음 코드는 배열 c에 들어 있는 모든 Circle 객체의 면적을 출력한다.

```
for(int i=0; i<c.length; i++)
    System.out.print((int)(c[i].getArea()) + " ");
```

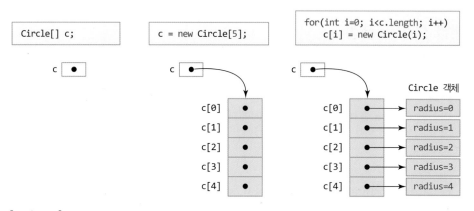

[그림 4-17] Circle 객체 배열의 생성 과정

Circle 배열 만들기 | 예제 4-6

반지름이 0~4인 Circle 객체 5개를 가지는 배열을 생성하고, 배열에 있는 모든 Circle 객체의 면적을 출력하라.

```java
class Circle {
   int radius;
   public Circle(int radius) {
      this.radius = radius;
   }
   public double getArea() {
      return 3.14*radius*radius;
   }
}

public class CircleArray {
   public static void main(String[] args) {
      Circle [] c; // Circle 배열에 대한 레퍼런스 c 선언
      c = new Circle[5]; // 5개의 레퍼런스 배열 생성

      for(int i=0; i<c.length; i++) // 배열의 개수 만큼
         c[i] = new Circle(i); // i 번째 원소 객체 생성

      for(int i=0; i<c.length; i++) // 배열의 모든 Circle 객체의 면적 출력
         System.out.print((int)(c[i].getArea()) + " ");
   }
}
```

→ 실행 결과

```
0 3 12 28 50
```

예제 4-7 객체 배열 만들기 연습

예제 4-4의 Book 클래스를 활용하여 2개짜리 Book 객체 배열을 만들고, 사용자로부터 책의 제목과 저자를 입력받아 배열을 완성하라.

```java
1   import java.util.Scanner;
2
3   class Book {
4     String title, author;
5     public Book(String title, String author) { // 생성자
6       this.title = title;
7       this.author = author;
8     }
9   }
10  public class BookArray {
11    public static void main(String[] args) {
12      Book [] book = new Book[2];
13
14      Scanner scanner = new Scanner(System.in);
15      for(int i=0; i<book.length; i++) { // book.length = 2
16        System.out.print("제목>>");
17        String title = scanner.nextLine();
18        System.out.print("저자>>");
19        String author = scanner.nextLine();
20        book[i] = new Book(title, author); // 배열 원소 객체 생성
21      }
22
23      for(int i=0; i<book.length; i++)
24        System.out.print("(" + book[i].title + ", " + book[i].author + ")");
25
26      scanner.close();
27    }
28  }
```

Scanner의 nextLine()으로 한 줄(빈칸 포함)을 하나의 문자열로 읽음

→ 실행 결과

제목>>사랑의 기술
저자>>에리히 프롬
제목>>시간의 역사
저자>>스티븐 호킹
(사랑의 기술, 에리히 프롬)(시간의 역사, 스티븐 호킹)

4.5 메소드 활용과 객체 치환

이 절에서는 메소드의 형식과, 클래스 내에 같은 이름의 메소드를 여러 개 선언하는 메소드 오버로딩(method overloading)에 대해 설명한다.

메소드 오버로딩

메소드 형식

자바의 메소드는 클래스의 멤버 함수로서 [그림 4-18]과 같은 형식을 가지며, 접근 지정자를 선언한다는 점 외에 C/C++ 함수의 작성법과 동일하다.

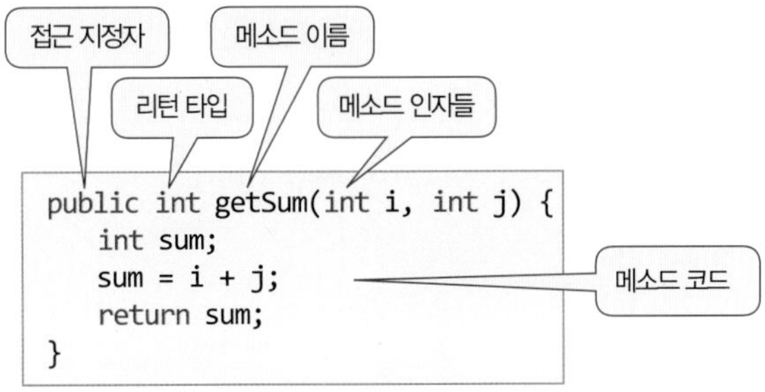

```
public int getSum(int i, int j) {
    int sum;
    sum = i + j;
    return sum;
}
```

[그림 4-18] 자바의 메소드 형식

●접근 지정자

자바에서 메소드는 반드시 접근 지정자와 함께 선언되어야 한다. 접근 지정자는 'public'(클래스 내부/외부에서 모두 호출 가능), 'private'(클래스 멤버들만 호출 가능), 'protected'(동일한 패키지의 클래스들과 상속받은 서브 클래스에서 호출 가능)가 있으며, 접근 지정자가 생략된 '디폴트 접근 지정'의 경우 동일한 패키지 내의 모든 클래스에서 호출 가능하다. 구체적인 내용은 4.7절에서 설명한다.

접근 지정자
public
private
protected
디폴트 접근 지정

●리턴 타입

리턴 타입은 메소드가 호출자에게 리턴할 값의 타입이다. getSum()은 int 타입의 sum을 리턴하기 때문에 리턴 타입을 int로 선언하였다. 메소드가 아무 값도 리턴하지 않는다면 void 타입으로 선언한다.

리턴 타입

인자 전달

자바의 메소드 호출 시 인자 전달 방식(argument passing)은 '값에 의한 호출'(call-by-value)이다. 호출하는 실인자의 값이 복사되어 메소드의 매개 변수에 전달된다.

값에 의한 호출

●기본 타입의 값이 전달되는 경우

매개 변수가 byte, char, int, double 등 기본 타입으로 선언되는 경우, 호출자(caller)가 건네는 값이 메소드의 매개 변수에 복사되어 전달한다. [그림 4-19]는 기본 타입의 값이 전달되는 사례이다. main() 메소드 내의 다음 코드는 변수 n에 저장된 값 10을 increase() 메소드에 넘겨준다.

```
int n = 10;
increase(n);
```

increase(int m) 메소드가 실행될 때, 매개 변수 m이 생기고 n의 값을 전달받아 10으로 초기화된다. 그리고 m의 값을 1 증가시키지만, 변수 n의 값을 바꾸지는 못한다. increase()가 끝나고 main()으로 돌아오면 지역 변수 n의 값은 여전히 10으로 남아 있다.

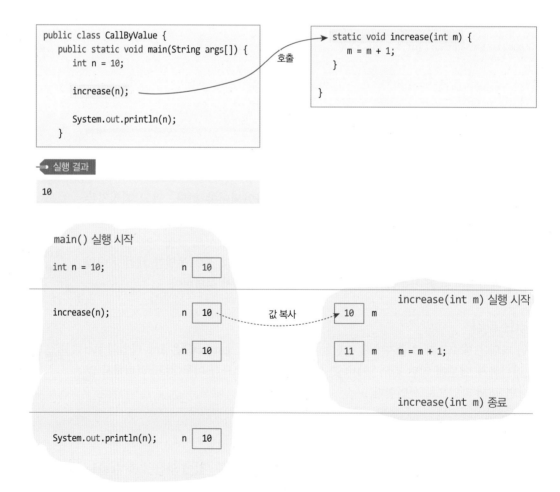

[그림 4-19] 메소드의 매개 변수가 기본 타입으로 선언된 경우

●객체가 전달되는 경우

메소드의 매개변수가 클래스 타입인 경우, 객체가 아니라 객체의 레퍼런스 값이 전달된다. [그림 4-20]은 객체가 전달되는 코드와 실행 과정을 보여준다. 다음 코드를 보자.

> 객체의 레퍼런스 전달

```
increase(pizza);
```

이 호출문에 의해 increase(Circle m)가 호출되면 매개변수 m이 생기고, pizza 변수에 저장된 값(레퍼런스)이 m에 복사되어, m은 pizza가 가리키는 객체를 함께 가리키게 된다. 그러므로 m.radius++;에 의해 radius는 11로 변경되고 increase()가 종료한 후에도 그대로 남는다. 메소드 호출 시 객체가 전달되는 경우, 객체에 대한 레퍼런스만 전달되지 객체가 통째로 복사되지 않는다는 점을 유념하기 바란다.

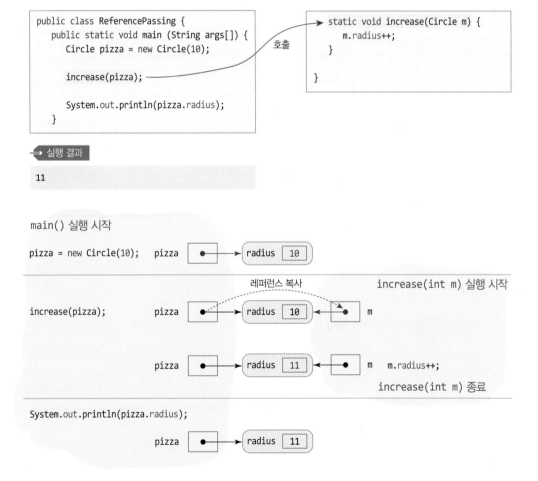

[그림 4-20] 메소드의 매개 변수가 객체에 대한 레퍼런스로 선언된 경우

●배열이 전달되는 경우

배열이 전달되는 경우도 객체가 전달되는 경우와 동일하게, 배열이 통째로 전달되는 것이 아니라 배열에 대한 레퍼런스만 전달된다.

[그림 4-21]은 배열이 전달되는 예를 보여준다. main()에서 생성된 배열 a가 increase()에 전달된다. increase(int [] array)의 매개 변수 array는 정수형 배열에 대한 레퍼런스로서 배열 a를 가리키게 되어 두 레퍼런스는 하나의 배열을 공유하게 된다. increase() 메소드가 array 배열의 각 원소를 1씩 증가시키고 리턴한 후, main()에서 배열 a를 출력하면 2 3 4 5 6이 출력된다.

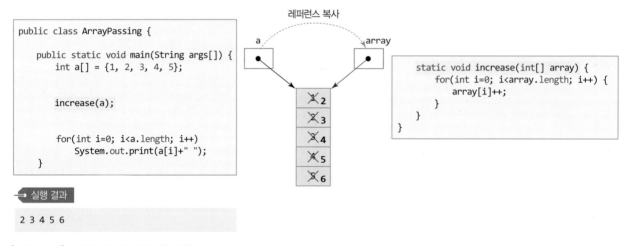

[그림 4-21] 배열이 인자로 전달되는 경우

잠깐! 매개 변수에 객체나 배열 전달

자바에서는 메소드의 매개 변수로 객체나 배열을 전달할 때 레퍼런스만 전달하기 때문에, 객체나 배열이 통째로 넘어가지 않는다. 아무리 큰 객체나 배열도 하나의 정수 크기인 레퍼런스, 즉 일종의 주소만 전달되므로, 매개 변수 전달로 인한 시간이나 메모리의 오버헤드가 없는 장점이 있다. 하지만 메소드가 전달받은 객체의 필드나 배열의 원소 값을 변경할 수 있기 때문에 소위 부작용(side-effect)이 발생할 수 있으므로 주의해야 한다.

인자로 배열이 전달되는 예 | 예제 4-8

char[ ] 배열을 전달받아 배열 속의 공백(' ') 문자를 ','로 대치하는 메소드를 작성하라.

```java
1   public class ArrayPassing {
2      static void replaceSpace(char a[]) { // 배열 a의 공백문자를 ','로 변경
3         for(int i = 0; i < a.length; i++)
4            if(a[i] == ' ') // 공백 문자를 ','로 변경
5               a[i] = ',';
6      }
7
8      static void printCharArray(char a[]) { // 배열 a의 문자들을 화면에 출력
9         for(int i = 0; i < a.length; i++)
10           System.out.print(a[i]); // 배열 원소 문자 출력
11        System.out.println(); // 배열 원소 모두 출력 후 줄바꿈
12     }
13
14     public static void main(String args[]) {
15        char c[] = {'T','h','i','s',' ','i','s',' ','a',' ','p','e','n','c','i','l','.'};
16        printCharArray(c); // 원래 배열 원소 출력
17        replaceSpace(c); // 공백 문자 바꾸기
18        printCharArray(c); // 수정된 배열 원소 출력
19     }
20  }
```

> 매개 변수 a는 main()의 배열 c를 가리키게 된다.

➡ 실행 결과

```
This is a pencil.
This,is,a,pencil.
```

메소드 오버로딩

자바에서는 클래스 내에 이름이 같지만 매개 변수의 타입이나 개수가 서로 다른 여러 개의 메소드를 작성할 수 있다. 이것을 메소드 오버로딩(method overloading) 혹은 메소드 중복이라고 부른다. 메소드 오버로딩은 다형성의 한 종류이다.

메소드 오버로딩이 성립되려면 다음 두 조건을 모두 만족하여야 한다.

- 메소드 이름이 동일하여야 한다.
- 메소드 매개 변수의 개수나 타입이 서로 달라야 한다.

메소드의 리턴 타입은 오버로딩의 성공을 판단하는 것과 무관하며, 접근 지정자 역시 메소드 오버로딩과 관계없다.

> 메소드 오버로딩
> 메소드 중복
> 다형성

● 오버로딩 성공 사례

매개 변수의 타입과 개수

[그림 4-22]는 3개의 메소드가 모두 이름이 같고, 매개 변수의 타입과 개수가 서로 달라 오버로딩이 성공한 경우이다. 그러므로 이 3개의 getSum() 메소드는 한 클래스 내에서 공존할 수 있다.

```java
public static void main(String args[]) {
    MethodSample a = new MethodSample();

    int i = a.getSum(1, 2);

    int j = a.getSum(1, 2, 3);

    double k = a.getSum(1.1, 2.2);
}
```

매개 변수의 개수와 타입이
서로 다른 3 함수 호출

```java
public class MethodSample {
    public int getSum(int i, int j) {
        return i + j;
    }

    public int getSum(int i, int j, int k) {
        return i + j + k;
    }

    public double getSum(double i, double j) {
        return i + j;
    }
}
```

[그림 4-22] 메소드 오버로딩 성공 사례

● 오버로딩 실패 사례

자바 컴파일러

메소드 오버로딩의 성공 여부는 자바 컴파일러에 의해 판단되며, 실패하면 컴파일 오류가 발생한다. [그림 4-23]은 두 개의 getSum() 메소드가 매개 변수의 개수와 타입이 모두 같기 때문에 오버로딩에 실패한 사례이다. 리턴 타입은 오버로딩의 성공 여부와 아무 상관없다.

오류
```java
class MethodOverloadingFail { // 메소드 오버로딩이 실패한 사례
    public int getSum(int i, int j) {
        return i + j;
    }

    public double getSum(int i, int j) {
        return (double)(i + j);
    }
}
```

두 getSum()은 매개 변수의 개수와 타입이 같기 때문에 오버로딩 실패. 이 두 메소드는 같은 클래스에 공존할 수 없습니다.

[그림 4-23] 메소드 오버로딩 실패 사례

객체 치환 시 주의할 점

객체의 치환

객체의 치환은 객체를 복사하는 것이 아니라는 점에 주의하기 바란다. [그림 4-24]의 코드와 결과를 보라. main()에서 다음과 같이 ob1, ob2의 두 객체를 생성하고 각각 id를 3, 4로 설정하였다.

```
Samp ob1 = new Samp(3);
Samp ob2 = new Samp(4);
```

그러고 나서 다음 라인을 실행하면, s에 ob2 레퍼런스의 값이 치환(복사)되어 s는 ob2의 객체를 가리키게 된다.

```
s = ob2; // 객체 치환. s는 ob2의 객체를 가리킴
```

다음 객체 치환 문장을 실행한 결과, 역시 ob1은 ob2 객체를 가리키게 된다.

```
ob1 = ob2; // 객체 치환. ob1은 ob2의 객체를 가리키게 됨
```

이 문장의 실행 결과, 원래 ob1이 가리키던 객체는 아무도 가리키지 않게 되어, 더 이상 프로그램에서 접근할 수 없는 상태가 되었다. 이 객체는 가비지(garbage)가 된다. 가비지는 4.6절에서 다루며 자바 가상 기계에 의해 자동으로 수거되어 재사용된다.

가비지

```
public class Samp {
    int id;
    public Samp(int x) {this.id = x;}
    public void set(int x) {this.id = x;}
    public int get() {return this.id;}

    public static void main(String [] args) {
        Samp ob1 = new Samp(3);
        Samp ob2 = new Samp(4);
        Samp s;

        s = ob2;
        ob1 = ob2; // 객체의 치환
        System.out.println("ob1.id="+ob1.get());
        System.out.println("ob2.id="+ob2.get());
    }
}
```

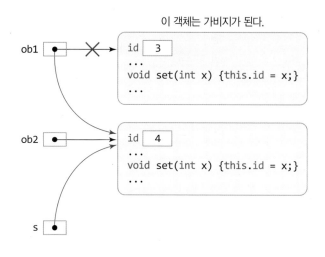

실행 결과

```
ob1.id=4
ob2.id=4
```

[그림 4-24] 객체의 치환

4.6 객체의 소멸과 가비지 컬렉션

객체의 소멸

객체를 소멸시키는 연산자는 없다

자바에서는 객체를 생성하는 new 연산자는 있지만 객체를 소멸시키는 연산자는 없다. 그러므로 개발자가 마음대로 객체를 소멸시킬 수 없다.

    C/C++에서, 응용프로그램이 할당받은 메모리가 더 이상 필요 없을 때, 시스템에게 되돌려 주는 것은 순전히 개발자의 몫이다. 만일 되돌려 주지 않는다면, 언젠가는 메모리가 부족하게 되어 프로그램이나 컴퓨터 시스템 자체가 중단될 수도 있다. 이런 메모리 관리로 인해 C/C++의 프로그램 개발이 어렵고 실행 중 오류도 많이 발생한다.

    하지만, 자바에서는 응용프로그램에서 사용하지 않고 있는 객체나 배열 메모리를 자바 가상 기계가 알아서 수거해가기 때문에, 사용하지 않는 메모리를 되돌려 주어야 하는 코딩 책임으로부터 개발자를 해방시켜 코딩의 부담을 대폭 들어 준다.

가비지

가비지

할당받은 객체나 배열 메모리 중에서 더 이상 사용하지 않게 된 메모리를 가비지(garbage)라고 부른다. 그러면 구체적으로 자바 플랫폼은 어떤 상태에 있는 객체를 가비지라고 판단하는가?

참조하는 레퍼런스가 하나도 없는 객체나 배열

    자바 플랫폼은 참조하는 레퍼런스가 하나도 없는 객체나 배열을 가비지로 판단한다. 왜냐하면 이 객체는 프로그램에서 더 이상 접근할 수 없게 되었기 때문이다. [그림 4-25]는 가비지의 발생 사례를 보여준다. 다음 코드를 실행하면 두 개의 Person 객체가 생긴다.

```
a = new Person("이몽룡");
b = new Person("성춘향");
```

    그리고 다음 라인을 실행해보자.

```
b = a;
```

    레퍼런스 b는 a가 가리키던 객체를 가리키게 되고, b가 가리키던 처음 객체는 어떤 레퍼런스 변수도 참조하지 않게 되어, 더 이상 접근할 수 없게 되었다. 이 객체가 바로 가비지이다.

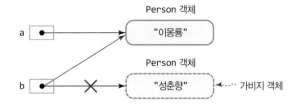

[그림 4-25] 가비지 발생

가비지의 발생 　　　　　　　　　　　　예제 4-9

다음 소스에서 언제 가비지가 발생하는지 설명하라.

```
1  public class GarbageEx {
2     public static void main(String[] args) {
3        String a = new String("Good");
4        String b = new String("Bad");
5        String c = new String("Normal");
6        String d, e;
7        a = null;
8        d = c;
9        c = null;
10    }
11 }
```

위의 코드를 실행하면 아래의 그림과 같은 결과가 된다. 그림 (a)는 main()의 라인 6까지 실행된 결
과로 3개의 스트링이 생성된 것을 보여주며, 그림 (b)는 전체 코드의 실행 후를 보여준다. 어떤 레퍼런
스도 가리키고 있지 않는 객체나 배열이 가비지가 된다.

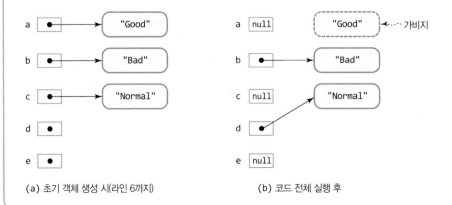

(a) 초기 객체 생성 시(라인 6까지)　　　　　(b) 코드 전체 실행 후

가비지 컬렉션(garbage collection)

가용 메모리
가비지 컬렉션
가비지 컬렉션 스레드

가비지가 많아지면 응용프로그램에게 할당해줄 수 있는 가용 메모리의 양이 줄어든다. 가비지가 점점 늘어나 가용 메모리가 0이 되면, 자바 응용프로그램은 더 이상 실행될 수 없게 된다. 가용 메모리 공간이 일정 크기 이하로 줄어들면, 자바 가상 기계는 자동으로 가비지를 회수하여 가용 메모리 공간을 늘린다. 이것을 가비지 컬렉션이라고 부른다. 가비지 컬렉션은 자바 가상 기계 내에 준비된 가비지 컬렉션 스레드(thread)에 의해 처리된다.

실시간 처리 목적에는 부적합

가용 메모리가 거의 없어지는 극한 상황은 잘 일어나지 않기 때문에, 메모리 부족으로 인해 가비지 컬렉션이 작동되는 것을 보기란 쉽지 않다. 또한 자바 가상 기계의 판단에 의해 가비지 컬렉션이 수행되므로 언제 가비지 컬렉션이 일어나는지 알 수 없다. 비교적 큰 규모의 자바 프로그램 개발 경험을 가진 개발자들은, 가끔 프로그램을 테스트하는 도중 프로그램의 실행이 일시적으로 중지하는 것을 경험한 적이 있을 것이다. 규모가 큰 자바 프로그램은 실행 중 많은 양의 가비지를 생산하므로, 가끔 가용 메모리가 부족해지는 경우가 있는데, 이때 가비지 컬렉션이 실행되며, 자바 프로그램은 실행을 멈추고 가비지 컬렉션이 끝나기를 기다리게 되어, 사용자의 눈에는 프로그램이 중지된 것처럼 보인다. 이런 이유로 자바는 실시간 처리 목적에는 부적합한 것으로 알려져 있다.

가비지 컬렉션 강제 수행

System 또는 Runtime 객체의 gc() 메소드를 호출하여, 자바 플랫폼에 가비지 컬렉션을 요청할 수 있다.

```
System.gc(); // 가비지 컬렉션 작동 요청
```

그러나 이 문장을 호출한 즉시 가비지 컬렉션이 작동되는 것은 아니다. 이 문장은 자바 가상 기계에게 가비지 컬렉션이 필요하다는 강력한 제안에 불과하다. 가비지 컬렉션은 자바 가상 기계가 전적으로 판단하여 적절한 시점에 작동시킨다.

1 자바에서 가비지 컬렉션이 필요한 이유는 무엇인가?

2 다음은 키보드로부터 10개의 정수를 읽는 코드이다. 가비지가 발생하는지 답하라.

```
int [] n = new int [10];
for(int i=0; i<10; i++) {
    Scanner s = new Scanner(System.in);
    n[i] = s.nextInt();
}
```

4.7 접근 지정자

자바의 패키지 개념

자바에서는 상호 관련 있는 클래스 파일들을 패키지(package)에 저장하여 관리한다. 패키지는 디렉터리 혹은 폴더와 같은 개념이며, 일반적으로 개발자는 개발한 클래스 파일을 [그림 4-26]과 같이 관련된 것끼리 묶어 여러 패키지에 분산 관리한다.

패키지
디렉터리

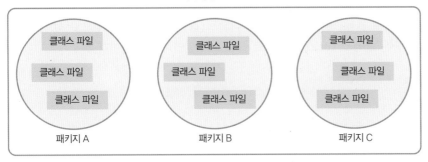

[그림 4-26] 자바 응용프로그램은 여러 개의 패키지로 구성된다.

 패키지를 만드는 것을 포함하여 자세한 것은 6장에서 설명하지만, 지금 패키지에 대해 언급하는 것은, 다음 절에서 설명할 접근 지정이 패키지와 관련이 있기 때문이다.

접근 지정자

대부분의 객체 지향 언어에는 접근 지정자(access specifier)를 두고 있다. 접근 지정자는 클래스나 멤버들을 다른 클래스에서 접근해도 되는지의 여부를 선언하는 지시어이다. 자바에는 다음 4가지 접근 지정자가 있다.

접근 지정자

• private, protected, public, 접근 지정자 생략(디폴트 접근 지정)

클래스 접근 지정

자바에서는 클래스를 작성할 때 다른 클래스가 사용해도 되는지 허용 여부를 지정해야 한다.

● public 클래스

클래스 이름 앞에 public으로 선언된 클래스로서, 패키지에 상관없이 다른 어떤 클래스에게도 사용이 허용된다. 다음은 클래스 World를 public 클래스로 선언하는 사례이다. 다른 어떤 클래스에서 클래스 World의 객체를 생성하는 등 활용할 수 있다.

```
public class World { // public 클래스
    ...........
}
```

● 디폴트 클래스(접근 지정자 생략)

접근 지정자 없이 클래스를 선언한 경우, 디폴트(default) 접근 지정으로 선언되었다고 한다. 다음은 클래스 Local을 디폴트 클래스로 선언하는 사례이다.

```
class Local { // 디폴트 클래스
    ...........
}
```

디폴트로 선언된 클래스는 오직 같은 패키지 내에 있는 클래스들에게만 사용이 허용된다. [그림 4-27]을 통해 public 클래스와 디폴트 클래스에 대한 사용 허용과 불허의 사례를 살펴보자. 그림에서 클래스 B는 public 클래스이기 때문에 패키지 P, Q에 상관없이 어떤 클래스에서도 사용할 수 있다. 그러나 클래스 C는 디폴트 클래스이므로 패키지 Q 내에서는 사용이 허용되지만, 패키지 P에 있는 클래스 A에게는 접근(사용)을 허용하지 않는다. 클래스를 접근할 수 없으면 당연히 그 클래스 내의 멤버도 접근할 수 없다.

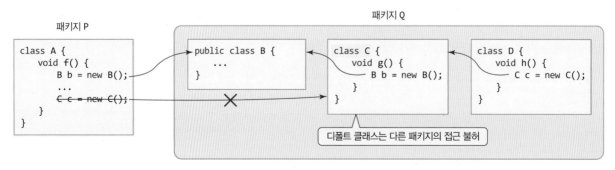

[그림 4-27] public 클래스와 디폴트 클래스의 접근 사례

멤버 접근 지정

이제 클래스 멤버에 대한 접근 지정에 대해 살펴보자. 클래스의 멤버에 대한 접근 지정자는 〈표 4-1〉과 같이 4가지가 있으며, 멤버에 대한 공개의 범위는 private < 디폴트 < protected < public 순으로 넓어진다.

〈표 4-1〉 접근 지정자에 따른 멤버 접근 레벨

멤버에 접근하는 클래스	멤버의 접근 지정자			
	private	디폴트 접근 지정	protected	public
같은 패키지의 클래스	×	○	○	○
다른 패키지의 클래스	×	×	×	○
접근 가능 영역	클래스 내	동일 패키지 내	동일 패키지와 자식 클래스	모든 클래스

이 표를 보는 방법을 **디폴트 접근 지정** 칸을 예로 설명해보자. ○로 표기된 것은 어떤 클래스의 멤버가 **디폴트 접근 지정**으로 선언된 경우 같은 패키지에 있는 모든 클래스가 이 멤버를 접근할 수 있음을 의미하며, ×의 경우는 다른 패키지의 클래스에서는 접근할 수 없음을 의미한다.

● public 멤버

public 멤버는 public으로 선언된 것으로, 패키지를 막론하고 모든 클래스들이 접근 가능하다. [그림 4-28]은 다른 패키지에 있는 클래스 A나 동일 패키지에 있는 클래스 C가 클래스 B의 public으로 선언된 n, g()에 접근 가능함을 보여준다.

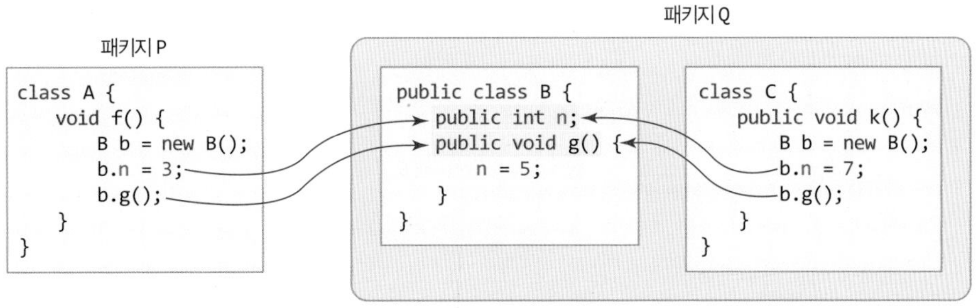

public 멤버

[그림 4-28] public 멤버에 대한 접근

● private 멤버

private 접근 지정자는 비공개를 의미하는 것으로 private 멤버는 클래스 내의 멤버들에게만 접근이 허용된다. [그림 4-29]는 private 멤버에 대한 접근 불가능 사례를 보여준다. 클래스 B의 private 멤버 n, g()는 클래스 A, C 모두에서 사용될 수 없다.

비공개
private 멤버

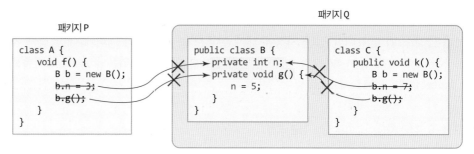

[그림 4-29] private 멤버에 대한 접근

● protected 멤버

protected 접근 지정자
보호된 공개
상속

protected 접근 지정자는 보호된 공개를 의미하는 것으로, 두 가지 클래스에만 공개한다. 첫째, 같은 패키지 내의 모든 클래스에서 접근이 가능하다. 둘째, 다른 패키지에 있더라도 자식 클래스의 경우 접근이 허용된다. protected는 상속과 관련되기 때문에 5장에서 다시 다룬다. [그림 4-30]의 예를 보자. 클래스 B의 protected 멤버인 n, g()는 동일한 패키지에 있는 클래스 C와, 다른 패키지에 있지만 클래스 B를 상속받은 클래스 D에게 접근이 허용된다.

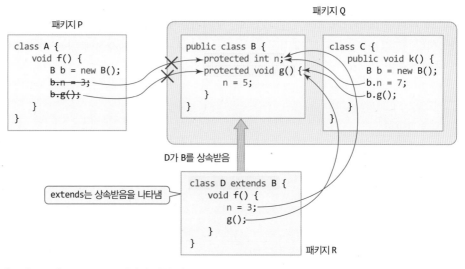

[그림 4-30] protected 멤버에 대한 접근

● 디폴트 멤버(default 또는 package-private)

디폴트 멤버

접근 지정자가 생략된 멤버의 경우, 디폴트(default) 멤버라고 한다. 동일한 패키지 내에 있는 클래스들만 디폴트 멤버를 자유롭게 접근할 수 있다. [그림 4-31]은 디폴트 멤버에 대한 접근성을 보여준다. 클래스 C는 동일한 패키지에 있는 클래스 B의 디폴트 멤버 n, g()에 대해 접근이 가능하지만 다른 패키지에 있는 클래스 A는 접근이 불가능하다.

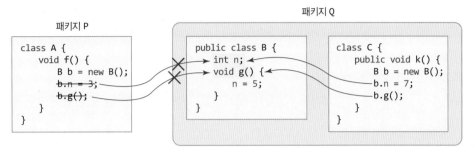

[그림 4-31] 디폴트 멤버에 대한 접근

멤버의 접근 지정자
예제 4-10

다음 코드의 두 클래스 Sample과 AccessEx 클래스는 동일한 패키지에 저장된다. 컴파일 오류를 찾아
내고 이유를 설명하라.

```
1   class Sample {
2      public int a;
3      private int b;
4      int c; // 디폴트 접근 지정
5   }
6
7   public class AccessEx {
8      public static void main(String[] args) {
9         Sample sample = new Sample();
10        sample.a = 10;
11        sample.b = 10;
12        sample.c = 10;
13     }
14  }
```

위 소스를 컴파일하면 다음과 같은 오류가 발생한다.

```
Exception in thread "main" java.lang.Error: Unresolved compilation problem:
   The field Sample.b is not visible
   at AccessEx.main(AccessEx.java:11)
```

Sample 클래스의 필드 b는 **private** 멤버로서 Sample 클래스 외 다른 어떤 클래스에서도 읽고 쓸 수
없기 때문에 라인 **11**에서 컴파일 오류가 발생한다.

4.8 static 멤버

static 멤버 선언

static 멤버

클래스의 멤버들 중 다음과 같이 **static** 지시어로 선언된 멤버를 static 멤버라고 부른다.

```
class StaticSample {
    int n; // non-static 필드
    void g() {...} // non-static 메소드
    static int m; // static 필드
    static void f() {...} // static 메소드
}
```

static으로 선언된 멤버는 non-static 멤버와 매우 다른 특성을 가진다. 지금부터 static으로 선언된 멤버의 특성에 대해 알아보자.

static 멤버의 특성

[그림 4-32]는 3 개의 객체 a1, a2, a3이 생성되면, non-static 멤버 n과 g()는 각 객체마다 생기고, 독립적인 공간을 할당받는 것을 보여준다.

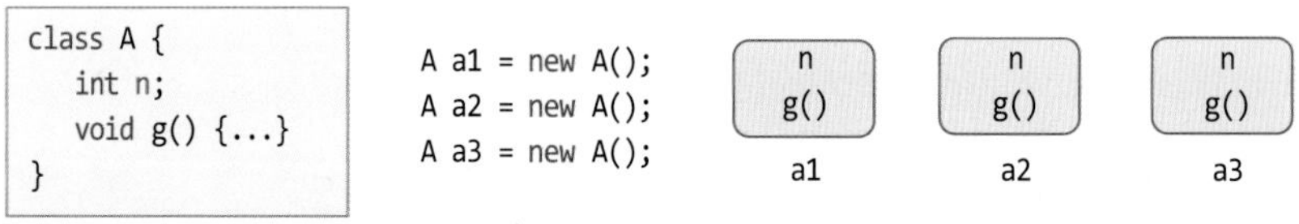

[그림 4-32] 객체 생성과 non-static 멤버

이미 외부에 별도로 존재
공유

반면, [그림 4-33]은 static 멤버를 포함하는 클래스의 객체가 생길 때, 멤버들의 공간을 보여준다. 처음 객체 b1이 생성될 때, static 멤버 m, f()는 객체의 공간에 생기지 않고 이미 외부에 별도로 존재하며, non-static 멤버 n, g()만 객체 내에 생성된다. 객체 b1은 이들을 모두 자신의 멤버로 인식한다. 두 번째 객체 b2가 생성될 때, 역시 non-static 멤버 n, g()만 생성되며, 이미 생성된 static 멤버 m, f()를 공유하면서 자신의 멤버로 인식한다. 객체 b3의 경우도, static 멤버 m, f()를 공유하며 n, g()만 별도로 생성된다.

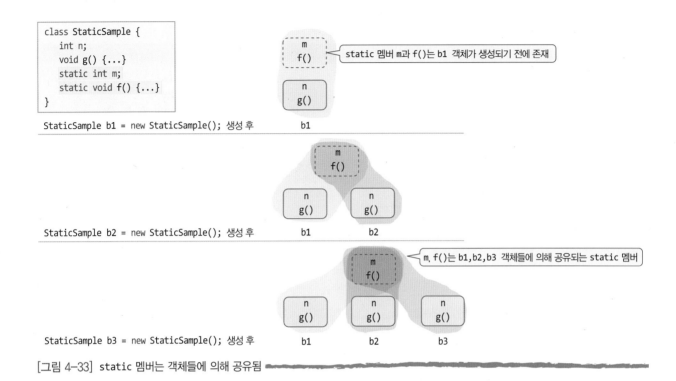

```
class StaticSample {
    int n;
    void g() {...}
    static int m;
    static void f() {...}
}
```

StaticSample b1 = new StaticSample(); 생성 후   b1

> static 멤버 m과 f()는 b1 객체가 생성되기 전에 존재

StaticSample b2 = new StaticSample(); 생성 후   b1   b2

StaticSample b3 = new StaticSample(); 생성 후   b1   b2   b3

> m, f()는 b1,b2,b3 객체들에 의해 공유되는 static 멤버

[그림 4-33] static 멤버는 객체들에 의해 공유됨

static 멤버는 클래스당 하나만 생성되는 멤버로서, 동일한 클래스의 모든 객체들이 공유하므로 클래스 멤버라고 부른다. 반면, non-static 멤버는 각 객체마다 별도로 생기므로 인스턴스 멤버라고 부른다.

static 멤버와 non-static 멤버는 생성되는 시점 역시 매우 다르다. non-static 멤버는 객체가 생길 때 함께 생성되고 객체가 사라지면 함께 사라진다. 그러나 static 멤버는 프로그램을 시작할 때나 클래스 로딩 시에 생성된다. 그러므로 객체를 생성하기 전에도 static 멤버는 사용할 수 있다. 또한 생성된 객체가 소멸된 후에도 static 멤버는 여전히 살아 공간을 차지하고 있으며, 프로그램이 종료할 때 함께 소멸된다. static과 non-static의 차이점은 〈표 4-2〉에 요약하였다.

> static 멤버
> 클래스당 하나만 생성
> 공유
> 클래스 멤버
> non-static 멤버
> 인스턴스 멤버

static 멤버 사용

non-static 멤버가 객체 이름으로만 활용할 수 있는 것과는 달리, static 멤버는 객체 이름이나 클래스 이름으로 모두 활용할 수 있다. 예를 들어 보자.

> 클래스 이름

```
StaticSample.m = 3; // 클래스 이름으로 static 필드 접근
StaticSample.f(); // 클래스 이름으로 static 메소드 호출
```

〈표 4-2〉 non-static 멤버와 static 멤버의 차이

	non-static 멤버	static 멤버
선언	```java\nclass Sample {\n int n;\n void g() {...}\n}\n```	```java\nclass Sample {\n static int m;\n static void f() {...}\n}\n```
공간적 특성	멤버는 객체마다 별도 존재 • 인스턴스 멤버라고 부름	멤버는 클래스당 하나 생성 • 멤버는 객체 내부가 아닌 별도의 공간에 생성 • 클래스 멤버라고 부름
시간적 특성	객체 생성 시에 멤버 생성됨 • 객체가 생길 때 멤버도 생성 • 객체 생성 후 멤버 사용 가능 • 객체가 사라지면 멤버도 사라짐	클래스 로딩 시에 멤버 생성 • 객체가 생기기 전에 이미 생성 • 객체가 생기기 전에도 사용 가능 • 객체가 사라져도 멤버는 사라지지 않음 • 멤버는 프로그램이 종료될 때 사라짐
공유의 특성	공유되지 않음 • 멤버는 객체 내에 각각 공간 유지	동일한 클래스의 모든 객체들에 의해 공유됨

혹은 객체를 만들고 객체의 멤버로 접근할 수 있다.

```java
StaticSample b1 = new StaticSample();
b1.m = 3; // 객체 이름으로 static 필드 접근
b1.f(); // 객체 이름으로 static 메소드 호출
```

그러나 non-static 멤버는 클래스 이름으로 접근할 수 없다. 다음 코드는 틀린 것이다.

```java
오류  StaticSample.n = 5; // n은 non-static이므로 컴파일 오류
      StaticSample.g(); // g() 메소드는 non-static이므로 컴파일 오류
```

static의 활용

●전역 변수와 전역 함수를 만들 때 활용

전역 변수
전역 함수

자바에서는 C/C++와 달리 어떤 변수나 함수도 클래스 바깥에 존재할 수 없으며 클래스의 멤버로 존재하여야 한다. 한편 응용프로그램 작성 시 모든 클래스에서 공유하는 전역 변수(global variable)나 모든 클래스에서 호출할 수 있는 전역 함수(global function)를 만들고자 할 때가 있다. 이런 경우 static으로 선언하면 된다.

● 공유 멤버를 만들고자 할 때 활용

static으로 선언된 필드나 메소드는 이 클래스의 객체들 사이에서 공유된다.

공유

---

static 멤버를 가진 Calc 클래스 작성

예제 4-11

전역 함수로 작성하고자 하는 abs, max, min의 3개 함수를 static 메소드를 작성하고 호출하는 사례를 보여라.

```
1   class Calc {
2       public static int abs(int a) { return a>0?a:-a; }
3       public static int max(int a, int b) { return (a>b)?a:b; }        Calc 클래스는 static
4       public static int min(int a, int b) { return (a>b)?b:a; }        메소드만 가진 클래스
5   }
6
7   public class CalcEx {
8       public static void main(String[] args) {
9           System.out.println(Calc.abs(-5));
10          System.out.println(Calc.max(10, 8));
11          System.out.println(Calc.min(-3, -8));
12      }
13  }
```

→ 실행 결과

```
5
10
-8
```

abs, max, min 메소드를 Calc 클래스 내에 **public static** 멤버 메소드로 작성하여 캡슐화시킨다.

---

static 메소드의 제약 조건

static 메소드는 두 개의 제약 사항을 가진다.

● static 메소드는 오직 static 멤버만 접근할 수 있다

static 메소드는 객체가 생성되지 않은 상황에서도 사용이 가능하므로 객체에 속한 인스턴스 메소드, 인스턴스 변수 등을 사용할 수 없고, static 멤버들만 사용 가능하다. 그러나 인스턴스 메소드는 static 멤버들을 사용할 수 있다. static 메소드를 사용하는 예를 보자.

static 멤버들만 사용 가능

```
class StaticMethod {
    int n;
    void f1(int x) {n = x;} // 정상
    void f2(int x) {m = x;} // 정상
    static int m;
    static void s1(int x) {n = x;} // 컴파일 오류. static 메소드는 non-static 필드 n 사
                                   용 불가
    static void s2(int x) {f1(3);} // 컴파일 오류. static 메소드는 non-static 메소드
                                    f1() 사용 불가
    static void s3(int x) {m = x;} // 정상. static 메소드는 static 필드 m 사용 가능
    static void s4(int x) {s3(3);} // 정상. static 메소드는 static 메소드 s3() 호출 가능
}
```

● static 메소드에서는 this를 사용할 수 없다.

static 메소드는 객체 없이도 존재하기 때문에, static 메소드에서 this를 사용할 수 없다. 그러므로 다음 두 static 메소드는 오류이다.

```
static void f() { this.n = x;} // 오류. static 메소드에서는 this 사용 불가능
static void g() { this.m = x;} // 오류. static 메소드에서는 this 사용 불가능
```

4.9 final

final 키워드는 3가지 용도로 사용된다. 이 3가지 용도를 알아보자.

final 클래스

final이 클래스 이름 앞에 사용되면 클래스를 상속받을 수 없음을 지정한다. 다음 코드의 경우 FinalClass를 상속받아 SubClass를 만들 수 없다.

```
final class FinalClass {
    .....
}
class SubClass extends FinalClass { // 컴파일 오류 발생
    .....
}
```

final 메소드

메소드 앞에 final이 붙으면 이 메소드는 더 이상 오버라이딩할 수 없음을 지정한다.
자식 클래스가 부모 클래스의 특정 메소드를 오버라이딩하지 못하게 하고 무조건 상속
받아 사용하도록 하고자 한다면 final로 지정하면 된다.

오버라이딩할 수 없음

```java
public class SuperClass {
    protected final int finalMethod() { ... }
}
class SubClass extends SuperClass { // SubClass가 SuperClass를 상속받음
    protected int finalMethod() { ... } // 컴파일 오류. finalMethod() 오버라이딩할 수 없음
}
```
오류

final 필드

자바에서 final로 필드를 선언하면 필드는 상수가 된다. 예를 들면 다음과 같다.

상수

```java
public class FinalFieldClass {
    final int ROWS = 10; // 상수 선언. 초깃값(10) 지정
    void f() {
        int[] intArray = new int[ROWS]; // 상수 활용
        ROWS = 30; // 컴파일 오류. final로 선언된 필드 값은 변경할 수 없다.
    }
}
```
오류

　상수 필드는 한 번 초기화되면 값을 변경할 수 없다. final 키워드를 public static
과 함께 선언하면, 프로그램 전체에서 공유할 수 있는 상수가 된다. π를 모든 클래스에
서 공유할 수 있는 상수로 선언하면 다음과 같다.

```java
class SharedClass {
    public static final double PI = 3.14;
}
```

　다른 클래스에서는 다음과 같이 클래스 이름으로 PI를 사용할 수 있다.

```java
double area = SharedClass.PI*radius*radius;
```

요약 **SUMMARY**

객체 지향과 자바, 자바 클래스 만들기

- 객체 지향 언어에서는 실제 세상을 모델링하여 객체, 객체 간의 상호 작용으로 나타내며 캡슐화, 상속, ❶_____ 등 객체에 대한 3가지 특징을 갖는다.
- ❷_____는 객체를 생성하기 위한 설계도 또는 틀이라고 볼 수 있으며, 객체는 설계도 또는 틀로 찍어낸 실체라고 볼 수 있다. 객체는 인스턴스라고도 부른다.
- 클래스는 객체들의 특성과 행동을 표현하며, class 키워드로 선언하고 필드와 메소드를 포함한다.
- 자바에서는 반드시 ❸_____ 연산자를 사용하여 객체를 생성한다.
- 객체의 필드나 메소드를 활용할 때는 객체에 대한 레퍼런스 다음에 점(.) 연산자를 이용한다.

생성자와 객체 배열

- 생성자는 객체를 생성할 때만 호출되며 객체를 초기화하기 위한 목적이다.
- 생성자가 선언되지 않는 클래스에는 컴파일러가 자동으로 디폴트 생성자를 삽입한다.
- ❹_____는 현재 실행 문맥을 갖고 있는 객체를 가리키는 레퍼런스이다.
- this()는 다른 ❺_____를 호출하는 문장이며, 생성자의 첫 번째 코드로만 사용할 수 있다.
- 객체 배열에서 배열의 원소는 객체에 대한 레퍼런스이다. 객체를 생성하여 객체 배열의 원소에 지정해야 한다.

메소드 활용과 객체 치환, 객체 소멸과 가비지 컬렉션

- 자바의 메소드 호출 시 기본 타입의 인자 전달 방식은 ❻_____이다.
- 자바의 메소드 호출 시 객체나 배열을 인자로 전달할 때는 레퍼런스만 전달된다.
- 클래스 내에서 메소드 이름은 같지만 인자의 개수와 타입이 서로 다른 여러 개의 메소드를 작성하는 것을 ❼_____이라고 부른다. 이것은 다형성의 한 종류이다.
- 더 이상 참조되지 않는 객체를 ❽_____라 하며, 가용 메모리가 일정 수준 이하로 줄어들면 자바 플랫폼에 의해 자동으로 회수된다.

접근 지정자

- public으로 선언된 클래스는 다른 어떤 클래스에서도 활용될 수 있지만, 디폴트로 선언된 클래스는 같은 ❾_____ 내의 클래스들만 활용할 수 있다.
- 멤버의 접근 지정자로는 private, protected, 디폴트, public이 있다.

static과 final

- static 멤버는 객체를 생성하지 않고도 사용할 수 있으며, 동일한 클래스의 객체들 사이에 ❿_____된다.
- static 멤버들은 클래스 당 하나만 생성되므로 ⓫_____ 멤버라고 부르며, 프로그램이 시작될 때 이미 생성되어 객체를 생성하지 않고도 사용할 수 있다. 반면 non-static 멤버는 객체마다 생기기 때문에 인스턴스 멤버라고 부른다.
- final로 선언된 클래스는 더 이상 ⓬_____되지 않으며, final로 선언된 메소드는 더 이상 오버라이딩될 수 없고, final로 선언된 필드는 상수로서, 실행 중에 값을 변경할 수 없다.

Open Challenge

끝말잇기 게임 만들기

목적

여러 클래스 작성,
객체 배열 만들기

n명이 참가하는 끝말잇기 게임을 만들어보자. 처음 단어는 "아버지"이다. n명의 참가자들은 순서대로 자신의 단어를 입력하면 된다. 끝말잇기에서 끝말이 틀린 경우 게임을 끝내고 게임에서 진 참가자를 화면에 출력한다. 프로그램에서는 시간 지연을 구현하지 않아도 된다. 그렇지만 참가자들이 스스로 시간을 재어보는 것도 좋겠다. 이 문제의 핵심은 여러 개의 객체와 배열 사용을 연습하기 위한 것으로, main()을 포함하는 **WordGameApp** 클래스와 각 선수를 나타내는 **Player** 클래스를 작성하고, 실행 중에는 **WordGameApp** 객체 하나와 선수 숫자만큼의 **Player** 객체를 생성하는데 있다. 문제에 충실하게 프로그램을 작성하여야 실력이 늘게 됨을 알기 바란다. 난이도 중

```
게임에 참가하는 인원은 몇명입니까>>3
참가자의 이름을 입력하세요>>황기태
참가자의 이름을 입력하세요>>이재문
참가자의 이름을 입력하세요>>정인환
시작하는 단어는 아버지입니다
황기태>>지구
이재문>>구더기
정인환>>기지개
황기태>>개나리
이재문>>레몬
이재문이 졌습니다.
```

힌트
Hint

● WordGameApp, Player의 두 클래스를 작성하는 것을 추천한다. WordGameApp 클래스에는 생성자, main(), 게임을 전체적으로 진행하는 run() 메소드를 둔다. run()에서는 선수 숫자 만큼의 Player 객체를 배열로 생성한다.

● Player 클래스는 게임 참가자의 이름 필드와 사용자로부터 단어를 입력받는 getWordFromUser() 메소드, 끝말잇기의 성공여부와 게임을 계속하는지를 판별하는 checkSuccess() 메소드를 두면 좋겠다.

● 문자열의 마지막 문자와 첫 번째 문자는 다음과 같이 알아낼 수 있다.

```
String word ="아버지";
int lastIndex = word.length() - 1; // 마지막 문자에 대한 인덱스
char lastChar = word.charAt(lastIndex); // 마지막 문자
char firstChar = word.charAt(0); // 첫 번째 문자
```

연습문제

이론 문제

• 홀수 문제는 정답이 공개됩니다.

1. 자바의 클래스와 객체에 대한 설명 중 틀린 것은?
   ① 객체를 인스턴스라고도 부른다.
   ② 클래스는 객체를 생성하기 위한 틀이다.
   ③ 클래스는 필드와 메소드로 구성된다.
   ④ 클래스의 필드들은 private보다는 public으로 선언하는 것이 바람직하다.

2. 생성자에 대한 설명 중 잘못된 것은?
   ① 한 클래스에 여러 개의 생성자가 있어도 된다.
   ② this()는 생성자에서 다른 생성자를 호출하는 코드이다.
   ③ 생성자에서는 this 레퍼런스를 사용할 수 없다.
   ④ 생성자는 객체 당 오직 한 번만 호출된다.

3. 다음 중 Circle 클래스의 배열 생성 문에서 오류가 없는 것은?
   ① Circle c [] = new Circle[];
   ② Circle [] c = new Circle();
   ③ Circle [] c = new Circle[5];
   ④ Circle c [] = new Circle[5]();

4. 다음은 static 멤버에 대한 설명이다. 보기에서 빈칸에 적절한 말을 삽입하라.

   > static 멤버는 _____ 멤버라고도 불리며, 동일한 클래스의 모든 객체들의 의해
   > _____ 된다. static 멤버는 객체 레퍼런스나 _____ 이름으로도 접근할 수 있
   > 으며, 객체가 생성되기 전 프로그램이 시작될 때 생성되어 있다. 특히 static 메소
   > 드는 _____ 멤버들만 접근할 수 있고, _____을(를) 사용할 수 없는 제약 사항
   > 이 있다.

   보기

   인스턴스, 객체, 전역, 클래스, 공유, static, non-static, this, 호출, public

5. 다음은 메소드 오버로딩이 성공한 사례인가, 실패한 사례인가?

```
class A {
   int x;
   void f(int x) { this.x = x; }
   int f(int x, int y) { return x*y; }
}
```

6. 다음은 객체 소멸에 대한 설명이다. 보기에서 빈칸에 적절한 말을 삽입하라.

자바에서는 객체를 임의로 _____ 수 없으며, 이것은 개발자에게 매우 _____ 일
이다. 참조하는 _____가 하나도 없는 객체를 가비지라고 판단하고, 가비지를 가
용 메모리로 자동 수집하는 _____을 진행시킨다. 응용프로그램에서 자바 플
랫폼에 이 과정을 지시하고자 하면 _____ 코드를 호출하면 된다.

> **보기**
>
> 생성할, 난처한, 다행한, 소멸시킬, this, 레퍼런스, 메소드, 멀티스레드, 메모리 압축, 가비지 컬
> 렉션, System.rc(), System.gc(), System.garbage()

7. 다음 소스에 오류는 없지만, 객체 지향 프로그래밍 관점에서 바람직한 코드로 수정하라.

```
class Person {
   public int age;
}
public class Example {
   public static void main(String args[]) {
      Person a = new Person();
      a.age = 17;
   }
}
```

8. 다음 프로그램의 실행 결과는 무엇인가?

```
class Number {
   int n;
   public Number(int n) { this.n = n; }
}
public class Example {
   static void plusTen(Number x) { x.n += 10; }
   public static void main(String args[]) {
```

```
        Number ob = new Number(5);
        plusTen(ob);
        System.out.println(ob.n);
    }
}
```

9. 다음 Rectangle 클래스의 두 생성자를 this()가 없는 코드로 바꾸어라.

```
public class Rectangle {
    int w, h;
    Rectangle(int w, int h) {
        this.w = w; this.h = h;
    }
    Rectangle(int w) {
        this(w, 2); // this() 대신 다른 코드로 수정하라.
    }
    Rectangle() {
        this(1); // this() 대신 다른 코드로 수정하라.
    }
}
```

10. 다음 중 가비지가 발생하는 것은?

①
```
String s1 = "가나다라";
String s2 = s1;
```

②
```
int[] a;
a = new int[10];
```

③
```
String a = new String("철수");
String b = new String("영희");
String c;
c = a;
a = null;
```

④
```
public static void main(String [] args) {
    int n = read();
}
public static int read() {
    Scanner s = new Scanner(System.in);
    return s.nextInt();
}
```

11. 다음 멤버 함수의 사용이 잘못된 것은?

```
class StaticTest {
    static int a;
    static int getA() { return a; }          // ①
    int b;
    int getB() { return b; }                 // ②
    int f() { return getA(); }               // ③
    static int g() { return getB(); }        // ④
}
```

12. 다음 코드에서 잘못된 문장은?

```
class StaticSample {
    int x;
    static int y;
    static int f() { return y; }
}
public class UsingStatic {
    public static void main(String[] args) {
        StaticSample.x = 5;                  // ①
        StaticSample.y = 10;                 // ②
        int tmp = StaticSample.f();          // ③
        StaticSample a = new StaticSample();
        tmp = a.y;                           // ④
    }
}
```

목적 클래스 만들기 연습

1. 아래 실행 결과와 같이 출력하는 다음 main()을 가진 Song 클래스를 작성하라. Song 클래스는 노래 제목 title 필드, 생성자, getTitle() 메소드로 구성된다. 난이도 하

```java
public static void main(String[] arg) {
    Song mySong = new Song("Nessun Dorma");
    Song yourSong = new Song("공주는 잠 못 이루고");
    System.out.println("내 노래는 " + mySong.getTitle());
    System.out.println("너 노래는 " + yourSong.getTitle());
}
```

```
내 노래는 Nessun Dorma
너 노래는 공주는 잠 못 이루고
```

목적 클래스 만들기 연습

2. 다음은 이름(name 필드)과 전화번호(tel 필드)를 가진 Phone 클래스이다. 이름과 전화번호를 입력받아 2개의 Phone 객체를 생성하고, 출력하는 main() 메소드를 작성하라. 난이도 하

```java
public class Phone {
    private String name, tel;
    public Phone(String name, String tel) {
        this.name = name;
        this.tel = tel;
    }
    public String getName() { return name; }
    public String getTel() { return tel; }
}
```

```
이름과 전화번호 입력 >>스폰지밥 333-3333
이름과 전화번호 입력 >>징징이 999-9999
스폰지밥의 번호 333-3333
징징이의 번호 999-9999
```

3. 사각형을 표현하는 다음 Rect 클래스를 활용하여, Rect 객체 배열을 생성하고, 사용자로부터 4개의 사각형을 입력받아 배열에 저장한 뒤, 배열을 검색하여 사각형 면적의 합을 출력하는 main() 메소드를 가진 RectArray 클래스를 작성하라. 난이도 중

목적 객체 배열 활용

```
class Rect {
   private int width, height;
   public Rect(int width, int height) {
      this.width = width;
      this.height = height;
   }
   public int getArea() { return width*height; }
}
```

```
1 너비와 높이 >>3 5
2 너비와 높이 >>3 9
3 너비와 높이 >>2 7
4 너비와 높이 >>9 5
저장하였습니다...
사각형의 전체 합은 101
```

4. 이름(name)과 전화번호(tel) 필드, 생성자 및 필요한 메소드를 가진 Phone 클래스를 작성하고, 다음 실행 사례와 같이 작동하도록 main()을 가진 PhoneManager 클래스를 작성하라. 한 사람의 전화번호는 하나의 Phone 객체로 다룬다. 난이도 상

목적 2개의 클래스 만들기, 객체 배열 종합 응용

```
인원수>>3
이름과 전화번호(번호는 연속적으로 입력)>>김인수 111-1111
이름과 전화번호(번호는 연속적으로 입력)>>조수미 222-2222
이름과 전화번호(번호는 연속적으로 입력)>>한원선 333-3333
저장되었습니다...
검색할 이름>>한원선
한원선의 번호는 333-3333 입니다.
검색할 이름>>박인수
박인수 이 없습니다.
검색할 이름>>exit       exit을 입력하면
프로그램을 종료합니다...  프로그램 종료
```

목정 static 메소드를 가진 클래스 만들기 및 종합 응용

5. CircleManager는 static 메소드를 가진 클래스이다. StaticTest 클래스는 static 메소드를 활용하는 사례를 보여준다. 실행 결과를 참고하여 코드를 완성하라. 난이도 중

```java
class Circle {
    private int radius;
    public Circle(int radius) { this.radius = radius; }
    public int getRadius() { return this.radius; }
    public void setRadius(int radius) { this.radius = radius; }
}
class CircleManager { // static 메소드만 가짐
    _____ void copy(Circle src, Circle dest) { // src를 dest에 복사
        dest.setRadius(src.getRadius()); // src의 반지름을 dest에 복사
    }
    _____ boolean equals(Circle a, Circle b) { // a와 b의 반지름이 같으면 true 리턴
        if _____

            _____
        else

            _____
    }
}
public class StaticTest {
    public static void main(String[] args) {
        Circle pizza = _____ // 반지름이 5인 원 생성
        Circle waffle = _____ // 반지름이 1인 원 생성

        boolean res = _____ // pizza와 waffle 비교
        if(res == true)
            System.out.println("pizza와 waffle 크기 같음");
        else
            System.out.println("pizza와 waffle 크기 다름");

        CircleManager.copy(pizza, waffle); // pizza를 waffle에 복사
        res = _____ // pizza와 waffle 비교
        if(res == true)
            System.out.println("pizza와 waffle 크기 같음");
        else
            System.out.println("pizza와 waffle 크기 다름");
    }
}
```

```
pizza와 waffle 크기 다름
pizza와 waffle 크기 같음
```

6. 다음은 가로 세로로 구성되는 박스를 표현하는 **Box** 클래스와 이를 이용하는 코드이다. Box의 draw()는 fill 필드에 지정된 문자로 자신을 그린다. 실행 결과를 보면서, 코드를 완성하라. [난이도 중]

목적 클래스 만들기 및 종합 응용

```java
public class Box {
    private int width, height; // 박스의 너비와 높이
    private char fillChar; // 박스를 그리는 데 사용하는 문자
    public Box() { // 매개 변수 없는 생성자. 10x1의 박스 생성
        _____  // this() 이용하여 완성하라.
    }
    public Box(int width, int height) { // 너비, 높이의 두 매개 변수를 가진 생성자
        _____  // this 레퍼런스를 이용하라.
        _____  // this 레퍼런스를 이용하라.
    }
    public void draw() { // 박스 그리는 메소드
        for(int i=0; i<height; i++) {
            _____
            _____
            _____
        }
    }
    public void fill(char c) { // 박스를 그리는데 사용하는 문자 설정
        _____
    }
    public static void main(String[] args) {
        Box a = new Box(); // 10x1 사각형
        Box b = new Box(20,3); // 20x3 사각형
        a.fill('*'); // box를 그릴 때 사용하는 문자 '*'
        b.fill('%'); // box를 그릴 때 사용하는 문자 '%'
        a.draw(); // 박스 a 그리기
        b.draw(); // 박스 b 그리기
    }
}
```

```
**********  ─── new Box()를 그
                 린 결과
%%%%%%%%%%%%%%%%%%%%  ─┐
%%%%%%%%%%%%%%%%%%%%  ─┤  new Box(20,3)
%%%%%%%%%%%%%%%%%%%%  ─┘  을 그린 결과
```

실전 객체 배열 및 종합 응용

Bonus 1 두 사람이 번갈아 하는 갬블링 게임을 만들어 보자. 0에서 2 사이의 정수 3개를 랜덤하게 발생시켜 모두 같으면 승리한다. 선수는 Player 클래스로 표현한다. 실행 결과를 참고하여 다음 코드를 완성하라. **난이도 상**

```java
import java.util.Scanner;
class Player { // 선수를 표현히는 클래스
    _____ // 선수 이름, private으로 선언
    _____ // 생성자
    public String getName() { return name; }
}
public class GamblingGame {
    public static void main(String[] args) {
        Scanner scanner = new Scanner(System.in);
        Player [] p = _____ // 선수 배열 선언
        for(_____) { // 두 선수의 이름을 입력받는다.
            System.out.print("선수 이름 입력 >>"); // 프롬프트 출력
            p[i] = new Player(scanner.next()); // 각 선수 객체 생성
        }
        int n=0; // 두 선수가 번갈아 게임하기 위한, n은 배열 p[]의 인덱스
        while(true) {
            System.out.print(p[n].getName() + " <Enter 외 아무키나 치세요>");
            scanner.next(); // y 키를 읽고 버림
            int [] val = new int [3]; // 랜덤 정수를 저장할 정수 배열 생성
            for(int i=0; i<val.length; i++) { // 3개의 랜덤 정수 생성
                val[i] = (int)(Math.random()*3); // 0~2 사이의 랜덤수 발생
                System.out.print(val[i] + "\t"); // 3개의 정수 출력
            }
            System.out.println(); // 한 줄 띄기
            if(_____) { // 정수가 모두 같으면
                _____ // 승리메시지출력
                _____ // while 벗어남
            }
            n++; // 다음 선수 인덱스
            n = n%2; // 인덱스가 2가 되면 다시 0으로 돌리기 위해
        }
        scanner.close();
    }
}
```

랜덤하게 발생시킨 3개의 정수가 같으면 승리

```
선수 이름 입력 >>스폰지밥
선수 이름 입력 >>징징이
스폰지밥씨, <Enter 외 아무키나 치세요>y
2    2    1
징징이씨, <Enter 외 아무키나 치세요>y
1    1    1
징징이이 승리하였습니다.
```

05

상속

5.1 상속의 개념

5.2 클래스 상속과 객체

5.3 protected 접근 지정

5.4 상속과 생성자

5.5 업캐스팅과 instanceof 연산자

5.6 메소드 오버라이딩

5.7 추상 클래스

5.8 인터페이스

상속

5.1 상속의 개념

상속
유전적 상속

인간은 다른 동물과 달리 부모가 자식에게 유산을 상속한다. 사람들은 이것을 상속이라고 말하지만, 객체 지향 언어에서의 상속은 이와 다르다. 객체 지향 언어에서의 상속은 부모 유전자를 자식이 물려받는 유전적 상속과 유사하다. [그림 5-1]은 이들을 비교하여 보여준다.

[그림 5-1] 사람들의 상속 개념과 객체 지향 언어의 상속 개념 비교

상속의 필요성

상속이 필요한 이유를 예를 들어 설명해보자. 개발자가 [그림 5-2]와 같이 4개의 클래스를 작성한다고 하자. '말하기', '먹기', '걷기', '잠자기' 코드가 공통으로 들어 있다. 그러므로 '말하기' 멤버에 오류가 있어 수정하게 되면, 4개의 클래스를 모두 수정해야 하고, '걷기' 코드를 개선하고자 하면 역시 4개의 클래스를 모두 수정하여야 한다. 이처럼 동일한 코드가 여러 클래스에 중복되면 클래스의 유지 보수가 여간 번거롭지 않다.

class Student	class StudentWorker	class Researcher	class Professor
말하기 먹기 걷기 잠자기 공부하기	말하기 먹기 걷기 잠자기 공부하기 일하기	말하기 먹기 걷기 잠자기 연구하기	말하기 먹기 걷기 잠자기 연구하기 가르치기

[그림 5-2] 기능이 중복된 4개의 클래스

상속을 이용하면 이 문제는 간단히 해결된다. [그림 5-3]과 같이 4개 클래스의 공통된 코드를 추려 Person 클래스를 작성하고, 나머지 클래스를 상속 관계로 선언하면 코드를 중복 작성할 필요 없이 물려받기만 하면 된다. 그림에서 화살표(↑)가 위로 향하는 것은 아래 클래스가 위 클래스를 포함하도록 확장함을 뜻한다.

이제, 상속을 통해 Student, StudentWorker, Researcher, Professor 클래스가 간결해졌다. '말하기' 코드에 오류가 있다면 Person 클래스만 수정하면 되고, '걷기' 코드를 개선하고자 하면 Person 클래스만 수정하면 된다. 상속은 클래스 사이에 코드 중복을 제거하여 클래스를 간결하게 구현할 수 있게 한다.

코드 중복 제거
클래스 간결

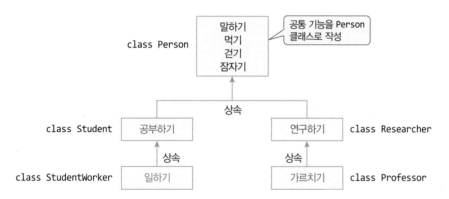

[그림 5-3] 상속을 이용하여 중복을 제거하고 간결하게 작성된 클래스들

상속의 장점을 간략히 정리해보면 다음과 같다.

- 클래스 사이의 멤버 중복 선언 불필요 - 클래스의 간결화
- 클래스들의 계층적 분류로 클래스 관리 용이
- 클래스 재사용과 확장을 통한 소프트웨어의 생산성 향상

1 상속을 이용하여 다음 클래스들을 [그림 5-3]과 같이 간결하게 구성하라.

class MobilePhone

전화 걸기
전화 받기
무선 기지국 연결
배터리 충전하기

class MusicPhone

전화 걸기
전화 받기
무선 기지국 연결
배터리 충전하기
음악 다운로드받기
음악 재생하기

5.2 클래스 상속과 객체

자바의 상속 선언

extends
슈퍼 클래스
서브 클래스

자바에서는 extends 키워드를 사용하여 상속을 선언한다. 자바에서는 싱속하는 부모 클래스를 슈퍼 클래스(super class), 상속받는 자식 클래스를 서브 클래스(sub class)라고 부른다. 다음은 (x, y) 좌표를 가진 한 점을 표현하는 Point 클래스와 이를 상속받아 색깔을 추가한 ColorPoint 클래스를 선언하는 예이다.

```java
class Point {
    int x, y;
    ...
}                  서브 클래스        슈퍼 클래스
class ColorPoint extends Point { // Point를 상속받는 ColorPoint 클래스 선언
    String color;
    ...
}
```

ColorPoint 클래스는 Point 클래스를 물려받으므로 Point 클래스에 선언된 필드나 메소드를 다시 선언할 필요가 없으며, 필요한 필드나 메소드를 추가 선언하면 된다. 자바에서는 상속 선언에 '확장한다'라는 뜻의 extends 키워드를 사용함으로써, ColorPoint는 Point 기능을 확장한 클래스라는 것을 자연스럽게 느끼게 한다.

상속과 객체

예제 5-1을 통해 상속의 실제 사례와 상속과 객체 사이의 관계를 알아보자.

클래스 상속 – Point와 ColorPoint 클래스

(x, y)의 한 점을 표현하는 Point 클래스와 이를 상속받아 점에 색을 추가한 ColorPoint 클래스를 만들고 활용해보자.

```java
1   class Point {
2     private int x, y; // 한 점을 구성하는 x, y 좌표
3     public void set(int x, int y) {
4       this.x = x; this.y = y;
5     }
6     public void showPoint() { // 점의 좌표 출력
7       System.out.println("(" + x + "," + y + ")");
8     }
9   }
10
11  class ColorPoint extends Point { // Point를 상속받은 ColorPoint 선언
12    private String color; // 점의 색
13    public void setColor(String color) {
14      this.color = color;
15    }
16    public void showColorPoint() { // 컬러 점의 좌표 출력
17      System.out.print(color);
18      showPoint(); // Point 클래스의 showPoint() 호출
19    }
20  }
21
22  public class ColorPointEx {
23    public static void main(String [] args) {
24      Point p = new Point(); // Point 객체 생성
25      p.set(1, 2); // Point 클래스의 set() 호출
26      p.showPoint();
27
28      ColorPoint cp = new ColorPoint(); // ColorPoint 객체 생성
29      cp.set(3, 4); // Point 클래스의 set() 호출
30      cp.setColor("red"); // ColorPoint 클래스의 setColor() 호출
31      cp.showColorPoint(); // 컬러와 좌표 출력
32    }
33  }
```

➡ 실행 결과

```
(1,2)
red(3,4)
```

●상속 선언

Point를 상속받는 ColorPoint의 상속 선언은 다음과 같다.

```java
class ColorPoint extends Point { ... }
```

●서브 클래스 객체 생성

Point 클래스의 객체 p와 ColorPoint 클래스의 객체 cp는 다음과 같이 생성한다.

```java
Point p = new Point();
ColorPoint cp = new ColorPoint(); // 서브 클래스 객체 생성
```

서브 클래스 객체의 모양

　　상속에서 일차적으로 이해해야 하는 것은 바로 서브 클래스 객체의 모양이다. [그림 5-4]는 예제 5-1에서 생성된 객체 p와 cp를 보여준다. 이 둘은 별개의 객체이다. 객체 p는 Point 클래스의 멤버만 가지고, cp는 Point와 ColorPoint의 멤버를 모두 가진다. 상속은 바로 cp 객체처럼 슈퍼 클래스의 멤버와 서브 클래스의 멤버를 모두 갖고 탄생하게 하는 것이다.

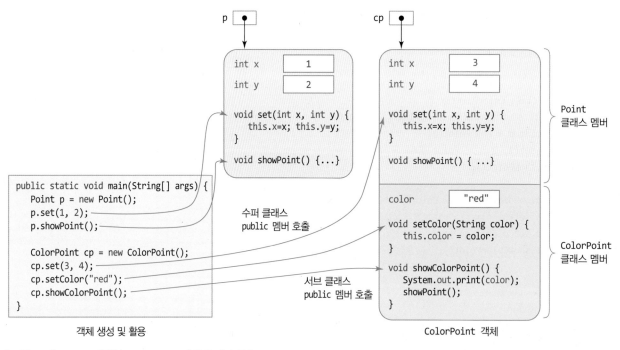

[그림 5-4] Point 객체와 ColorPoint 객체의 멤버 호출

●서브 클래스 객체 활용

또한 [그림 5-4]는 외부에서 Point 객체와 ColorPoint 객체의 멤버를 접근하는 코드
사례를 보여준다. 여기서 주목할 점은 ColorPoint 객체에 대한 접근이다. 외부에서
ColorPoint 클래스의 public 멤버와 슈퍼 클래스 Point의 public 멤버를 모두 접근할
수 있다. 그러나 x, y, color는 private 속성이므로 외부에서 접근할 수 없다.

●서브 클래스에서 슈퍼 클래스 멤버 접근

서브 클래스는 슈퍼 클래스의 private 멤버 외 모든 멤버를 접근할 수 있다. [그림 5-5]
에서 ColorPoint의 showColorPoint()가 슈퍼 클래스의 showPoint()를 호출하는 것
을 보여준다. 이들은 모두 cp 객체 내에 존재하는 코드들임에 주목하기 바란다. x, y는
Point의 private 멤버이므로, ColorPoint 클래스의 멤버들이 접근할 수 없다. x, y는
오직 set()과 showPoint()만 접근이 허용된다.

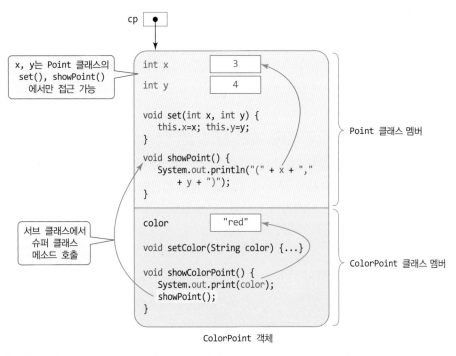

[그림 5-5] 서브 클래스에서 슈퍼 클래스의 멤버 접근

자바 상속의 특징

자바 상속의 특징을 알아보자.

다중 상속
인터페이스

첫째, 자바에서는 클래스의 다중 상속을 지원하지 않는다. 자바는 C++와 달리 클래스를 여러 개 상속받는 다중 상속(multiple inheritance)을 지원하지 않는다. 다중 클래스 상속은 여러 가지 문제점을 가지고 있기 때문이다. 하지만 뒤에서 다룰 인터페이스(interface)는 다중으로 상속받아 구현할 수 있다.

Object 클래스

둘째, 자바의 모든 클래스는 자바에서 제공하는 Object 클래스를 자동으로 상속받도록 컴파일된다. 예제 5-1에서 Point 클래스가 아무 클래스도 상속받고 있지 않지만, 컴파일러에 의해 Object 클래스를 자동으로 상속받도록 컴파일한다. Object 클래스의 경로명은 java.lang.Object이며, 유일하게 슈퍼 클래스를 가지지 않는 클래스이다. Object는 6장에서 자세히 설명한다.

5.3 protected 접근 지정

자바의 접근 지정자는 private, public, protected, 디폴트의 4가지로서, 모든 멤버는 이 중 하나로 반드시 지정되어야 한다. private과 public 접근 지정은 4장에서 설명하였으므로 이 절에서는 디폴트 접근 지정과 상속과 관련된 protected만 설명한다.

슈퍼 클래스의 디폴트 멤버에 대한 서브 클래스의 접근

디폴트 접근 지정

접근 지정자가 선언되어 있지 않을 때, 디폴트 접근 지정이라 부르며, 슈퍼 클래스의 디폴트 멤버는 동일한 패키지에 있는 클래스들에게만 접근이 허용된다. 만일 서브 클래스가 슈퍼 클래스와 다른 패키지에 있다면, 슈퍼 클래스의 디폴트 멤버를 접근할 수 없다. 〈표 5-1〉은 이 관계를 보여준다.

〈표 5-1〉 슈퍼 클래스 멤버에 대한 접근 지정

슈퍼 클래스 멤버에 접근하는 클래스 종류	슈퍼 클래스 멤버의 접근 지정자			
	private	디폴트	protected	public
같은 패키지의 클래스	×	○	○	○
다른 패키지의 클래스	×	×	×	○
같은 패키지의 서브 클래스	×	○	○	○
다른 패키지의 서브 클래스	×	×	○	○

(○는 접근 가능함을, ×는 접근 불가능함을 뜻함)

protected 멤버

슈퍼 클래스의 protected 멤버는 다음 두 가지 경우에 접근이 허용된다.

· 같은 패키지에 속한 모든 클래스
· 상속되는 서브 클래스(같은 패키지든 다른 패키지든 상관 없음)

[그림 5-6](a)는 동일한 패키지에 있는 서브 클래스 B가 슈퍼 클래스 A의 멤버에 접근하는 경우를 보여준다. 서브 클래스 B가 슈퍼 클래스의 protected, 디폴트, public 멤버에 모두 접근 가능하지만 private 멤버는 접근할 수 없다. [그림 5-6](b)는 서브 클래스 B와 슈퍼 클래스 A가 서로 다른 패키지에 있는 경우로서, 서브 클래스 B는 슈퍼 클래스 A의 protected, public 멤버에 접근할 수 있지만, private 멤버와 디폴트 멤버는 접근할 수 없음을 보여준다.

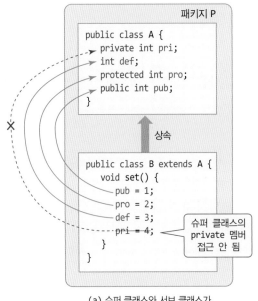

(a) 슈퍼 클래스와 서브 클래스가
동일한 패키지에 있는 경우

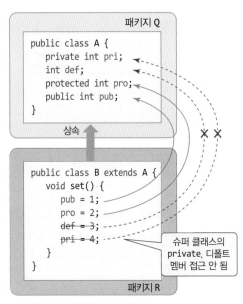

(b) 슈퍼 클래스와 서브 클래스가
서로 다른 패키지에 있는 경우

[그림 5-6] 슈퍼 클래스의 멤버에 대한 서브 클래스의 접근

5.4 상속과 생성자

서브 클래스와 슈퍼 클래스의 생성자 호출 및 실행

생성자

서브 클래스와 슈퍼 클래스 모두 생성자를 가지고 있다. 여기서 독자들은 다음 두 가지 질문에 대답해보기 바란다.

질문 1 서브 클래스의 객체가 생성될 때, 서브 클래스의 생성자와 슈퍼 클래스의 생성자가 모두 실행되는가? 아니면 서브 클래스의 생성자만 실행되는가?

답 둘 다 실행된다. 생성자의 목적은 객체 초기화에 있으므로, 서브 클래스의 생성자는 서브 클래스의 멤버나 필요한 초기화를 수행하고, 슈퍼 클래스의 생성자는 슈퍼 클래스의 멤버나 필요한 초기화를 각각 수행한다.

질문 2 서브 클래스의 생성자와 슈퍼 클래스의 생성자 중 누가 먼저 실행되는가?

답 슈퍼 클래스의 생성자가 먼저 실행된다.

[그림 5–7]은 상속 관계에 있는 3개의 클래스에 대해 생성자의 호출 및 실행 관계를 보여준다. 객체 c의 생성은 main() 메소드의 다음 코드에서 이루어진다.

```
c = new C();
```

컴파일러는 이 new 문장이 실행되면 바로 생성자 C()를 호출하게 한다. 그러나 생성자 C()는 자신의 코드를 실행하기 전에, 먼저 슈퍼 클래스의 생성자 B()를 호출한다. 생성자 B()는 자신의 코드를 실행하기 전에, 다시 슈퍼 클래스인 A의 생성자 A()를 호출한다. 최종적으로 생성자 A()의 코드가 실행되고, 리턴하여 생성자 B()의 코드가 실행되며, 다시 리턴하여 마지막으로 생성자 C()의 코드가 실행된 후 main()으로 돌아온다.

서브 클래스의 생성자가 먼저 호출되지만, 결국 슈퍼 클래스의 생성자가 먼저 실행되고 서브 클래스의 생성자가 나중에 실행된다. 어떤 서브 클래스이든지, 서브 클래스의 생성자에 대해, 컴파일러는 슈퍼 클래스의 생성자를 호출한 뒤 자신의 코드를 실행하도록 컴파일한다. 이것은 당연한 조치로서, 슈퍼 클래스가 먼저 초기화된 후, 이를 활용하는 서브 클래스가 초기화되어야 하기 때문이다.

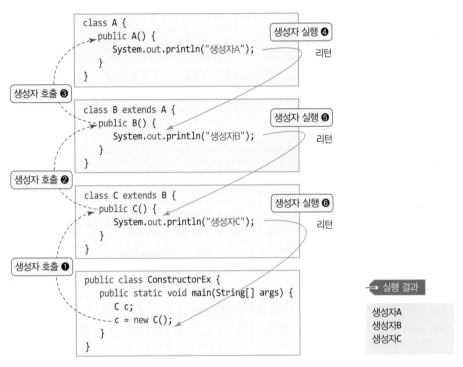

[그림 5-7] 슈퍼 클래스와 서브 클래스의 생성자 간의 호출 및 실행 관계

서브 클래스에서 슈퍼 클래스 생성자 선택

이제, 슈퍼 클래스에 여러 개의 생성자가 있을 수 있기 때문에, 서브 클래스의 생성자와 함께 실행될 슈퍼 클래스의 생성자가 어떻게 결정되는지 알아보자.

원칙적으로, 서브 클래스의 개발자가 서브 클래스의 각 생성자에 대해, 함께 실행할 슈퍼 클래스의 생성자를 지정하여야 한다. 그러나 슈퍼 클래스의 생성자를 명시적으로 지정하지 않으면, 컴파일러는 묵시적으로 슈퍼 클래스의 기본 생성자가 호출되도록 컴파일한다.

●슈퍼 클래스의 기본 생성자가 묵시적으로 선택

개발자의 명시적 지시가 없으면, 서브 클래스의 생성자가 기본 생성자이든 매개 변수를 가진 것이든, 슈퍼 클래스의 생성자로 기본 생성자가 선택된다. 이 선택은 자바 컴파일러에 의해 묵시적으로 이루어진다.

[그림 5-8]의 경우를 살펴보자. 클래스 B는 A를 상속받는다. 클래스 A에는 두 개의 생성자가 선언되어 있지만, 클래스 B의 기본 생성자가 호출되면, 슈퍼 클래스의 기본 생성자 A()가 자동으로 호출된다.

기본 생성자
자바 컴파일러

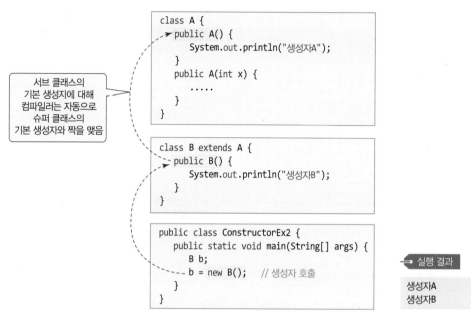

[그림 5-8] 서브 클래스의 기본 생성자에 대해 슈퍼 클래스의 기본 생성자가 묵시적으로 호출

그렇다면, [그림 5-9]와 같이 클래스 A에 기본 생성자 없이 A(int x)만 선언되어 있으면 어떻게 될까?

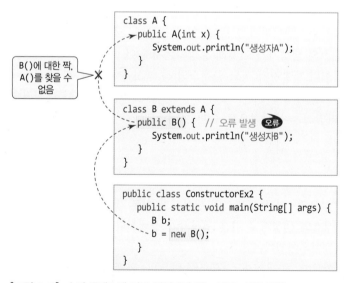

[그림 5-9] 슈퍼 클래스에 기본 생성자가 없는 경우, 오류 발생

이 경우 클래스 B의 생성자와 짝을 이룰 기본 생성자가 클래스 A에 없기 때문에, 컴

파일러에 의해 "Implicit super constructor A() is undefined. Must explicitly invoke another constructor"와 같은 오류 메시지가 출력된다. 클래스에 아무 생성자도 선언되지 않은 경우에만 컴파일러에 의해 기본 생성자가 강제로 삽입된다고 4장에서 설명하였다.

이제, 서브 클래스의 매개 변수를 가진 생성자의 경우를 보자. 이 경우에도 개발자의 특별한 지시가 없으면 슈퍼 클래스의 기본 생성자가 호출된다. [그림 5-10]은 이 경우를 보여준다. main()에서 다음 문은 클래스 B의 매개 변수가 있는 생성자를 호출한다.

```
b = new B(5);
```

이때 슈퍼 클래스 A의 두 생성자 중 기본 생성자인 A()가 선택되어 호출된다.

```
class A {
    public A() {
        System.out.println("생성자A");
    }
    public A(int x) {
        System.out.println("매개변수생성자A");
    }
}

class B extends A {
    public B() {
        System.out.println("생성자B");
    }
    public B(int x) {
        System.out.println("매개변수생성자B");
    }
}

public class ConstructorEx3 {
    public static void main(String[] args) {
        B b;
        b = new B(5);
    }
}
```

실행 결과

생성자A
매개변수생성자B

[그림 5-10] 서브 클래스의 매개 변수가 있는 생성자도 슈퍼 클래스의 기본 생성자와 짝을 이룸

● super()를 이용하여 명시적으로 슈퍼 클래스의 생성자 선택

서브 클래스의 생성자에서 슈퍼 클래스의 생성자를 명시적으로 선택하는 것이 원칙이다. super()를 이용하면, 서브 클래스의 생성자에서 슈퍼 클래스 생성자를 명시적으로 선택할 수 있다. super()는 슈퍼 클래스 생성자의 호출을 의미한다. 괄호 안에 매개 변

super()
슈퍼 클래스 생성자의 호출

수를 주어 매개 변수를 가진 슈퍼 클래스의 생성자를 호출할 수 있다.

[그림 5-11]은 super()를 사용하는 사례를 보여준다. main()에서 다음 코드는 B(int x) 생성자를 호출한다.

```
b = new B(5);
```

그리고 B(int x) 생성자의 첫 코드로 다음 코드가 실행된다.

```
super(x);
```

이 코드는 슈퍼 클래스 A의 매개 변수를 가진 다음 생성자를 호출한다. 이때 x에 5가 전달된다.

```
A(int x) { ... }
```

생성자의 첫 라인

한 가지 중요한 것으로 super()의 호출은 반드시 생성자의 첫 라인에 와야 한다.

```
class A {
   public A() {
      System.out.println("생성자A");
   }
   public A(int x) {
      System.out.println("매개변수생성자A" + x);
   }
}

class B extends A {
   public B() {
      System.out.println("생성자B");
   }
   public B(int x) {
      super(x);   // 첫 줄에 와야 함
      System.out.println("매개변수생성자B" + x);
   }
}

public class ConstructorEx4 {
   public static void main(String[] args) {
      B b;
      b = new B(5);
   }
}
```

실행 결과

매개변수생성자A5
매개변수생성자B5

[그림 5-11] super()를 이용하여 명시적으로 슈퍼 클래스의 생성자 선택

super()를 활용한 ColorPoint 작성   예제 5-2

super()를 이용하여 ColorPoint 클래스의 생성자에서 슈퍼 클래스 Point의 생성자를 호출하는 예를 보인다.

```java
1   class Point {
2      private int x, y; // 한 점을 구성하는 x, y 좌표
3      public Point() {
4         this.x = this.y = 0;
5      }
6      public Point(int x, int y) {
7         this.x = x; this.y = y;
8      }
9      public void showPoint() { // 점의 좌표 출력
10        System.out.println("(" + x + "," + y + ")");
11     }
12  }
13
14  class ColorPoint extends Point { // Point를 상속받은 ColorPoint 선언
15     private String color; // 점의 색
16     public ColorPoint(int x, int y, String color) {
17        super(x, y); // Point의 생성자 Point(x, y) 호출
18        this.color = color;
19     }
20     public void showColorPoint() { // 컬러 점의 좌표 출력
21        System.out.print(color);
22        showPoint(); // Point 클래스의 showPoint() 호출
23     }
24  }
25
26  public class SuperEx {
27     public static void main(String[] args) {
28        ColorPoint cp = new ColorPoint(5, 6, "blue");
29        cp.showColorPoint();
30     }
31  }
```

> x=5, y=6
> 전달

> x=5, y=6,
> color = "blue" 전달

→ 실행 결과

```
blue(5,6)
```

5.5 업캐스팅과 instanceof 연산자

타입 변환

캐스팅(casting)이란 타입 변환을 말한다. 자바에서 클래스에 대한 캐스팅은 업캐스팅(upcasting)과 다운캐스팅(downcasting)으로 나뉜다.

업캐스팅

상속

서브 클래스는 슈퍼 클래스의 속성을 상속받는다. 그러므로 서브 클래스는 슈퍼 클래스로 취급될 수 있다. 예를 들어 [그림 5-12]는 생물이 들어가는 박스에 사람이나 코끼리를 넣을 수 있으며, 생물이 있음을 알리는 지시를 사용해도 무방하다. 왜냐하면, 사람은 생물을 상속 받았기 때문이다. 그러므로 사람을 생물이라고 불러도 된다.

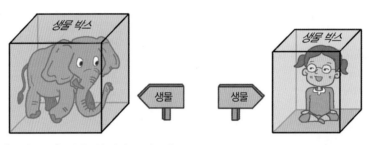

[그림 5-12] 업캐스팅 이해를 돕는 예

업캐스팅

이와 비슷하게, 서브 클래스 객체가 슈퍼 클래스 타입으로 변환되는 것을 업캐스팅(upcasting)이라고 한다. [그림 5-13]은 업캐스팅 코드 사례를 보여준다.

업캐스팅은 main() 메소드의 다음 코드에서 발생한다.

```
Person p;
Student s = new Student();
p = s; // 업캐스팅
```

슈퍼 클래스의 레퍼런스 p가 서브 클래스 객체를 가리키도록 치환되는 것이 업캐스팅이다. 업캐스팅을 통해 p는 Student 객체를 가리키고 있다. 그러나 p로는 Person 클래스의 멤버만 접근할 수 있다. 왜냐하면 p는 Person 타입이기 때문이다. grade 필드는 Person의 멤버가 아니기 때문에 다음 문장은 컴파일 오류가 발생한다.

오류 p.grade = "A"; // grade는 Person의 멤버가 아니므로 컴파일 오류

```
class Person {
   String name;
   String id;

   public Person(String name) {
      this.name = name;
   }
}

class Student extends Person {
   String grade;
   String department;

   public Student(String name) {
      super(name);
   }
}

public class UpcastingEx {
   public static void main(String[] args) {
      Person p;
      Student s = new Student("이재문");
      p = s; // 업캐스팅

      System.out.println(p.name); // 오류 없음

      p.grade = "A"; // 컴파일 오류
      p.department = "Com"; // 컴파일 오류
   }
}
```

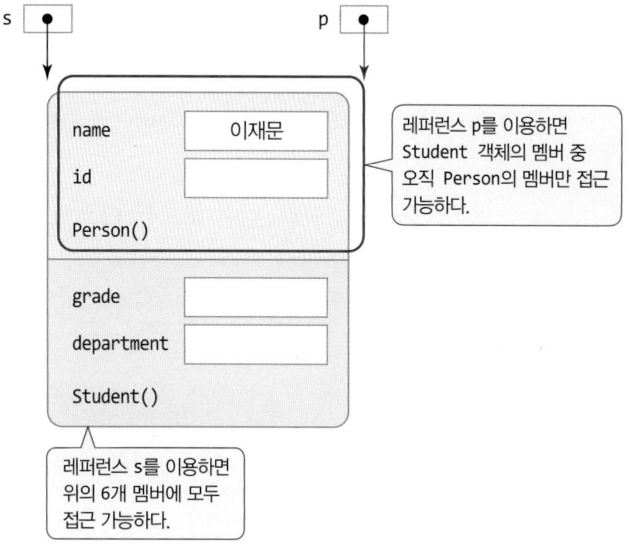

오류

s ●   p ●

name   이재문
id
Person()

레퍼런스 p를 이용하면 Student 객체의 멤버 중 오직 Person의 멤버만 접근 가능하다.

grade
department
Student()

레퍼런스 s를 이용하면 위의 6개 멤버에 모두 접근 가능하다.

→ 실행 결과

이재문

[그림 5-13] 업캐스팅 사례

업캐스팅한 레퍼런스로는 객체 내에 실존하는 모든 데이터를 접근할 수 없고 슈퍼 클래스의 멤버만 접근할 수 있다. Student 객체가 Person 타입으로 업캐스팅되면, Person 클래스 객체로 취급되며 Student 클래스의 필드나 메소드는 접근할 수 없게 된다.

그리고 업캐스팅은 다음과 같이 명시적 타입 변환을 하지 않아도 된다. 왜냐하면 Student 객체는 Person 타입이기도 하기 때문이다.

```
p = (Person)s; // (Person)을 생략하고, p = s;로 해도 됨
```

다운캐스팅

다운캐스팅

그러면 업캐스팅된 서브 클래스 객체는 자신의 고유한 속성을 영원히 잃어버리는 것일까? 그렇지 않다. 잠시 속성이 가려져 있을 뿐이다. 업캐스팅된 것을 다시 원래대로 되돌리는 것을 다운캐스팅(downcasting)이라고 한다. [그림 5-14]는 다운캐스팅의 코드 사례를 보여준다. 다음 코드는 업캐스팅에 의해 레퍼런스 p가 Student 객체를 가리키고 있지만 Person 멤버만 접근 가능하다.

```
Person p = new Student("이재문"); // 업캐스팅
```

이제, 다음 코드는 다운캐스팅 사례로서, 레퍼런스 s는 p가 가리키던 Student 객체를 다시 가리키게 된다.

```
Student s = (Student)p; // 다운캐스팅, (Student)의 타입 변환을 반드시 지정
```

타입 변환 지정

이 결과 s를 통해 [그림 5-14]와 같이 Student 객체 전체를 접근할 수 있게 된다. 다운캐스팅은 업캐스팅과 달리 명시적으로 타입 변환을 지정해야 한다.

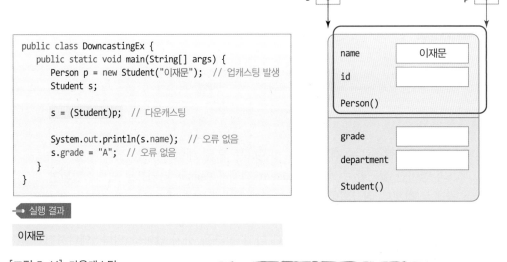

```java
public class DowncastingEx {
    public static void main(String[] args) {
        Person p = new Student("이재문"); // 업캐스팅 발생
        Student s;

        s = (Student)p; // 다운캐스팅

        System.out.println(s.name); // 오류 없음
        s.grade = "A"; // 오류 없음
    }
}
```

→ 실행 결과

이재문

[그림 5-14] 다운캐스팅

instanceof 연산자와 객체 구별

업캐스팅을 한 경우 레퍼런스가 가리키는 객체의 진짜 클래스 타입을 구분하기 어렵다. 예를 들어 [그림 5-15]와 같이 클래스들 사이에 상속 관계가 있다고 하자. 다음과 같이 서브 클래스의 객체를 생성하고 업캐스팅을 통해 슈퍼 클래스의 레퍼런스로 가리킬 수 있다.

```java
Person p = new Person();
Person p = new Student(); // 업캐스팅
Person p = new Professor(); // 업캐스팅
```

　　Person 타입의 레퍼런스 p는 Person, Student, Professor, Researcher 타입의 객체를 모두 가리킬 수 있기 때문에, 실행 중에 p가 가리키는 객체의 실제 클래스 타입이 무엇인지 구별할 방법이 필요하다.

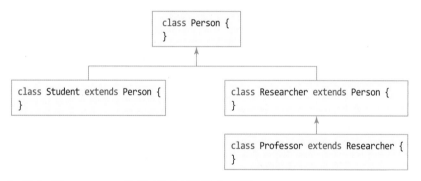

[그림 5-15] instanceof를 설명하기 위한 클래스 계층 구조

●instanceof 연산자 사용

레퍼런스가 가리키는 객체가 어떤 클래스 타입인지 구분하기 위해, 자바에서는 instanceof 연산자를 두고 있다. instanceof는 이항 연산자로서 다음과 같이 사용된다.

instanceof 연산자

객체레퍼런스 instanceof 클래스타입

　　instanceof 연산자는, '레퍼런스'가 가리키는 객체가 해당 '클래스 타입'이면 true, 아니면 false로 처리한다. 사람을 동물 타입이라고 해도 되고, 생물이라고 해도 되는 것처럼, [그림 5-15]에서 professor 객체 p가 있다면, 객체 p는 Researcher 타입이라고 해도 되고 Person 타입이라고 해도 된다. instanceof 연산자는 이 관계를 검사하는 연산자이다. instanceof를 사용하는 간단한 사례는 다음과 같다.

```
Person p = new Professor();
if(p instanceof Person) // true
if(p instanceof Student) // false. Student를 상속받지 않기 때문
if(p instanceof Researcher) // true
if(p instanceof Professor) // true
```

Researcher 타입의 객체는 곧 Professor 타입이라고 할 수 있다. Professor을 상속받아 Professor 클래스의 멤버를 모두 가지고 있기 때문이다. 또한 Person 타입이라고 할 수도 있다. 그러나 Student 타입은 아니다. Student를 상속받지 않고 Student의 멤버를 가지고 있지 않기 때문이다.

instanceof는 클래스에만 적용되므로 다음은 오류이다.

오류 if(3 instanceof int) // 문법 오류. instanceof는 객체에 대한 레퍼런스만 사용

다음 instanceof 연산은 true이다.

```
if("java" instanceof String) // true
```

instanceof를 사용하면 객체의 클래스와 슈퍼클래스 타입을 모두 검사할 수 있어!

나는 황기태. 나는 동물 타입이고, 생물 타입이기도 해.

예제 5-3

instanceof 연산자 활용

instanceof 연산자를 이용하여 [그림 5-15]의 상속 관계에 따라 레퍼런스가 가리키는 객체의 타입을
알아본다. 실행 결과는 무엇인가?

```
1   class Person { }
2   class Student extends Person { }
3   class Researcher extends Person { }
4   class Professor extends Researcher { }
5
6   public class InstanceOfEx {
7      static void print(Person p) {
8         if(p instanceof Person) {
9            System.out.print("Person ");
10        }
11        if(p instanceof Student) {
12           System.out.print("Student ");
13        }
14        if(p instanceof Researcher) {
15           System.out.print("Researcher ");
16        }
17        if(p instanceof Professor) {
18           System.out.print("Professor ");
19        }
20        System.out.println();
21     }
22     public static void main(String[] args) {
23        System.out.print("new Student() -> ");     print(new Student());
24        System.out.print("new Researcher() -> ");  print(new Researcher());
25        System.out.print("new Professor() -> ");   print(new Professor());
26     }
27  }
```

→ 실행 결과

```
new Student() -> Person Student
new Researcher() -> Person Researcher
new Professor() -> Person Researcher Professor
```

new Professor() 객체는 Person 타입이기도
하고, Researcher, Professor 타입이기도 함

5.6 메소드 오버라이딩

메소드 오버라이딩의 개념

오버라이딩

오버라이딩을 쉽게 이해하기 위해 [그림 5-16]을 보자. 기태네 집에 '새로운 기태'가 들어와서 '원래 기태'를 무력화시키면, '새로운 기태'가 기태네 집의 주인이 된다. 누군가 기태를 부르면 항상 '새로운 기태'가 대답한다.

기태네 집에 '원래 기태'와 똑같이 생긴 '기태'가 들어와서, '원래 기태'의 목을 조른 채 '기태'를 부르면 항상 '새로운 기태'가 대답한다. '새로운 기태'가 '원래 기태'를 무력화시키는 관계가 오버라이딩입니다. 오버라이딩을 덮어쓰기로 해석하면 쉬워요.

기태야!

원래 기태야. 난 널 오버라이딩하고 있어.

새로운 기태

존재감 상실

원래 기태

네!

야! 목 쫄려, 말도 못하겠네.

기태네 집

[그림 5-16] 오버라이딩의 개념

메소드 오버라이딩

메소드 오버라이딩(method overriding)은 서브 클래스에서 슈퍼 클래스에 선언된 메소드를 중복 작성하여 슈퍼 클래스에 작성된 메소드를 무력화시키고, 객체의 주인 노릇을 하는 것이다. 그러면, 슈퍼 클래스의 레퍼런스를 이용하든 서브 클래스의 레퍼런스를 이용하든 항상 서브 클래스에 오버라이딩한 메소드가 실행된다.

서브 클래스에 오버라이딩한 메소드는 반드시 슈퍼 클래스에 작성된 메소드의 이름, 리턴 타입, 매개 변수 리스트가 모두 같도록 작성되어야 한다.

클래스 A의 메소드 f()를 클래스 B가 오버라이딩하는 예를 들면 [그림 5-17]과 같다. 이때 다음과 같이 클래스 B의 객체를 생성하면

```
B b = new B();
```

동적 바인딩

객체 b에는 [그림 5-17]과 같이 2개의 f() 메소드가 존재하지만, A의 f()는 존재감이 상실되어 f()에 대한 모든 호출 시 클래스 B의 f()가 실행되는 결과를 초래한다. 특별히, [그림 5-17]의 두 번째 그림에서 A의 f()가 호출되었음에도 오버라이딩한 B의 f()가 실행되는 것을 동적 바인딩이라 하며, 뒤에서 구체적으로 설명한다. 오버라이딩은 동적 바인딩을 통해 실현된다.

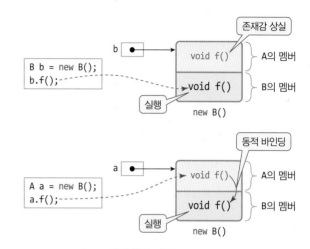

```
class A {
    void f() {
        System.out.println("A의 f() 호출");
    }
}
class B extends A {
    void f() {    // A의 f()를 오버라이딩
        System.out.println("B의 f() 호출");
    }
}
```

[그림 5-17] 오버라이딩 사례. 항상 서브 클래스의 f() 실행

오버라이딩의 목적, 다형성 실현

오버라이딩은 수퍼 클래스에 선언된 메소드를, 동일한 이름으로 각 서브 클래스에서 필요한 내용으로 새로 구현하는데 있다. 예를 들어 선을 구현하는 Line 클래스의 draw()는 선을 그리는 기능으로, Circle 클래스의 draw()는 원을 그리는 기능으로, Rect 클래스의 draw()는 사각형을 그리는 기능으로 구현한다. 다시 말하면 오버라이딩은 상속을 통해 '하나의 인터페이스(같은 이름)에 서로 다른 내용 구현'이라는 객체 지향의 다형성을 실현하는 도구이다.

다형성

[그림 5-18]은 오버라이딩으로 다형성을 실현한 코드 예를 보여준다. Line, Rect, Circle 클래스가 Shape을 상속받고 draw() 메소드를 서로 다르게 오버라이딩 하였다. 예제 5-4는 이 사례를 완전한 프로그램 형태로 보여준다.

```
class Shape {
    public void draw() {
        System.out.println("Shape");
    }
}
```

```
class Line extends Shape {
    public void draw() {
        System.out.println("Line");
    }
}
```

```
class Rect extends Shape {
    public void draw() {
        System.out.println("Rect");
    }
}
```

```
class Circle extends Shape {
    public void draw() {        오버라이딩
        System.out.println("Circle");
    }
}
```

[그림 5-18] Shape 클래스의 draw() 메소드를 오버라이딩한 사례

예제 5-4 **메소드 오버라이딩으로 다형성 실현**

Shape의 draw() 메소드를 Line, Circle, Rect 클래스에서 목적에 맞게 오버라이딩하는 다형성의
사례를 보여준다.

```java
1  class Shape { // 도형의 슈퍼 클래스
2    public void draw() {
3      System.out.println("Shape");
4    }
5  }
6  class Line extends Shape {
7    public void draw() { // 메소드 오버라이딩
8      System.out.println("Line");
9    }
10 }
11 class Rect extends Shape {
12   public void draw() { // 메소드 오버라이딩
13     System.out.println("Rect");
14   }
15 }
16 class Circle extends Shape {
17   public void draw() { // 메소드 오버라이딩
18     System.out.println("Circle");
19   }
20 }
21
22 public class MethodOverridingEx {
23   static void paint(Shape p) { // Shape을 상속받은 모든 객체들이 매개 변수로 넘어올 수 있음
24     p.draw(); // p가 가리키는 객체에 오버라이딩한 draw() 호출. 동적 바인딩
25   }
26   public static void main(String[] args) {
27     Line line = new Line();
28     paint(line); // Line의 draw() 실행. "Line" 출력
29
30     // 다음 호출들은 모두 paint() 메소드 내에서 Shape에 대한 레퍼런스 p로 업캐스팅됨
31     paint(new Shape()); // Shape의 draw() 실행. "Shape" 출력
32     paint(new Line()); // 오버라이딩된 메소드 Line의 draw() 실행, "Line" 출력
33     paint(new Rect()); // 오버라이딩된 메소드 Rect의 draw() 실행, "Rect" 출력
34     paint(new Circle()); // 오버라이딩된 메소드 Circle의 draw() 실행, "Circle" 출력
35   }
36 }
```

주목. 동적 바인딩 ▷ 24

➔ 실행 결과

Line
Shape
Line
Rect
Circle

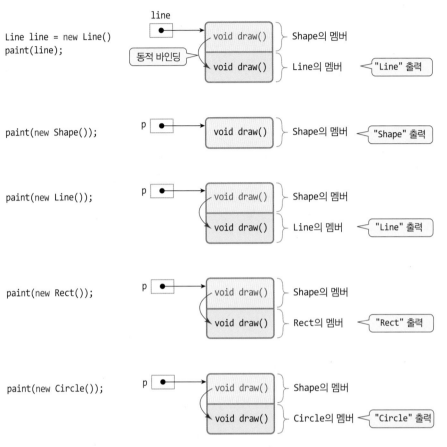

[그림 5-19] 예제 5-4의 오버라이딩된 메소드 호출

동적 바인딩 사례

동적 바인딩(dynamic binding)은 실행할 메소드를 컴파일 시(compile time)에 결정하지 않고 실행 시(run time)에 결정하는 것을 말한다. 자바에서는 동적 바인딩을 통해 오버라이딩된 메소드가 항상 실행되도록 보장한다. 동적 바인딩의 몇 가지 사례를 알아보자. [그림 5-20]의 왼쪽은 SuperObject 클래스 하나만 있는 응용프로그램으로서, 다음과 같이 main()에서 a.paint() 메소드를 호출하면 SuperObject 클래스의 draw()가 호출된다.

```
SuperObject a = new SuperObject();
a.paint(); // paint()는 SuperObject의 draw()를 호출한다.
```

이제, [그림 5-20]의 오른쪽 코드를 보자. SubObject에서 SuperObject의 draw() 메

소드를 오버라이딩하고 있다. main()에서 다음과 같이 b.paint()를 호출하면 객체 b 에는 draw()가 2개 존재하므로, paint()는 2개의 메소드 중에서 어떤 것을 호출할지 결정하는 동적 바인딩의 과정을 거친다.

```
SuperObject b = new SubObject();
b.paint(); // paint()는 SubObject에서 오버라이딩한 draw()를 호출한다.
```

그 결과 paint() 메소드는 SuperObject의 draw()를 오버라이딩한 SubObject의 draw()를 호출한다. 결국 SuperObject이든 SubObject이든, draw()를 호출하면 동적 바인딩을 통해 항상 오버라이딩한 SubObject의 draw()가 호출된다.

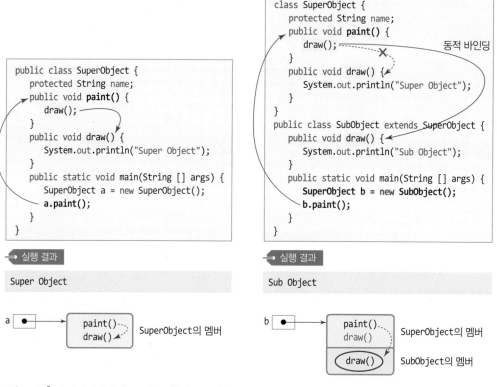

[그림 5-20] 오버라이딩된 메소드를 호출하는 동적 바인딩

오버라이딩과 super 키워드

앞 절에서 메소드가 오버라이딩되어 있는 경우, 동적 바인딩에 의해 항상 서브 클래스에 오버라이딩한 메소드가 호출됨을 설명하였다. 그러면 슈퍼 클래스의 메소드는 이제 더 이상 쓸모없게 된 것인가? 실행하는 방법은 없는가? 아니다. 다음과 같이 서브

클래스에서 super 키워드를 이용하면 정적 바인딩을 통해 슈퍼 클래스의 멤버에 접근할 수 있다.

```
super.슈퍼클래스의멤버
```

super는 자바에서 자동으로 지원되는 것으로 슈퍼 클래스에 대한 레퍼런스이다. super로 슈퍼 클래스의 필드와 메소드 모두 접근 가능하다. [그림 5-20]은 super를 활용하는 프로그램 사례를 보여준다. 특히 super가 사용된 SubObject 클래스의 다음 draw() 코드에 주목하라.

```
name = "Sub";          // SubObject 클래스의 필드 name에 "Sub" 기록
super.name = "Super";  // SuperObject 클래스의 name에 "Super" 기록
super.draw();          // SuperObject 클래스의 draw() 호출. 정적 바인딩
```

이 코드의 실행 결과 [그림 5-21]과 같이 2개의 name 필드에 각각 다른 스트링이 저장되어 있는 것을 볼 수 있다.

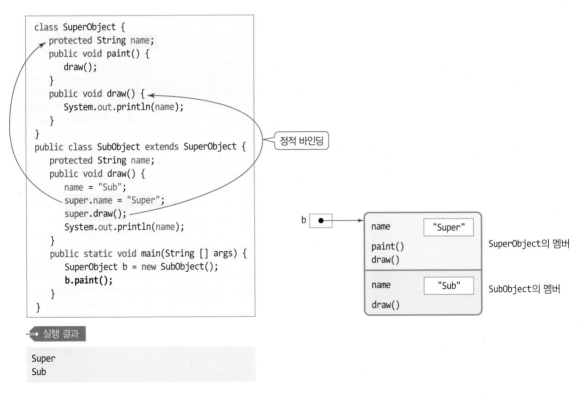

[그림 5-21] super를 이용한 슈퍼 클래스 멤버 접근

Tip @Override

개발자들은 가끔 서브 클래스에서 오버라이딩 메소드를 작성하려다가, 슈퍼 클래스의 메소드 원형과 다르게 작성하는 실수를 범한다. 예를 들면 다음과 같다.

```java
class Shape {
    public void draw() { ... }
}
class Line extends Shape {
    public void drow() { ... } // 오류 처리되지 않음. Shape에 drow()가 없으므로 오버
                               //    라이딩이 아니고, 새로운 메소드 작성으로 처리됨
}
```

컴파일러는 Line 클래스에 새로운 메소드 drow()가 작성된 것으로 판단하고 컴파일 오류를 발생시키지 않는다. 그러므로 다음 코드를 실행하면 Shape 클래스에 draw()가 있기 때문에 컴파일 오류 없이 Shape의 draw()가 호출된다.

```java
Line line = new Line();
line.draw(); // Shape의 draw() 호출. 컴파일 오류 없음
```

개발자는 한참 후에야 자신이 drow()로 잘못 코딩한 것을 깨닫게 된다.

@Override

자바는 오버라이딩 시, 개발자의 이런 실수를 컴파일할 때 쉽게 발견하기 위해, JDK 1.5부터 @Override라는 주석문(annotation)을 제공하고 있다. @Override는 오버라이딩하는 메소드 앞에 붙이는 것으로, 컴파일러에게 오버라이딩이 정확한지 확인하도록 지시한다. 다음과 같이 @Override을 사용하면 컴파일 오류가 발생되어, 개발자는 drow()로 잘못 타이핑한 실수를 금방 발견할 수 있다.

```java
class Shape {
    public void draw() { ... }
}
class Line extends Shape {
    @Override // 다음 오버라이딩이 정확한지 컴파일러에게 확인하도록 지시
    public void drow() { ... } // 컴파일 오류
}
```

오류

오류 메시지: The method drow() of type Line must override or implement a supertype method

오버로딩(overloading)과 오버라이딩(overriding)

오버라이딩은 슈퍼 클래스에 있는 메소드와 이름, 매개 변수 타입과 개수, 리턴 타입 등이 모두 동일한 메소드가 서브 클래스에 재정의되었을 경우이며, 오버로딩은 한 클래스나 상속 관계에 있는 클래스에 서로 매개 변수의 타입이나 개수가 다른 여러 개의 메소드가 같은 이름으로 작성되는 것을 지칭한다. 이 둘의 차이점을 〈표 5-2〉에 정리하였다.

오버라이딩
오버로딩

〈표 5-2〉 메소드 오버로딩과 메소드 오버라이딩의 비교

비교 요소	메소드 오버로딩	메소드 오버라이딩
선언	같은 클래스나 상속 관계에서 동일한 이름의 메소드 중복 작성	서브 클래스에서 슈퍼 클래스에 있는 메소드와 동일한 이름의 메소드 재작성
관계	동일한 클래스 내 혹은 상속 관계	상속 관계
목적	이름이 같은 여러 개의 메소드를 중복 선언하여 사용의 편리성 향상	슈퍼 클래스에 구현된 메소드를 무시하고 서브 클래스에서 새로운 기능의 메소드를 재정의하고자 함
조건	메소드 이름은 반드시 동일함. 메소드의 인자의 개수나 인자의 타입이 달라야 성립	메소드의 이름, 인자의 타입, 인자의 개수, 리턴 타입 등이 모두 동일하여야 성립
바인딩	정적 바인딩. 컴파일 시에 중복된 메소드 중 호출되는 메소드 결정	동적 바인딩. 실행 시간에 오버라이딩된 메소드 찾아 호출

1 아래 코드가 실행되는 순서대로 라인 번호를 적고 실행 결과를 말하라.

```
1   class SuperObject {
2       public void paint() { draw(); }
3       public void draw() {
4           draw();
5           System.out.println("Super Object");
6       }
7   }
8   class SubObject extends SuperObject {
9       public void paint() { super.draw(); }
10      public void draw() { System.out.println("Sub Object"); }
11  }
12  public class Sample {
13      public static void main(String [] args) {
14          SuperObject b = new SubObject();
15          b.paint();
16      }
17  }
```

5.7 추상 클래스

상속에서 추상 클래스는 중요한 슈퍼 클래스의 역할을 한다. 지금부터 추상 메소드와 추상 클래스에 대해 알아보자.

추상 메소드

추상 메소드
abstract

추상 메소드(abstract method)는 abstract 키워드와 함께 원형만 선언되고, 코드는 작성되지 않은 메소드이다. 다음은 추상 메소드를 선언한 예이다.

```
abstract public String getName(); // 추상 메소드
abstract public String fail() { return "Good Bye"; } // 추상 메소드 아님. 컴파일 오류
```
오류

추상 클래스 선언

추상 클래스

추상 클래스(abstract class)는 abstract로 선언한 클래스로서, 다음 두 가지 경우가 있다.

- 추상 메소드를 최소 한 개 이상 가지고 abstract로 선언된 클래스
- 추상 메소드가 없어도 abstract로 선언한 클래스

[그림 5-22]는 두 경우의 추상 클래스를 선언한 사례이다. Shape은 추상 메소드를 가진 추상 클래스이며, JComponent는 추상 메소드 없는 추상 클래스이다.

```
// 추상 메소드를 가진 추상 클래스
abstract class Shape { // 추상 클래스 선언
   public Shape() { ... }
   public void edit() { ... }

   abstract public void draw(); // 추상 메소드 선언
}
```

```
// 추상 메소드 없는 추상 클래스
abstract class JComponent { // 추상 클래스 선언
   String name;
   public void load(String name ) {
      this.name= name;
   }
}
```

[그림 5-22] 추상 클래스 선언 사례

추상 메소드를 가지고 있으면 반드시 추상 클래스로 선언되어야 한다. 다음은 추상 클래스로 선언되지 않는 잘못된 코드이다.

```
class fault { // 오류. 추상 메소드를 가지고 있으므로 abstract로 선언되어야 함
   abstract public void f();
}
```
오류

추상 클래스의 인스턴스를 생성할 수 없다

응용프로그램에서는 추상 클래스의 인스턴스(객체)를 생성할 수 없다. 이는 추상 클래스에는 실행 코드가 없는 미완성 상태인 추상 메소드가 있을 수 있기 때문이다. [그림 5-22]의 선언에서 다음과 같이 추상 클래스의 인스턴스를 생성하려고 하면 컴파일 오류가 발생한다.

```
JComponent p; // 오류 없음. 추상 클래스의 레퍼런스 선언
p = new JComponent(); // 컴파일 오류. 추상 클래스의 인스턴스 생성 불가
Shape obj = new Shape(); // 컴파일 오류. 추상 클래스의 인스턴스 생성 불가
```
오류

Unresolved compilation problem: Cannot instantiate the type Shape

추상 클래스 상속과 구현

●추상 클래스의 상속

추상 메소드를 가진 추상 클래스를 상속받는 서브 클래스는 자동으로 추상 클래스가 된다. 이는 추상 메소드를 상속받기 때문이다. 그러므로 서브 클래스에 abstract를 붙여 추상 클래스임을 명시해야 한다. 다음 코드는 A가 추상 클래스이므로 상속받는 클래스 B는 자동으로 추상 클래스가 되어 abstract로 선언하였다.

추상 클래스 상속

```
abstract class A { // 추상 클래스
    abstract public int add(int x, int y); // 추상 메소드
}
abstract class B extends A { // 추상 클래스. 추상 메소드 add()를 상속받기 때문
    public void show() { System.out.println("B"); }
}
```

그러므로 클래스 A와 B의 인스턴스는 생성할 수 없다.

오류
```
A a = new A(); // 컴파일 오류. 추상 클래스의 인스턴스 생성 불가
B b = new B(); // 컴파일 오류. 추상 클래스의 인스턴스 생성 불가
```

●추상 클래스의 구현

추상 클래스의 구현이란, 서브 클래스에서 슈퍼 클래스의 모든 추상 메소드를 오버라이딩하여 실행 가능한 코드로 구현하는 것을 말한다. 다음은 클래스 C가 앞의 추상 클래스 A를 구현한 사례이다.

추상 클래스 구현

```
class C extends A { // 추상 클래스 구현. C는 정상 클래스
    @Override
    public int add(int x, int y) { return x+y; } // 추상 메소드 구현. 오버라이딩
    public void show() { System.out.println("C"); }
}
```

추상 클래스를 구현한 서브 클래스는 인스턴스를 생성할 수 있다.

```
C c = new C(); // 정상
```

추상 클래스의 목적

슈퍼 클래스
다형성

추상 클래스를 작성하는 목적은 객체(인스턴스)를 생성하기 위함이 아니며, 상속을 위한 슈퍼 클래스로 활용하기 위한 것이다. 추상 클래스는 추상 메소드를 통해 서브 클래스가 구현할 메소드의 원형을 알려주는 인터페이스의 역할을 하고, 서브 클래스의 다형성을 실현한다.

[그림 5-23]은 [그림 5-18]의 코드를 수정하여 Shape을 추상 클래스로 작성한 예이다. Shape의 draw()를 추상 메소드로 선언하면, Line, Rect, Circle 등은 각기 도형의 목적에 적합하게 draw()를 오버라이딩하여 구현해야 한다. 만일 이들이 draw()를 구현하지 않는다면, 그들 역시 추상 클래스가 되어, 객체를 생성할 수 없다.

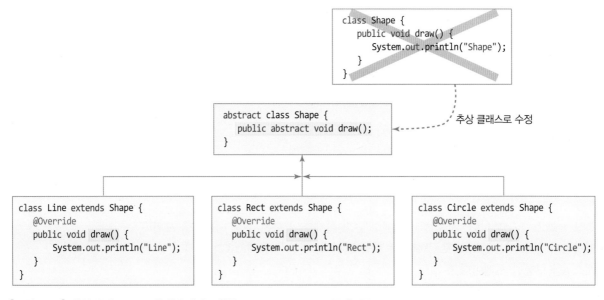

[그림 5-23] 추상 클래스 Shape을 상속받아 구현한 Line, Rect, Circle 클래스들

추상 클래스의 구현

다음 추상 클래스 Calculator를 상속받은 GoodCalc 클래스를 구현하라.

```
1  abstract class Calculator {
2    public abstract int add(int a, int b);        // 두 정수의 합을 구하여 리턴
3    public abstract int subtract(int a, int b);   // 두 정수의 차를 구하여 리턴
4    public abstract double average(int[] a);      // 정수 배열의 평균 리턴
5  }
```

추상 클래스 Calculator는 add, subtract, average 메소드를 추상 메소드로 선언하였을 뿐 어떻게 구현할지는 상관하지 않는다. 어떤 인자가 전달되고 어떤 타입의 값이 리턴되는지만 지정할 뿐이다. 구현은 서브 클래스의 몫이다. 다음과 같은 답을 만들어보았다.

```
1  public class GoodCalc extends Calculator {
2    @Override
3    public int add(int a, int b) { // 추상 메소드 구현
4      return a + b;
5    }
6    @Override
7    public int subtract(int a, int b) { // 추상 메소드 구현
8      return a - b;
9    }
10   @Override
11   public double average(int[] a) { // 추상 메소드 구현
12     double sum = 0;
13     for (int i = 0; i < a.length; i++)
14       sum += a[i];
15     return sum/a.length;
16   }
17   public static void main(String [] args) {
18     GoodCalc c = new GoodCalc();
19     System.out.println(c.add(2,3));
20     System.out.println(c.subtract(2,3));
21     System.out.println(c.average(new int [] { 2,3,4 }));
22   }
23 }
```

→ 실행 결과

```
5
-1
3.0
```

CHECK TIME

1 다음은 추상 클래스와 관련 있다. 코드에서 틀린 부분이 있으면 고쳐라.

(1)
```
class A {
    void f();
}
```

(2)
```
abstract class A {
    void f() {}
}
class B extends A {
}
```

2 다음 코드의 빈칸을 채워라.

```
abstract class C {
    abstract void f();
}
public class D extends C {

    _____

    public static void main(String [] args) {
        D d = new D();
        d.f(); // 화면에 "객체 생성"을 출력한다.
    }
}
```

5.8 인터페이스

인터페이스

인터페이스(interface)는 RS-232 인터페이스, USB 인터페이스, SATA 인터페이스 하드디스크 등 컴퓨터 주변 장치에서 많이 듣던 용어이다. 여기서 인터페이스는 서로 다른 하드웨어 장치들이 상호 데이터를 주고받을 수 있는 규격을 의미한다.

그러면 이런 규격이 왜 필요할까? 컴퓨터 메인 보드를 만드는 회사와 주변 장치를 만드는 회사 사이에는 약속이 필요하기 때문이다. 메인 보드와 주변 장치 사이의 기계적 전기적 접속 규격과 데이터 전송 규격을 정해놓고, 이것만 지킨다면 메인보드나 주변 장치를 누가 만들건 문제없이 결합될 수 있다.

[그림 5-24]는 인터페이스의 필요성을 보여준다. 110V 전원 아울렛에 대한 규격, 즉 인터페이스가 정해져 있다. 그러므로 다양한 회사들이 이 규격에 맞추어 제품을 만들 수 있으며 A, B, C사의 제품처럼 규격에 맞기만 하면 전원 연결은 언제나 가능하다. 그러나 D사 제품처럼 규격에 맞지 않는 제품은 연결이 불가능하다.

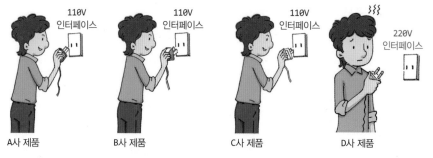

110V
인터페이스

110V
인터페이스

110V
인터페이스

220V
인터페이스

A사 제품   B사 제품   C사 제품   D사 제품

[그림 5-24] 인터페이스의 필요성

자바 인터페이스란

인터페이스의 개념은 소프트웨어에도 적용된다. 소프트웨어를 규격화된 모듈로 만들고, 인터페이스가 맞는 모듈을 조립하듯이 응용프로그램을 작성할 수 있다.

자바에도 인터페이스의 개념이 있다. 자바의 인터페이스는 interface 키워드를 사용하여 클래스를 선언하듯이 선언한다. 다음은 전화기의 규격을 표현하는 PhoneInterface 인터페이스를 작성한 예이다.

> 자바의 인터페이스
> interface

```
interface PhoneInterface { // 인터페이스 선언
    public static final int TIMEOUT = 10000; // 상수 필드. public static final 생략 가능
    public abstract void sendCall();        // 추상 메소드. public abstract 생략 가능
    public abstract void receiveCall();     // 추상 메소드. public abstract 생략 가능
    public default void printLogo() {       // 디폴트 메소드는 public 생략 가능
        System.out.println("** Phone **");
    } // 디폴트 메소드
}
```

인터페이스는 다음 5종류의 멤버로 구성되며, 필드(멤버 변수)를 만들 수 없다.

> 필드(멤버 변수)를 만들 수 없다

• 상수, 추상 메소드, default 메소드, private 메소드, static 메소드

인터페이스를 구성하는 멤버들의 특징을 정리하면 다음과 같다.

• 상수는 public static final 속성이며, 속성은 생략 가능하다.
• 추상 메소드는 속성이 public abstract로 정해져 있으며 생략 가능하다.
• default 메소드(Java 8부터)의 접근 지정은 public으로 고정되어 있다.
• private 메소드(Java 9부터)는 인터페이스 내의 다른 메소드에서만 호출 가능하다.
• static 메소드(Java 9부터)의 경우 접근 지정이 생략되면 public이며, private으로 지정 가능하다.
• default, private, static 메소드들은 코드가 작성되어 있어야 한다.

인터페이스의 객체는 생성할 수 없다

인터페이스는 다음처럼 객체를 생성할 수 없다.

 PhoneInterface p = new PhoneInterface(); // 오류. 인터페이스의 객체 생성 불가

인터페이스 상속

인터페이스는 다른 인터페이스를 상속할 수 있다. 상속을 통해 기존 인터페이스에 새로운 규격을 추가한 새로운 인터페이스를 만든다. 상속 시 extends 키워드를 이용하며 다음은 PhoneInterface를 상속받아 MobilePhoneInterface 인터페이스를 작성한 사례이다.

```java
interface MobilePhoneInterface extends PhoneInterface {
    void sendSMS(); // 추상 메소드
    void receiveSMS(); // 추상 메소드
}
```

이렇게 함으로써, MobilePhoneInterface 인터페이스는 TIMEOUT, sendCall(), receiveCall(), printLogo(), sendSMS(), receiveSMS()의 총 6개의 멤버를 가지게 된다. 인터페이스는 콤마로 연결하여 2개 이상의 인터페이스를 다중 상속할 수 있다. 다음은 PhoneInterface와 MP3Interface를 다중 상속받는 사례이다.

```java
interface MusicPhoneInterface extends PhoneInterface, MP3Interface {
    ...
}
```

인터페이스 구현

implements

인터페이스 구현이란 implements 키워드를 사용하여 인터페이스의 모든 추상 메소드를 구현한 클래스를 작성하는 것을 말한다. 다음은 PhoneInterface를 구현한 SamsungPhone 클래스를 작성한 사례이다.

```java
class SamsungPhone implements PhoneInterface { // 인터페이스 구현
    // PhoneInterface의 모든 추상 메소드 구현
    public void sendCall() { System.out.println("띠리리리링"); }
    public void receiveCall() { System.out.println("전화가 왔습니다."); }

    // 메소드 추가 작성
    public void flash() { System.out.println("전화기에 불이 켜졌습니다."); }
}
```

SamsungPhone 클래스에는 PhoneInterface 인터페이스의 모든 추상 메소드를 구현하고, flash() 메소드를 추가 작성하였으며, PhoneInterface에 이미 구현되어 있는 default 메소드 printLogo()는 그대로 물려받는다. 예제 5-6은 전체 코드와 활용 사례를 보여준다.

인터페이스 작성 및 구현　　　　　　　　　　　　예제 5-6

PhoneInterface 인터페이스를 구현하고 flash( ) 메소드를 추가한 SamsungPhone 클래스를 작성하라.

```java
1   interface PhoneInterface {    // 인터페이스 선언
2      final int TIMEOUT = 10000;  // 상수 필드 선언
3      void sendCall();            // 추상 메소드
4      void receiveCall();         // 추상 메소드
5      default void printLogo() { // default 메소드
6         System.out.println("** Phone **");
7      }
8   }
9
10  class SamsungPhone implements PhoneInterface { // 인터페이스 구현
11     // PhoneInterface의 모든 추상 메소드 구현
12     @Override
13     public void sendCall() {
14        System.out.println("띠리리리링");
15     }
16     @Override
17     public void receiveCall() {
18        System.out.println("전화가 왔습니다.");
19     }
20     // 메소드 추가 작성
21     public void flash() { System.out.println("전화기에 불이 켜졌습니다."); }
22  }
23
24  public class InterfaceEx {
25     public static void main(String[] args) {
26        SamsungPhone phone = new SamsungPhone();
27        phone.printLogo();
28        phone.sendCall();
29        phone.receiveCall();
30        phone.flash();
31     }
32  }
```

→ 실행 결과

```
** Phone **
띠리리리링
전화가 왔습니다.
전화기에 불이 켜졌습니다.
```

클래스 상속과 함께 인터페이스 구현

클래스의 상속과 함께 인터페이스를 구현할 수 있다. 예제 5-7에서 사례를 보인다.

예제 5-7   **클래스 상속과 함께 인터페이스 구현 사례**

```java
1   interface PhoneInterface {      // 인터페이스 선언
2     final int TIMEOUT = 10000;   // 상수 필드 선언
3     void sendCall();             // 추상 메소드
4     void receiveCall();          // 추상 메소드
5     default void printLogo() {   // default 메소드
6        System.out.println("** Phone **");
7     }
8   }
9   class Calc { // 클래스 작성
10    public int calculate(int x, int y) { return x + y; }
11  }
12
13  // SmartPhone 클래스는 Calc를 상속받고, PhoneInterface 인터페이스의 추상 메소드 모두 구현
14  class SmartPhone extends Calc implements PhoneInterface {
15     // PhoneInterface의 추상 메소드 구현
16     @Override
17     public void sendCall() { System.out.println("따르릉따르릉~~");        }
18
19     @Override
20     public void receiveCall() { System.out.println("전화 왔어요."); }
21
22     // 추가로 작성한 메소드
23     public void schedule() { System.out.println("일정 관리합니다."); }
24  }
25
26  public class InterfaceEx {
27     public static void main(String[] args) {
28        SmartPhone phone = new SmartPhone();
29        phone.printLogo();
30        phone.sendCall();
31        System.out.println("3과 5를 더하면 " + phone.calculate(3, 5));
32        phone.schedule();
33     }
34  }
```

→ 실행 결과

```
** Phone **
따르릉따르릉~~
3과 5를 더하면 8
일정 관리합니다.
```

요약 **SUMMARY**

◯ 클래스 상속과 객체

- 자바에서 상속은 부모 클래스의 필드와 메소드를 자식 클래스에게 물려주는 것이다. 부모 클래스를 슈퍼 클래스, 자식 클래스를 ❶_____라고 한다.
- 자바에서 상속을 선언할 때 ❷_____ 키워드를 사용한다.

◯ protected 접근 지정, 상속과 생성자

- 서브 클래스에서 슈퍼 클래스의 private 멤버는 접근할 수 없다.
- 슈퍼 클래스의 ❸_____ 멤버는 패키지 소속과 상관없이 서브 클래스에서 접근이 가능하며 동일한 패키지 내의 클래스에서도 접근이 가능하다.
- 서브 클래스의 인스턴스가 생성되면 항상 서브 클래스의 생성자 한 개와 슈퍼 클래스의 생성자 한 개가 실행된다. 이때 슈퍼 클래스의 생성자가 서브 클래스보다 먼저 실행된다.
- 서브 클래스의 생성자 작성 시, ❹_____로 슈퍼 클래스의 생성자를 명시적으로 선택한다.
- 만일 슈퍼 클래스의 생성자를 명시적으로 선택하지 않으면, 컴파일러는 슈퍼 클래스의 매개 변수 없는 기본 생성자를 선택한다.

◯ 업캐스팅과 instanceof 연산자

- 서브 클래스 객체는 슈퍼 클래스 타입으로 자동 타입 변환이 가능하며 이를 ❺_____이라 하며, 다시 원래의 타입으로 강제 타입 변환하는 것을 다운캐스팅이라고 한다.
- instanceof 연산자의 결과 값은 ❻_____ 타입이며 객체가 어떤 클래스 타입인지 판별할 수 있다.

◯ 메소드 오버라이딩

- 슈퍼 클래스에 선언된 메소드를 서브 클래스에서 재정의하는 것을 ❼_____이라고 한다.
- 슈퍼 클래스의 메소드를 오버라이딩하면, 서브 클래스에 오버라이딩한 메소드가 항상 실행된다.
- 호출된 메소드를 실행 시간에 찾아서 실행하는 것을 ❽_____이라고 부르며, 오버라이딩된 메소드는 ❽_____ 방식으로 호출되고 실행된다.
- ❾_____ 키워드는 정적 바인딩으로 슈퍼 클래스에 있는 멤버에 접근할 때 사용한다.

◯ 추상 클래스와 인터페이스

- 추상 메소드는 실행 코드 없이 원형만 선언된 미완성 메소드이며, 반드시 메소드 이름 앞에 ❿_____를 붙여 선언하여야 한다.
- 추상 클래스는 abstract 키워드로 선언된 클래스이며, 최소 한 개의 ⓫_____를 포함하는 경우 반드시 추상 클래스로 선언하여야 한다. 그러나 ⓫_____가 하나도 없는 경우라도 추상 클래스로 선언할 수 있다.
- 자바에서 인터페이스는 ⓬_____ 키워드를 사용하여 선언한다.
- 인터페이스를 구현할 때 ⓭_____ 키워드를 사용하며, 인터페이스의 모든 추상 메소드를 구현하여야 한다.
- 추상 클래스와 인터페이스는 인스턴스(객체)를 생성할 수 없다.

목적

주상 클래스 이해 및 상속 구현

이 게임에는 Bear와 Fish 객체가 등장하며, 이들은 **10행 20열**의 격자판에서 각각 정해진 규칙에 의해 움직인다. Bear는 사용자의 키에 의해 왼쪽(a 키), 아래(s 키), 위(d 키), 오른쪽(f 키)으로 한 칸씩 움직이고, Fish는 다섯 번 중 세 번은 제자리에 있고, 나머지 두 번은 4가지 방향 중 랜덤하게 한 칸씩 움직인다. 게임은 Bear가 Fish를 먹으면(Fish의 위치로 이동) 성공으로 끝난다.

다음은 각 객체의 이동을 정의하는 **move()**와 각 객체의 모양을 정의하는 **getShape()**을 추상 메소드로 가진 추상 클래스 GameObject이다. GameObject를 상속받아 Bear와 Fish 클래스를 작성하라. 그리고 전체적인 게임을 진행하는 Game 클래스와 **main()** 함수를 작성하고 프로그램을 완성하라. 난이도 상

```java
public abstract class GameObject { // 추상 클래스
    protected int distance; // 한 번 이동 거리
    protected int x, y; // 현재 위치(화면 맵 상의 위치)

    public GameObject(int startX, int startY, int distance) { // 초기 위치와 이동 거
                                                               // 리 설정
        this.x = startX; this.y = startY;
        this.distance = distance;
    }
    public int getX() { return x; }
    public int getY() { return y; }
    public boolean collide(GameObject p) { // 이 객체가 객체 p와 충돌했으면 true 리턴
        if(this.x == p.getX() && this.y == p.getY())
            return true;
        else
            return false;
    }

    protected abstract void move(); // 이동한 후의 새로운 위치로 x, y 변경
    protected abstract char getShape(); // 객체의 모양을 나타내는 문자 리턴
}
```

키가 입력될 때마다 Bear와 Fish 객체의 **move()**가 순서대로 호출된다. 게임이 진행되는 과정은 다음 그림과 같으며, 게임의 종료 조건에 일치하면 게임을 종료한다.

```
** Bear의 Fish 먹기 게임을 시작합니다.**

B-------------------
-------------------
-------------------
-------------------
-------------------
-----@-------------                    ┌─────────────┐
-------------------                    │ B : Bear    │
-------------------                    │ @ : Fish    │
-------------------                    └─────────────┘
-------------------

왼쪽(a), 아래(s), 위(d), 오른쪽(f) >> f ┤<Enter> 키├┤ 키에 따라 Bear는 한 칸 움직입니다.├
-B-----------------
-------------------
-----@-------------
-------------------
-------------------
-------------------
-------------------
-------------------

왼쪽(a), 아래(s), 위(d), 오른쪽(f) >> s ┤<Enter> 키├
-------------------
-B-----------------
-------------------
-------@-----------
-------------------
-------------------
-------------------
-------------------
```

────────────────── 중간 과정 생략됨 ──────────────────

```
왼쪽(a), 아래(s), 위(d), 오른쪽(f) >> s ┤<Enter> 키├

-------------------
-------------------
-------------------
-------------------
-------------------
@B-----------------
-------------------
-------------------
-------------------
-------------------

왼쪽(a), 아래(s), 위(d), 오른쪽(f) >> a ┤<Enter> 키├

-------------------
-------------------
-------------------
-------------------
-------------------
B------------------    ┌─────────────┐
-------------------    │ Bear가 Fish │
-------------------    │ 먹었음      │
-------------------    └─────────────┘
Bear Wins!!
```

이론 문제

• 홀수 문제는 정답이 공개됩니다.

1. 다음 코드에 대해 물음에 답하라.

```java
class A {
   private int a, b;
   public void set(int a, int b) { this.a = a; this.b = b; }
}
class B extends A {
   protected int c, d;
}
class C extends B {
   public int e, f;
}
```

(1) A objA = new objA();에 의해 생성되는 객체 objA의 멤버들을 모두 나열하라.
(2) B objB = new objB();에 의해 생성되는 객체 objB의 멤버들을 모두 나열하라.
(3) C objC = new objC();에 의해 생성되는 객체 objC의 멤버들을 모두 나열하라.

2. 상속에 관한 접근 지정자에 대한 설명이다. 틀린 것은?
① 슈퍼 클래스의 **private** 멤버는 서브 클래스에서 바로 접근할 수 없다.
② 슈퍼 클래스의 **protected** 멤버는 같은 패키지에 있는 서브 클래스에서만 접근할 수 있다.
③ 슈퍼 클래스의 **public** 멤버는 다른 모든 클래스에서 접근할 수 있다.
④ 슈퍼 클래스의 디폴트 멤버는 같은 패키지에 있는 다른 모든 클래스에서 접근 가능하다.

3. 메소드 오버라이딩에 대한 설명으로 틀린 것은?
① 상속 관계에서 발생한다.
② 슈퍼 클래스의 메소드를 서브 클래스에서 재작성하는 것이다.
③ 서브 클래스에서 슈퍼 클래스의 메소드 이름, 매개 변수의 개수와 타입, 리턴 타입을 동일하게 선언해야 성공한다.
④ 정적 바인딩이 발생한다.

4. 접근 지정에 관한 문제이다. 컴파일 오류가 발생하는 곳은 어디인가?

```
class A {
   private x, y;
   protected void setX(int x) { this.x = x; }        // ①
}
class B extends A {
   private w;
   protected void setXY(int a, int b, int c) {
      setX(a+b);                                      // ②
      y = b;                                          // ③
      w = c;                                          // ④
   }
}
```

5. 생성자에 관한 문제이다. 다음 빈칸에 적절한 한 줄의 코드를 삽입하라.

```
class LCD {
   private int size;
   public LCD(int n) { size = n; }
}
class ColorLCD extends LCD {
   int colorSize;
   public B(int colorSize, int size) {

      _____

      this.colorSize = colorSize;
   }
}
```

6. 생성자에 관한 문제이다. 다음 코드에 대해 물음에 답하라.

```
class A {
   public A(int x) { System.out.print("A") + x; }
}
class B extends A {
   public B() { System.out.print("B"); }
   public B(int x) { System.out.print("B" + x); }
}
```

(1) 이 코드에서 컴파일 오류가 발생하는 곳은 어디인가? 컴파일 오류의 원인은 무엇
인가?

(2) B b = new B();를 실행한 결과가 다음과 같도록 생성자 B()를 수정하라.

A20B

(3) B b = new B(30);을 실행한 결과가 다음과 같도록 생성자 B(int x)를 수정하라.

A50B30

7. 업캐스팅에 관한 문제이다. 다음 코드에는 클래스 A, B와 객체 생성 코드가 있다.

```java
public class A {
   public int x;
}
public class B extends A {
   public int y;
}
...
A a = new A();
B b = new B();
```

(1) 업캐스팅을 골라라.

   ① a = new A();   ② a = b;   ③ b = a;   ④ b = new B();

(2) 다음 코드는 컴파일 오류는 없지만, 실행 중에 오류가 발생한다. 그 이유는 무엇인가?

```java
b = (B) new A(); // 실행 오류 발생
b.y = 100;
```

8. instanceof에 관한 문제이다. 다음 클래스가 있을 때 물음에 답하라.

```java
class A {
   int i;
}
class B extends A {
   int j;
}
class C extends B {
   int k;
}
class D extends B {
   int m;
}
```

(1) 다음 코드를 실행한 결과는?

```
A c = new C();
System.out.println(c instanceof D);
System.out.println(c instanceof A);
```

(2) 다음 코드를 실행한 결과는?

```
System.out.println(new D() instanceof C);
System.out.println(new D() instanceof A);
```

9. 동적 바인딩에 관한 문제이다. 다음 질문에 따라 빈칸에 적절한 코드를 삽입하라.

```
class Shape {
   public void draw() { System.out.println("Shape"); }
}
class Circle extends Shape {
   public void paint() {

      _____

   }
   public void draw() { System.out.println("Circle"); }
}
```

(1) paint()가 호출되면, "Circle"이 출력된다.
(2) paint()가 호출되면, "Shape"이 출력된다.

10. 다음에서 추상 클래스 선언이 잘못된 것은?

①
```
abstract class A {
   void f();
}
```

②
```
abstract class A {
   void f() { }
}
```

③
```
abstract class A {
   abstract void f();
}
```

④
```
abstract class W {
   abstract void f();
}
abstract class A extends W {
   void f() { }
}
```

11. 동적 바인딩에 대해 다음에 답하라.

```java
abstract class Shape {
    public void paint() { draw(); }
    abstract public void draw();
}
abstract class Circle extends Shape {
    private int radius;
    public Circle(int radius) { this.radius = radius; }
    double getArea() { return 3.14*radius*radius; }
}
```

(1) 다음 중 오류가 발생하는 것을 있는 대로 골라라.
　① Shape s;　　　　　　　　② Shape s = new Shape();
　③ Circle c;　　　　　　　　④ Circle c = new Circle(10);
(2) 다음 코드의 실행 결과 "반지름=10"이 출력되도록 Circle 클래스를 수정하라.

```java
Circle p = new Circle(10);
p.paint();
```

12. 다음 중 인터페이스의 특징이 아닌 것은?
　① 인터페이스의 객체를 생성할 수 없다.
　② 여러 인터페이스를 상속받는 다중 상속을 지원한다.
　③ 인터페이스는 추상 메소드와 상수뿐 아니라 필드(멤버 변수)도 포함한다.
　④ 인터페이스는 implements 키워드를 이용하여 구현한다.

실습 문제
• 홀수 문제는 정답이 공개됩니다.

등 간단한 클래스 상속

1. 원을 표현하는 다음 Circle 클래스가 있다.

```java
class Circle {
    private int radius;
    public Circle(int radius) { this.radius = radius; }
    public int getRadius() { return radius; }
}
```

Circle 클래스를 상속받은 NamedCircle 클래스를 작성하여, 다음 main()을 실행할 때 다음 실행 결과와 같이 출력되도록 하라. 난이도 하

```java
public static void main(String[] args) {
    NamedCircle w = new NamedCircle(5, "Waffle");
    w.show();
}
```

```
Waffle, 반지름 = 5
```

NamedCircle 클래스에는 name 필드, 생성자, show() 메소드, main()이 작성되어야 한다.

2. 인터페이스 AdderInterface의 코드는 다음과 같다.

목적 인터페이스를 구현한 클래스 만들기

```java
interface AdderInterface {
    int add(int x, int y); // x와 y의 합 리턴
    int add(int n); // 1에서 n까지의 정수 합 리턴. n은 0보다 큰 수로 가정
}
```

AdderInterface를 상속받은 클래스 **MyAdder**를 작성하여, 다음 main()을 실행할 때 아래 실행 결과와 같이 출력되도록 하라. 난이도 하

```java
public static void main(String[] args) {
    MyAdder adder = new MyAdder();
    System.out.println(adder.add(5, 10));
    System.out.println(adder.add(10));
}
```

```
15
55
```

MyAdder 클래스에 두 add() 메소드를 구현할 때, public 타입으로 선언해야 한다.

3. 다음 코드와 실행 결과를 참고하여 추상 클래스 Calculator를 상속받는 Adder와 Subtracter 클래스를 작성하라. 난이도 중

```java
import java.util.Scanner;

abstract class Calculator {
    protected int a, b;
    abstract protected int calc(); // 추상 메소드
    protected void input() { // 두 정수를 입력받는 메소드
        Scanner scanner = new Scanner(System.in);
        System.out.print("정수 2개를 입력하세요>>");
        a = scanner.nextInt();
        b = scanner.nextInt();
    }
    public void run() { // 두 정수를 입력받아 계산하고 결과를 출력하는 메소드
        input();
        int res = calc();
        System.out.println("계산된 값은 " + res);
    }
}

// 이 곳에 Adder와 Subtracter 클래스를 작성하라.

public class App {
    public static void main(String[] args) {
        Adder adder = new Adder();
        Subtracter sub = new Subtracter();

        adder.run();
        sub.run();
    }
}
```

```
정수 2개를 입력하세요>>5 3
계산된 값은 8
정수 2개를 입력하세요>>3 5
계산된 값은 -2
```

4. 2차원 상의 한 점을 표현하는 Point 클래스는 다음과 같다.

목차 클래스 상속

```
class Point {
    private int x, y;
    public Point(int x, int y) { this.x = x; this.y = y; }
    public int getX() { return x; }
    public int getY() { return y; }
    protected void move(int x, int y) { this.x = x; this.y = y; }
}
```

다음 main()과 실행 결과를 참고하여 Point를 상속받은 ColorPoint 클래스(main() 포함)를 작성하라. 난이도 중

```
public static void main(String[] args) {
    ColorPoint cp = new ColorPoint(5, 5, "YELLOW");
    cp.setPoint(10, 20);
    cp.setColor("GREEN");
    cp.show();
}
```

```
GREEN색으로(10,20)
```

5. 다음 StackInterface는 문자열을 푸시하고 팝할 수 있는 스택에 대한 스펙을 정의하고 있다. StackInterface를 상속받는 StringStack 클래스를 구현하라. 그리고 StackManager 클래스에 main() 메소드를 작성하여 StringStack 객체를 생성하고, 사용자로부터 문자열을 5개 읽어 스택 객체를 저장하고, 다시 팝하여 읽은 반대순으로 출력하라. 난이도 상

목차 인터페이스 구현

```
interface StackInterface {
    int length(); // 스택에 들어 있는 문자열 개수 리턴
    String pop(); // 스택의 톱에 있는 문자열 팝
    boolean push(String ob); // 스택의 톱에 문자열 ob 푸시 삽입
}
```

```
>>I love sunny very much
much very sunny love I
```

목적 클래스 상속 종합 응용

6. 간단한 그래픽 편집기를 만들어보자. 본문 5.6절의 메소드 오버라이딩과 5.7절의 추상 클래스의 설명 중에 Line, Rect, Circle 클래스 코드를 활용하여, 다음 실행 결과처럼 동작하는 프로그램을 작성하라. 난이도 상

```
삽입(1), 삭제(2), 모두 보기(3), 종료(4)>>1
도형 종류 Line(1), Rect(2), Circle(3)>>1
삽입(1), 삭제(2), 모두 보기(3), 종료(4)>>1
도형 종류 Line(1), Rect(2), Circle(3)>>3
삽입(1), 삭제(2), 모두 보기(3), 종료(4)>>3
Line
Circle
삽입(1), 삭제(2), 모두 보기(3), 종료(4)>>2
삭제할 도형의 위치>>3
삭제할 수 없습니다.
삽입(1), 삭제(2), 모두 보기(3), 종료(4)>>4
프로그램을 종료합니다...
```

목적 인터페이스에 대한 이해와 클래스 구현

Bonus 1   다음은 도형을 묘사하는 인터페이스 Shape이다. 난이도 중

```java
interface Shape {
    final double PI = 3.14;          // 상수
    void draw();                     // 추상 메소드
    double getArea();                // 추상 메소드
    default public void redraw() {   // 코드가 작성된 디폴트 메소드
        System.out.println("--- 다시 그립니다. ---");
        draw();
    }
}
```

다음 main() 메소드와 실행 결과를 참고하여, 인터페이스 Shape을 구현한 클래스 Circle를 작성하고 전체 프로그램을 완성하라.

```java
public class ShapeApp {
    public static void main(String [] args) {
        Shape coin = new Circle(10); // 반지름이 10인 코인 객체 생성
        coin.redraw();                // 코인 다시 그리기
        System.out.println("코인의 면적은 " + coin.getArea());
    }
}
```

```
--- 다시 그립니다. ---
반지름 10 코인의 면적은 314.0
```

06

모듈과 패키지 개념, 자바 패키지 활용

6.1 패키지

6.2 패키지 만들기

6.3 모듈 개념

6.4 자바 JDK에서 제공하는 패키지

6.5 Object 클래스

6.6 Wrapper 클래스

6.7 String과 StringBuffer 클래스

6.8 StringTokenizer 클래스

6.9 Math 클래스

CHAPTER 06

모듈과 패키지 개념, 자바 패키지 활용

6.1 패키지

패키지의 개념과 필요성

파일의 중복 문제

패키지(package)의 개념과 필요성을 이해하기 위해 [그림 6-1]의 경우를 보자. 하나의 자바 응용프로그램을 개발하기 위해 3명의 개발자가 작업을 분담한다. 개발자 A는 FileIO, 개발자 B는 Graphic, 개발자 C는 사용자 인터페이스를 위한 UI 부분을 각각 맡았다. 그런데 개발자 A와 C가 Tools.class라는 동일한 이름의 클래스를 작성하여, 개발된 클래스들을 하나의 디렉터리에 합치면, Tools.class 파일의 중복 문제가 발생한다. 3명이 개발한 클래스들을 합칠 때 어떻게 하면 좋을까?

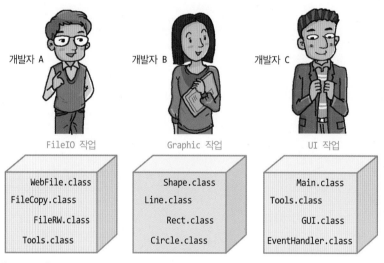

[그림 6-1] 3명이 작업을 나누어 응용프로그램 개발

[그림 6-2]와 같이 FileIO, Graphic, UI 디렉터리를 만들고, 개발자마다 자신의 디렉터리에 저장한다면, Tools.class 파일의 경로명이 다음과 같이 서로 달라 다른 파일로 인식되게 할 수 있다.

```
Project/FileIO/Tools.class
Project/UI/Tools.class
```

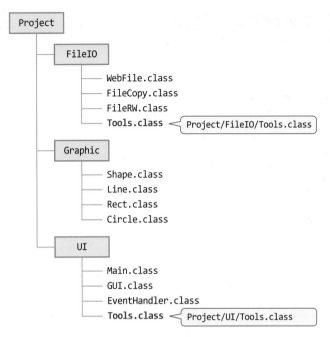

[그림 6-2] 3명의 작업을 서로 다른 디렉터리(패키지)에 저장하여 관리

자바의 모듈과 패키지, 클래스 경로명

자바의 클래스, 패키지, 모듈은 계층 관계로 이루어진다.

- 패키지 - 서로 관련 있는 클래스나 인터페이스의 컴파일된 클래스(.class) 파일들을 하나의 디렉터리에 모아 놓은 것. [그림 6-1]의 응용프로그램은 FileIO, Graphic, UI의 3개의 패키지로 구성
- 모듈 - 여러 개의 패키지들을 모은 것

패키지
모듈

2017년 9월, Java 9에서 모듈(module) 개념을 새로 도입하고, 자바 플랫폼에서 제공하는 수많은 패키지들을 수십 개의 모듈로 나누어 담아 제공한다. 각 모듈은 JDK 설치 디렉터리 밑의 jmods 디렉터리에 .jmod 확장자를 가진 ZIP 압축 파일 형태로 제공된다([그림 6-15] 참고).

.jmod

[그림 6-3]은 모듈 파일 중 java.base 모듈을 C:\Temp 폴더에 풀어 놓은 모습을 보여준다. 모듈을 풀면 classes 디렉터리가 생기고 이곳에 패키지들이 들어 있는데, 그림에 보이는 io, lang, util 등의 디렉터리가 패키지이며, 패키지 이름(경로명)은 다음과 같이 표기한다.

```
java.io, java.lang, java.util
```

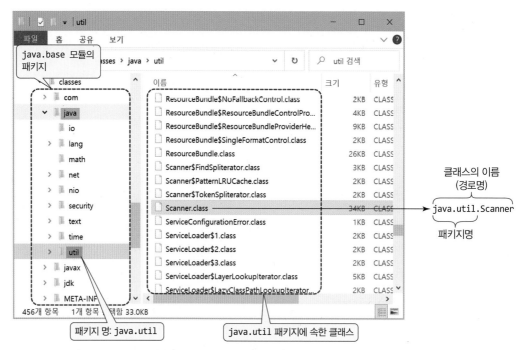

▲OpenJDK 17의 java.base 모듈에 속한 패키지들과 클래스들을 보여준다.

[그림 6-3] OpenJDK 17의 java.base 모듈에 들어 있는 여러 패키지와 util 패키지에 들어 있는 클래스 리스트

클래스를 지칭할 때 패키지명을 포함하는 경로명을 사용하는 것이 일반적이다. [그림 6-3]에서 java.util 패키지에 저장되어 있는 Scanner 클래스의 경우 다음과 같이 표현한다.

```
java.util.Scanner
```

패키지 사용하기, import 문

자바 소스 코드에서 다른 패키지에 있는 클래스를 사용하고자 한다면, 패키지명을 포함하는 경로명을 사용하여, 컴파일러로 하여금 클래스 파일의 위치를 찾을 수 있도록 해야 한다. 다음은 JDK에서 제공하는 Scanner 클래스를 사용하기 위해, 완전 경로명인 java.util.Scanner를 사용한 코드이다.

```java
public class ImportExample {
    public static void main(String[] args) {
        java.util.Scanner scanner = new java.util.Scanner(System.in);
        System.out.println(scanner.next());
    }
}
```

java.util.Scanner의 긴 경로명을 사용하는 것은 번거롭고 타이핑 실수의 가능성도 높아진다. import 문을 사용하면 이런 불편함을 해소할 수 있다. import 문은 다음 2가지 방법으로 사용할 수 있다.

import 문

첫 번째, 다음과 같이 불러 쓰고자 하는 클래스마다 완전 경로명을 선언하여 컴파일러에게 알려주는 방법이다.

```
import 패키지.클래스;
```

두 번째, 한 패키지에 있는 많은 클래스를 불러 사용하는 경우, 다음과 같이 *를 사용하여 한 번에 선언할 수 있다.

```
import 패키지.*;
```

[그림 6-4]는 이 두 방법의 import 문을 사용하여 앞의 코드를 수정한 사례이다.

```
import java.util.Scanner;
public class ImportExample {
   public static void main(String [] args) {
      Scanner scanner = new Scanner(System.in);
      System.out.println(scanner.next());
   }
}
```
(a) import 패키지.클래스

```
import java.util.*;
public class ImportExample {
   public static void main(String [] args) {
      Scanner scanner = new Scanner(System.in);
      System.out.println(scanner.next());
   }
}
```
(b) import 패키지.*

[그림 6-4] import 사용하기

6.2 패키지 만들기

패키지 선언

클래스나 인터페이스가 컴파일되면 .class 파일이 생기고, 클래스 파일(.class 파일)은 반드시 패키지에 소속되어야 한다. 소스 파일에는 다음과 같이 package 키워드를 이용하여 클래스가 소속될 패키지 명을 선언한다.

package
패키지 명 선언

```
package 패키지명;
```

예를 들어 Tools 클래스(Tools.class 파일)를 UI 패키지에 저장하고자 하면 다음과 같이 하면 된다.

```
package UI; // Tools 클래스를 컴파일하여 UI 패키지(UI 디렉토리)에 저장할 것을 지시
public class Tools {
    .........
}
```

패키지의 선언문은 반드시 자바 소스 파일의 첫 줄에 와야 한다. 소스 파일이 컴파일되면 Tools.class 파일은 UI 폴더에 저장되며, Tools 클래스의 경로명은 다음과 같이 된다.

```
UI.Tools
```

이제, 다른 패키지에 있는 클래스에서 Tools 클래스를 사용하고자 하면, 다음과 같은 import 문이 필요하다.

```
package Graphic; // Line 클래스를 Graphic 패키지에 저장

import UI.Tools;

public class Line extends Shape {
    public void draw() {
        Tools t = new Tools();
    }
}
```

UI나 Graphic과 같은 패키지명의 디렉터리는 컴파일러가 자동 생성하기도 하고, 개발자가 미리 만들어 둘 수도 있다. 개발자가 일일이 패키지 디렉터리를 만들고, 소스에 package 선언문을 삽입하는 것은 상당히 번거롭기 때문에 다음 절에서 다룰 이클립스와 같은 통합 도구의 도움을 받는 것이 좋다.

> **잠깐!** 디폴트 패키지 ●
>
> package 선언문이 없을 때, 자바 컴파일러는 클래스나 인터페이스를 디폴트 패키지(default package)에 소속시킨다. 디폴트 패키지의 디렉터리는 현재 디렉터리이다.

이클립스로 쉽게 패키지 만들기

이클립스를 이용하면 여러 패키지로 구성되는 응용프로그램을 쉽게 작성할 수 있다. 지금부터 Calculator와 GoodCalc 클래스를 가진 다음 응용프로그램을 lib와 app의 두 패키지로 나누어 작성해보자.

```
1   abstract class Calculator {        lib 패키지에
2      public abstract int add(int a, int b);
3      public abstract int subtract(int a, int b);
4      public abstract double average(int[] a);
5   }
6
7   public class GoodCalc extends Calculator {    app 패키지에
8      public int add(int a, int b) {
9         return a + b;
10     }
11     public int subtract(int a, int b) {
12        return a - b;
13     }
14     public double average(int[] a) {
15        double sum = 0;
16        for (int i = 0; i < a.length; i++)
17           sum += a[i];
18        return sum/a.length;
19     }
20     public static void main(String [] args) {
21        Calculator c = new GoodCalc();
22        System.out.println(c.add(2,3));
23        System.out.println(c.subtract(2,3));
24        System.out.println(c.average(new int [] { 2,3,4 }));
25     }
26  }
```

　먼저, PackageEx라는 프로젝트를 만들고 lib 패키지와 app 패키지를 생성한다. 그러고 나서 Calculator 클래스를 Calculator.java로, GoodCalc 클래스를 GoodCalc.java로 각각 작성하여 Calculator.class는 lib 패키지에, GoodCalc.class는 app 패키지에 저장한다. 이 과정을 하나씩 따라해 보자.

lib 패키지
app 패키지

● 예제 프로젝트 만들기

[그림 6-5]와 같이 'PackageEx' 이름의 프로젝트를 만든다.

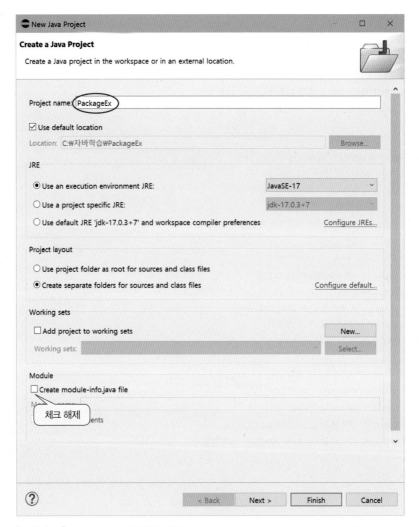

[그림 6-5] PackageEx 프로젝트 생성

● lib와 app 패키지 만들기

[그림 6-6], [그림 6-7]과 같이 File/New/Package 메뉴를 선택하여 lib와 app 패키지를 각각 만든다.

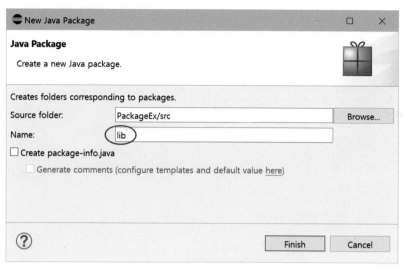

[그림 6-6] File/New/Package 메뉴로 lib 패키지 생성

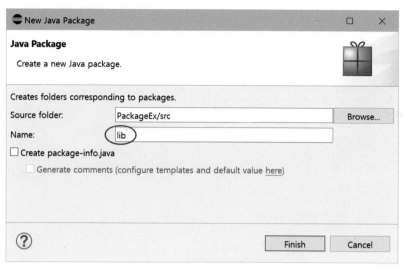

[그림 6-7] File/New/Package 메뉴로 app 패키지 생성

두 개의 패키지가 생성되면 [그림 6-8]과 같이 이클립스의 패키지 탐색기 창에 lib와
app 패키지가 생성된 것을 볼 수 있다.

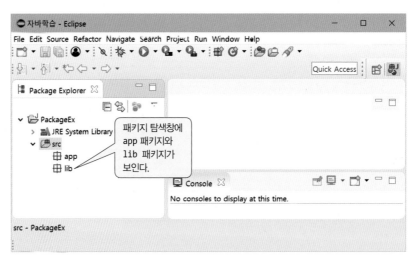

[그림 6-8] PackageEx 프로젝트에 lib와 app 패키지가 생성된 모습

● Calculator.java와 GoodCalc.java 작성

이제 Calculator.java와 GoodCalc.java를 작성해보자. 먼저 Calculator.java를 작성
하기 위해 [그림 6-9]와 같이 File/New/Class 메뉴를 선택하고 패키지를 선택하기 위해
'Package' 항목의 'Browse' 버튼을 선택하고 'lib'를 선택한다. 그리고 나서 클래스
이름 Calculator를 입력한다.

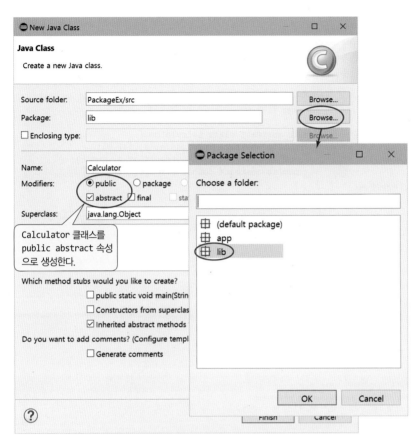

[그림 6-9] lib 패키지에 Calculator 클래스 만들기

자동으로 Calculator.java 파일이 생성되었다. Calculator 클래스는 다음과 같이 package lib; 문을 자동으로 포함하고 있다.

```
package lib;        주목   Calculator.java를 컴파일하여 Calculator.class를
                           lib 폴더에 저장하라는 지시

public abstract class Calculator {

}
```

Calculator.java 파일을 수정하여 [그림 6-10]과 같이 완성한다. 한 가지 주의할 점은 다른 패키지에서 Calculator를 접근할 수 있도록, Calculator의 접근 지정자를 반드시 public으로 선언해야 한다.

public

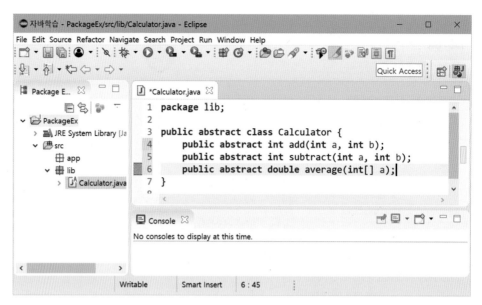

[그림 6-10] lib 패키지에 Calculator.java 작성

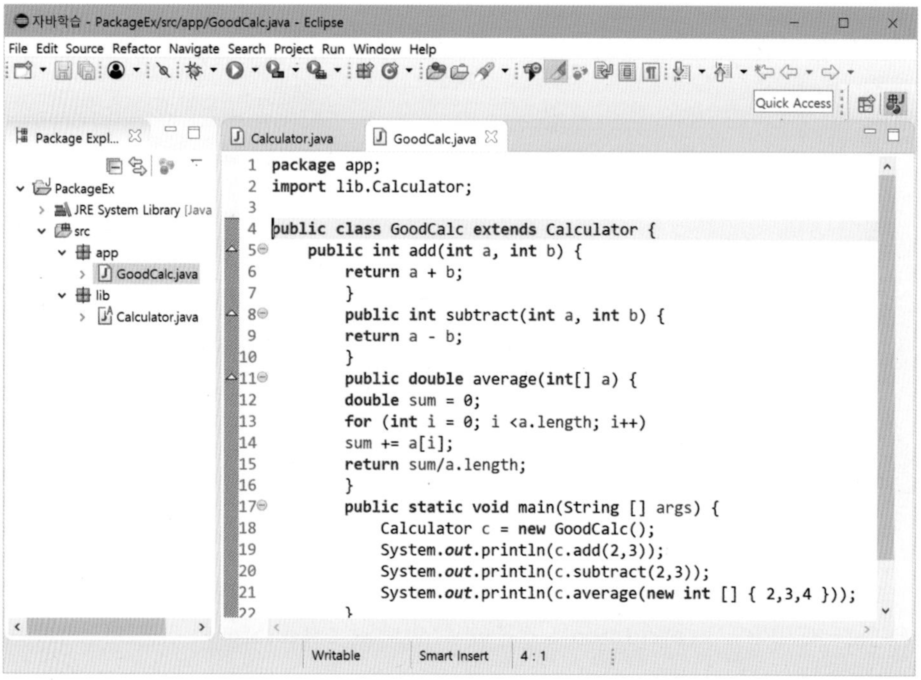

[그림 6-11] app 패키지에 GoodCalc.java 작성

같은 방법으로 app 패키지 밑에 [그림 6-11]과 같이 GoodCalc.java를 작성한다. GoodCalc 클래스에서 Calculator를 사용하기 위해 Calculator의 경로명인 lib. Calculator를 import로 지정한다. GoodCalc 클래스의 앞부분에 다음 import 문장을 주목하기 바란다.

```java
import lib.Calculator;
```

● 예제 응용프로그램 실행

마지막으로 PackageEx 응용프로그램을 실행해보자. [그림 6-12]와 같이 'Run Configurations' 메뉴를 실행하고 'Main class'에 'app.GoodCalc'를 입력하고 'Run' 버튼을 누른다. 실행 결과는 [그림 6-13]과 같이 이클립스의 콘솔 창에 출력된다.

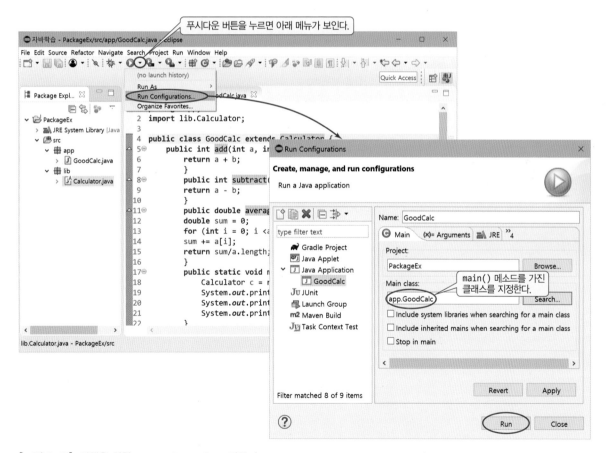

[그림 6-12] 실행을 위한 Run Configurations 만들기

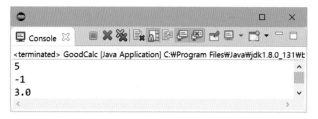

[그림 6-13] PackageEx 응용프로그램의 실행 결과

1 다음 Cost 클래스를 Book 패키지에 속하게 하고자 한다. 빈칸을 채워라.

```java
_____

public class Cost {
    public int sum(int a, int b) { return a + b; }
}
```

2 다음 UsingCost 클래스는 Using 패키지에 속하며, 문제 1에서 작성한 Cost 클래스를 사용한다. 다음 코드의 빈칸을 채워라.

```java
_____

_____

public class UsingCost {
    public static void main(String[] args) {
        Cost c = new Cost();
        System.out.println(c.sum(1, 2));
    }
}
```

6.3 모듈 개념

모듈

모듈(module)은 Java 9에서 처음 도입된 개념으로, 패키지(package)가 서로 관련 있는 클래스나 인터페이스의 컴파일된 클래스(.class) 파일들을 한 곳에 담는 컨테이너라면, 모듈은 패키지들을 담는 컨테이너로 모듈 파일(.jmod)로 저장한다.

모듈
패키지들을 담는 컨테이너

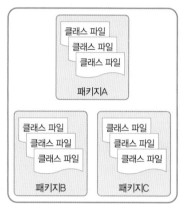

(a) Java 8에서 클래스와 패키지

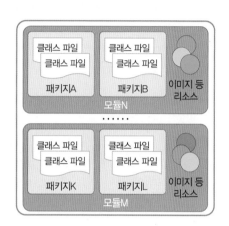

(b) Java 9 이후 클래스와 패키지, 그리고 모듈

[그림 6-14] 모듈과 패키지 개념

자바 플랫폼의 모듈화

오라클은 Java 9의 도입과 함께 자바 플랫폼 전체를 모듈화하였다. 자바 플랫폼이란 자바 프로그램의 개발 환경과 실행 환경을 함께 지칭하는 것으로, JDK/JRE 형태로 자바 개발자에게 제공된다. 오라클은 자바 API(사용자에게 제공하는 많은 클래스 라이브러리)를 모듈화하여, 패키지의 계층 구조로만 되어 있든 클래스들을 수십 개의 작은 모듈들로 재구성하였다. 모듈들은 개발자가 다운받은 JDK 안의 jmods 디렉터리에 들어 있다. [그림 6-15]는 Microsoft 사의 OpenJDK 17의 jmods 디렉터리 안에 들어 있는 모듈들을 보여준다.

Java 9
jmods 디렉터리

모듈들 중에서 꼭 필요한 기본 모듈이 java.base 모듈이며 java.base.jmod 파일에 들어 있다. 이 모듈에는 자바 응용프로그램에서 가장 많이 사용되는 패키지와 클래스들이 들어 있다. .jmod 파일은 ZIP 포맷으로 압축된 것으로 JDK의 bin 디렉터리에 있는 jmod 프로그램을 이용하여 풀 수 있다. 명령창에서 다음 명령을 입력하면 java.base 모듈이 현재 디렉터리에 풀린다.

java.base 모듈

```
jmod extract "C:\Program Files\Microsoft\jdk-17.0.3+7\jmods\java.base.jmod"
```

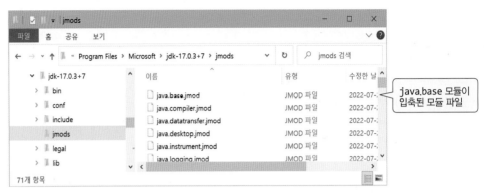

[그림 6-15] Microsoft에서 제공하는 OpenJDK 17의 모듈들

java.base 모듈

[그림 6-16]은 java.base.jmod를 C:\Temp\extract_base_module 폴더에 푼 결과 java.base 모듈에 담겨 있는 패키지와 클래스들, 그리고 나머지 정보들을 보여준다. 모듈 내 classes 디렉터리에 com, java, javax 등의 디렉터리가 있고 그 아래에는 패키지들이 있다. 그림에 보이는 io, lang, math, util 등은 모두 패키지들이며, 패키지의 이름은 디렉터리 경로명을 붙여 다음과 같이 부른다.

java.io 패키지, java.lang 패키지, java.math 패키지, java.util 패키지

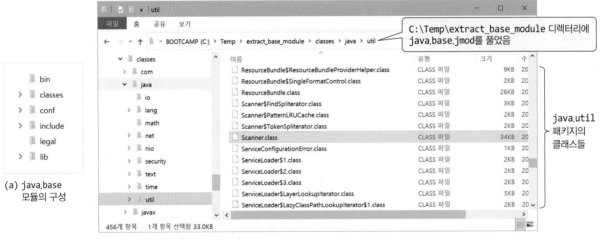

(a) java.base 모듈의 구성

(b) 모듈 내 classes 디렉터리에 담겨 있는 패키지들과 클래스들

[그림 6-16] java.base 모듈 내 클래스들 목록(java.base.jmod 파일을 풀었음)

모듈 기반의 자바 실행 환경

자바 실행 환경(java run time environment)이란 자바 응용프로그램이 실행되는데 필요한 제반 환경으로서, 응용프로그램이 실행 중에 사용하는 자바 API 클래스와 자바 가상 기계(JVM) 등으로 이루어진다.

자바 실행 환경
자바 API 클래스
자바 가상 기계

　Java 9 이전까지 자바 API의 모든 클래스들은 rt.jar라는 하나의 단일체(monolithic)로 구성되었고, 자바 가상 기계는 응용프로그램 실행 도중, 필요한 클래스 파일을 rt.jar에서 풀어 메모리에 로딩하고 실행하였다. 자바 응용프로그램이 일부 클래스만 사용하더라도 rt.jar 전체가 설치되는 구조였다.

　Java 9에서는 rt.jar를 버렸다. 대신, 자바 API를 많은 수의 모듈로 분할하여, 자바 응용프로그램을 컴파일할 때 실행에 필요한 모듈들만으로 조립하여 구성하도록 하였다. [그림 6-17]은 Java 9 이전과 이후에 자바 응용프로그램의 실행 환경을 대비하여 보여준다. Java 9 이상에서는 [그림 6-17](b)와 같이 modules(109MB 정도 크기)라는 비공개 파일을 가지고, JVM이 자바 응용프로그램을 실행할 때, 여기서 필요한 모듈을 끌어내어 실행 환경을 만든다. [그림 6-17](c)는 자바 응용프로그램을 컴파일한 후, JDK에 있는 jlink 프로그램을 이용하여, 실행에 필요한 모듈만을 묶어 커스텀 modules 파일을 만든 사례이다(커스텀 JRE). 저자가 실험해본 결과 디스크 사용량과 실행 시간 메모리가 30% 정도 감소하였다(홈페이지에 jlink 사용법과 코드 제공). 이것이 모듈의 장점이다.

rt.jar
커스텀 JRE

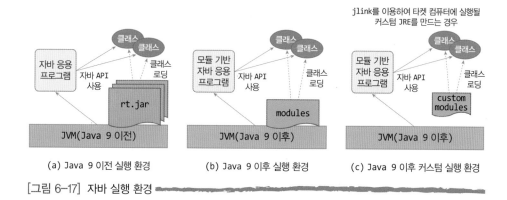

(a) Java 9 이전 실행 환경　(b) Java 9 이후 실행 환경　(c) Java 9 이후 커스텀 실행 환경

[그림 6-17] 자바 실행 환경

자바 모듈화의 목적

자바 모듈화는 여러 목적이 있지만, 자바 컴포넌트들을 필요에 따라 조립하여 사용하기 위함이다. 세밀한 모듈화를 통해, 필요 없는 모듈이 로드되지 않게 하여, 컴퓨터 시스템에 불필요한 부담을 줄인다. 특히 하드웨어가 열악한 소형 IoT 장치에서도 자바 응용프로그램이 실행되고 성능을 유지하게 한다.

소형 IoT 장치

6.4 자바 JDK에서 제공하는 패키지

JDK 패키지 계층 구조

JDK
자바 API
자바의 표준 패키지

자바 개발 도구인 JDK(Java Development Kit)는 화면 출력, 키 입력, 네트워킹 등 프로그램 개발에 필요한 기본적인 기능과 다양한 응용 기능을 구현한 많은 클래스와 인터페이스들을 포함하는 표준 패키지를 제공하며, 이를 자바 API라고 한다. 화면 출력을 위해 사용한 System.out.println()에서 System 역시 JDK의 java.lang 패키지에 속한 클래스이다. 자바의 표준 패키지는 모듈로 나누어져 JDK가 설치된 디렉터리 밑의 jmods 디렉터리에 압축 파일 형태로 담겨 있는데 [그림 6-18]을 참고하기 바란다.

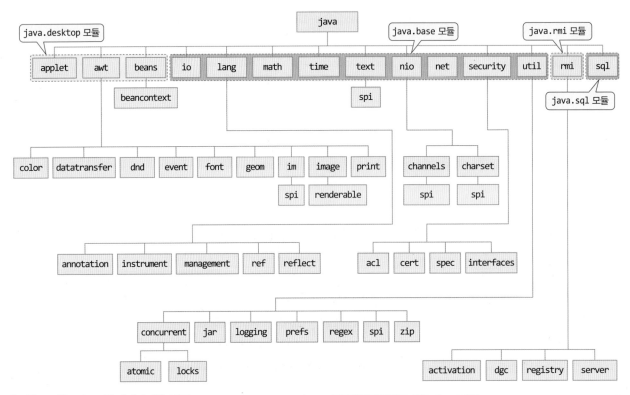

[그림 6-18] JDK 표준 패키지 계층 구조

> **잠깐!** 자바 API 도큐먼트
>
> 자바에서 제공하는 클래스와 인터페이스에 대한 도큐먼트는 Oracle Technology Network (https://docs.oracle.com/en/java/javase/17/docs/api/index.html)에서 온라인으로 제공한다.

JDK의 주요 패키지

JDK 패키지 중에서 비교적 많이 사용되는 패키지를 간단히 소개한다.

- java.lang - System을 비롯하여 문자열, 수학 함수, 입출력 등과 같이 자바 프로그래밍에 필요한 기본적인 클래스와 인터페이스 제공. 이 패키지의 클래스들은 특별히 import 문을 사용하지 않아도 자동으로 임포트됨
- java.util - 날짜, 시간, 벡터, 해시맵 등의 유틸리티 클래스와 인터페이스
- java.io - 키보드, 모니터, 프린터 등의 입출력 클래스와 인터페이스
- java.awt - GUI 프로그래밍에 필요한 AWT 클래스와 인터페이스
- javax.swing - 스윙 GUI 프로그래밍에 필요한 클래스와 인터페이스

자동 임포트

6.5 Object 클래스

Object 클래스의 특징

Object는 java.lang 패키지에 속한 클래스이며, 모든 클래스는 강제로 Object를 상속받는다. Object 만이 유일하게 아무 클래스도 상속받지 않는, 자바 클래스 계층 구조의 최상위 클래스이다. 그러므로 Object 클래스에는 JDK에 구현된 클래스뿐 아니라, 개발자가 만드는 모든 클래스가 상속받아 사용할 공통 기능이 구현되어 있다. Object의 주요 메소드는 〈표 6-1〉과 같다.

Object
최상위 클래스

〈표 6-1〉 Object 클래스의 주요 메소드

메소드	설명
boolean equals(Object obj)	obj가 가리키는 객체와 현재 객체를 비교하여 같으면 true 리턴
Class getClass()	현 객체의 런타임 클래스를 리턴
int hashCode()	현 객체에 대한 해시 코드 값 리턴
String toString()	현 객체에 대한 문자열 표현을 리턴
void notify()	현 객체에 대해 대기하고 있는 하나의 스레드를 깨운다.
void notifyAll()	현 객체에 대해 대기하고 있는 모든 스레드를 깨운다.
void wait()	다른 스레드가 깨울 때까지 현재 스레드를 대기하게 한다.

객체 속성

hashCode()
toString()
getName()

Object 클래스의 hashCode(), toString() 메소드는 객체의 해시 코드 값, 객체를 나타내는 문자열 정보를 제공한다. 해시 코드 값은 객체가 생성될 때 할당받는 고유한 정수 값이다. Object의 getClass() 메소드는 객체의 클래스 정보를 담은 Class 객체를 리턴하고 Class의 getName() 메소드를 호출하면, 객체의 클래스 명을 알아낼 수 있다. 예제 6-1은 Object 클래스를 이용하여 객체의 속성을 알아내는 코드를 보여준다.

예제 6-1 · Object 클래스로 객체의 속성 알아내기

Object 클래스를 이용하여 객체의 클래스명, 해시 코드 값, 객체의 문자열을 출력해보자.

```
1  class Point {
2      private int x, y;
3      public Point(int x, int y) {
4          this.x = x; this.y = y;
5      }
6  }
7  public class ObjectPropertyEx {
8      public static void main(String [] args) {
9          Point p = new Point(2,3);
10         System.out.println(p.getClass().getName()); // 클래스 이름
11         System.out.println(p.hashCode()); // 해시 코드 값
12         System.out.println(p.toString()); // 객체의 문자열
13     }
14 }
```

→ 실행 결과

해시 코드의 16진수 값. 이 값은 실행할 때마다 달라질 수 있음

Point
22279806
Point@153f67e

toString() 메소드, 객체를 문자열로 변환

toString()

Object에는 객체를 문자열로 변환하는 toString()이 있으며, 각 클래스는 toString()을 오버라이딩하여 자신만의 문자열을 리턴할 수 있다.

```
public String toString(); // public으로 선언해야 함에 특히 주의
```

개발자가 작성한 toString()은 다음과 같이 '객체 + 문자열' 연산이나 객체를 출력하는 경우에 자동으로 호출된다.

```
Point a = new Point(2, 3);
String s = a + "점"; // a.toString() + "점"으로 자동 변환됨
System.out.println(a); // System.out.println(a.toString());으로 자동 변환됨
```

Point 클래스에 toString() 작성　　　　　　　　　　　　　　　　　　　예제 6-2

Point 클래스에 Point 객체를 문자열로 리턴하는 toString() 메소드를 작성하라.

```
1   class Point {
2      private int x, y;
3      public Point(int x, int y) {
4         this.x = x; this.y = y;
5      }
6      public String toString() {        Point 객체를 문자열로 리턴하는 toString() 작성
7         return "Point(" + x + "," + y + ")";
8      }
9   }
10  public class ToStringEx {
11     public static void main(String [] args) {
12        Point a = new Point(2,3);
13        System.out.println(a.toString());
14        System.out.println(a); // a는 a.toString()으로 자동 변환됨
15     }
16  }
```

➡ 실행 결과

```
Point(2,3)
Point(2,3)
```

객체 비교와 equals() 메소드

프로그램을 작성하다보면 두 객체가 같은지 비교할 경우가 자주 있다. 기본 타입의 값을 비교하기 위해서는 == 연산자를 사용하지만, 객체 비교를 위해 == 연산자를 사용하면 잘못된 결과를 낳을 수 있다. 객체 비교를 위해서는 equals() 메소드를 사용해야 한다.

== 연산자
equals() 메소드

● == 연산자

== 연산자로 두 객체를 비교하면 어떤 문제가 있는지 알아보자. 예제 6-2의 Point 클래스에 대해, [그림 6-19]의 코드를 실행하면 그 결과는 어떻게 될까?

레퍼런스 a와 b가 서로 다른 객체를 가리키므로 당연히 a와 b의 레퍼런스 값은 다르며, a == b의 연산 결과는 false이다. 그러나 a와 c는 레퍼런스 값이 같고 동일한 객체를 가리키므로, a == c의 결과는 true가 된다. == 연산자는 두 객체의 내용물이 같은지를 비교하는 것이 아니라, 두 레퍼런스 값을 비교한다.

레퍼런스 값 비교

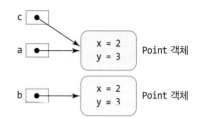

```
Point a = new Point(2,3);
Point b = new Point(2,3);
Point c = a;
if(a == b)  // false
    System.out.println("a==b"):
if(a == c)  // true
    System.out.println("a==c"):
```

◀━ 실행 결과

```
a==c
```

[그림 6-19] == 연산자로 객체 비교 ━━━━━

● boolean equals(Object obj)

객체의 내용이 같은지 비교

[그림 6-19]를 다시 보면, a와 b가 가리키는 객체는 서로 별개이지만 내용은 동일하다. Object의 equals(Object obj)는 자기 자신과 인자로 건네진 객체 obj를 비교하여, 객체의 내용이 같은지를 비교하는 메소드이다. 사실, 두 객체의 내용이 같은지는 전적으로 클래스 작성자가 판단할 문제이다. 어떤 클래스의 두 객체가 같은지 비교하려면, 클래스에 equals() 메소드를 재작성해야 한다.

예제 6-3   Point 클래스의 equals() 작성

Point 객체가 같은지 비교하는 equals() 작성

```
1   class Point {
2      private int x, y;
3      public Point(int x, int y) { this.x = x; this.y = y; }
4      public boolean equals(Object obj) {
5         Point p = (Point)obj; // obj를 Point 타입으로 다운 캐스팅
6         if(x == p.x && y == p.y) return true;
7         else return false;
8      }
9   }
10  public class EqualsEx {
11     public static void main(String[] args) {
12        Point a = new Point(2,3);
13        Point b = new Point(2,3);
14        Point c = new Point(3,4);
15        if(a == b) System.out.println("a==b");
16        if(a.equals(b)) System.out.println("a is equal to b");
17        if(a.equals(c)) System.out.println("a is equal to c");
18     }
19  }
```

◀━ 실행 결과

```
a is equal to b
```

Rect 클래스와 equals() 메소드 만들기 연습 　예제 6-4

int 타입의 width(너비), height(높이) 필드를 가지는 Rect 클래스를 작성하고, 면적이 같으면 두 Rect 객체가 같은 것으로 판별하는 equals()를 작성하라.

```java
1  class Rect {
2     private int width, height;
3     public Rect(int width, int height) {
4        this.width = width; this.height = height;
5     }
6     public boolean equals(Object obj) { // 사각형 면적 비교
7        Rect p = (Rect)obj; // obj를 Rect로 다운 캐스팅
8        if (width*height == p.width*p.height) return true;
9        else return false;
10    }
11 }
12 public class RectEx {
13    public static void main(String[] args) {
14       Rect a = new Rect(2,3); // 면적 6
15       Rect b = new Rect(3,2); // 면적 6
16       Rect c = new Rect(3,4); // 면적 12
17       if(a.equals(b)) System.out.println("a is equal to b");
18       if(a.equals(c)) System.out.println("a is equal to c");
19       if(b.equals(c)) System.out.println("b is equal to c");
20    }
21 }
```

→ 실행 결과

a와 b는 면적이 같으므로
equals()는 같다고 판단

```
a is equal to b
```

1 모든 자바 클래스가 반드시 자동으로 상속받는 클래스는?

2 다음 소스의 실행 결과는?

```java
public class StringEqualsEx {
   public static void main(String[] args) {
      String a = new String("This is a pencil");
      String b = new String("This is a pencil");
      String c = a;
      if(a == b) System.out.println("a==b");
      if(a == c) System.out.println("a==c");
      if(a.equals(b)) System.out.println("a is equal to b");
   }
}
```

CHECK TIME

6.6 Wrapper 클래스

Wrapper 클래스 개념

Wrapper 클래스
객체

이름이 Wrapper인 클래스는 존재하지 않는다. 다만 8개의 기본 타입을 객체로 다루기 위해 〈표 6-2〉와 같은 8개의 클래스를 통칭하여 Wrapper 클래스라 말한다. 자바는 객체 지향 언어이므로 기본적으로 객체를 대상으로 처리하는 경우가 많다. JDK의 많은 클래스 역시 객체만을 다루기 때문에, 이들 클래스를 사용할 때 3, 'a' 등 기본 타입은 사용할 수 없다. 이런 문제점을 해결하기 위해 기본 타입의 값을 객체로 만들어 사용할 수 있도록 Wrapper 클래스를 제공한다.

〈표 6-2〉 기본 타입과 Wrapper 클래스

기본 타입	byte	short	int	long	char	float	double	boolean
Wrapper 클래스	Byte	Short	Integer	Long	Character	Float	Double	Boolean

Wrapper 클래스의 객체 생성

8개의 Wrapper 클래스들의 사용법은 거의 비슷하다. 다음은 기본 타입의 값을 인자로 하여 Wrapper 객체를 생성하는 사례이다.

```
Integer i = Integer.valueOf(10); // 정수 10의 객체화
Character c = Character.valueOf('c'); // 문자 'c'의 객체화
Boolean b = Boolean.valueOf(true); // 불린 값 true의 객체화
```

Character를 제외한 나머지는 문자열로 Wrapper 객체를 생성할 수도 있다.

```
Integer i = Integer.valueOf("10");
Boolean b = Boolean.valueOf("false");
```

> **잠깐!** java 9부터 Wrapper **클래스의 생성자 폐기** ●
>
> Java 9부터 Wrapper 객체를 생성할 때 생성자를 이용하는 방법(new Integer(10)))을 폐기하고, 작은 메모리와 빠른 속도의 valueOf() 정적 메소드를 이용하도록 하였다.
>
> ```
> Integer ten = Integer.valueOf(10);
> ```

Wrapper 클래스의 활용

Wrapper 클래스에는 기본 타입 값을 문자열로 변환하거나, 문자열을 기본 타입 값으로 변환하는 메소드들이 주를 이루고 있다. 많이 사용되는 Integer 클래스의 주요 메소드는 〈표 6-3〉과 같으며, 많은 메소드가 static 타입이다.

static 타입

〈표 6-3〉 Integer 클래스의 주요 메소드

메소드	설명
static int bitCount(int i)	정수 i의 이진수 표현에서 1의 개수 리턴
double doubleValue()	double 타입으로 값 리턴
int intValue()	int 타입으로 값 리턴
static int parseInt(String s)	스트링 s를 10진 정수로 변환한 값 리턴
static int parseInt(String s, int radix)	스트링 s를 지정된 진법의 정수로 변환한 값 리턴
static String toBinaryString(int i)	정수 i를 이진수 표현으로 변환한 스트링 리턴
static String toHexString(int i)	정수 i를 16진수 표현으로 변환한 스트링 리턴
static String toString(int i)	정수 i를 스트링으로 변환하여 리턴

● Wrapper 객체에 들어 있는 기본 타입 값 알아내기

Wrapper 객체에 들어 있는 기본 타입의 값을 알아내기 위해 다음과 같이 한다.

```
Integer i = Integer.valueOf(10);
int ii = i.intValue(); // ii = 10
Character c = Character.valueOf('c');
char cc = c.charValue(); // cc = 'c'
Boolean b = Boolean.valueOf(true);
boolean bb = b.booleanValue(); // bb = true
```

● 문자열을 기본 타입으로 변환

Wrapper 클래스를 이용하면 문자열을 기본 타입의 값으로 변환할 수 있다.

```
int i = Integer.parseInt("123"); // i = 123
double d = Double.parseDouble("3.141592"); // d = 3.141592
```

이 코드 사례처럼 parseInt(), parseDouble()은 static 타입이므로 Integer. parseInt()처럼 Wrapper 클래스의 이름으로 바로 호출해도 된다.

parseInt()
parseDouble()

●기본 타입 값을 문자열로 변환

Wrapper 클래스를 이용하면 기본 타입 값을 문자열로 변환할 수 있다.

```
String s1 = Integer.toString(123); // 정수 123을 문자열 "123"으로 변환
String s2 = Integer.toHexString(123); // 정수 123을 16진수의 문자열 "7b"로 변환
String s3 = Double.toString(3.14); // 실수 3.14를 문자열 "3.14"로 변환
String s4 = Character.toString('a'); // 문자 'a'를 문자열 "a"로 변환
String s5 = Boolean.toString(true); // 불린 값 true를 문자열 "true"로 변환
```

예제 6-5 Wrapper **클래스 활용**

```
1   public class WrapperEx {
2     public static void main(String[] args) {
3       // Character 사용
4       System.out.println(Character.toLowerCase('A')); // 'A'를 소문자로 변환
5       char c1='4', c2='F';
6       if(Character.isDigit(c1)) // 문자 c1이 숫자이면 true
7         System.out.println(c1 + "는 숫자");
8       if(Character.isAlphabetic(c2)) // 문자 c2가 영문자이면 true
9         System.out.println(c2 + "는 영문자");
10
11      // Integer 사용
12      System.out.println(Integer.parseInt("28")); // 문자열 "28"을 10진수로 변환
13      System.out.println(Integer.toString(28)); // 정수 28을 2진수 문자열로 변환
14      System.out.println(Integer.toBinaryString(28)); // 28을 16진수 문자열로 변환
15      System.out.println(Integer.bitCount(28)); // 28에 대한 2진수의 1의 개수
16
17      Integer i = Integer.valueOf(28);
18      System.out.println(i.doubleValue()); // 정수를 double 값으로 변환. 28.0
19
20      // Double 사용
21      Double d = Double.valueOf(3.14);
22      System.out.println(d.toString()); // Double을 문자열 "3.14"로 변환
23      System.out.println(Double.parseDouble("3.14")); // 문자열을 실수 3.14로 변환
24
25      // Boolean 사용
26      boolean b = (4>3); // b는 true
27      System.out.println(Boolean.toString(b)); // true를 문자열 "true"로 변환
28      System.out.println(Boolean.parseBoolean("false")); // 문자열을 false로 변환
29    }
30  }
```

→ 실행 결과

```
a
4는 숫자
F는 영문자
28
28
11100
3
28.0
3.14
3.14
true
false
```

박싱(boxing)과 언박싱(unboxing)

기본 타입의 값을 Wrapper 객체로 변환하는 것을 박싱(boxing)이라 하고, 반대의 경우를 언박싱(unboxing)이라고 한다. 박싱과 언박싱의 예를 보자.

박싱
언박싱

```
Integer ten = Integer.valueOf(10); // 박싱
int n = ten.intValue(); // 언박싱
```

박싱과 언박싱은 [그림 6-20]과 같이, 마치 물건을 박스에 넣고, 박스에서 물건을 꺼내는 것과 같아서 붙여진 이름이다.

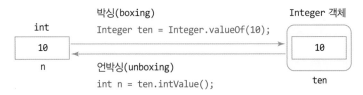

[그림 6-20] 박싱과 언박싱

JDK 1.5부터 박싱과 언박싱은 자동으로 이루어지며, 이를 자동 박싱(auto boxing), 자동 언박싱(auto unboxing)이라 부른다. 앞의 코드는 자동 박싱/자동 언박싱을 이용하여 다음과 같이 간단히 작성한다.

자동 박싱
자동 언박싱

```
Integer ten = 10; // 자동 박싱. Integer ten = Integer.valueOf(10);과 동일
int n = ten; // 자동 언박싱. int n = ten.intValue();와 동일
```

1 Wrapper 클래스는 왜 필요한가?

2 다음 코드의 실행 결과는?

```
System.out.println(Integer.toHexString(100));
```

3 다음 코드에서 자동 박싱과 자동 언박싱이 일어난다. 실행 결과는?

```
Integer n = 100; // 자동 박싱
System.out.println(n + 20); // 자동 언박싱
```

6.7 String과 StringBuffer 클래스

String의 생성과 특징

String 클래스

String 클래스는 문자열을 나타내며, 스트링 리터럴은 String 객체로 처리된다. String 객체는 다음과 같이 생성할 수 있다.

```
String str1 = "abcd"; // 스트링 리터럴로 스트링 객체 생성
char data[] = {'a', 'b', 'c', 'd'};
String str2 = new String(data);
String str3 = new String("abcd"); // str2와 str3은 모두 "abcd" 문자열
```

● 스트링 리터럴과 new String()

스트링 리터럴
리터럴 테이블
공유
new String()
힙 메모리

스트링 리터럴과 new String()으로 생성된 스트링은 서로 다르게 관리된다. 스트링 리터럴은 자바 내부에서 리터럴 테이블로 특별히 관리하여, 동일한 리터럴은 공유시킨다. 그러나 new String()에 의해 생성된 스트링은 힙 메모리에 별도로 생성한다. [그림 6-21]의 코드를 보자. 코드에서 a, b, c는 스트링 리터럴이고, d, e, f는 new String()으로 생성된다.

```
String a = "Hello";
String b = "Java";
String c = "Hello";
String d = new String("Hello");
String e = new String("Java");
String f = new String("Java");
```

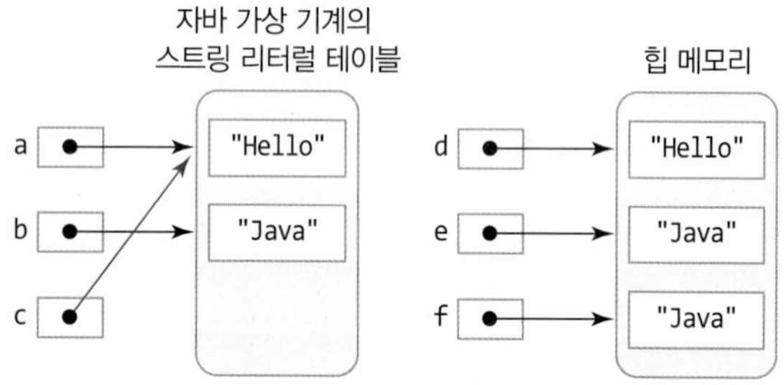

[그림 6-21] 스트링 리터럴과 new String()으로 생성된 스트링 객체 비교

"Hello"와 "Java"는 자바 내부의 스트링 리터럴 테이블에 생성되며 a, b가 각각 가리킨다. 그리고 c는 리터럴 테이블에서 a와 "Hello"를 공유한다. 한편 new String()에 의해 생성된 스트링 객체 d, e, f는 모두 힙 메모리에 독립적으로 생성된다. 리터럴을 공유시키는 이유는 스트링 생성에 대한 실행 시간을 줄이기 위해서이다. 그러면 스트링 리터럴을 공유하면 문제가 없을까? 다음 절에서 답을 찾아보자.

● 스트링 객체는 수정이 불가능하다

수정 불가능

리터럴이든 new String()으로 생성했던, 일단 생성된 스트링 객체는 수정이 불가능하다. 다음 코드를 보자.

```
String s = new String("Hello"); // s의 스트링은 수정 불가능
String t = s.concat("Java"); // 스트링 s에 "Java"를 덧붙인 스트링 리턴
```

이 코드의 실행 결과 다음 그림과 같이 s는 "Hello" 그대로이다. 대신 s.concat()는
"Hello"에 "Java"를 결합한 새로운 "HelloJava"를 리턴하며 t가 가리킨다.

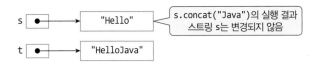

한번 만들어진 스트링은 고칠 수 없기 때문에, [그림 6-21]에서 스트링이 공유되어도
문제가 발생하지 않는다. 만일 concat()로 문자열 s를 변경하려면 다음과 같이 해야
한다. s는 s.concat("Java")가 리턴한 새로운 "HelloJava"를 가리킨다.

```
s = s.concat("Java"); // s는 새로 리턴된 "HelloJava"를 가리킴
```

String 활용

스트링은 많이 사용되므로 String 클래스의 활용은 중요하다. String 클래스의 주요
메소드는 〈표 6-4〉와 같으며, 두 가지만 소개하고 나머지는 예제 6-6에 사례를 보인다.

● 스트링 비교, equals()와 compareTo()

스트링 비교에서 == 연산자를 절대 사용해서는 안 되며, 대신 String 클래스의
equals() 메소드를 사용해야 한다. equals() 메소드는 스트링이 같으면 true, 아니면
false를 리턴한다.

> equals()

```
String java = "Java";
if(java.equals("Java")) // true
```

　String 클래스의 compare() 메소드를 사용하면 같은지, 큰지, 작은지를 모두 판단
할 수 있다.
　compareTo(String anotherString) 메소드는 현재 스트링과 anotherString 스트
링을 사전 순서로 비교하여 같으면 0, 현재 스트링이 anotherString보다 먼저 나오면
음수를, 뒤에 나오면 양수를 리턴한다. 다음의 예에서 "Java"가 "C++"보다 사전에서 뒤
에 나오므로 res는 양수가 되어, 다음과 같이 출력된다.

> compareTo(String anotherString)
> 사전 순서

```
String java= "Java";
String cpp = "C++";
int res = java.compareTo(cpp);
if(res == 0) System.out.println("the same");
else if(res < 0) System.out.println(java + " < " + cpp);
else System.out.println(java + " > " + cpp);
```

```
Java > C++
```

●공백 제거, trim()

trim()
공백 문자 제거

키보드나 파일로부터 스트링을 입력받을 때, 스트링 앞뒤에 공백이 끼는 경우가 있다. trim()은 스트링 앞뒤에 있는 공백 문자를 제거한 스트링을 리턴한다. trim()을 사용하는 예를 들면 다음과 같다.

```
String a = "  xyz\t";
String b = a.trim(); // b = "xyz". 스페이스와 '\t' 제거됨
```

〈표 6-4〉 String 클래스의 주요 메소드

메소드	설명
char charAt(int index)	index 인덱스에 있는 문자 값 리턴
int compareTo(String anotherString)	두 스트링을 사전적 순서를 기준으로 비교. 두 스트링이 같으면 0, 현 스트링이 anotherString보다 먼저 나오면 음수, 아니면 양수 리턴
String concat(String str)	str 스트링을 현재 스트링 뒤에 덧붙인 스트링 리턴
boolean contains(CharSequence s)	s에 지정된 문자들을 포함하고 있으면 true 리턴
int length()	스트링의 길이(문자 개수) 리턴
String replace(Charsequence target, Charsequence replacement)	target이 지정하는 일련의 문자들을 replacement가 지정하는 문자들로 변경한 스트링 리턴
String[] split(String regex)	정규식 regex에 일치하는 부분을 중심으로 스트링을 분리하고 분리된 스트링을 배열에 저장하여 리턴
String subString(int beginIndex)	beginIndex 인덱스부터 시작하는 서브 스트링 리턴
String toLowerCase()	소문자로 변경한 스트링 리턴
String toUpperCase()	대문자로 변경한 스트링 리턴
String trim()	스트링 앞뒤의 공백 문자들을 제거한 스트링 리턴

String을 활용하여 문자열 다루기   예제 6-6

```
1   public class StringEx {
2       public static void main(String[] args) {
3           String a = new String(" C#");
4           String b = new String(",C++ ");
5
6           System.out.println(a + "의 길이는 " + a.length()); // 문자열의 길이(문자 개수)
7           System.out.println(a.contains("#")); // 문자열의 포함 관계
8
9           a = a.concat(b); // 문자열 연결
10          System.out.println(a);
11
12          a = a.trim(); // 문자열 앞 뒤의 공백 제거
13          System.out.println(a);
14
15          a = a.replace("C#","Java"); // 문자열 대치
16          System.out.println(a);
17
18          String s[] = a.split(","); // 문자열 분리
19          for (int i=0; i<s.length; i++)
20              System.out.println("분리된 문자열" + i + ": " + s[i]);
21
22          a = a.substring(5); // 인덱스 5부터 끝까지 서브 스트링 리턴
23          System.out.println(a);
24
25          char c = a.charAt(2); // 인덱스 2의 문자 리턴
26          System.out.println(c);
27      }
28  }
```

- 3 (line 6)
- true (line 7)
- a = " C#, C++ " (line 9)
- a = "C#,C++" (line 12)
- a = "Java,C++" (line 15)
- s[0] = "Java" s[1] = "C++" (line 18)
- a = "C++" (line 22)
- '+' (line 25)

→ 실행 결과

```
 C#의 길이는 3
true
 C#,C++
C#,C++
Java,C++
분리된 문자열0: Java
분리된 문자열1: C++
C++
+
```

StringBuffer 클래스

StringBuffer 클래스는 스트링을 다루는 클래스로서, 내부에 가변 크기의 버퍼를 가지고 문자의 개수에 따라 버퍼 크기를 자동 조절한다. 그러므로 String 객체와 달리 생성된 스트링의 수정이 가능하다. StringBuffer 객체는 다음과 같이 생성한다.

> StringBuffer 클래스
> 스트링의 수정 가능

```
StringBuffer sb = new StringBuffer("Java"); // "Java"를 가진 StringBuffer 객체
```

스트링이 길거나 스트링 작업이 많은 경우 String보다 StringBuffer를 이용하는 것이 적합하다. 다음은 StringBuffer를 활용하는 사례이다.

```
StringBuffer sb = new StringBuffer("This");
sb.append(" is pencil."); // sb = "This is pencil."
sb.insert(7, " my"); // sb = "This is my pencil."
sb.replace(8, 10, "your"); // sb = "This is your pencil."
System.out.println(sb); // "This is your pencil." 출력
```

6.8 StringTokenizer 클래스

StringTokenizer 클래스
구분 문자
토큰

StringTokenizer 클래스는 문자열을 분리하기 위해 사용된다. 문자열을 분리할 때 사용되는 기준 문자를 구분 문자(delimiter)라고 하고, 구분 문자로 분리된 문자열을 토큰(token)이라고 한다. 〈표 6–5〉는 StringTokenizer의 생성자와 메소드를 보여준다. [그림 6–22]는 "name=kitae&addr=seoul&age=21"을 '&' 구분 문자로 분리한 경우와, '&'와 '='를 모두 구분 문자로 주어 분리한 경우 StringTokenizer 객체 내부를 각각 보여 준다. 문자열이 몇 개의 토큰으로 분리되었는지 알아내기 위해서는 다음과 같이 한다.

```
int count = st.countTokens();
```

그리고 토큰을 하나씩 얻어내기 위해서는 다음과 같이 하면 된다.

```
String token = st.nextToken();
```

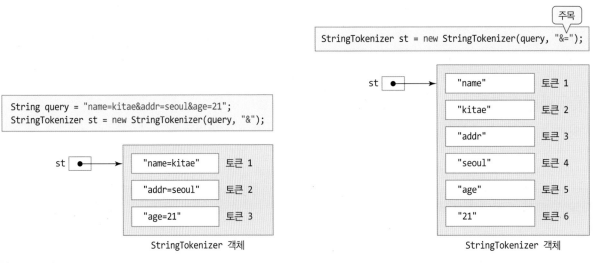

[그림 6–22] StringTokenizer를 이용한 문자열 파싱

StringTokenizer를 이용한 문자열 분리 예제 6-7

"name=kitae&addr=seoul&age=21"를 '&'문자를 기준으로 분리하는 코드를 작성하라.

```
1   import java.util.StringTokenizer;
2   public class StringTokenizerEx {
3      public static void main(String[] args) {
4         String query = "name=kitae&addr=seoul&age=21";
5         StringTokenizer st = new StringTokenizer(query, "&");
6
7         int n = st.countTokens(); // 분리된 토큰 개수
8         System.out.println("토큰 개수 = " + n);
9         while(st.hasMoreTokens()) { // for(int i=0; i<n; i++)와 동일
10           String token = st.nextToken(); // 토큰 얻기
11           System.out.println(token); // 토큰 출력
12        }
13     }
14  }
```

실행 결과

```
토큰 개수 = 3
name=kitae
addr=seoul
age=21
```

〈표 6-5〉 StringTokenizer 클래스의 생성자와 메소드

생성자와 메소드	설명
StringTokenizer(String str)	str 스트링으로 파싱한 스트링 토크나이저 생성
int countTokens()	스트링 토크나이저에 포함된 토큰의 개수 리턴
boolean hasMoreTokens()	스트링 토크나이저에 다음 토큰이 있으면 true 리턴
String nextToken()	다음 토큰 리턴

6.9 Math 클래스

Math 클래스
static 타입

Math 클래스는 기본적인 산술 연산을 수행하는 메소드를 제공하는 클래스로서, 모든 메소드가 static 타입이기 때문에 'Math.메소드' 형태로 사용할 수 있다. 〈표 6-6〉은 Math의 몇 몇 메소드를 보여준다.

random()

이 중에서 난수를 발생시키는 random() 메소드에 대해 알아보자. random() 메소드는 0.0보다 크거나 같고 1.0보다 작은 임의의 double 값을 리턴한다. random()을 이용하여 1에서 100까지 임의의 정수를 10개를 출력하는 코드는 다음과 같다.

```java
for(int x=0; x<10; x++) {
    int n = (int)(Math.random()*100 + 1); // 1~100의 랜덤 정수 발생
    System.out.println(n);
}
```

Math.random()*100은 0.0~99.9999... 사이의 실수이고, 여기에 1을 더하면 1.0~100.9999... 사이의 실수이므로 이 값을 (int)로 강제 변환하면 소수점 이하가 떨어져 나가므로 1~100까지 임의의 정수 값을 얻을 수 있다.

〈표 6-6〉 Math 클래스의 주요 메소드

메소드	설명
static double abs(double a)	실수 a의 절댓값 리턴
static double exp(double a)	e^a 값 리턴
static double sin(double a)	실수 a의 sine 값 리턴
static double random()	0.0보다 크거나 같고 1.0보다 작은 임의의 실수 리턴
static long round(double a)	실수 a를 소수 첫째 자리에서 반올림한 정수를 long 타입으로 반환
static double sqrt(double a)	실수 a의 제곱근 리턴

> **잠깐!** **난수 발생의 다른 방법, Random 클래스로 난수 발생**
>
> java.util.Random 객체를 활용해도 난수를 발생할 수 있다.
>
> ```java
> Random r = new Random();
> int n = r.nextInt(); // 음수, 양수, 0을 포함하여 자바의 정수 범위의 난수 발생
> int m = r.nextInt(100); // 0에서 99 사이(0과 99 포함)의 정수 난수 발생
> ```

Math 클래스 활용 예제 6-8

```
1   public class MathEx {
2      public static void main(String[] args) {
3         System.out.println(Math.abs(-3.14)); // 절댓값 구하기
4         System.out.println(Math.sqrt(9.0)); // 제곱근
5         System.out.println(Math.exp(2)); // e의 2승
6         System.out.println(Math.round(3.14)); // 반올림
7
8         // [1, 45] 사이의 정수형 난수 5개 발생
9         System.out.print("이번주 행운의 번호는 ");
10        for(int i=0; i<5; i++)
11           System.out.print((int)(Math.random()*45 + 1) + " "); // 난수 발생
12     }
13  }
```

실행 결과

```
3.14
3.0
7.38905609893065
3
이번주 행운의 번호는  14  44  21  36  17
```

패키지

- ❶ _____ 란 클래스 또는 인터페이스들을 서로 관련 있는 것들끼리 묶어 놓은 것이다.
- 자바는 다양한 클래스들을 표준 패키지로 묶어 ❷ _____ 압축 파일로 제공한다.
- ❸ _____ 문을 이용하면 패키지 이름을 생략하고 클래스 이름만 사용할 수 있다.

패키지 만들기

- 자바 소스 파일의 맨 첫 줄에 ❹ _____ 키워드를 이용하여 클래스가 어떤 패키지에 속할지 선언한다. 아래 코드가 컴파일되면 Hello.class 파일은 MyPackage 디렉터리에 저장된다.

```
❹ _____ MyPackage;
public class Hello {...}
```

- 패키지 선언문이 없는 경우 클래스는 ❺ _____ 패키지에 속하고, 현재 디렉터리에 저장된다.

자바 JDK에서 제공하는 패키지

- JDK의 표준 패키지에는 java.lang, java.util, java.io 등 많은 패키지들이 포함되어 있다.
- ❻ _____ 패키지의 클래스를 이용할 때는 import 문을 생략할 수 있다.

Object 클래스

- 모든 자바 클래스는 ❼ _____ 클래스를 상속받는다.
- 개발자는 클래스에 toString()을 작성하여 객체를 문자열로 리턴하도록 할 수 있다.
- ==는 레퍼런스가 같은지 비교하므로, 두 레퍼런스가 같은 객체를 가리키는지 비교할 때 사용된다.
- 두 객체의 내용물이 같은지 비교하려면, 클래스 내에 ❽ _____ 메소드를 작성해야 한다.

Wrapper 클래스

- 자바는 int, char 등의 기본 타입의 값을 객체로 다룰 수 있도록 Wrapper 클래스를 제공한다.
- Wrapper에는 Byte, Short, Integer, Long, Character, Float, Double, ❾ _____ 이 있다.
- 기본 타입 값을 Wrapper 객체로 바꾸는 것을 ❿ _____, 그 반대를 ⓫ _____ 이라 한다.

```
Integer n = Integer.valueOf(5); // ❿ _____
int x = n.intValue(); // ⓫ _____
```

- JDK 1.5부터 자동 박싱과 자동 언박싱이 도입되었다. 이들 사례는 다음과 같다.

```
Integer n = 5; // 자동 박싱
int x = n; // 자동 언박싱
```

String, StringBuffer, StringTokenizer, Math 클래스

- String을 이용하여 문자열을 표현하고 문자열을 조작할 수 있다.
- 한 번 만들어진 String 객체의 문자열은 변경할 수 없다.
- StringBuffer는 String 클래스와 달리 내부 버퍼를 가지고 있어, 문자열을 변경할 수 있다.
- Math 클래스는 ⓬ _____ 메소드로만 구성되며, 많은 산술 연산 메소드를 제공한다.

Open Challenge

영문자 히스토그램 만들기

문자열 다루기 연습

텍스트를 입력받아 알파벳이 아닌 문자를 제외하고 영문자 알파벳 히스토그램을 만들어보자. 대소문자는 같은 것으로 하며, ';'만 있는 라인을 만나면 입력의 끝으로 해석한다. 난이도 중

```
It's now or never, Come hold me tight.
Kiss me my darling, Be mine tonight.
Tomorrow will be too late,
It's now or never. My love won't wait.
When I first saw you, with your smile so tender,
My heart was captured, My soul surrendered.
I'd spend a lifetime, waiting for the right time.
Now that your near, the time is here at last.
It's now or never, Come hold me tight
Kiss me my darling, be mine tonight.
Tomorrow will be too late,
It's now or never, My love won't wait.
;
```

키보드로 입력한 텍스트

입력 끝을 알리는 문자(;) 뒤에 <Enter> 키

```
히스토그램을 그립니다.
A(16) ----------------
B(4)  ----
C(3)  ---
D(10) ----------
E(43) -------------------------------------------
F(3)  ---
G(8)  --------
H(14) --------------
I(31) -------------------------------
J(0)
K(2)  --
L(16) ----------------
M(20) --------------------
N(23) -----------------------
O(35) -----------------------------------
P(2)  --
Q(0)
R(27) ---------------------------
S(18) ------------------
T(38) --------------------------------------
U(6)  ------
V(6)  ------
W(18) ------------------
X(0)
Y(9)  ---------
Z(0)
```

힌트
Hint

콘솔 창에서 텍스트를 입력받아 하나의 문자열로 리턴하는 코드는 다음 소스를 이용하라.
';'만 있는 라인을 만나면 텍스트 입력 끝으로 판단한다.

```java
String readString() {
   StringBuffer sb = new StringBuffer(); // 키 입력을 받을 스트링버퍼 생성
   Scanner scanner = new Scanner(System.in);
   while(true) {
      String line = scanner.nextLine(); // 텍스트 한 라인을 읽는다.
      if(line.equals(";")) // ';'만 있는 라인이면
         break; // 입력 끝
      sb.append(line); // 읽은 라인 문자열을 스트링버퍼에 추가한다.
   }
   return sb.toString(); // 스트링버퍼의 문자열을 스트링으로 리턴
}
```

어떤 글자가 가장 많이
있는지 알려면
히스토그램을 만들어야 해.

연습문제

EXERCISE

이론 문제

· 홀수 문제는 정답이 공개됩니다.

1. 어떤 패키지에 속한 클래스들은 import 하지 않고도 사용할 수 있는가?

2. 다음 코드는 키보드로 문자열을 읽어 '/' 문자로 분리하여 출력하는 코드이다. import 문 없이 동작할 수 있도록 수정하라.

```java
import java.util.*;
public class Example {
    public static void main(String[] args) {
        Scanner scanner = new Scanner(System.in);
        StringTokenizer st = new StringTokenizer(scanner.nextLine(), "/");
        while(st.hasMoreTokens())
            System.out.println(st.nextToken());
    }
}
```

```
아빠/엄마/수연/연수/수희  ◁ 키 입력
아빠
엄마
수연
연수
수희
```

3. 다음 Circle 클래스를 drawable 패키지에 속하게 하고자 한다. 빈칸을 채워라.

```java
_____
public class Circle {
    int radius;
    public Circle(int radius) { this.radius = radius; }
}
```

그리고 다음 Main 클래스를 app 패키지에 저장하고, drawable 패키지에 속한 Circle 클래스를 사용하고자 한다. 다음 코드의 빈칸을 채워라.

```
public class Main {
    public static void main(String[] args) {
        Circle c = new Circle(5);
    }
}
```

4. Wrapper 클래스에 대한 질문이다. 각 한 줄의 코드로 작성하라.
   (1) 문자열 "20"을 정수 20으로 변환하는 코드를 작성하라.
   (2) 문자열 "35.9"를 double 타입의 실수 35.9로 변환하는 코드를 작성하라.
   (3) 불린 값 true를 "true"라는 문자열로 변환하는 코드를 작성하라.
   (4) char 타입의 변수 c의 문자가 영문자이면 "eng"를 출력하는 코드를 작성하라.
   (5) int 타입의 변수 n의 값을 이진수의 문자열로 변환하는 코드를 작성하라.
   (6) 정수 50을 16진수의 문자열로 변환하는 코드를 작성하라.

5. 다음 코드에서 박싱, 자동 박싱, 언박싱, 자동 언박싱이 있는 부분을 파악하라.
   (1) Integer n = Integer.valueOf(20);
   (2) double d = 1.2 + Double.valueOf(3.4);
   (3) System.out.print(3 + Integer.valueOf(20));
   (4) Boolean b = true;
   (5) float f = Float.valueOf("10.1");
   (6) String s = "abc";

6. == 연산자와 equals() 메소드의 용도는 서로 다르다. 이 둘 중 두 레퍼런스가 같은지 비교하기 위해 사용되는 것은 무엇인가? 그리고 두 레퍼런스가 가리키는 객체의 내용물이 같은지 비교하기 위해 사용되는 것은 무엇인가?

7. 다음 코드에 대해 물음에 답하여라.

```
String a = "Hello";
String b = "Hello";
String c = "Java";
String d = new String("Hello");
String e = new String("Java");
String f = new String("Java");
```

   (1) a와 == 연산을 수행하였을 때 true가 되는 문자열을 b~f 중 모두 골라라.
   (2) f와 equals() 연산을 수행하였을 때 true가 되는 문자열을 a~e 중 모두 골라라.

8. 다음 문장의 실행 결과에 맞게 빈칸을 채워라.

```
StringTokenizer st = new StringTokenizer("2+3+4+6", _____);
int n = st.countTokens();
System.out.println("토큰 개수 = " + n);
while(_____) { // st에 남은 토큰이 있는 동안
    System.out.print(_____ + " "); // st로부터 토큰 얻어내고 출력
}
```

```
토큰 개수 = 4
 2 3 4 6
```

9. 다음 연산의 결과 a, b, c는 어떤 문자열인가?

```
String a = new String("  hello  ");
String b = a;
String c = a.trim();
String a = a.toUpperCase();
```

실습 문제

· 홀수 문제는 정답이 공개됩니다.

1. 다음 main()의 실행 결과 클래스명과 점 값을 연결하여 "MyPoint(3,20)"이 출력되도록 MyPoint 클래스를 작성하라. 난이도 하

목적 toString() 만들기

```
public static void main(String [] args) {
    MyPoint a = new MyPoint(3, 20);
    System.out.println(a); // a는 자동으로 a.toString()으로 변환됨
}
```

```
MyPoint(3,20)
```

2. Scanner를 이용하여 한 라인을 읽고, 공백으로 분리된 어절이 몇 개인지 출력을 반복하는 프로그램을 작성하라. "exit"이 입력되면 종료한다. 난이도 하

```
I Love Java
어절 개수는 3
나는 자바 프로그래밍을 정말 좋아합니다.
어절 개수는 5
exit
종료합니다...
```

3. 1에서 3까지의 난수를 3개 생성한 뒤 나란히 한 줄에 출력하라. 모두 같은 수가 나올 때까지 반복 출력하고, 모두 같은 수이면 "성공"을 출력하고 종료하는 프로그램을 작성하라. 난이도 중

```
2       1       2
2       3       2
1       3       3
2       1       2
1       1       1
성공
```

4. 다음과 같이 +로 연결된 덧셈식을 입력받아 덧셈 결과를 출력하는 프로그램을 작성하라. StringTokenizer와 Integer.parseInt(), String의 trim()을 활용하라. 난이도 중

```
2 + 5 + 6 + 10
합은 23
```

5. 다음 코드를 수정하여 Adder 클래스는 util 패키지에, Main 클래스는 app 패키지에 작성하여 응용프로그램을 완성하고 실행시켜라. 난이도 중

　목적 패키지 만들기 연습

```java
class Adder {
    private int x, y;
    public Adder(int x, int y) { this.x = x; this.y = y; }
    public int add() { return x + y; }
}
public class Main {
    public static void main(String[] args) {
        Adder adder = new Adder(2, 5);
        System.out.println(adder.add()); // 7 출력
    }
}
```

6. Math.random()의 난수 발생기를 이용하여 사용자와 컴퓨터가 하는 가위바위보 게임을 만들어보자. 가위, 바위, 보는 각각 1, 2, 3 키이다. 사용자가 1, 2, 3 키 중 하나를 입력하면 동시에 프로그램에서 난수 발생기를 이용하여 1, 2, 3 중에 한 수를 발생시켜 컴퓨터가 낸 것을 결정한다. 그리고 사용자와 컴퓨터 둘 중 누가 이겼는지를 판별하여 승자를 출력한다. 난이도 상

　목적 종합 응용 연습

```
가위(1), 바위(2), 보(3), 끝내기(4)>>1
사용자 가위 : 컴퓨터 바위
사용자가 졌습니다.
가위(1), 바위(2), 보(3), 끝내기(4)>>3
사용자 보 : 컴퓨터 바위
사용자가 이겼습니다.
가위(1), 바위(2), 보(3), 끝내기(4)>>4
게임을 종료합니다...
```

목적 클래스 만들기 응용

Bonus 1 중심을 표현하는 int 타입의 x, y 필드와, 반지름 값을 저장하는 int 타입의 radius 필드를 가진 Circle 클래스를 작성하고자 한다. 생성자는 x, y, radius 값을 인자로 받아 필드를 초기화하고, equals() 메소드는 면적이 같으면 두 Circle 객체가 동일한 것으로 판별한다. 아래는 Circle 클래스와 이를 활용하는 코드의 실행 결과이다. 빈칸을 채워라. 난이도 중

```
원 1: (1,2)반지름 10
원 2: (5,6)반지름 10
같은 원입니다.
```

```
class Circle {
    private int x, y, radius;
    public Circle(int x, int y, int radius) {
        _____ // 필드 초기화
    }
    public String toString() { // Circle 객체를 문자열로 리턴
        _____
    }
    _____ { // equals() 메소드
        _____
        _____
    }
}

public class CircleManager {
    public static void main(String [] args) {
        Circle a = new Circle(1, 2, 10);
        Circle b = new Circle(5, 6, 10);
        System.out.println("원 1: " + a);
        System.out.println("원 2: " + b);
        if(_____) System.out.println("같은 원입니다.");
        else System.out.println("다른 원입니다.");
    }
}
```

Bonus 2 StringBuffer 클래스를 이용하여 사용자로부터 영문 한 줄을 입력받고, 글자 하나만 랜덤하게 선택하여 다른 글자로 수정하여 출력하는 프로그램을 작성하라. 공백도 수정에 포함한다. 난이도 상

목적 StringBuffer, Math.random() 등을 활용한 종합 응용

```
>>I love Java
I love Jbva
>>Falling in love with Java
Fallinr in love with Java
>>exit
종료합니다...
```

```java
import java.util.Scanner;
public class Modify {
   public static void main(String[] args) {
      Scanner scanner = new Scanner(System.in);
      while(true) {
         System.out.print(">>");
         String s = scanner.nextLine(); // 한 줄 읽기
         StringBuffer sb = _____ // StringBuffer 객체 생성
         if(_____) { // sb의 문자열이 "exit"이면 종료
            System.out.println("종료합니다...");
            break;
         }
         int index = (int)(Math.random()*s.length()); // 변경할 문자 위치 선택
         while(true) {
            int i = (int)(Math.random()*26); // 알파벳 중에서 선택
            char c = (char)('a' + i); // 삽입할 문자 결정
            if(_____) { // sb의 문자와 c가 다른 경우
               // sb에서 index에 있는 문자를 문자 c로 변경
               sb.replace(_____);
               break;
            }
         }
         System.out.println(sb);
      } // end of while
      scanner.close();
   }
}
```

Bonus 3 문자열을 입력받고 **String** 클래스를 이용하여 **<Enter>** 키를 입력할 때마다 한 글자씩 회전시켜 출력하는 프로그램을 작성하라. q를 입력하면 종료한다.

난이도 상

```
문자열을 입력하세요. 빈 칸이나 있어도 되고 영어 한글 모두 됩니다.
떡볶기, 라면, 냉면, 만두, 곱창 다 먹고싶다.
<Enter>를 입력하면 문자열이 한 글자씩 회전합니다.   ◁ <Enter> 키
볶기, 라면, 냉면, 만두, 곱창 다 먹고싶다.떡 >>  ◁ <Enter> 키
기, 라면, 냉면, 만두, 곱창 다 먹고싶다.떡볶 >>
, 라면, 냉면, 만두, 곱창 다 먹고싶다.떡볶기 >>
 라면, 냉면, 만두, 곱창 다 먹고싶다.떡볶기, >>
라면, 냉면, 만두, 곱창 다 먹고싶다.떡볶기,  >>
면, 냉면, 만두, 곱창 다 먹고싶다.떡볶기, 라 >>  ◁ <Enter> 키
, 냉면, 만두, 곱창 다 먹고싶다.떡볶기, 라면 >>q ◁ <Enter> 키
종료합니다...
```

```java
import java.util.Scanner;

public class StringRotateOnEnter {
    public static void main(String[] args) {
        System.out.println("문자열을 입력하세요. 빈 칸이나 있어도 되고 영어 한글 모두 됩니다.");
        Scanner scanner = new Scanner(System.in);
        String text = scanner.nextLine();

        System.out.println("<Enter>를 입력하면 문자열이 한 글자씩 회전합니다.");

        _____ {  // while 문
            String key = _____ ;
            if(key.equals("")) { // <Enter> 키 외에 다른 입력된 키가 없는 경우
                String first = _____ // 첫 번째 문자 알아내기
                String last = _____ // 나머지 문자열
                _____ // 나머지 문자열 뒤에 첫 번째 문자 연결
                _____ // 완성된 문자열과  ">>" 화면 출력
            }
            else if(_____) // q를 입력한 경우
                break; // 회전 종료
            else // q가 아닌 다른 키가 입력된 경우
                System.out.print(text + " >>"); // 현재 문자열 출력
        }
        System.out.println("종료합니다...");
        scanner.close();
    }
}
```

07

컬렉션과 제네릭

7.1 컬렉션과 제네릭 개념

7.2 제네릭 컬렉션 활용

7.3 제네릭 만들기

CHAPTER 07

컬렉션과 제네릭

7.1 컬렉션과 제네릭 개념

컬렉션의 중요성과 개념

컬렉션
제네릭

컬렉션(collection)은 안드로이드를 비롯한 자바 프로그램을 작성하는 데 빼놓을 수 없는 중요한 도구이다. 자바의 JDK는 프로그램 개발에 필요한 기초적인 자료 구조들을 거의 대부분 컬렉션으로 만들어 제공하기 때문에, 이 장을 잘 이해할 필요가 있다. 또한 컬렉션은 제네릭(generics)이라는 기법으로 구현되어 있기 때문에 제네릭에 대한 공부도 필요하다.

배열은 여러 개의 데이터를 다루는 데 매우 편리한 자료 구조이지만, 삽입 삭제가 빈번하고, 데이터의 크기를 예측할 수 없는 응용프로그램에 사용하기에는 불편하다. 예를 들어 여러 사람의 이름과 전화번호를 저장하고 삽입 삭제가 빈번한 전화번호부 관리 프로그램, 선, 원, 타원, 사각형 등 빈번한 도형 생성과 삭제를 관리하는 그래픽 편집기, 블록들이 새로 생성되고 움직이며 위치를 바꾸고 어떤 조건을 만나면 사라지기도 하는 테트리스 게임 등에 고정 크기의 배열을 사용한다면 프로그램 작성에 상당한 어려움을 겪을 것이다.

배열(array)

| 0 | 1 | 2 | 3 | 4 | 5 | 6 |

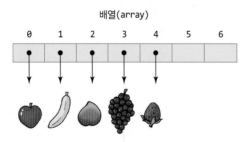

컬렉션(collection)

- 고정 크기 이상의 객체를 관리할 수 없다.
- 배열의 중간에 객체가 삭제되면 응용프로그램에서 자리를 옮겨야 한다.

- 가변 크기로서 객체의 개수를 염려할 필요가 없다.
- 컬렉션 내의 한 객체가 삭제되면 컬렉션이 자동으로 자리를 옮겨준다.

[그림 7-1] 배열과 컬렉션의 개념 차이

컬렉션은 고정 크기의 배열이 가지는 단점을 극복하고, 요소(element)라고 불리는 객체들의 삽입, 삭제, 검색 기능을 갖춘 가변 크기의 컨테이너(container)이다. [그림 7-1]은 배열과 컬렉션의 개념적 차이를 비교하여 보여준다.

컬렉션을 위한 자바 인터페이스와 클래스

java.util 패키지는 컬렉션의 개념을 구현한 다양한 컬렉션 인터페이스와 컬렉션 클래스를 제공한다. 핵심적인 컬렉션 인터페이스와 클래스는 [그림 7-2]와 같다.

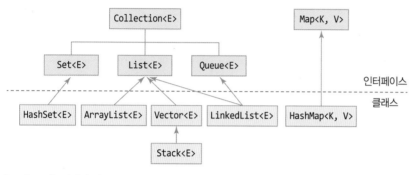

[그림 7-2] 컬렉션 인터페이스와 클래스

Vector<E>와 ArrayList<E>는 가변 크기의 배열을 구현하며, LinkedList<E>는 링크드 리스트를 구현한다. Stack<E>는 스택을 구현하며, HashSet<E>은 집합을 구현한다. 이들은 Collection<E>를 상속받으며, 단일 클래스의 원소 객체를 삽입 삭제하는 공통점이 있다. 이와 달리 HashMap<K, V>는 '키(K)'와 '값(V)'의 쌍으로 이루어지는 데이터를 저장하고 검색하는 컬렉션이다.

컬렉션의 특징

컬렉션의 중요한 특징을 알아보자.

첫째, 컬렉션은 제네릭(generics)이라는 기법으로 구현되어 있다. 컬렉션 클래스나 인터페이스의 이름에는 [그림 7-2]와 같이 <E>, <K>, <V> 등이 항상 포함된다. 이들은 '타입 매개 변수'라고 하며, 컬렉션의 요소(element)를 일반화시킨 타입이다. 그러므로 Vector<E>에서 E 대신 Integer나 String으로 구체적인 타입을 지정하여 사용한다.

타입 매개 변수
일반화

Vector<Integer>는 정수 값만 저장하는 컬렉션
Vector<String>은 문자열만 저장하는 컬렉션

제네릭 타입

컬렉션이 다룰 수 있는 원소의 타입을 여러 종류로 변신할 수 있도록 일반화시키기 위해 <E>를 사용하는 것이다. 그러므로 E를 '일반화시킨 타입' 혹은 '제네릭 타입(generic type)'이라고 부른다. 컬렉션은 여러 타입의 원소들을 다룰 수 있도록 변신이 가능한 클래스이지만, 컬렉션을 생성하고 사용할 때는 오직 한 타입의 값만 저장하고 다룬다.

둘째, 컬렉션의 요소는 객체들만 가능하다. int, char, double 등의 기본 타입의 데이터는 기본적으로 컬렉션의 요소로 불가능하다. 다음 코드를 참고하라.

오류
```
Vector<int> v = new Vector<int>(); // 컴파일 오류. int는 사용 불가
Vector<Integer> v = new Vector<Integer>(); // 정상 코드
```

자동 박싱
Wrapper 클래스

기본 타입의 값이 삽입되면 자동 박싱(auto boxing)에 의해 Wrapper 클래스로 변환되어 객체 형태로 저장한다. 자동 박싱은 6.5절을 참고하기 바란다.

제네릭의 기본 개념

제네릭(generics)은 JDK 1.5 버전부터 도입되었다. 제네릭은 모든 종류의 타입을 다룰 수 있도록, 클래스나 메소드를 일반화된 타입 매개 변수(generic type)를 이용하여 선언하는 기법이다. 자바의 제네릭은 C++의 템플릿(template)과 동일하다.

템플릿이란 국어사전에서 '형판'이란 뜻이다. 다른 말로 '본 떠 찍어내기 위해 만들어진 틀'로 해석할 수 있다. C++의 템플릿이나 자바의 제네릭은 메소드나 클래스 코드를 찍어내듯이 생산할 수 있도록 일반화(generic)시키는 도구이다.

구체화

Stack<E> 클래스의 예를 들어보자. [그림 7-3]은 JDK의 API 레퍼런스 페이지를 실제 캡처한 내용이다. Stack<E> 클래스는 제네릭 타입 <E>를 가진 제네릭 클래스이며 그 모양은 다음과 같고, Stack<E>에서 E에 구체적인 타입을 지정하면, 지정된 타입만 다룰 수 있는 구체화된(specialized) 스택이 된다.

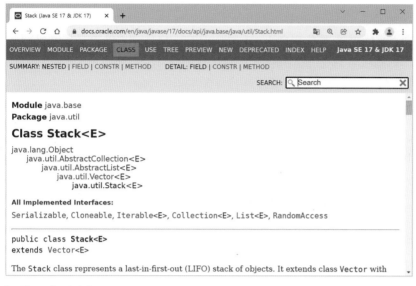

[그림 7–3] 제네릭 Stack<E> 클래스에 대한 온라인 도큐먼트

```
class Stack<E> {
    ...
    void push(E element) { ... }
    E pop() { ... }
    ...
}
```

　예를 들어, Stack<Integer>는 Integer 타입만 다루는 스택이 되고, Stack<Point>
는 Point 타입의 객체만 푸시(push)하고 팝(pop)할 수 있는 스택이 된다. [그림 7–4]는
제네릭 Stack<E>를 구체화한 사례를 보여준다.

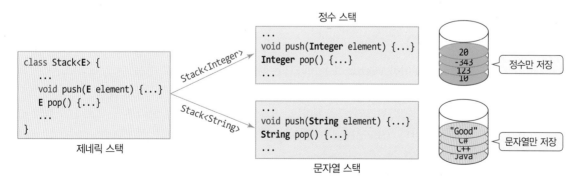

[그림 7–4] 제네릭 Stack<E>를 특정 타입으로 구체화(specialization)한 경우

제네릭 타입 매개 변수

컬렉션 클래스에서 타입 매개 변수로 사용하는 문자는 다른 변수와 혼동을 피하기 위해 일반적으로 하나의 대문자를 사용한다. 다음은 관례적으로 타입 매개 변수로 많이 사용하는 문자이다.

- E: Element를 의미하며 컬렉션에서 요소를 표시할 때 사용
- T: Type을 의미
- V: Value를 의미
- K: Key를 의미

CHECK TIME

1 컬렉션이 배열보다 좋은 점은 무엇인가?

2 다음 중 컬렉션이 아닌 것은?
① Vector   ② ArrayList   ③ StringBuffer   ④ HashMap

3 아래 빈칸에 적절한 말을 넣어라.

> Stack<E>는 스택을 일반화한 _____로서 E를 _____라고 부르며, E에 Integer, String, Point 등 특정 타입을 지정하여 특정 타입만 다루는 스택을 만들 수 있다. 예를 들어, Stack<E>를 실수만 다루는 스택으로 구체화하면 _____로 표현한다.

4 다음 중 제네릭과 관계가 가장 먼 것은?
① 템플릿   ② 일반화   ③ 패키지   ④ 타입 매개 변수

7.2 제네릭 컬렉션 활용

Vector〈E〉

Vector<E>

Vector<E>(이하 Vector 또는 벡터)는 배열을 가변 크기로 다룰 수 있게 하고, 객체의 삽입, 삭제, 이동이 쉽도록 구성한 컬렉션 클래스이다. 벡터는 삽입되는 요소의 개수에 따라 자동으로 크기를 조절하고, 요소의 삽입과 삭제에 따라 자동으로 요소들의 자리를 이동한다. 〈표 7-1〉은 벡터의 주요 메소드를 보여준다.

●벡터 생성

벡터를 생성할 때, Vector<E>의 E에 요소로 사용할 클래스 타입을 지정해야 한다. 예를 들어, 정수 값만 삽입 가능한 벡터를 만들고자 하면 다음과 같이 E에 Integer를 지정한다. 생성된 벡터 v는 [그림 7-5]와 같이 구성된다.

```
Vector<Integer> v = new Vector<Integer>(); // 정수만 사용 가능한 벡터
```

int, char, double 등의 기본 타입을 E에 사용할 수는 없다.

오류
```
Vector<int> v = new Vector<int>(); // 오류. int는 사용 불가
```

문자열만 다루는 벡터는 다음과 같이 생성할 수 있다.

```
Vector<String> StringVector = new Vector<String>(); // 문자열 벡터 생성
```

만일 Vector<E>에서 E에 구체적인 타입을 지정하지 않고 Vector로만 사용하는 경우 컴파일러는 [그림 7-6]과 같은 경고 메시지를 출력한다.

생성된 벡터의 용량을 굳이 알 필요는 없다. 컬렉션은 자신의 용량을 스스로 조절하기 때문이다. 만일, 용량을 초기에 설정하고자 한다면 다음과 같이 생성자에 용량을 지정하면 된다.

```
Vector<Integer> v = new Vector<Integer>(7); // 초기 용량이 7인 벡터 생성
```

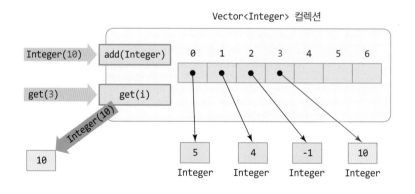

add()를 이용하여 요소를 삽입하고 get()을 이용하여 요소를 검색합니다.

[그림 7-5] Vector<Integer> 벡터

〈표 7-1〉 Vector<E> 클래스의 주요 메소드

메소드	설명
boolean add(E element)	벡터의 맨 뒤에 element 추가
void add(int index, E element)	인덱스 index에 element를 삽입
int capacity()	벡터의 현재 용량 리턴
boolean addAll(Collection<? extends E> c)	컬렉션 c의 모든 요소를 벡터의 맨 뒤에 추가
void clear()	벡터의 모든 요소 삭제
boolean contains(Object o)	벡터가 지정된 객체 o를 포함하고 있으면 true 리턴
E elementAt(int index)	인덱스 index의 요소 리턴
E get(int index)	인덱스 index의 요소 리턴
int indexOf(Object o)	o와 같은 첫 번째 요소의 인덱스 리턴. 없으면 -1 리턴
boolean isEmpty()	벡터가 비어 있으면 true 리턴
E remove(int index)	인덱스 index의 요소 삭제
boolean remove(Object o)	객체 o와 같은 첫 번째 요소를 벡터에서 삭제
void removeAllElements()	벡터의 모든 요소를 삭제하고 크기를 0으로 만듦
int size()	벡터가 포함하는 요소의 개수 리턴
Object[] toArray()	벡터의 모든 요소를 포함하는 배열 리턴

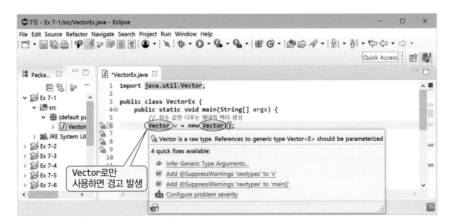

[그림 7-6] Vector<E>에서 E에 구체적인 타입을 지정하지 않은 경우 경고 발생

● 벡터에 요소 삽입

add()

add() 메소드를 이용하면 벡터의 끝이나 중간에 요소를 삽입할 수 있다. 다음은 정수 5, 4, -1을 순서대로 벡터 v의 맨 뒤에 삽입하는 예이다.

```
v.add(Integer.valueOf(5));
v.add(Integer.valueOf(4));
v.add(Integer.valueOf(-1));
```

자동 박싱 기능을 활용하면 이 코드는 다음과 같이 해도 된다.

```
v.add(5); // 5 -> Integer(5) 객체로 자동 박싱됨
v.add(4);
v.add(-1);
```

자동 박싱에 의해 int 타입의 정수는 자동으로 Integer 객체로 변환되어 삽입된다. 그러나 벡터 v에는 Integer 외의 다른 타입의 객체를 삽입할 수 없다. 다음은 오류 코드이다.

오류 `v.add("hello"); // 컴파일 오류. v에는 정수만 삽입 가능`

벡터에는 null도 삽입할 수 있기 때문에 벡터를 검색할 때 null이 있을 수 있음을 염두에 두어야 한다.

```
v.add(null);
```

add()를 이용하여 벡터의 중간에 객체를 삽입할 수 있다. 예를 들어, 인덱스 2의 위치에 정수 100을 삽입하는 코드는 다음과 같다.

```
v.add(2, 100); // v.add(2, Integer.valueOf(100));과 동일
```

이 코드는 인덱스 2의 위치에 정수 100을 삽입하고, 기존의 인덱스 2와 그 뒤에 있는 요소들을 모두 한 자리씩 뒤로 이동시킨다. 만일, 벡터에 1개 밖에 요소가 들어 있지 않았다면 이 코드가 실행될 때 예외가 발생한다.

●벡터 내의 요소 알아내기

벡터 내에 존재하는 요소를 알아내기 위해서는 get(), elementAt() 메소드를 이용한다. 벡터 v의 인덱스 1의 위치에 있는 정수 값을 읽어보자.

```
Integer obj = v.get(1); // 벡터의 1번째 요소를 얻어낸다.
int i = obj.intValue(); // obj에 있는 정수를 알아냄. 이 값은 4
```

자동 박싱

get()
elementAt()

자동 언박싱

앞의 두 문장은 자동 언박싱을 활용하면 다음 한 문장으로 써도 된다.

```
int i = v.get(1); // 자동 언박싱
```

●벡터의 크기와 용량 알아내기

size()
capacity()

벡터의 크기란 벡터에 들어 있는 요소의 개수를 말하며 size() 메소드를 이용하고, 용량이란 벡터가 수용할 수 있는 현재 크기를 말하며, capacity()를 이용한다.

```
int len = v.size(); // 벡터의 크기. 벡터에 존재하는 요소 객체의 수
int cap = v.capacity(); // 벡터의 용량
```

●벡터에서 요소 삭제

remove()

벡터 내에 임의의 인덱스에 있는 요소를 삭제할 수 있다. 다음과 같이 remove() 메소드를 이용한다.

```
v.remove(1); // 인덱스 1의 위치에 있는 요소 삭제
```

이 코드는 인덱스 1의 위치에 있는 요소를 삭제한다. 코드의 실행 결과 뒤에 있는 요소들이 한 자리씩 앞으로 이동한다. 다음과 같이 객체 레퍼런스를 이용하여 remove()를 호출할 수도 있다.

```
Integer m = Integer.valueOf(100);
v.add(m);
...
v.remove(m); // 레퍼런스 m의 요소 삭제
```

removeAllElements()

벡터의 모든 요소를 삭제하려면, 다음과 같이 removeAllElements()를 호출한다.

```
v.removeAllElements();
```

벡터를 생성하고 활용하는 코드와 과정을 [그림 7-7]에 자세히 그려놓았으니 살펴보기 바란다.

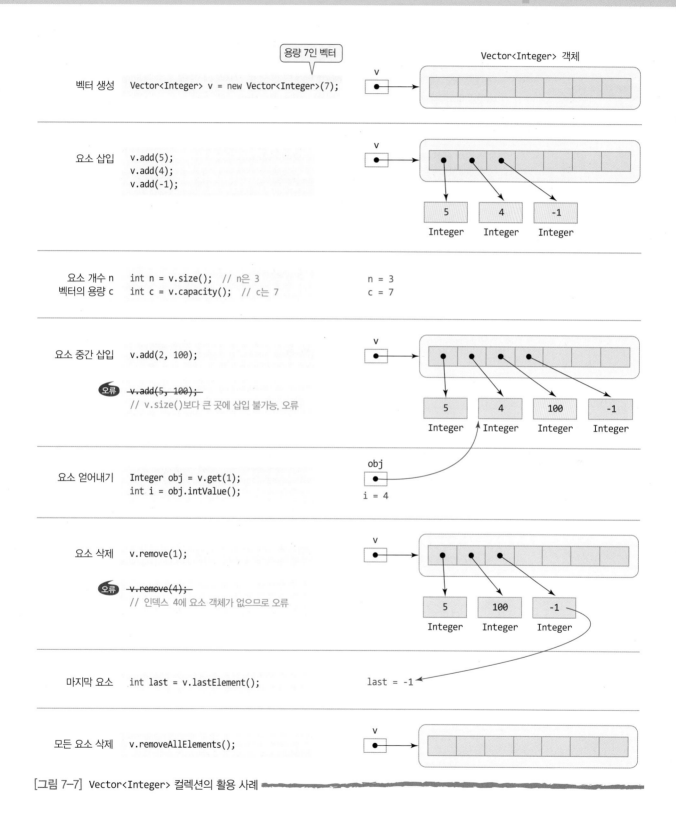

[그림 7-7] Vector<Integer> 컬렉션의 활용 사례

컬렉션과 자동 박싱/언박싱

Wrapper 클래스

컬렉션은 객체들만 요소(element)로 다루므로 기본 타입의 값은 Wrapper 클래스로 객체화하여 삽입하는 것이 정상이다. 다음은 정수 4를 Integer 객체로 만들어 저장하는 사례이다.

```java
Vector<Integer> v = new Vector<Integer>();
v.add(Integer.valueOf(4));
```

자동 박싱

하지만 자동 박싱(auto boxing) 기능을 이용하면 다음과 같이 간단히 작성해도 된다.

```java
v.add(4); // 정수 4가 Integer(4)로 자동 박싱됨
```

자동 언박싱

또한 컬렉션으로부터 값을 얻어내는 과정도 자동 언박싱(auto unboxing)을 활용하여 다음과 같이 간단히 작성할 수 있다.

```java
int k = v.get(0); // k = 4
```

> **Tip** **컬렉션 생성문의 진화**, Java 7, Java 10
>
> 다음은 컬렉션을 사용하여 객체를 생성하는 전형적인 문장이다.
>
> ```java
> Vector<Integer> v = new Vector<Integer>(); // Java 7 이전
> ```
>
> Java 7부터 컬렉션의 객체 생성부의 <> 내(다이어몬드 연산자)에 타입 매개변수를 생략하면 컴파일러가 추론하여 타입 매개변수를 찾아주도록 하였다.
>
> ```java
> Vector<Integer> v = new Vector<>(); // Java 7부터
> ```
>
> Java 10은 아예 var 키워드를 도입하여 컴파일러에게 선언문으로부터 변수의 타입을 추론하도록 하는 기능을 더하였는데, var를 사용하면 앞의 코드를 다음과 같이 작성할 수 있다.
>
> ```java
> var v = new Vector<Integer>(); // Java 10부터
> ```

정수만 다루는 Vector<Integer> 컬렉션 활용　　　예제 7-1

정수만 다루는 Vector<Integer> 제네릭 벡터를 생성하고, 활용하는 사례를 보인다.

```java
1   import java.util.Vector;
2
3   public class VectorEx {
4      public static void main(String[] args) {
5         // 정수 값만 다루는 제네릭 벡터 생성
6         Vector<Integer> v = new Vector<Integer>();
7         v.add(5); // 5 삽입
8         v.add(4); // 4 삽입
9         v.add(-1); // -1 삽입
10
11        // 벡터 중간에 삽입하기
12        v.add(2, 100); // 4와 -1 사이에 정수 100 삽입
13
14        System.out.println("벡터 내의 요소 객체 수 : " + v.size()); // 크기 3
15        System.out.println("벡터의 현재 용량 : " + v.capacity()); // 벡터의 디폴트 용량 10
16
17        // 모든 요소 정수 출력하기
18        for(int i=0; i<v.size(); i++) {
19           int n = v.get(i); // 벡터의 i 번째 정수
20           System.out.println(n);
21        }
22
23        // 벡터 속의 모든 정수 더하기
24        int sum = 0;
25        for(int i=0; i<v.size(); i++) {
26           int n = v.elementAt(i); // 벡터의 i 번째 정수
27           sum += n;
28        }
29        System.out.println("벡터에 있는 정수 합 : " + sum);
30     }
31  }
```

> Vector<Integer> v = new Vector<>();나
> var v = new Vector<Integer>();로
> 간략히 쓸 수 있음

→ 실행 결과

```
벡터 내의 요소 객체 수 : 4
벡터의 현재 용량 : 10
5
4
100
-1
벡터에 있는 정수 합 : 108
```

예제 7-2	Point 클래스만 다루는 Vector<Point> 컬렉션 활용

점 (x, y)를 표현하는 Point 클래스 객체만 다루는 벡터의 활용을 보여라.

```java
1   import java.util.Vector;
2
3   class Point {
4      private int x, y;
5      public Point(int x, int y) {
6         this.x = x; this.y = y;
7      }
8      public String toString() {
9         return "(" + x + "," + y + ")";
10     }
11  }
12
13  public class PointVectorEx {
14     public static void main(String[] args) {
15        Vector<Point> v = new Vector<Point>(); // Point 객체를 요소로 다루는 벡터 생성
16
17        // 3 개의 Point 객체 삽입
18        v.add(new Point(2, 3));
19        v.add(new Point(-5, 20));
20        v.add(new Point(30, -8));
21
22        v.remove(1); // 인덱스 1의 Point(-5, 20) 객체 삭제
23
24        // 벡터에 있는 Point 객체 모두 검색하여 출력
25        for(int i=0; i<v.size(); i++) {
26           Point p = v.get(i); // 벡터의 i 번째 Point 객체 얻어내기
27           System.out.println(p); // p.toString()을 이용하여 객체 p 출력
28        }
29     }
30  }
```

→ 실행 결과

```
(2,3)
(30,-8)
```

ArrayList<E>

ArrayList<E>

ArrayList<E>(이하 ArrayList)는 가변 크기의 배열을 구현한 컬렉션으로서 Vector 클래스와 거의 동일하다. 크게 다른 점은 ArrayList는 스레드 간에 동기화를 지원하지 않기 때문에, 다수의 스레드가 동시에 ArrayList에 요소를 삽입하거나 삭제할 때 충돌이 발생할 소지가 있다. ArrayList를 이용하려면 멀티스레드의 동기화를 사용자가 직

접 구현해야 한다.

　[그림 7–8]은 ArrayList 객체의 내부 구성을 보여준다. 내부에 배열을 가지고 있으며
이 배열을 가변적 크기로 관리한다. ArrayList는 인덱스로 요소를 접근하도록 지원하
며 인덱스는 0부터 시작한다. 〈표 7–2〉는 ArrayList<E>의 주요 메소드를 보여주며, [그
림 7–9]는 ArrayList의 활용 사례를 보여준다.

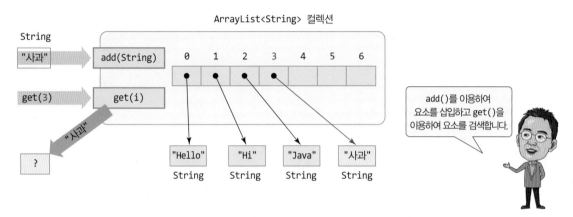

[그림 7–8] ArrayList<String> 객체의 내부 구성

〈표 7–2〉 ArrayList<E> 클래스의 주요 메소드

메소드	설명
boolean add(E element)	ArrayList의 맨 뒤에 element 추가
void add(int index, E element)	인덱스 index에 지정된 element 삽입
boolean addAll(Collection<? extends E> c)	컬렉션 c의 모든 요소를 ArrayList의 맨 뒤에 추가
void clear()	ArrayList의 모든 요소 삭제
boolean contains(Object o)	ArrayList가 지정된 객체를 포함하고 있으면 true 리턴
E elementAt(int index)	index 인덱스의 요소 리턴
E get(int index)	index 인덱스의 요소 리턴
int indexOf(Object o)	o와 같은 첫 번째 요소의 인덱스 리턴. 없으면 -1 리턴
boolean isEmpty()	ArrayList가 비어 있으면 true 리턴
E remove(int index)	index 인덱스의 요소 삭제
boolean remove(Object o)	o와 같은 첫 번째 요소를 ArrayList에서 삭제
int size()	ArrayList가 포함하는 요소의 개수 리턴
Object[] toArray()	ArrayList의 모든 요소를 포함하는 배열 리턴

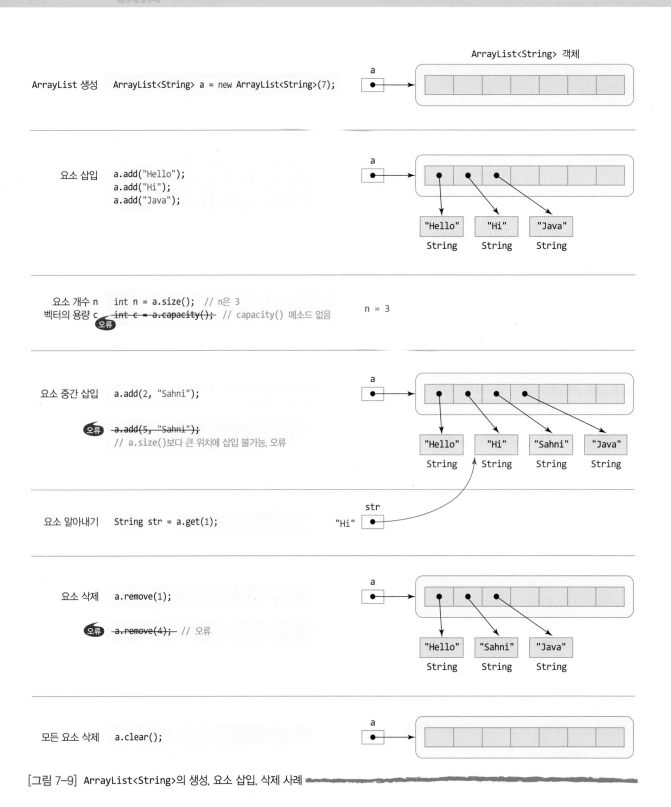

[그림 7-9] ArrayList\<String\>의 생성, 요소 삽입, 삭제 사례

문자열만 다루는 ArrayList<String> 활용

이름을 4개 입력받아 ArrayList에 저장하고, ArrayList에 저장된 이름을 모두 출력한 후, 제일 긴 이름을 출력하라.

```java
1    import java.util.*;
2
3    public class ArrayListEx {
4       public static void main(String[] args) {
5          // 문자열만 삽입가능한 ArrayList 컬렉션 생성
6          ArrayList<String> a = new ArrayList<String>();
7
8          // 키보드로부터 4개의 이름 입력받아 ArrayList에 삽입
9          Scanner scanner = new Scanner(System.in); // Scanner 객체 생성
10         for(int i=0; i<4; i++) {
11            System.out.print("이름을 입력하세요>>");
12            String s = scanner.next(); // 키보드로부터 이름 입력
13            a.add(s); // ArrayList 컬렉션에 삽입
14         }
15
16         // ArrayList에 들어 있는 모든 이름 출력
17         for(int i=0; i<a.size(); i++) {
18            String name = a.get(i); // ArrayList의 i 번째 문자열 얻어오기
19            System.out.print(name + " ");
20         }
21
22         // 가장 긴 이름 출력
23         int longestIndex = 0; // 현재 가장 긴 이름이 있는 ArrayList 내의 인덱스
24         for(int i=1; i<a.size(); i++) {
25            if(a.get(longestIndex).length() < a.get(i).length()) // 이름 길이 비교
26               longestIndex = i; // i 번째 이름이 더 긴 이름임
27         }
28         System.out.println("\n가장 긴 이름은 : " + a.get(longestIndex));
29         scanner.close();
30      }
31   }
```

> ArrayList<String> a = new ArrayList<>();나 var a = new ArrayList<String>();로 간략히 쓸 수 있음

⇒ 실행 결과

```
이름을 입력하세요>>Mike
이름을 입력하세요>>Jane
이름을 입력하세요>>Ashley
이름을 입력하세요>>Helen
Mike Jane Ashley Helen
가장 긴 이름은 : Ashley
```

컬렉션의 순차 검색을 위한 Iterator

Iterator<E> 인터페이스
iterator() 메소드

Vector, ArrayList, LinkedList, Set 컬렉션은 순차적으로 요소를 검색할 때 Iterator<E> 인터페이스를 사용하면 편리하다. Iterator<E>를 사용할 때는 <E>에 컬렉션의 매개 변수와 동일한 타입을 설정해야 한다. Iterator<E>의 메소드는 <표 7-3>과 같이 간단하지만 강력하다. 예를 들어보자. 다음은 벡터 v의 iterator() 메소드를 호출하여, 벡터 v의 요소 객체를 검색할 기능을 가진 Iterator 객체를 얻어낸다.

```java
Vector<Integer> v = new Vector<Integer>();
Iterator<Integer> it = v.iterator(); // 벡터 v의 요소를 순차 검색할 Iterator 객체 리턴
```

반복자

이를 위해 벡터 v의 요소 타입인 Integer를 Iterator<E>의 <E>에 동일하게 지정하였다. [그림 7-10]은 벡터 v와 생성된 it의 관계를 보여준다. Iterator 객체를 반복자라고 부르기도 한다. 이제, it 객체를 이용하면 인덱스 없이 벡터의 각 요소를 순차적으로 검색할 수 있다. 다음은 it로 컬렉션의 각 요소들을 방문하는 코드이다.

```java
while(it.hasNext()) { // it로 벡터의 끝까지 반복
    int n = it.next(); // 요소 리턴. it의 요소 타입은 Integer이므로 정수 리턴
    ....
}
```

it.next() 실행 후 it는 [그림 7-10]과 같이 벡터의 다음 요소로 이동한다.

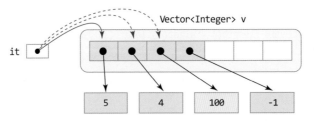

[그림 7-10] Vector<Integer>객체와 Iterator 객체의 관계

〈표 7-3〉 Iterator<E> 인터페이스의 메소드

메소드	설명
boolean hasNext()	다음 반복에서 사용될 요소가 있으면 true 리턴
E next()	다음 요소 리턴
void remove()	마지막으로 리턴된 요소 제거

예제 7-1의 코드 중에서 벡터 검색 부분을 Iterator<Integer>를 이용하여 수정하라.

```java
1   import java.util.*;
2
3   public class IteratorEx {
4      public static void main(String[] args) {
5         // 정수 값만 다루는 제네릭 벡터 생성
6         Vector<Integer> v = new Vector<Integer>();
7         v.add(5); // 5 삽입
8         v.add(4); // 4 삽입
9         v.add(-1); // -1 삽입
10        v.add(2, 100); // 4와 -1 사이에 정수 100 삽입
11
12        // Iterator를 이용한 모든 정수 출력하기
13        Iterator<Integer> it = v.iterator(); // Iterator 객체 얻기
14        while(it.hasNext()) {        ← while 문은 벡터 v의 모든 정수 출력
15           int n = it.next();
16           System.out.println(n);
17        }
18
19        // Iterator를 이용하여 모든 정수 더하기
20        int sum = 0;
21        it = v.iterator(); // Iterator 객체 얻기
22        while(it.hasNext()) {        ← while 문은 벡터 v의 모든 정수합 계산
23           int n = it.next();
24           sum += n;
25        }
26        System.out.println("벡터에 있는 정수 합 : " + sum);
27     }
28  }
```

→ 실행 결과

```
5
4
100
-1
벡터에 있는 정수 합 : 108
```

HashMap〈K, V〉

HashMap<K, V> 컬렉션은 '키(key)'와 '값(value)'의 쌍으로 구성되는 요소를 다룬다. K는 '키'로 사용할 데이터 타입을, V는 '값'으로 사용할 데이터 타입의 타입 매개 변수이다.

　　HashMap(이하 해시맵) 객체의 내부 구성은 [그림 7–11]과 같다. 해시맵은 내부에 '키'와 '값'을 저장하는 자료 구조를 가지고, put(), get() 메소드를 이용하여 요소를 삽입하거나 검색한다. 다음은 '키'와 '값'으로 문자열을 사용하는 해시맵을 생성하고 요소를 삽입하고 검색하는 코드이다.

```
HashMap<String, String> h = new HashMap<String, String>(); // 해시맵 객체 생성
h.put("apple", "사과"); // "apple" 키와 "사과" 값의 쌍을 h에 삽입
String kor = h.get("apple"); // "apple" 키의 값 검색. kor는 "사과"
```

　　[그림 7–11]에서 put(key, value)은 key를 기반으로 해시 함수(hash function)를 실행히여 해시맵 내의 위치를 결정하고, 그 위치에 key와 value를 저장한다. get(key)은 key를 기반으로 동일한 해시 함수를 실행하여 '값(value)'이 저장된 위치를 알아내어 '값(value)'을 리턴한다.

　　해시맵은 해시 함수를 통해 '키'와 '값'이 저장되는 위치를 결정하므로, 사용자는 그 위치를 알 수 없으며, 삽입되는 순서와 들어 있는 위치는 관계가 없다.

　　HashMap<K, V>는 Vector<E>나 ArrayList<E>와는 달리 인덱스를 이용하여 요소를 접근할 수 없고 오직 '키'로 검색해야 하므로 요소의 위치나 순서가 중요하지 않은 응용에 사용된다. HashMap 컬렉션의 주요 메소드는 〈표 7–4〉와 같다.

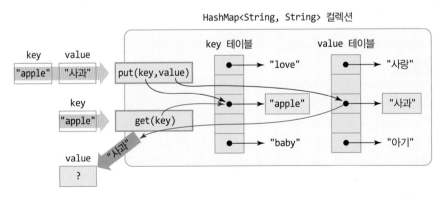

[그림 7–11] HashMap<String, String> 객체의 내부 구성과 put(), get() 메소드

〈표 7-4〉 HashMap<K, V> 클래스의 주요 메소드

메소드	설명
void clear()	HashMap의 모든 요소 삭제
boolean containsKey(Object key)	지정된 키(key)를 포함하고 있으면 true 리턴
boolean containsValue(Object value)	하나 이상의 키를 지정된 값(value)에 매핑시킬 수 있으면 true 리턴
V get(Object key)	지정된 키(key)에 매핑되는 값 리턴. 키에 매핑되는 어떤 값도 없으면 null 리턴
boolean isEmpty()	HashMap이 비어 있으면 true 리턴
Set<K> keySet()	HashMap에 있는 모든 키를 담은 Set<K> 컬렉션 리턴
V put(K key, V value)	key와 value를 매핑하여 HashMap에 저장
V remove(Object key)	지정된 키(key)와 이에 매핑된 값을 HashMap에서 삭제
int size()	HashMap에 포함된 요소의 개수 리턴

● 해시맵 생성

해시맵은 HashMap<K, V>에서 K에는 '키'로, V에는 '값'으로 사용할 구체적인 타입을 지정하여 생성한다. 다음은 영어와 한글 단어의 맵을 만들기 위해 K와 V 모두 String 타입을 지정한 사례이다.

```
HashMap<String, String> h = new HashMap<String, String>();
```

　HashMap 역시 자동으로 크기를 조절한다.

● 해시맵에 요소 삽입

요소를 삽입할 때는 put() 메소드에 '키'와 '값'을 인자로 전달한다.

put()

```
h.put("baby", "아기"); // "baby"가 키이고, "아기"는 값이다.
h.put("love", "사랑");
h.put("apple", "사과");
```

● '키'로 '값' 읽기

get() 메소드에 '키'를 전달하면, '값'을 얻을 수 있다. '값'은 문자열이다.

get()

```
String kor1 = h.get("love"); // kor1 = "사랑"
String kor2 = h.get("apple"); // kor2 = "사과"
```

　　만일, 해시맵에 없는 '키'로 get()을 호출하면 null을 리턴한다. 다음과 같이 "babo"라는 문자열은 현재 h에 없는 '키'이므로 get("babo")는 null을 리턴한다.

```
String kor3 = h.get("babo"); // kor3 = null
```

●'키'로 요소 삭제

remove()

'키'를 이용하여 요소를 삭제할 때 다음과 같이 remove() 메소드를 이용한다.

```
h.remove("apple"); // put("apple", "사과")로 삽입한 요소 삭제
```

●요소 개수 알아내기

size()

요소의 개수는 다음과 같이 size() 메소드를 호출하면 된다.

```
int n = h.size(); // 현재 h 내에 있는 요소의 개수 리턴
```

　　[그림 7-12]는 HashMap<String, String> 컬렉션의 생성, '키'와 '값' 입력, 검색 등의 과정을 보여준다. 그림에서 볼 수 있듯이 해시맵은 삽입한 순서로 저장하지 않기 때문에, 삽입한 순서로 얻어낼 수 없다.

●해시맵의 전체 검색

keySet()
Set

해시맵에 들어 있는 전체 요소를 알아내어 보자. 해시맵은 요소의 '키'를 알아야 검색이 가능하므로, 해시맵에 있는 모든 '키'를 알아낸 후, 각 '키'에 대해 '값'을 알아내는 방식으로 코드를 작성하면 된다. HashMap의 keySet() 메소드는 모든 키를 Set 컬렉션 객체로 만들어 리턴한다. 코드 사례는 다음과 같다.

```
Set<String> keys = h.keySet(); // 해시맵 h에 있는 모든 키를 Set 컬렉션으로 리턴
Iterator<String> it = keys.iterator(); // Set에서 문자열을 검색할 수 있는 Iterator 리턴
while(it.hasNext()) {
    String key = it.next(); // 키
    String value = h.get(key); // 값
    System.out.println("(" + key + "," + value + ")"); // 키와 값의 쌍 출력
}
```

→ 실행 결과

```
(love,사랑)
(baby,아기)
```
"apple", "사과"의 쌍은 삭제되었음

해시맵 생성
```
HashMap<String, String> h =
    new HashMap<String, String>();
```

(키, 값) 삽입
```
h.put("baby", "아기");
h.put("love", "사랑");
h.put("apple", "사과");
```

키로 값 읽기
```
String kor = h.get("love");
```
kor = "사랑"

키로 요소 삭제
```
h.remove("apple");
```

요소 개수
```
int n = h.size();
```
n = 2

[그림 7-12] HashMap<String, String> 컬렉션의 생성 및 삽입, 삭제 사례

HashMap은 '키'와 '값'으로
구성되는 쌍의 정보를 저장하지.
그리고 '키'를 이용하여
필요할 때 '값'을 검색하는 거야.

예제 7-5　HashMap<String, String>로 (영어, 한글) 단어 쌍을 저장하고 검색하기

영어 단어와 한글 단어의 쌍을 HashMap에 저장하고, 영어 단어로 한글 단어를 검색하는 프로그램을 작성하라.

> var dic = new HashMap<String, String>();로 간략히 쓸 수 있음

```java
1  import java.util.*;
2  public class HashMapDicEx {
3     public static void main(String[] args) {
4        // 영어 단어와 한글 단어의 쌍을 저장하는 HashMap 컬렉션 생성
5        HashMap<String, String> dic = new HashMap<String, String>();
6
7        // 3개의 (key, value) 쌍을 dic에 저장
8        dic.put("baby", "아기"); // "baby"는 key, "아기"은 value
9        dic.put("love", "사랑");
10       dic.put("apple", "사과");
11
12       // dic 해시맵에 들어 있는 모든 (key, value) 쌍 출력
13       Set<String> keys = dic.keySet(); // 모든 키를 Set 컬렉션에 받아옴
14       Iterator<String> it = keys.iterator(); // Set에 접근하는 Iterator 리턴
15       while(it.hasNext()) {
16          String key = it.next(); // 키
17          String value = dic.get(key); // 값
18          System.out.print("(" + key + "," + value + ")");
19       }
20       System.out.println();
21
22       // 사용자로부터 영어 단어를 입력받고 한글 단어 검색
23       Scanner scanner = new Scanner(System.in);
24       for(int i=0; i<3; i++) {
25          System.out.print("찾고 싶은 단어는?");
26          String eng = scanner.next();
27          // 해시맵에서 '키' eng의 '값' kor 검색
28          String kor = dic.get(eng);          // eng가 해시맵에 없으면 null 리턴
29          if(kor == null) System.out.println(eng + "는 없는 단어 입니다.");
30          else System.out.println(kor);
31       }
32    }
33 }
```

➡ 실행 결과

```
(love,사랑)(apple,사과)(baby,아기)    // 해시맵에 들어 있는 모든 요소 출력
찾고 싶은 단어는?apple
사과
찾고 싶은 단어는?babo
babo는 없는 단어 입니다.
찾고 싶은 단어는?love
사랑
```

잠깐! **제네릭 프로그래밍** ●

2000년도 초반부터 제네릭 프로그래밍(generic programming)이라는 새로운 프로그래밍 패러다임이 도입되었다. 동일한 프로그램 코드에 다양한 데이터 타입을 적용할 수 있도록 클래스와 함수들을 일반화시켜 제네릭 함수와 제네릭 클래스를 만들고, 제네릭 함수나 제네릭 클래스에 개발자가 원하는 데이터 타입으로 구체화시켜 함수나 클래스의 프로그램 코드를 틀에서 찍어내는 듯이 생산하는 기법이다.

C++의 경우 제네릭은 템플릿(template)으로도 불리는데, 2003년 C++ 표준위에서는 입출력 라이브러리와, 자바의 컬렉션에 해당하는 컨테이너, 알고리즘 등을 일반화시킨 STL(Standard Template Library) 등 대부분의 라이브러리를 제네릭으로 구성하였다.

자바는 C++에 뒤이어 2004년 JDK 1.5 beta 버전에서부터 제네릭을 도입하였다. 제네릭은 현재, 자바, C++, C#, Visual Basic, Delphi 등 다양한 언어에 도입되어 있으며, 점점 확산되고 있다. 개발자들은 더 이상 지체하지 말고 제네릭 개념과 제네릭을 이용한 제네릭 프로그래밍을 학습하기 바란다. 스택, 큐, 리스트, 링크드 리스트, 벡터, 해시맵, 셋(set) 등 웬만한 자료 구조나 알고리즘이 제네릭으로 구현되어 있기 때문에, 이들을 잘 사용하면 프로그래밍 생산성을 높일 수 있다.

CHECK TIME

1 다음 코드에서 컴파일 오류가 발생하는 라인은?

```
Vector<Integer> v = new Vector<Integer>();
v.add(5);                        // ①
v.add(Integer.valueOf(10));      // ②
v.add("100");                    // ③
int n = v.get(0);                // ④
```

2 다음 빈칸에 적절한 코드를 삽입하라.

```
_____ m = new _____ ;
m.put(10, "ten");
String val = m.get(10);
```

3 다음은 Iterator를 이용하여 ArrayList에 삽입된 모든 요소를 출력하는 프로그램이다. 빈칸에 적절한 코드를 삽입하라.

```
ArrayList<Integer> a = new ArrayList<Integer>();
Iterator<_____> it = a._____; // Iterator 객체를 얻어온다.
while(it._____) { // 요소를 모두 방문할 때까지 루프
  System.out.println(it._____); // 다음 요소 출력
}
```

7.3 제네릭 만들기

지금까지 JDK에 제네릭으로 구현된 컬렉션을 사용하는 방법을 알아보았다. 이 절에서는 독자가 새로운 제네릭 클래스를 만드는 과정에 대해 설명한다.

제네릭 클래스

제네릭 클래스를 선언하는 방법은 기존의 클래스 선언 방법과 유사한데, 클래스 이름 다음에 일반화된 타입(generic type)의 매개 변수를 <와 > 사이에 추가한다는 차이가 있다. 제네릭 클래스를 작성하는 예를 알아보자.

● 제네릭 클래스 작성

타입 매개 변수 T

타입 매개 변수 T를 가진 제네릭 클래스 MyClass는 다음과 같이 선언한다.

```java
public class MyClass<T> { // 제네릭 클래스 Myclass, 타입 매개 변수 T
    T val; // 변수 val의 타입은 T
    void set(T a) {
        val = a; // T 타입의 값 a를 val에 지정
    }
    T get() {
        return val; // T 타입의 값 val 리턴
    }
}
```

● 제네릭 객체 생성 및 활용

구체화
자바 컴파일러

제네릭 클래스에 구체적인 타입을 대입하여, 구체적인 객체를 생성하는 과정을 구체화(specialization)라고 부른다. 이 과정은 자바 컴파일러에 의해 이루어진다. MyClass<T>에서 T에 구체적인 타입을 지정하여 객체를 생성하면 다음과 같다.

```java
MyClass<String> s = new MyClass<String>(); // 제네릭 타입 T를 String으로 구체화
s.set("hello");
System.out.println(s.get()); // "hello" 출력

MyClass<Integer> n = new MyClass<Integer>(); // 제네릭 타입 T를 Integer로 구체화
n.set(5);
System.out.println(n.get()); // 숫자 5 출력
```

제네릭 스택 만들기   예제 7-6

스택을 제네릭 클래스로 작성하고, String과 Integer형 스택을 사용하는 예를 보여라.

```java
class GStack<T> { // 제네릭 스택 선언. 제네릭 타입 T
   int tos;
   Object [] stck; // 스택에 저장된 요소의 개수 ─── T[] stack;로 할 수 없음
   public GStack() {
      tos = 0;
      stck = new Object [10]; ─── new T[10];로 할 수 없음. 제네릭 타입의 배열 생성 불가
   }
   public void push(T item) {
      if(tos == 10) // 스택이 꽉 차서 더 이상 요소를 삽입할 수 없음
         return;
      stck[tos] = item;
      tos++;
   }
   public T pop() {
      if(tos == 0) // 스택이 비어 있어 꺼낼 요소가 없음
         return null;
      tos--;
      return (T)stck[tos]; // 타입 매개 변수 타입으로 캐스팅 ─── 주목
   }
}

public class MyStack {
   public static void main(String[] args) {
      GStack<String> stringStack = new GStack<String>(); // String 타입의 GStack 생성
      stringStack.push("seoul");
      stringStack.push("busan");
      stringStack.push("LA");

      for(int n=0; n<3; n++)
         System.out.println(stringStack.pop()); // stringStack 스택에 있는 3개의
                                                 //            문자열 팝

      GStack<Integer> intStack = new GStack<Integer>(); // Integer 타입의 GStack 생성
      intStack.push(1);
      intStack.push(3);
      intStack.push(5);

      for(int n=0; n<3; n++)
         System.out.println(intStack.pop()); // intStack 스택에 있는 3개의 정수 팝
   }
}
```

실행 결과

```
LA
busan
seoul
5
3
1
```

● 컬렉션과 제네릭 개념

- **❶**＿＿＿＿＿은 요소들의 리스트나 집합을 관리하는 자료 구조로서 크기를 자동 조절하므로, 배열과 달리 요소의 개수에 신경 쓸 필요 없다. 또한 요소의 추가, 삭제, 검색 등을 쉽게 할 수 있다.
- 주요 컬렉션은 Vector\<E\>, ArrayList\<E\>, HashMap\<K, V\>, LinkedList\<E\>, Stack\<E\> 등이다.
- **❷**＿＿＿＿＿은 일반화시킨 타입의 매개 변수를 이용하여 클래스, 인터페이스, 메소드를 일반화시키는 기법이다. 그러므로 일반화시킨 타입에 구체적인 타입을 지정하여 특정 타입으로만 사용힐 수 있디.
- 컬렉션은 JDK 1.5 버전 이후 **❸**＿＿＿＿＿기법으로 만들어졌다.
- 컬렉션은 구체적인 타입을 지정하여 사용한다. 다음은 Vector\<E\>를 정수만 처리할 수 있도록 \<E\>에 Integer 타입을 주어 생성한 코드이다.

```
Vector<Integer> v = new Vector<Integer>();
```

- 컬렉션의 요소로는 오직 **❹**＿＿＿＿＿만 사용된다. int, char, double 등의 기본 타입을 컬렉션의 요소로 삽입하려면 Wrapper 클래스를 이용하여 기본 타입을 객체로 만들어 사용하면 된다.
- JDK 1.5부터는 **❺**＿＿＿＿＿이 지원되어 기본 타입을 컬렉션에 바로 삽입하고 추출할 수 있다.

● 제네렉 컬렉션 활용

- **❻**＿＿＿＿＿는 배열을 가변 크기로 다룰 수 있게 한 벡터 컬렉션으로서, 객체의 삽입, 삭제, 이동이 쉽고, 배열처럼 인덱스 번호로 원소를 접근할 수 있다.
- **❼**＿＿＿＿＿역시 배열을 가변 크기로 다룰 수 있는 하는 컬렉션으로서, Vector\<E\>와 거의 유사하나 멀티스레드 동기화를 지원하지 않는다. 다음은 Point 클래스의 객체만 다루는 ArrayList를 생성하는 코드이다.

```
ArrayList<Point> a = new ArrayList<Point>();
```

- HashMap\<K, V\>은 **❽**＿＿＿＿＿와 **❾**＿＿＿＿＿의 쌍을 하나의 원소로 다루는 해시맵 컬렉션으로서, 인덱스로는 검색할 수 없다. 다음은 키가 문자열이고, 값이 정수인 해시맵을 생성하는 코드이다.

```
HashMap<String, Integer> h = new HashMap<String, Integer>();
```

- Iterator\<E\>는 Collection\<E\> 인터페이스를 구현하여 컬렉션의 원소를 순차적으로 검색할 수 있는 컬렉션이다. Collection\<E\>를 구현한 모든 컬렉션에 **❿**＿＿＿＿＿ 메소드를 호출하면 Iterator 객체를 리턴하며, 이 객체를 이용하여 인덱스 없이 컬렉션의 요소를 순차 검색할 수 있다.

```
Vector<Integer> v = new Vector<Integer>();
Iterator<Integer> it = v.iterator();
```

● 제네릭 만들기

- 제네릭 클래스나 인터페이스는 클래스나 인터페이스 이름 다음에 일반화된 타입 매개 변수를 \<와 \> 사이에 추가한다.
- 제네릭 타입에 Integer나 String 등의 구체적인 타입을 대입하면, 특정 타입만 다루는 컬렉션 객체가 생성된다.

**Open
Challenge**
영어 어휘 테스트 프로그램 만들기

목적
벡터 컬렉션 연습

영어 단어의 뜻 맞추기 게임을 만들어 보자. 영어 단어와 한글 단어로 구성되는 Word 클래스를 작성하고, 프로그램 내에서 미리 여러 개의 Word 객체를 Vector〈Word〉 컬렉션에 삽입해둔다. 그리고 다음 결과와 같이 랜덤하게 사용자가 문제를 던진다. 이때 보기는 벡터 내에 정답이 아닌 단어를 랜덤하게 3개 선택하고 정답과 함께 4개의 보기를 출력한다.　난이도 상

```
영어 어휘 테스트를 시작합니다.  1~4 외 다른 입력시 종료합니다.
trade?
(1) 주식 (2) 동물 (3) 감정 (4) 거래 :>4
Excellent !!
animal?
(1) 동물 (2) 꿀 (3) 사회 (4) 사진 :>1
Excellent !!
emotion?
(1) 아기 (2) 조각상 (3) 감정 (4) 사회 :>3
Excellent !!
painting?
(1) 눈 (2) 조각상 (3) 그림 (4) 사회 :>2      ──< 틀린 경우
No. !!
picture?
(1) 오류 (2) 사진 (3) 인형 (4) 감정 :>2
Excellent !!
eye?
(1) 인간 (2) 눈 (3) 거래 (4) 보기 :>2
Excellent !!
fault?
(1) 사랑 (2) 곰 (3) 오류 (4) 인형 :>3
Excellent !!
society?
(1) 동물 (2) 오류 (3) 거래 (4) 사회 :>0
프로그램을 종료합니다...
```

힌트
Hint

● Word 클래스와 WordQuiz 클래스를 작성하고 main( ) 메소드를 WordQuiz 클래스에 둔다.

● WordQuiz 클래스의 생성자에는 다음과 같이 벡터를 만들고 미리 Word 객체를 삽입하는 코드를 작성한다. 참고로 저자는 총 17개의 워드를 이런 방식으로 삽입해 두었다.

```
Vector<Word> v = new Vector<Word>();
v.add(new Word("love", "사랑"));
v.add(new Word("animal", "동물"));
v.add(new Word("emotion", "감정"));
...
```

연습문제

이론 문제

• 홀수 문제는 정답이 공개됩니다.

1. 컬렉션에 대한 설명 중 잘못된 것은?
   ① 컬렉션은 배열과 달리 객체들만 삽입 가능하다.
   ② 컬렉션에는 Vector<E>, ArrayList<E>, LinkedList<E>, HashMap<K,V>, Stack<E> 등이 있다.
   ③ 컬렉션 클래스는 모두 제네릭(generics)으로 만들어져 있다.
   ④ 배열처럼 저장하는 요소의 개수가 고정되어 있다.

2. 제네릭에 대한 설명 중 틀린 것은?
   ① 제네릭은 클래스, 인터페이스, 메소드를 특정 타입에 종속되지 않게 일반화시키는 기술이다.
   ② 제네릭 클래스 등을 이용하여 응용 프로그램을 작성하는 기법을 제네릭 프로그래밍이라고 하며 최근에는 잘 활용되지 않는 추세이다.
   ③ Vector<E>에서 E를 제네릭 타입 혹은 타입 매개 변수라고 부른다.
   ④ Vector<E>에서 E에 Integer 등 구체적인 타입을 지정하여 사용해야 한다.

3. 다음 코드에 대한 설명으로 틀린 것은?

   ```
   Vector<Integer> v = new Vector<Integer>(3);
   ```

   ① v.size()는 3을 리턴한다.
   ② 제네릭 벡터로부터 Integer 타입으로 구체화된 벡터를 생성하고 있다.
   ③ v.add(10)를 호출하여 정수 10을 벡터에 삽입할 수 있다.
   ④ 벡터 v에는 실수 값을 절대로 삽입할 수 없다.

4. 다음 물음에 답하라.
   (1) '키'는 문자열이고 '값'이 Double 타입인 HashMap 객체를 생성하는 코드는?
   (2) String 타입으로 구체화한 Vector를 생성하는 코드는?
   (3) Circle 클래스의 객체만 저장할 수 있는 ArrayList 객체를 생성하는 코드는?

5. 다음 코드에서 잘못된 부분을 지적하고 이유를 설명하라.

```
Vector<int> v = new Vector<int>(100);
```

6. 다음에서 벡터 v의 **Iterator** 객체를 얻어내는 간단한 코드는 무엇인가?

```
Vector<Integer> v = new Vector<Integer>();
_____
```

7. 다음에서 자동 박싱/언박싱이 일어나는 곳을 지적하라.

```
ArrayList<Double> a = new ArrayList<Double>();
a.add(3.5);
double d = a.get(0);
```

8. 다음 프로그램은 **ArrayList**에 **0**에서 **100** 사이의 임의의 실수를 20개 삽입하고, 이들을 모두 출력하는 코드이다. 밑줄 친 부분을 **Iterator**를 이용하여 수정하라.

```
ArrayList<Double> a = new ArrayList<Double>();
for(int i=0; i<20; i++) {
   double d = Math.random()*100; // 0.0 ~ 99.999 사이의 랜덤 실수
   a.add(d);
}
for(int i=0; i<20; i++)
   System.out.println(a.get(i));
```

9. 다음 Vector에 대해 빈칸에 적절한 코드를 채워라.

```
Vector<String> v = new Vector<String>();
_____ // v에 "Good" 삽입
_____ // v에 "Bad" 삽입
_____ // v에 현재 삽입된 문자열 개수 출력
_____ // v의 인덱스 1에 있는 "Bad" 문자열 삭제
```

10. 다음 HashMap에 대해 빈칸에 적절한 코드를 채워라.

```
// 사람 이름을 키로 하고 나이를 값으로 다루는 해시맵 생성
HashMap<_____> h = _____ // 해시맵 생성
_____ // h에 "이몽룡" 나이 25 저장
_____ // h에 "성춘향" 나이 18 저장
Scanner scanner = new Scanner(System.in);
String name = scanner.next(); // 사용자로부터 이름 입력
Integer age = _____ // h에서 name의 나이 검색
```

11. 다음 제네릭 클래스에서 4개의 문항에 대해 답하라.

```
class MyGeneric<W> {
   private W x;
   public MyGeneric(W x) {
      this.x = x;
   }
   _____ // (2) 여러 줄로 작성 가능
   _____ // (3) 여러 줄로 작성 가능
}
```

(1) MyGeneric의 타입 매개 변수는 무엇인가?
(2) x를 리턴하는 public 메소드 take()를 작성하라.
(3) 매개 변수를 하나 가진 compare() 메소드를 작성하라. compare는 매개 변수와 x를 비교하여 같으면 true, 아니면 false를 리턴한다.
(4) String으로 구체화한 MyGeneric 객체를 생성하고 활용 예를 들어라.

실습 문제
• 홀수 문제는 정답이 공개됩니다.

1. Scanner를 사용하여 5개의 실수 값을 사용자로부터 입력받아 벡터에 저장하라. 그러고 나서 벡터를 검색하여 가장 큰 수를 출력하는 프로그램을 작성하라. `난이도 하`

목표 Vector 컬렉션 활용

```
3.14 2.2 -5.5 99.9 33.7
가장 큰 수는 99.9
```

2. Scanner를 사용하여 학점('A', 'B', 'C', 'D', 'F')을 5개만 문자로 입력받아 ArrayList에 저장하라. 그러고 나서 다시 ArrayList를 검색하여 5개의 학점을 점수(A=4.0, B=3.0, C=2.0, D=1.0, F=0.0)로 변환하여 출력하는 프로그램을 작성하라. `난이도 하`

목표 ArrayList 컬렉션 활용

```
빈 칸으로 분리하여 5 개의 학점을 입력(A/B/C/D/F)>>B A F C D
3.0 4.0 0.0 2.0 1.0
```

3. HashMap<String, Integer> 컬렉션을 생성하고 "에스프레소"는 2000, "아메리카노"는 2500, "카푸치노"는 3000, "카페라떼"는 3500을 저장하라. 그리고 다음과 같이 음료수 이름을 입력받으면 HashMap에서 검색하여 가격을 출력하라. `난이도 하`

목표 HashMap 컬렉션 활용

```
에스프레소, 아메리카노, 카푸치노, 카페라떼 있습니다
주문 >> 아메리카노
아메리카노는 2500입니다.
주문 >> 카푸치노
카푸치노는 3000입니다.
주문 >> 그만   ─< 종료
```

4. 한 어린이의 키를 2000년부터 2009년 사이에 1년 단위로 입력받아 벡터에 저장하라. 그리고 가장 키가 많이 자란 연도를 출력하라. `난이도 중`

목표 Vector 컬렉션 활용

```
2000~2009년까지 1년 단위로 키(cm)를 입력
>>120 122 125 130 139 160 169 173 175 179
가장 키가 많이 자란 년도는 2004년 21.0cm
```

목적 HashMap 컬렉션 활용

5. 5개의 나라 이름과 인구를 입력받아 해시맵에 저장하고, 가장 인구가 많은 나라를 검색하여 출력하는 프로그램을 작성하라. 이때 다음 해시맵을 이용하라. 난이도 중

```java
HashMap<String, Integer> nations = new HashMap<String, Integer>();
```

```
나라 이름과 인구를 5개 입력하세요.(예: Korea 5000)
나라 이름, 인구 >> Korea 5000
나라 이름, 인구 >> China 1000000
나라 이름, 인구 >> USA 30000
나라 이름, 인구 >> Swiss 2000
나라 이름, 인구 >> France 2500
제일 인구가 많은 나라는 (China, 1000000)
```

목적 HashMap 컬렉션 응용

6. 고객의 이름과 포인트 점수를 관리하는 프로그램을 해시맵을 이용하여 작성하라. 이 프로그램은 고객의 이름과 포인트를 누적하여 관리한다. 한 고객의 입력이 끝나면 현재까지의 모든 고객의 포인트 점수를 출력한다. 난이도 상

```
** 포인트 관리 프로그램입니다 **
이름과 포인트 입력>>황기태 40
(황기태,40)
이름과 포인트 입력>>정인환 50
(정인환,50)(황기태,40)
이름과 포인트 입력>>황기태 60
(정인환,50)(황기태,100)
이름과 포인트 입력>>정인환 200
(정인환,250)(황기태,100)
이름과 포인트 입력>>exit
프로그램을 종료합니다...
```

목적 사용자 객체(Location)를 저장하는 ArrayList 컬렉션 응용

7. Location 클래스는 2차원 평면에서 하나의 위치(x, y)를 표현한다. Location 객체로 쥐가 이동한 각 위치를 저장하고 이들로부터 총 이동 거리를 구하고자 한다. ArrayList 컬렉션에 쥐의 위치(Location 객체)를 5개 입력받아 삽입한 후 총 길이를 구하라. 시작 위치는 (0, 0)이며, (0, 0) 위치로 돌아온다. 난이도 상

```
쥐가 이동한 위치(x,y)를 5개 입력하라.
>> 2 2
>> 3 4
>> 5 4
>> 7 6
>> 6 1
총 이동 거리는 21.074704270883174
```

Bonus 1   아래의 HV 클래스는 해시맵을 인자로 받아 벡터를 리턴하는 hashToVector() 메소드를 가지고 있다. hashToVector()는 해시맵 내의 '값(value)'을 모두 Vector<String>에 삽입하여 리턴한다. 빈칸을 완성하라. 난이도 중

목적 HashMap, Vector 컬렉션 종합 응용

```
119 112 114
```

```
_____ // import 문
public class HV {
  public static Vector<String> hashToVector(HashMap<String, String> h) {
    Vector<String> v = _____ // 벡터 생성
    _____ // 해시맵 h로부터 키의 Set 컬렉션 s 얻기
    Iterator<String> it = s.iterator();
    while(it.hasNext()) {
      String key  = it.next();
      _____ // '값'을 벡터에 삽입
    }
    _____ // 리턴 문
  }
  public static void main(String [] args) {
    _____ h = _____ // 해시맵 h 생성
    h.put("범죄", "112");
    h.put("화재", "119");
    h.put("전화번호", "114");
    Vector<String> v = _____ ; // hashToVector() 호출
    for(int n=0; n< _____ ; n++) // v의 모든 요소에 대해 반복
      System.out.print(v.get(n) + " ");
  }
}
```

08

자바 GUI 스윙 기초

8.1 자바의 GUI

8.2 자바 GUI 패키지

8.3 스윙 GUI 프로그램 만들기

8.4 컨테이너(Container)와 배치(Layout)

8.5 FlowLayout 배치관리자

8.6 BorderLayout 배치관리자

8.7 GridLayout 배치관리자

8.8 배치관리자가 없는 컨테이너

자바 GUI 스윙 기초

8.1 자바의 GUI

GUI 응용프로그램이란?

GUI

GUI(Graphical User Interface)란 이미지 혹은 그래픽으로 그린 버튼, 메뉴 등을 가진 화면에 마우스와 같은 편리한 입력 도구를 이용하여 사용자가 편리하게 입출력할 수 하도록 만든 사용자 인터페이스이다.

소프트웨어 개발자들은 프로그래밍 언어를 선택함에 있어 GUI를 작성하기에 편한 정도와 다양한 기능 제공의 여부를 중요한 기준으로 삼는다. 자바는 어떤 언어보다 강력한 GUI 라이브러리를 제공하여 소프트웨어 개발자들이 다양한 GUI를 쉽게 구성하도록 해준다.

AWT와 Swing 패키지

GUI 컴포넌트
java.awt 패키지
javax.swing 패키지

자바 언어는 GUI 기반의 응용프로그램을 쉽게 작성할 수 있도록 다양한 GUI 컴포넌트(GUI Component)를 제공한다. 자바의 GUI 컴포넌트는 AWT 컴포넌트와 Swing 컴포넌트로 구분되며, 이들을 각각 java.awt 패키지와 javax.swing 패키지를 통해 공급된다.

● AWT

중량 컴포넌트

AWT(Abstract Windowing Toolkit)는 자바가 처음 나왔을 때 함께 배포된 GUI 패키지이다. 운영체제의 도움을 받아 GUI를 그리기 때문에 속도는 빠르나 운영체제에 부담을 주므로 AWT 컴포넌트는 중량 컴포넌트(heavy weight component)라고 불린다. 최근에는 거의 사용되지 않는다.

● 스윙

경량 컴포넌트
대문자 J

스윙(Swing)은 AWT와는 달리 순수하게 자바 언어로 작성되었다. 운영체제의 도움을 받지 않기 때문에 스윙 컴포넌트들은 경량 컴포넌트(light weight component)라고 불린다. 스윙은 AWT보다 화려하고 다양한 많은 GUI 컴포넌트를 제공하며, AWT와 구분하기 위해 컴포넌트 이름이 모두 대문자 J로 시작한다. 스윙은 AWT에 구현된 이벤트 처리나 GUI 컴포넌트의 기본 원리를 바탕으로 작성되었기 때문에, 스윙을 사용하기 위해 AWT 패키지가 필요하다.

> **잠깐!** **스윙과 AWT 컴포넌트 동시 사용 불가**
>
> 스윙과 AWT는 서로 다른 구조로 구현되어 있기 때문에 한 프로그램에서 스윙 컴포넌트와 AWT 컴포넌트를 혼용하여서는 안 된다.

스윙 GUI 응용프로그램 샘플

[그림 8-1]은 스윙으로 작성된 GUI 응용프로그램의 샘플과 사용된 스윙 컴포넌트들을 보여준다. 스윙 응용프로그램은 JFrame, JMenuBar, JMenu, JButton, JList 등의 스윙 컴포넌트들을 이용하여 마치 레고 블록을 조립하듯이 구성한다. 이들에 대해서는 9, 10장에서 자세히 다룬다.

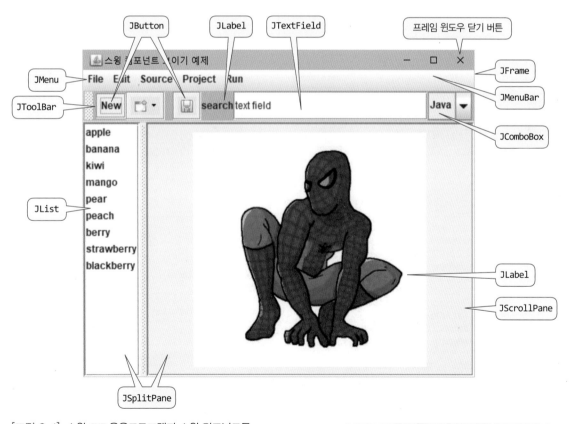

[그림 8-1] 스윙 GUI 응용프로그램과 스윙 컴포넌트들

8.2 자바 GUI 패키지

GUI 패키지 계층 구조

Component
JComponent

GUI 프로그램 작성에 사용되는 AWT와 스윙 패기지의 주요 클래스의 상속 관계를 [그림 8-2]에 나타내었다. 모든 GUI 컴포넌트들은 Component 클래스를 반드시 상속받는다. 그 중에서 스윙 컴포넌트의 클래스 명은 모두 J로 시작하며, JComponent를 상속받는 것들과 JApplet, JFrame, JDialog 들이다. Font, Dimension, Color, Graphics 클래스는 GUI 컴포넌트가 아니지만, 문자의 폰트 설정, 색, 도형 그리기 등 그래픽 작업 시 반드시 필요하다.

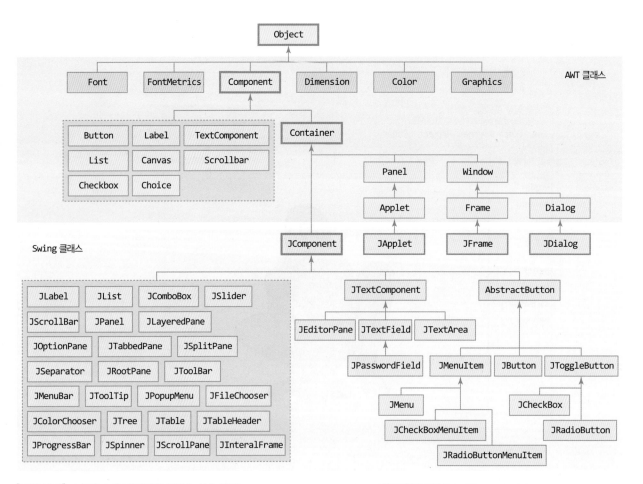

[그림 8-2] AWT와 스윙 패키지의 클래스 상속 관계

컨테이너와 컴포넌트

자바 GUI 응용프로그램의 화면은 GUI 컴포넌트들로 구성되며, 이들은 역할에 따라 컨테이너와 순수 컴포넌트로 분류된다. 자바 응용프로그램은 빈 판에 레고 블록을 쌓아 가듯이, GUI 컴포넌트를 쌓아서 GUI 응용프로그램을 구성하는데, 다른 GUI 컴포넌트를 포함할 수 있는 컴포넌트를 특별히 컨테이너라고 부른다.

● 컨테이너

컨테이너란 컴포넌트를 포함할 수 있는 특별한 GUI 컴포넌트이다. 컨테이너가 되기 위해서는 java.awt.Container 클래스를 상속받아야만 한다. Container 클래스는 [그림 8-2]와 같이 java.awt.Component를 상속받기 때문에 컨테이너 또한 컴포넌트이다. 그러므로 컨테이너는 다른 컨테이너에 컴포넌트로 포함될 수 있다. 컨테이너 클래스는 다음과 같다.

컨테이너

```
Frame, Panel, Applet, Dialog, Window // AWT 컨테이너
JFrame, JPanel, JApplet, JDialog, JWindow // 스윙 컨테이너
```

● 컴포넌트

한편, 컴포넌트란 컨테이너와 달리 다른 컴포넌트를 포함할 수 없으며, 임의의 컨테이너에 포함되어야 비로소 화면에 출력될 수 있는 GUI 객체이다. AWT나 스윙의 모든 컴포넌트들은 java.awt.Component를 상속받기 때문에, Component 클래스는 모든 컴포넌트들의 공통적인 요소들을 구현하고 있다. 컴포넌트의 크기, 모양, 위치, 색, 폰트 등에 관한 정보를 관리하는 멤버 변수와 메소드, 컴포넌트 그리기, 이동, 삭제, 이벤트 처리에 관한 메소드 등 다양한 기능을 제공한다. 또한 순수 스윙 컴포넌트들은 모두 javax.swing.JComponent를 상속받기 때문에 JComponent는 스윙 컴포넌트들의 공통적인 기능을 구현하고 있다.

컴포넌트

● 최상위 컨테이너

컨테이너 중에서 다른 컨테이너에 속하지 않고도 독립적으로 존재하여 출력될 수 있는 컨테이너를 최상위 컨테이너(Top Level Container)라고 한다. JFrame, JDialog, JApplet 등이 이에 속한다. 그러나 이들을 제외한 JPanel, JScrollPane 등 나머지 컨테이너와 컴포넌트들은 다른 컨테이너에 부착될 때만 화면에 출력된다.

독립적으로 존재하여 출력
최상위 컨테이너

● 컨테이너와 컴포넌트의 포함 관계

[그림 8-3]은 컨테이너와 컴포넌트, 최상위 컨테이너의 포함 관계를 보여준다. 그림의 오른쪽은 스윙으로 작성된 GUI 응용프로그램의 실제 모습이며, 왼쪽은 응용프로

그램을 구성하는 스윙 컴포넌트들의 관계를 보여준다. 맨 바깥에 최상위 컨테이너인 JFrame 컨테이너가 있고, 그 안에 JPanel 컨테이너가 하나 부착되어 있다. 그리고 이 컨테이너에는 다시 두 개의 JPanel 컨테이너와 1개의 버튼 컴포넌트가 부착되어 있다. 두 JPanel 컨테이너에는 다시 여러 개의 스윙 컴포넌트들이 부착되어 있다. 자바 스윙 응용프로그램은 이렇게 컨테이너와 컴포넌트 들이 마치 레고 블록을 쌓는 것처럼, 컨테이너와 컴포넌트의 계층 구조로 구성된다.

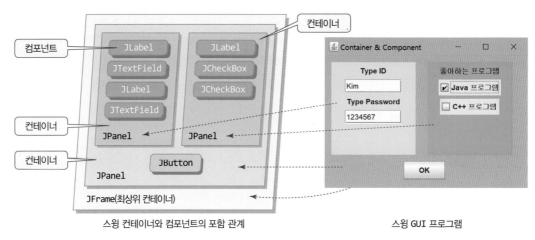

스윙 컨테이너와 컴포넌트의 포함 관계   스윙 GUI 프로그램

[그림 8-3] 스윙 응용프로그램에서 최상위 컨테이너와 컨테이너 컴포넌트의 포함 관계

8.3 스윙 GUI 프로그램 만들기

스윙으로 GUI 응용프로그램을 만들기 위해서는 다음의 세 과정이 필요하다.

1. 스윙 프레임 작성
2. main() 메소드 작성
3. 프레임에 스윙 컴포넌트 붙이기

스윙 패키지 import

스윙 컴포넌트들을 사용하기 위해서는 스윙 패키지의 경로명을 import 해야 한다.

```
import javax.swing.*;
```

　　GUI 프로그램은 이미지나 도형을 다루는 클래스와 이벤트 처리를 위한 클래스를 사용하기 때문에, 다음 import 문이 함께 필요한 경우가 많다.

```
import java.awt.*; // 그래픽 처리를 위한 클래스들의 경로명
import java.awt.event.*; // AWT 이벤트 사용을 위한 경로명
import javax.swing.*; // 스윙 컴포넌트 클래스들의 경로명
import javax.swing.event.*; // 스윙 이벤트를 위한 경로명
```

스윙 프레임과 컨텐트팬

스윙 프레임은 모든 스윙 컴포넌트들을 담는 최상위 컨테이너(Top Level Container)이다. 프레임이 출력될 때, 프레임 내에 부착된 모든 컴포넌트들이 화면에 출력된다. 컴포넌트들은 프레임 없이 독립적으로 화면에 출력될 수 없다. 프레임이 닫히면 프레임 내의 모든 컴포넌트들도 프레임과 함께 화면에서 사라진다.

　　스윙에서 프레임의 역할을 하는 클래스가 JFrame이다. JFrame 객체는 [그림 8-4]와 같이 구성된다. JFrame 객체는 Frame(java.awt.Frame), 메뉴바(Menu Bar), 컨텐트팬(Content Pane)의 세 공간으로 구성된다. Frame은 AWT 패키지에 있는 클래스로서 JFrame이 [그림 8-2]와 같이 java.awt.Frame을 상속받기 때문에 당연히 존재하며, 모든 메뉴는 메뉴바에 부착된다.

JFrame

　　컨텐트팬은 메뉴를 제외한 모든 GUI 컴포넌트들을 부착하는 공간이므로, 개발자는 화면에 출력하고자 하는 GUI 컴포넌트들을 컨텐트팬에 붙여야 한다.

컨텐트팬

　　[그림 8-4]의 왼쪽은 JFrame의 사용 예로서 5개의 메뉴가 메뉴바에 부착되어 있으며, 컨텐트팬에는 add, sub, mul, div 이름의 버튼 컴포넌트들이 부착되어 있다.

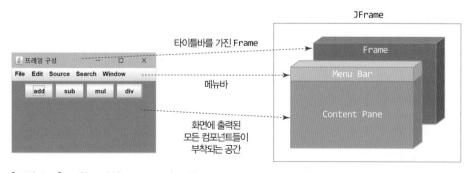

[그림 8-4] 스윙 프레임(JFrame)의 구성

프레임 만들기, JFrame 클래스 상속

스윙 응용프로그램의 프레임은 JFrame을 상속받아 만든다. 다음은 JFrame을 상속받아 MyFrame 클래스를 만든 코드 사례이다.

```
public class MyFrame extends JFrame {
..........................
}
```

이 코드를 통해 MyFrame 객체는 스윙 프레임의 역할을 하게 된다. 예제 8-1은 JFrame을 상속받아 프레임을 만든 간단한 사례를 보여준다. MyFrame 클래스에 main() 메소드를 두고, 다음과 같이 MyFrame 클래스의 인스턴스를 생성하면 된다.

```
MyFrame frame = new MyFrame(); // 스윙 프레임 생성
```

그리고 다음과 같이 MyFrame() 생성자에 프레임의 크기와 타이틀을 설정한다.

```
setTitle("300x300 스윙 프레임 만들기"); // 프레임 타이틀 설정
setSize(300, 300); // 폭 300, 높이 300 크기로 프레임 크기 설정
setVisible(true); // 프레임이 화면에 나타나도록 지시. false의 경우 프레임이 숨겨짐
```

이 메소드들은 모두 JFrame의 멤버이다. MyFrame 객체가 생성되면 스윙 프레임이 생성되며, MyFrame 객체는 사용자의 키나 마우스 입력을 받으면서 스스로 동작한다.

예제 8-1   300x300 크기의 스윙 프레임 만들기

300×300 크기의 스윙 프레임을 만들어라.

```
1   import javax.swing.*;
2
3   public class MyFrame extends JFrame {
4     public MyFrame() {
5       setTitle("300x300 스윙 프레임 만들기");
6       setSize(300,300); // 프레임 크기 300x300
7       setVisible(true); // 프레임 출력
8     }
9
10    public static void main(String[] args) {
11      MyFrame frame = new MyFrame();
12    }
13  }
```

타이틀

300x300 스윙 프레...

300 픽셀

300 픽셀

스윙 응용프로그램에서 main() 메소드의 기능과 위치

스윙 응용프로그램에서 main()의 기능은 최소화하는 것이 좋다. 스윙 프로그램이 실행되는 시작점으로서, main()은 다음과 같이 프레임을 생성하는 코드 정도 구현하여 프레임 클래스 내에 작성하는 것이 좋다.

```java
public static void main(String [] args) {
    MyFrame frame = new MyFrame(); // 스윙 프레임 생성
}
```

잠깐! **main()이 종료한 뒤에도 프레임이 살아 있는 이유는 무엇인가?** ●───

다음 코드에서 main()은 스윙 프레임(MyFrame)을 생성하고 곧 바로 종료한다.

```java
public static void main(String args[]) {
    MyFrame frame = new MyFrame(); // 스윙 프레임 생성
} // main() 종료
```

그러면 main()의 종료와 함께 응용프로그램도 종료하는 것이 당연하지 않은가? main()이 종료하였지만, 화면에는 프레임이 살아 있는 이유는 무엇일까? 그 이유는, 보통의 경우 main() 종료와 함께 응용프로그램이 종료되지만, 스윙 프레임이 생성될 때 자바 플랫폼은 이벤트 처리 스레드를 만들어 작동시키기 때문이다. 이 스레드는 키 입력과 마우스의 움직임을 이벤트 형식으로 GUI 컴포넌트에게 전달한다. main()이 종료되어도 이벤트 처리 스레드가 살아 있기 때문에, 자바 플랫폼은 응용프로그램을 종료시키지 않는다.

프레임에 컴포넌트 붙이기

프레임은 응용프로그램을 구성하는 외곽 틀이다. 이제 프레임 안에 타이틀과 컴포넌트들을 부착하는 방법을 알아보자.

● 타이틀 달기

프레임에 타이틀을 달기 위해서는 다음과 같이 super()를 이용하여 JFrame의 생성자를 호출하거나,

super()

```java
public MyFrame() {  // 생성자
    super("타이틀문자열"); // JFrame("타이틀문자열") 생성자 호출
}
```

setTitle()

다음과 같이 JFrame의 setTitle() 메소드를 이용한다.

```
public MyFrame() {   // 생성자
    setTitle("타이틀문자열"); // 타이틀 달기
}
```

● 메뉴 만들어 붙이기

스윙 프로그램에 메뉴를 작성하기 위해서는 메뉴바를 만들고, 메뉴를 만들어 붙인다.
그리고 메뉴에 메뉴 아이템 컴포넌트를 생성하여 붙인다. 마지막에 메뉴바를 JFrame
의 메뉴바 영역에 붙인다. 구체적인 내용은 **10.10**절에서 자세히 설명한다.

● 컨텐트팬에 컴포넌트 달기

컨텐트팬
getContentPane()

스윙에서는 [그림 8-4]에서 소개한 컨텐트팬(content pane)에만 컴포넌트를 부착
할 수 있다. JFrame 객체가 처음 생길 때 컨텐트팬은 자동으로 생성된다. 그러므로
프레임에 붙어 있는 컨텐트팬을 알아내기 위해서는, 다음과 같이 JFrame 클래스의
getContentPane() 메소드를 호출한다. 컨텐트팬은 Container 타입이다.

```
public class MyFrame extends JFrame {
    public MyFrame() {
        ...
        Container contentPane = getContentPane(); // 프레임의 컨텐트팬을 알아낸다.

    }
    ...
}
```

add()

컨텐트팬에 컴포넌트를 붙이는 것은 비교적 간단하다. 컨텐트팬은 컨테이너이기 때
문에 다음과 같이 간단히 add() 메소드를 이용하여 컴포넌트를 부착하면 된다.

```
JButton button = new JButton("Click"); // 버튼 컴포넌트 생성
contentPane.add(button); // 컨텐트팬에 버튼 부착
```

● 컨텐트팬의 변경

프레임에 붙어 있는 컨텐트팬을 제거하고 새 컨텐트팬을 만들어 붙일 수 있다. 컨텐트
팬은 Container 타입이므로 Container를 상속받은 어떤 컴포넌트도 컨텐트팬이 될 수
있다. 다음은 JPanel을 상속받은 MyPanel을 컨텐트팬으로 붙이는 예이다.

```
class MyPanel extends JPanel {
    // JPanel을 상속받은 패널을 구현한다.
}
frame.setContentPane(new MyPanel()); // frame의 컨텐트팬을 MyPanel 객체로 변경
```

Tip 컨텐트팬과 JDK 1.5 버전 이후의 추가 사항

JDK 1.5 이전까지는 다음과 같이 컨텐트팬에 명시적으로 컴포넌트를 부착하도록 하였다.

```
Container contentPane = frame.getContentPane();
contentPane.add(new JButton("Click")); // 컨텐트팬에 직접 컴포넌트 부착
```

그러나 자바 학습자들이 컨텐트팬의 존재를 모른 채 코딩하다 오류를 범하는 경우가 많아지자, JDK 1.5부터는 JFrame의 add(Component comp)를 호출해도 JFrame의 add() 메소드가 대신 컨텐트팬에 컴포넌트를 추가하도록 수정하였다. 따라서 개발자는 컨텐트팬을 의식하지 않고 다음과 같이 JFrame에 컴포넌트를 바로 추가할 수 있다.

```
JButton button = new JButton("Click");
frame.add(button); // 프레임의 add()가 대신 컨텐트팬에 button 부착. JDK 1.5 이후
```

하지만 저자는 첫 번째 방법으로 컨텐트팬에 명확히 붙이는 방법을 권한다.

 **잠깐!**　JButton과 JLabel

JButton은 버튼을, JLabel은 문자열을 출력하기 위해 사용되는 스윙 GUI 컴포넌트이다. 다음과 같이 컨텐트팬에 부착되면 버튼과 문자열을 출력한다.

```
JButton b = new JButton("버튼");
b.setBackground(Color.ORANGE); // 버튼의 배경색을 오렌지색으로 설정
contentPane.add(b); // 컨텐트팬에 버튼 달기
contentPane.add(new JLabel("안녕하세요")); // 컨텐트팬에 문자열 달기
```

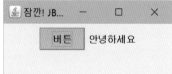

예제 8-2   **3개의 버튼 컴포넌트를 가진 스윙 프레임 만들기**

다음 그림과 같이 콘텐트팬의 배경색을 오렌지색으로 하고, OK, Cancel, Ignore 버튼을 부착한 스윙 프로그램을 작성하라.

이 에제에는 JButton, FlowLayout 등 뒤에서 다룰 내용이지만, 일단 소스를 보면서 학습하는 것이 좋겠다.

```java
1    import javax.swing.*;
2    import java.awt.*;
3
4    public class ContentPaneEx extends JFrame {
5      public ContentPaneEx() {
6        setTitle("ContentPane과 JFrame 예제"); // 프레임의 타이틀 달기
7        setDefaultCloseOperation(JFrame.EXIT_ON_CLOSE); // 프레임 윈도우를 닫으면
                                                        //            프로그램 종료
8
9        Container contentPane = getContentPane(); // 컨텐트팬을 알아낸다.
10       contentPane.setBackground(Color.ORANGE); // 오렌지색 배경 설정
11       contentPane.setLayout(new FlowLayout()); // 컨텐트팬에 FlowLayout 배치관
                                                 //              리자 달기
12       contentPane.add(new JButton("OK")); // OK 버튼 달기
13       contentPane.add(new JButton("Cancel")); // Cancel 버튼 달기
14       contentPane.add(new JButton("Ignore")); // Ignore 버튼 달기
15
16       setSize(300, 150); // 프레임 크기 300x150 설정
17       setVisible(true); // 화면에 프레임 출력
18     }
19
20     public static void main(String[] args) {
21       new ContentPaneEx();
22     }
23   }
```

스윙 응용프로그램의 종료

자바에서 프로그램을 종료하기 위해서는 어떤 상황에서나 다음 문장을 사용한다.

```
System.exit(0); // 자바 프로그램을 종료한다.
```

한편 사용자는 스윙 프로그램을 종료하기 위해 프레임 윈도우의 오른쪽 상단에 있는 '프레임 종료 버튼(X)'을 클릭하는 경우가 있다. 하지만 '프레임 종료 버튼(X)'의 클릭은 프레임 윈도우를 닫는 버튼이지 프로그램을 종료시키는 버튼은 아니다. 즉 프로그램은 종료되지 않고 프레임이 화면에 보이지 않게 된 것뿐이다. 그러므로 프레임 윈도우가 닫힐 때 스윙 프로그램도 함께 종료시키고자 한다면 다음 코드를 삽입하여야 한다.

```
frame.setDefaultCloseOperation(JFrame.EXIT_ON_CLOSE);
// 프레임 윈도우가 닫힐 때 프로그램도 함께 종료한다.
```

1 다음 중 최상위 컨테이너가 아닌 것은?
 ① JPanel   ② JDialog   ③ JFrame   ④ JApplet

2 JFrame 내에 컴포넌트가 부착되는 특별한 영역을 무엇이라고 부르는가? 이 영역에 "Hello" 문자열을 가진 JButton 컴포넌트를 삽입하는 간단한 코드를 보여라.

8.4 컨테이너(Container)와 배치(Layout)

컨테이너와 배치 개념

컨테이너에 부착되는 컴포넌트의 위치와 크기는 컨테이너 내부에 있는 배치관리자(Layout Manager)에 의해 결정된다. [그림 8-5]는 컨테이너와 배치관리자 사이의 관계를 보여준다. 안내원(배치관리자)은 강의실(컨테이너)에 들어오는 학생들(컴포넌트)에게 위치를 지정(배치)해주고 있다.

AWT나 스윙의 컨테이너는 다음과 같은 특징을 가진다.

- 컨테이너는 하나의 배치관리자를 가진다.
- 컨테이너에 컴포넌트가 부착되는 시점에, 배치관리자는 컴포넌트의 위치와 크기를 결정한다.
- 컨테이너의 크기가 변경되면 배치관리자는 컨테이너의 모든 컴포넌트들의 위치와 크기를 재조정한다.

배치관리자

[그림 8-5] 컨테이너와 배치, 배치관리자 사이의 관계

배치관리자의 종류

자바는 여러 종류의 배치관리자를 지원한다. [그림 8-6]은 대표적인 4가지 배치관리자가 컴포넌트를 배치하는 형태를 보여준다. 배치관리자는 java.awt 패키지의 클래스들이며, 이들을 사용하기 위해서는 다음과 같이 import 해야 한다.

```
import java.awt.*;
```

4가지 대표적인 배치관리자를 설명하면 다음과 같다.

●FlowLayout

컨테이너 내부에 삽입되는 순서대로 왼쪽에서 오른쪽으로 컴포넌트를 배치하며, 오른쪽에 더 이상 배치할 공간이 없으면 아래로 내려와서 다시 왼쪽에서 오른쪽으로 배치한다. 컴포넌트의 크기는 화면에 출력될 수 있는 적당한 크기로 설정한다.

● BorderLayout

컨테이너의 공간을 동(EAST), 서(WEST), 남(SOUTH), 북(NORTH), 중앙(CENTER)의 5개 영역으로 나누고, 응용프로그램에서 지정한 영역에 컴포넌트를 배치한다. 컴포넌트의 크기는 영역의 크기와 동일하게 설정한다.

● GridLayout

컨테이너의 공간을 응용프로그램에서 설정한 동일한 크기의 2차원 그리드로 나누고, 컴포넌트가 들어오는 순서대로 좌에서 우로, 다시 위에서 아래로 순서대로 배치한다. 컴포넌트의 크기는 셀의 크기와 일치시킨다.

● CardLayout

컨테이너의 공간에 카드를 쌓아 놓은 듯이 컴포넌트들을 포개어 배치한다. 컴포넌트의 크기는 컨테이너의 크기와 일치시킨다.

[그림 8-6] 대표적인 4가지 배치관리자

컨테이너의 디폴트 배치관리자

컨테이너가 생성될 때 자동으로 디폴트 배치관리자가 생성되며 이들은 〈표 8-1〉과 같다.

〈표 8-1〉 컨테이너의 디폴트 배치관리자

AWT와 스윙 컨테이너	디폴트 배치관리자
Window, JWindow	BorderLayout
Frame, JFrame	BorderLayout
Dialog, JDialog	BorderLayout
Panel, JPanel	FlowLayout
Applet, JApplet	FlowLayout

컨테이너에 새로운 배치관리자 설정, setLayout() 메소드

setLayout()

Container 클래스의 setLayout() 메소드를 호출하면, 컨테이너에 새로운 배치관리자를 설정할 수 있다. 예를 들어, JPanel에 BorderLayout 배치관리자를 설정하고자 하면 다음과 같다.

```
JPanel p = new JPanel();
p.setLayout(new BorderLayout()); // 패널에 BorderLayout 배치관리자 설정
```

마찬가지로 컨텐트팬의 배치관리자를 FlowLayout 배치관리자로 변경하려면 다음과 같이 하면 된다.

```
Container c = frame.getContentPane(); // 프레임의 컨텐트팬
c.setLayout(new FlowLayout()); // 컨텐트팬에 FlowLayout 배치관리자 설정
```

간혹 독자들은 다음과 같이 new를 빠트리는 오류를 범하기도 한다.

 c.setLayout(FlowLayout); // 오류

8.5 FlowLayout 배치관리자

배치 방법

FlowLayout 배치관리자는 컴포넌트를 왼쪽에서 오른쪽으로 배치하고, 오른쪽 공간이 없으면 아래로 내려와서 배치한다. 컨테이너에 삽입하는 코드 사례는 아래와 같으며, [그림 8-7]은 컴포넌트가 부착되는 과정을 보여준다.

FlowLayout

```
container.setLayout(new FlowLayout());
container.add(new JButton("add"));
container.add(new JButton("sub"));
container.add(new JButton("mul"));
container.add(new JButton("div"));
container.add(new JButton("Calculate"));
```

(a) "add", "sub" 두 버튼이 왼쪽에서 오른쪽으로 부착된다.

(b) "mul" 버튼이 오른쪽에 추가 배치된다.

(c) 아래로 내려가서 "div"와 "Calculate" 버튼 이 부착된다.

[그림 8-7] FlowLayout 배치관리자를 가진 프레임에 5개의 버튼이 순서대로 부착되는 과정

FlowLayout의 생성자

FlowLayout의 생성자에 컴포넌트 사이의 간격과 정렬 방식을 지정할 수 있다.

```
FlowLayout()
FlowLayout(int align, int hGap, int vGap)
```
- align: 컴포넌트를 정렬하는 방법 지정. 왼쪽 정렬(FlowLayout.LEFT), 오른쪽 정렬 (FlowLayout.RIGHT), 중앙 정렬(FlowLayout.CENTER(디폴트))
- hGap: 좌우 두 컴포넌트 사이의 수평 간격, 픽셀 단위. 디폴트는 5
- vGap: 상하 두 컴포넌트 사이의 수직 간격, 픽셀 단위. 디폴트는 5

예제 8-3   FlowLayout 배치관리자 활용

FlowLayout 배치관리자를 사용하여 다음 그림과 같이 5개의 버튼을 배치하라.

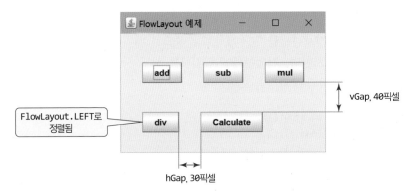

```
1    import javax.swing.*;
2    import java.awt.*;
3
4    public class FlowLayoutEx extends JFrame {
5       public FlowLayoutEx() {
6          setTitle("FlowLayout 예제");
7          setDefaultCloseOperation(JFrame.EXIT_ON_CLOSE);
8          Container contentPane = getContentPane(); // 컨텐트팬 알아내기
9
10         // 왼쪽 정렬로, 수평 간격을 30, 수직 간격을 40 픽셀로 배치하는 FlowLayout 생성
11         contentPane.setLayout(new FlowLayout(FlowLayout.LEFT, 30, 40));
12
13         contentPane.add(new JButton("add"));
14         contentPane.add(new JButton("sub"));
15         contentPane.add(new JButton("mul"));
16         contentPane.add(new JButton("div"));
17         contentPane.add(new JButton("Calculate"));
18
19         setSize(300, 200); // 프레임 크기 300x200 설정
20         setVisible(true); // 화면에 프레임 출력
21      }
22      public static void main(String[] args) {
23         new FlowLayoutEx();
24      }
25   }
```

8.6 BorderLayout 배치관리자

배치 방법

BorderLayout 배치관리자는 [그림 8-8]과 같이 컨테이너 공간을 동(EAST), 서(WEST), 남(SOUTH), 북(NORTH), 중앙(CENTER)의 5개의 영역으로 분할하여 배치한다.

BorderLayout

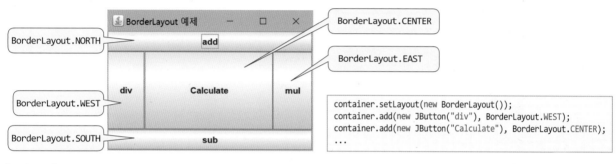

[그림 8-8] BorderLayout 배치관리자를 가진 컨테이너의 공간 분할

다른 배치관리자와는 달리 **BorderLayout** 배치관리자는 다음과 같이 add() 메소드를 사용하여 컴포넌트의 위치를 지정하며, [그림 8-8]은 add()의 사용 예를 보여 준다.

add()

---

void add(Component comp, int index) comp 컴포넌트를 index 위치에 삽입한다.
- **comp:** 컨테이너에 삽입되는 컴포넌트
- **index:** 컴포넌트의 위치

　　　동: BorderLayout.EAST　　서: BorderLayout.WEST　　남: BorderLayout.SOUTH
　　　북: BorderLayout.NORTH　중앙: BorderLayout.CENTER

BorderLayout의 생성자

BorderLayout의 생성자를 이용하여 컴포넌트 사이의 간격을 조정할 수 있다.

BorderLayout()
BorderLayout(int hGap, int vGap)
- **hGap:** 좌우 두 컴포넌트 사이의 수평 간격, 픽셀 단위. 디폴트는 0
- **vGap:** 상하 두 컴포넌트 사이의 수직 간격, 픽셀 단위. 디폴트는 0

BorderLayout 컨테이너에 5개 이상의 컴포넌트를 부착하고자 하면, 동서남북중앙 중 한 영역에 JPanel을 부착하고 여기에 여러 컴포넌트를 부착하면 된다.

예제 8-4   **BorderLayout 배치관리자 활용**

BorderLayout 배치관리자를 사용하여 다음 그림과 같이 5개의 버튼을 배치하라.

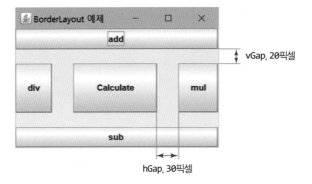

```java
1    import javax.swing.*;
2    import java.awt.*;
3
4    public class BorderLayoutEx extends JFrame {
5      public BorderLayoutEx() {
6        setTitle("BorderLayout 예제");
7        setDefaultCloseOperation(JFrame.EXIT_ON_CLOSE);
8        Container contentPane = getContentPane(); // 컨텐트팬 알아내기
9
10       // 컨텐트팬에 BorderLayout 배치관리자 설정
11       contentPane.setLayout(new BorderLayout(30, 20));
12
13       contentPane.add(new JButton("Calculate"), BorderLayout.CENTER);
14       contentPane.add(new JButton("add"), BorderLayout.NORTH);
15       contentPane.add(new JButton("sub"), BorderLayout.SOUTH);
16       contentPane.add(new JButton("mul"), BorderLayout.EAST);
17       contentPane.add(new JButton("div"), BorderLayout.WEST);
18
19       setSize(300, 200); // 프레임 크기 300x200 설정
20       setVisible(true); // 프레임을 화면에 출력
21     }
22     public static void main(String[] args) {
23       new BorderLayoutEx();
24     }
25   }
```

8.7 GridLayout 배치관리자

배치 방법

GridLayout은 컨테이너 공간을 그리드(격자) 모양으로 분할하여 각 셀에 하나씩 컴포넌트를 배치하는 방법이다. GridLayout은 컴포넌트가 부착되는 순서대로 셀에 배치한다. [그림 8-9]는 GridLayout에 의해 4×3 격자로 분할된 프레임에 11개의 버튼이 부착되는 과정을 보여준다. 컴포넌트를 삽입하는 방법은 다른 배치관리자와 별반 다르지 않으며 add() 메소드를 사용한다.

GridLayout

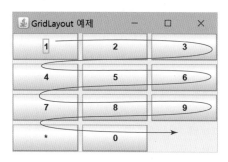

```
container.setLayout(new GridLayout(4,3));
container.add(new JButton("1"));
container.add(new JButton("2"));
...
```

[그림 8-9] GridLayout 배치관리자에 의해 4×3 격자에 11개의 버튼 컴포넌트가 배치된 예

GridLayout의 생성자

GridLayout의 생성자로 격자 분할과 간격을 설정할 수 있다.

```
GridLayout()
GridLayout(int rows, int cols)
GridLayout(int rows, int cols, int hGap, int vGap)
```
• rows : 그리드의 행 수, 디폴트는 1
• cols : 그리드의 열 수, 디폴트는 1
• hGap : 좌우 두 컴포넌트 사이의 수평 간격, 픽셀 단위. 디폴트는 0
• vGap : 상하 두 컴포넌트 사이의 수직 간격, 픽셀 단위. 디폴트는 0

 격자의 셀 수보다 많은 컴포넌트가 추가되면, 생성자에서 지정한 행 수(rows)와 열 수(cols)가 지켜지지 않으며, 모든 컴포넌트를 수용하도록 행과 열의 수가 적당히 변형된다.

예제 8-5 · **GridLayout 배치관리자를 사용하는 예**

GridLayout을 활용하여 다음 그림과 같이 한 줄에 10개의 버튼을 동일한 크기로 배치하는 스윙 프로그램을 작성하라.

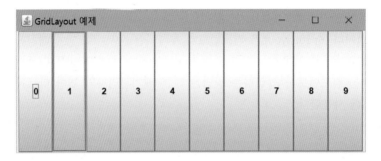

```java
1   import java.awt.*;
2   import javax.swing.*;
3
4   public class GridLayoutEx extends JFrame {
5     public GridLayoutEx() {
6       super("GridLayout 예제");          JFrame의 생성자를 호출하여 타이틀 설정
7       setDefaultCloseOperation(JFrame.EXIT_ON_CLOSE);
8       Container contentPane = getContentPane(); // 컨텐트팬 알아내기
9
10      contentPane.setLayout(new GridLayout(1, 10)); // 1x10의 GridLayout 배치
                                                           관리자
11
12      for(int i=0; i<10; i++) { // 10개의 버튼 부착
13        String text = Integer.toString(i); // 정수 i를 문자열로 변환
14        JButton button = new JButton(text); // 버튼 컴포넌트 생성
15        contentPane.add(button); // 컨텐트팬에 버튼 부착
16      }
17      setSize(500, 200);
18      setVisible(true);
19    }
20    public static void main(String[] args) {
21      new GridLayoutEx();
22    }
23  }
```

8.8 배치관리자 없는 컨테이너

배치관리자 없는 컨테이너가 필요한 경우

모든 컨테이너는 배치관리자를 가지고, 배치관리자가 의해 컴포넌트의 위치와 크기를 결정하도록 하는 것이 자바 GUI의 철학이다. 배치관리자는 컴포넌트를 절대 위치에 배치하지 않고, 다른 컴포넌트의 상대 위치에 배치한다. 그러므로 컨테이너의 크기가 변하면 컴포넌트의 위치 역시 변한다. 이처럼 배치관리자를 사용하면 컴포넌트의 위치에 대해 신경 쓰지 않아도 되지만, 한편으로 컴포넌트의 위치를 자동 결정하는 배치관리자가 오히려 불편한 경우들이 종종 있다. 어떤 경우인지 구체적으로 살펴보자.

상대 위치

- 컴포넌트의 크기나 위치를 개발자 임의로 결정하고자 하는 경우
- 게임 프로그램과 같이 시간이나 마우스/키보드의 입력에 따라 컴포넌트들의 위치와 크기가 수시로 변하는 경우
- 여러 컴포넌트들이 서로 겹치는 효과를 연출하고자 하는 경우

이런 경우, 컨테이너의 배치관리자를 없애고, 응용프로그램에서 직접 컴포넌트의 위치와 크기를 마음대로 설정할 수 있어야 한다.

컨테이너의 배치관리자 제거

Container의 setLayout() 메소드로 컨테이너의 배치관리자를 제거할 수 있다. 예를 들어 다음 코드는 JPanel이 가진 배치관리자를 삭제한다.

setLayout()

```
JPanel p = new JPanel();
p.setLayout(null); // 배치관리자 삭제
```

그 결과 패널 p에는 배치관리자가 없으므로, 패널 p에 컴포넌트를 추가해도 컴포넌트의 위치나 크기를 조절하는 어떤 배치도 일어나지 않는다. 패널 p에 추가된 컴포넌트들은 위치를 전혀 예측할 수 없고, 0×0 크기로 초기화된 상태 그대로 있어 화면에 보이지 않게 된다. 예를 들면, 다음 소스에서 생성된 두 개의 버튼은 화면에 보이지 않는다.

```
// 패널 p에는 배치관리자가 없으므로 아래 두 개의 버튼은 배치되지 않는다.
p.add(new JButton("click")); // 폭과 높이가 0인 상태로 화면에 보이지 않는다.
p.add(new JButton("me!")); // 폭과 높이가 0인 상태로 화면에 보이지 않는다.
```

컴포넌트의 절대 위치와 크기 설정

절대 위치와 크기

배치관리자가 없는 컨테이너에 컴포넌트를 삽입할 때는 응용프로그램에서 컴포넌트의 크기와 위치를 직접 설정하여야 한다. 컴포넌트의 절대 위치와 크기를 설정하기 위해서는 다음 메소드를 이용한다.

> *void setSize(int width, int height)* 컴포넌트를 width x height 크기로 설정
> *void setLocation(int x, int y)* 컴포넌트의 왼쪽 상단 모서리 좌표를 (x, y)로 설정
> *void setBounds(int x, int y, int width, int height)* 크기와 위치 동시 설정

예를 들어보자. 아래의 코드는 버튼을 100×40 크기로 설정하고 JPanel의 (50, 50) 위치에 배치한다.

```
JPanel p = new JPanel();
p.setLayout(null); // 패널 p의 배치관리자 제거
JButton clickButton = new JButton("Click");
clickButton.setSize(100, 40); // 버튼의 크기를 100×40으로 지정
clickButton.setLocation(50, 50); // 버튼의 위치를 (50, 50)으로 지정
p.add(clickButton); // 패널 내의 (50, 50) 위치에 100×40 크기의 버튼 출력
```

겹치도록 배치

CardLayout을 제외한 나머지 배치관리자는 컴포넌트들이 서로 겹치지 않도록 배치한다. 그러나 배치관리자가 없는 컨테이너를 만들면 컴포넌트를 절대 위치에 절대 크기로 마음대로 설정할 수 있기 때문에 컴포넌트들이 서로 겹치도록 배치할 수 있다.

예제 8-6   **배치관리자 없는 컨테이너에 컴포넌트를 절대 위치와 절대 크기로 지정**

다음 그림과 같이 컨텐트팬에 배치관리자를 삭제하고 9개의 버튼과 하나의 문자열을 출력하는 프로그램을 작성하라.

"Hello, Press Buttons!" 문자열은 JLabel 컴포넌트를 이용하고, 그 위치를 (130, 50)에, 크기는 200×20으로 한다. 버튼의 크기는 50×20으로 한다.

컨테이너는 컴포넌트를 add()된 반대 순으로 그린다.

```java
1    import javax.swing.*;
2    import java.awt.*;
3
4    public class NullContainerEx extends JFrame {
5       public NullContainerEx() {
6          setTitle("배치관리자 없이 절대 위치에 배치하는 예제");
7          setDefaultCloseOperation(JFrame.EXIT_ON_CLOSE);
8          Container contentPane = getContentPane(); // 컨텐트팬 알아내기
9
10         contentPane.setLayout(null); // 컨텐트팬의 배치관리자 제거
11
12         // JLabel 컴포넌트 생성하고 직접 위치와 크기를 지정한다.
13         JLabel la = new JLabel("Hello, Press Buttons!");
14         la.setLocation(130, 50); // la를 (130,50) 위치로 지정
15         la.setSize(200, 20); // la를 200x20 크기로 지정
16         contentPane.add(la); // la를 컨텐트팬에 부착
17
18         // 9개의 버튼 컴포넌트를 생성하고 동일한 크기로 설정한다.
19         // 위치는 서로 겹치게 설정한다.
20         for(int i=1; i<=9; i++) {
21            JButton b = new JButton(Integer.toString(i)); // 버튼 생성
22            b.setLocation(i*15, i*15); // 버튼의 위치 설정
23            b.setSize(50, 20); // 버튼의 크기는 동일하게 50x20
24            contentPane.add(b); // 버튼을 컨텐트팬에 부착
25         }
26
27         setSize(300, 200);
28         setVisible(true);
29      }
30      public static void main(String[] args) {
31         new NullContainerEx();
32      }
33   }
```

1 컨테이너가 컴포넌트와 근본적으로 다른 차이점은 무엇인가?

2 컨테이너 container에 FlowLayout 배치관리자를 지정하는 코드를 보여라.

3 컨테이너 container에 설치된 배치관리자를 제거하는 코드를 한 줄로 보여라.

4 배치관리자가 없는 컨테이너에 컴포넌트를 배치할 때 응용프로그램에서 반드시 컴포넌트의 위치와 크기를 지정하여야 하는 이유는 무엇인가?

CHECK TIME

요약 **SUMMARY**

◐ 자바의 GUI

● ❶ _____ 란 이미지 혹은 그래픽으로 그린 버튼, 메뉴 등을 가진 화면에 마우스와 같은 편리한 입력 도구를 이용하여 사용자가 편리하게 입출력할 수 하도록 만든 사용자 인터페이스이다.

● GUI를 위한 패키지는 AWT와 스윙(Swing)의 두 가지가 있으며, AWT는 운영체제의 윈도우 그리기에 의존하므로 중량 컴포넌트(heavy weight component)라고 부른다. 스윙 컴포넌트는 경량 컴포넌트 (light weight component)로서 운영체제에 의존하지 않고 작동한다. AWT 컴포넌트는 java.awt 패키지에 스윙 컴포넌트는 ❷ _____ 패키지에 구현되어 있다.

● 스윙은 AWT보다 많은 고급 컴포넌트를 가지고 있기 때문에 GUI 응용프로그램을 작성하는 데 주로 활용된다.

◐ 자바 GUI 패키지

● AWT와 스윙의 모든 컴포넌트가 상속받는 클래스는 Component이며, 특별히 스윙 컴포넌트들은 JComponent를 상속받으며 이름이 ❸ _____ 로 시작된다.

● 컨테이너는 여러 컴포넌트를 포함할 수 있는 특별한 GUI 컴포넌트이다. 컨테이너도 다른 컨테이너에 포함될 수 있는 컴포넌트이다.

◐ 스윙 GUI 프로그램 만들기

● 스윙 프레임을 만들기 위해서는 ❹ _____ 을 상속받은 새로운 클래스를 작성한다.

● JFrame은 컴포넌트들이 부착되는 ❺ _____ 을 가지고 있으며, 반드시 이곳에 모든 컴포넌트들이 부착된다.

● 스윙에서 프레임 종료 버튼을 클릭하면 프레임 윈도우가 보이지 않게 되지만 프로그램은 종료하지 않는다. 프레임 윈도우를 닫을 때 프로그램이 함께 종료하도록 하고자 하면 다음 코드가 필요하다.

```
frame.setDefaultCloseOperation(JFrame.EXIT_ON_CLOSE);
```

◐ 컨테이너와 배치

● 컨테이너는 내부에 하나의 ❻ _____ 를 두고 컨테이너에 부착되는 모든 컴포넌트들의 위치와 크기를 상대적으로 설정한다.

● FlowLayout 배치관리자는 컴포넌트가 들어오면 순서대로 왼쪽에서 오른쪽으로 배치하며, 더 이상 오른쪽에 배치할 공간이 없으면 다시 아래로 내려와서 왼쪽에서 오른쪽으로 배치한다.

● ❼ _____ 배치관리자는 컨테이너의 공간을 동(EAST), 서(WEST), 남(SOUTH), 북(NORTH), 중앙 (CENTER)의 5개 영역으로 나누고, 프로그램에서 지정한 영역에 컴포넌트를 배치한다.

● GridLayout 배치관리자는 컨테이너의 공간을 응용프로그램에서 설정한 2차원 그리드로 나누고, 컴포넌트가 들어오는 순서대로 좌에서 우로 배치하고, 다시 위에서 아래로 배치한다.

● CardLayout 배치관리자는 컨테이너의 공간에 카드를 쌓아놓은 듯이 컴포넌트를 포개어 배치한다.

● 컨테이너의 배치관리자를 삭제하고 응용프로그램에서 컴포넌트의 위치와 크기를 설정하여 컴포넌트를 원하는 절대 위치와 절대 크기로 출력되게 할 수 있다.

● 컨테이너 container의 배치관리자를 삭제하는 간단한 코드는 ❽ _____ 이다.

간단한 스윙 프로그램 만들기

스윙 프레임 만들기,
여러 개의 패널을 사용하여
많은 컴포넌트 붙이기 연습

다음 그림과 같은 간단한 스윙 프로그램을 작성하라. 이 프로그램은 컨텐트팬이 BorderLayout 배치관리자를 가지며, NORTH 영역과 CENTER 영역에 각각 JPanel을 상속받은 패널을 붙인다. NORTH 영역의 패널에는 3개의 버튼 컴포넌트를, CENTER 영역의 패널에는 "Hello Java!" 문자열을 가진 JLabel 컴포넌트를 100x20 크기로, (100, 50) 위치에 붙인다. `난이도 중`

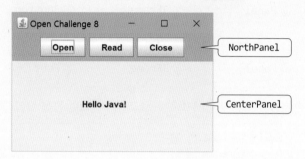

힌트

- 컨텐트팬은 디폴트로 BorderLayout의 배치관리자를 가지고 있기 때문에 따로 배치관리자를 지정하지 않아도 된다.
- 이 문제는 JPanel을 상속받는 2개의 패널을 필요로 한다. 하나는 NorthPanel 클래스로서 컨텐트팬의 NORTH에, 다른 하나는 CenterPanel 클래스로서 CENTER에 부착된다.

```
class NorthPanel extends JPanel { // NORTH에 붙일 패널
}
class CenterPanel extends JPanel { // CENTER에 붙일 패널
}
```

- NorthPanel에는 FlowLayout 배치관리자를 이용하여 3개의 버튼을 붙이면 된다.
- CenterPanel에 배치관리자를 삭제하면 문자열을 임의의 위치에 부착할 수 있다. new JLabel("Hello Java!");로 생성한 레이블을 문제에 주어진 위치에 부착하면 된다. 물론 크기와 위치도 설정해야 한다.
- 컴포넌트의 배경색은 Component의 setBackground() 메소드를 사용한다. 예를 들어, NorthPanel 패널의 배경색을 밝은 회색(light gray)으로 설정하고자 한다면 다음과 같이 한다.

```
class NorthPanel extends JPanel {
    public NorthPanel() {
        setBackground(Color.LIGHT_GRAY);
    }
}
```

연습문제

이론 문제

• 홀수 문제는 정답이 공개됩니다.

1. 다음 중에서 스윙 컴포넌트 클래스가 아닌 것은?

① Panel   ② JFrame   ③ JButton   ④ JLabel

2. 다음 중에서 컴포넌트가 아닌 것은?

① Panel   ② JFrame   ③ Font   ④ JPanel

3. 다음 코드의 빈칸에 스윙 프로그램에 필요한 문을 삽입하라.

```java
import java.awt.*;
import javax.swing.*;
public class MyFrame extends _____ {
  public MyFrame() {
    _____  // 컨텐트팬에 대한 레퍼런스 얻기
    _____  // 컨텐트팬에 "hello" 버튼 달기
    _____  // 프레임을 너비 200, 높이 400픽셀로 설정
    setVisible(true);
  }
  public static void main(String [] args) {
    _____  // MyFrame 생성
  }
}
```

4. 다음 프로그램을 실행하면 아무것도 출력되지 않는다. 정상적으로 작동하도록 프로그램을 수정하라.

```java
import javax.swing.*;
public class MyFrame extends JFrame {
  public MyFrame() {
    setSize(300,300);
    setVisible(true);
  }
  public static void main(String [] args) {
    JFrame mf = new JFrame();
  }
}
```

5. 컴포넌트와 컨테이너에 대해서 잘못 말한 것은?
   ① JFrame은 컨테이너이다.
   ② 컨테이너는 다른 컨테이너에 삽입될 수 없다.
   ③ 배치관리자는 컨테이너에서 컴포넌트의 배치를 담당한다.
   ④ 컴포넌트나 컨테이너가 화면에 출력되려면 최상위 컨테이너에 포함되어야 한다.

6. 배치관리자에 대해 잘못 말한 것은?
   ① 배치관리자는 컨테이너에 포함된 컴포넌트들의 위치와 크기를 설정한다.
   ② 배치관리자는 한 컨테이너에 여러 개 존재할 수 있다.
   ③ 배치관리자가 없는 컨테이너를 만들 수 있다.
   ④ JPanel은 배치관리자를 가지지만 JButton은 배치관리자를 가지지 않는다.

7. 다음 코드에서 컨텐트팬의 배치관리자를 아래 문항에 주어진 대로 설정하라.

```
Container c = getContentPane(); // 컨텐트팬 알아내기
_____ // 배치관리자 설정
```

   (1) 컴포넌트 사이의 수평 수직 간격이 각각 10, 20픽셀, BorderLayout
   (2) 컴포넌트 사이의 수평 수직 간격이 각각 10, 20픽셀, 중앙정렬, FlowLayout
   (3) 컴포넌트 사이의 수평 수직 간격이 각각 10, 20픽셀, 행수 2, 열수 5의 GridLayout

8. 컴포넌트를 절대 위치에 부착하고자 한다. 주석문을 참고하여 빈칸에 적절한 코드를 삽입하라.

```
import java.awt.*;
import javax.swing.*;
public class MyFrame extends JFrame {
   public MyFrame() {
      _____ // 컨텐트팬에 대한 레퍼런스 얻기
      _____ // 컨텐트팬의 배치관리자 제거
      JButton b = new JButton("Hello");
      _____ // b의 위치를 30,40으로 설정
      _____ // b의 크기를 100x100으로 설정
      _____ // 컨텐트팬에 b 삽입
      setSize(300,300);
      setVisible(true);
   }
   public static void main(String [] args) {
      new MyFrame();
   }
}
```

실습 문제

· 홀수 문제는 정답이 공개됩니다.

목적 스윙 프레임 만들기

1. 다음 그림과 같이 "Let's study Java"라는 문자열을 타이틀로 가지고 프레임의 크기가 400×200인 스윙 프로그램을 작성하라. 난이도 하

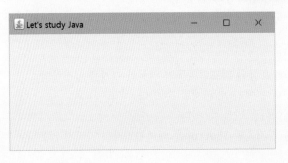

목적 컨텐트팬과
BorderLayout 활용

2. BorderLayout을 사용하여 컴포넌트 사이의 수평 간격이 50픽셀, 수직 간격이 5픽셀이 되도록 다음 그림과 같은 스윙 응용프로그램을 작성하라. 난이도 하

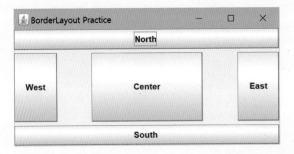

목적 FlowLayout과 컨텐트팬,
JLabel, JButton 활용

3. 컨텐트팬에 FlowLayout 배치관리자를 지정하고 그림과 같이 JLabel과 JButton 컴포넌트를 이용하여 산술문을 출력하는 스윙 프로그램을 작성하라. 난이도 중

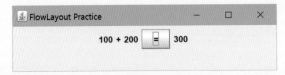

4. 예제 8-5의 소스 코드를 수정하여 각 버튼의 배경색을 다음 그림과 같이 설정하라.

난이도 **중**

목적 GridLayout과 JLabel
컴포넌트 활용

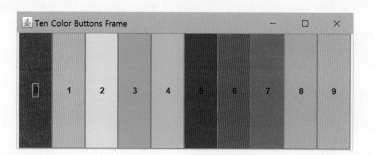

힌트 다음 코드를 참고하라.

```java
Color [] color = {Color.RED, Color.ORANGE, Color.YELLOW, Color.GREEN,
      Color.CYAN, Color.BLUE, Color.MAGENTA, Color.GRAY,
      Color.PINK, Color.LIGHT_GRAY}; // 배경색 배열


for(int i=0; i<10; i++) {
   JButton button = new JButton(Integer.toString(i));
   button.setOpaque(true); // 배경색이 보이게 설정
   button.setBackground(color[i]); // 각 버튼의 색 설정
   contentPane.add(button); // 컨텐트팬에 버튼 부착
}
```

5. GridLayout을 이용하여 다음 그림과 같이 Color.WHITE, Color.GRAY, Color.RED
등 Color 클래스에 선언된 **16개**의 색을 배경색으로 하는 **4×4 판**을 구성하라.

난이도 **상**

목적 GridLayout과 JLabel
컴포넌트 활용

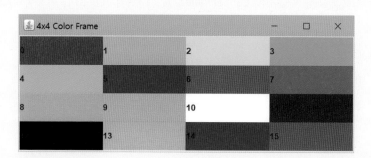

특징 배치관리자 삭제와 임의의 위치에 컴포넌트 붙이기

6. 0~19까지의 정수 20개를 프레임 내의 (30, 30)에서 (250, 250) 영역 내 랜덤한 위치에 출력하는 스윙 프로그램을 작성하라. 프레임의 크기를 300×300으로 하고, 정수는 JLabel을 이용하여 출력하고 크기는 20×20으로 한다. **난이도 상**

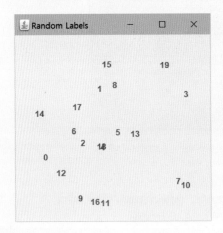

힌트 JLabel 컴포넌트의 위치를 랜덤하게 설정하기 위해 (x, y) 좌표는 다음과 같이 구한다.

```
JLabel label = new JLabel(Integer.toString(i)); // 정수 i 값의 레이블 컴포넌트 생성
int x = (int)(Math.random()*220) + 30 // 30~250 사이의 랜덤 x
int y = (int)(Math.random()*220) + 30 // 30~250 사이의 랜덤 y
label.setLocation(x,y); // label을 (x,y)에 배치
label.setSize(20, 20); // label 크기를 20×20으로 설정
label.setForeground(Color.MAGENTA); // 숫자 색을 마젠타로 설정
```

특징 여러 개의 컴포넌트와 여러 패널을 가진 스윙 프레임 만들기

7. (정답 제공 않음) Open Challenge의 힌트나 정답을 참고하여 컨텐트팬에 3개의 패널을 부착한 프로그램을 작성하라. CenterPanel에는 10개의 JLabel을 이용하여 10개의 '*'를 랜덤한 위치에 출력하라. **난이도 상**

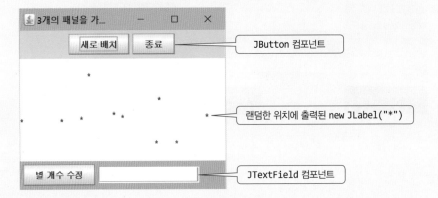

09

자바의 이벤트 처리

9.1 이벤트 기반 GUI 프로그래밍

9.2 이벤트 객체

9.3 사용자 이벤트 리스너 작성

9.4 어댑터(Adapter) 클래스

9.5 Key 이벤트와 KeyListener

9.6 Mouse 이벤트와 MouseListener, MouseMotionListener

CHAPTER 09

자바의 이벤트 처리

9.1 이벤트 기반 GUI 프로그래밍

이벤트 기반 프로그래밍

이벤트 기반 프로그래밍(Event Driven Programming)은 이벤트의 발생에 의해 프로그램 실행 흐름이 결정되는 프로그래밍 패러다임이다. 이벤트는 키 입력, 마우스 클릭, 마우스 드래그 등 사용자의 액션이나, 센서 등 외부 장치로부터의 입력, 네트워크를 통한 다른 컴퓨터로부터의 데이터 수신, 다른 스레드나 프로그램으로부터의 메시지 수신 등에 의해 발생한다.

이벤트 기반 응용프로그램은 각 이벤트마다 처리하는 이벤트 리스너(event listener) 코드를 보유하고, 이벤트가 발생할 때마다 해당 리스너가 처리하게 한다. 일반적으로 GUI 응용프로그램은 이벤트 기반 프로그래밍 기법으로 작성한다. 비주얼 C++의 MFC, C#, Visual Basic, X window, Android는 모두 이벤트 기반 GUI 응용프로그램을 작성할 수 있는 패키지나 라이브러리를 제공한다. 자바에서는 AWT나 스윙을 이용하여 이벤트 기반 GUI 응용프로그램을 작성할 수 있다.

특히 스윙 패키지는 GUI와 더불어 강력한 이벤트 핸들링 플랫폼을 제공하기 때문에, 스윙을 사용하면 다른 어떤 언어보다 쉽고 훌륭한 이벤트 기반 GUI 프로그램을 작성할 수 있다.

자바의 이벤트 기반 GUI 응용프로그램 구조

[그림 9-1]은 스윙 응용프로그램에 이벤트가 발생하여 처리되는 과정을 보여준다. 그림의 오른쪽은 실행 중인 스윙 응용프로그램의 프레임 윈도우와 GUI 컴포넌트들이 출력된 모습을 보여주며, 왼쪽은 이 응용프로그램의 내부 구조를 보여준다. 예를 들면, 오른쪽 화면의 New 버튼은 왼쪽의 JButton 컴포넌트가 출력된 이미지이며, 오른쪽 화면의 'apple', 'banana', 'kiwi' 등으로 구성된 리스트는 왼쪽의 JList 컴포넌트가 출력된 이미지이다. 사실 사용자들은 오른쪽 화면을 보고 있지만 컴퓨터 내부에서는 왼쪽의 객체들이 활동하고 있다. 사용자들은 오른쪽 화면을 보면서 마우스를 움직이거나 클릭하지만, 이러한 움직임과 클릭 정보는 모두 이벤트 형태로 왼쪽의 프로그램 내

이벤트 기반 프로그래밍
이벤트

이벤트 리스너

에 생성된 컴포넌트 객체에게 전달된다.

이제 이벤트가 컴포넌트 객체에게 전달되는 과정을 알아보자. 이벤트 리스너는 이 벤트를 처리하는 프로그램 코드로서 컴포넌트에 연결되어야 작동된다. 왼쪽 그림은 각 컴포넌트들이 이벤트 리스너를 하나씩 가지고 있는 것을 보여준다.

이벤트 리스너

그림에서 New 버튼이 클릭되어 이벤트가 발생하고 처리되는 과정을 세밀하게 묘사 하면 다음과 같다.

① 사용자가 마우스로 화면의 New 버튼을 클릭한다.

② 버튼 클릭은 마우스 드라이버, 운영체제를 거쳐 자바 가상 기계에 전달된다.

③ 자바 가상 기계는 이벤트 분배 스레드에게 마우스 클릭에 관한 정보를 보낸다.

④ 이벤트 분배 스레드는 이벤트(ActionEvent) 객체를 생성한다. 이벤트 객체는 이 벤트 종류, 이벤트를 발생시킨 버튼, 이벤트가 발생한 좌표 등 이벤트 발생에 관 한 여러 정보를 담은 객체이다. 이벤트 객체 내에 저장되는 정보 중, 특별히 이벤

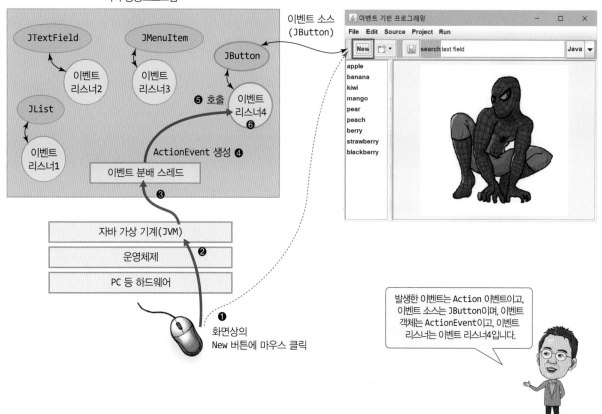

[그림 9-1] 자바 스윙 GUI 응용프로그램의 이벤트 처리 과정

트를 발생시킨 컴포넌트를 이벤트 소스(Event Source)라고 부른다. 여기서 이벤트 소스는 New 버튼의 JButton 컴포넌트이다.

⑤ 이벤트 분배 스레드는 JButton 컴포넌트에 연결된 '이벤트 리스너4'를 찾아 실행한다.

⑥ 이벤드 분배 스레드는 '이벤트 리스너4'로부터 리턴한 후 다음 이벤트 발생을 기다린다.

이벤트를 처리하는 과정에 등장하는 이벤트 관련 용어를 잠깐 정리해보자.

이벤트 소스
이벤트 객체
이벤트 리스너
이벤트 분배 스레드

- 이벤트 소스 - 이벤트를 발생시킨 GUI 컴포넌트
- 이벤트 객체 - 발생한 이벤트에 대한 여러 정보(이벤트 종류, 이벤트 소스, 화면 좌표, 마우스 버튼 종류, 눌러진 키)를 제공하는 객체. 이벤트에 따라 서로 다른 정보 저장
- 이벤트 리스너 - 사용자가 작성하며, 이벤트를 처리하는 자바 프로그램 코드. 클래스로 작성
- 이벤트 분배 스레드 - 무한 루프를 돌면서, 이벤트가 발생하면 이벤트 리스너를 찾아 호출하는 스레드. 자바 플랫폼에서 제공

9.2 이벤트 객체

이벤트 객체와 이벤트 정보

이벤트 객체

이벤트 객체는 현재 발생한 이벤트에 관한 여러 정보를 가진 객체이며, 이벤트 리스너에게 전달된다. 모든 이벤트 객체는 java.util.EventObject 클래스를 상속받는다. 이벤트 객체의 종류는 [그림 9-2]와 같이 다양하며, 발생한 이벤트에 따라 조금씩 다른 정보를 담는다. 이벤트 객체가 담는 정보는 대략 다음과 같다.

- 이벤트 종류와 이벤트 소스
- 이벤트가 발생한 화면 좌표 및 컴포넌트 내 좌표
- 이벤트가 발생한 버튼이나 메뉴 아이템의 문자열
- 클릭된 마우스 버튼 번호 및 마우스의 클릭 횟수
- 입력된 키의 코드 값과 문자 값

그리고 이벤트 객체는 사용자가 이들 정보를 얻을 수 있도록 메소드를 제공한다. [그림 9-2]는 이벤트 객체가 가진 일부 메소드를 보여준다. 예를 들어 MouseEvent 객체는 눌러진 마우스 버튼 번호(getButton()), 마우스 클릭 횟수(getClickCount()), 마우스 포인터 좌표(getPoint(), getX(), getY()) 등을 알려주는 메소드를 제공한다.

모든 이벤트 객체에 공통적으로 있으면서 가장 많이 사용되는 메소드는, 어떤 컴포넌트에 이벤트가 발생했는지 이벤트 소스를 알려주는 getSource()이다. getSource()는 Object를 리턴하므로 캐스팅해서 사용해야 하는데, 만일 버튼 컴포넌트에서 이벤트가 발생한 경우라면, 다음과 같이 캐스팅 하면 된다.

getSource()

```
JButton b = (JButton)event.getSource(); // b는 이벤트가 발생한 버튼의 레퍼런스
```

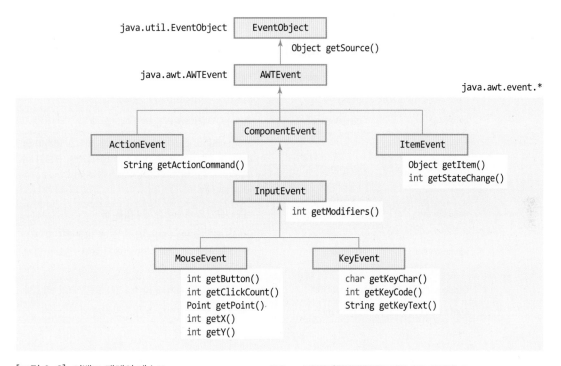

[그림 9-2] 이벤트 객체의 메소드

이벤트 객체와 이벤트 소스

이벤트 객체와 이벤트 소스 그리고 이벤트가 발생하는 경우를 〈표 9-1〉에 요약하였다. 이 표를 읽는 방법을 알아보자. 예를 들어 ActionEvent가 발생하는 경우는 버튼을 클릭하거나, 메뉴 아이템을 선택하거나, 한 줄 텍스트 입력창에 텍스트 입력 중 〈Enter〉 키를 입력한 경우이다. 그리고 ActionEvent를 발생시킬 수 있는 이벤트 소스

는 JButton, JMenuItem, JTextField의 3개이다.

MouseEvent의 경우를 보면, 이벤트 소스가 Component로 되어 있는데, 이것은 Component를 상속받은 모든 GUI 컴포넌트가 MouseEvent를 발생시킬 수 있다는 뜻이다. 즉 어떤 GUI 컴포넌트에든지 사용자가 마우스를 조작하면 MouseEvent가 발생한다. 또한 표는 마우스를 조작하는 총 7개의 경우에 MouseEvent가 발생함을 보여준다.

〈표 9-1〉 이벤트 객체와 이벤트 소스, 그리고 이벤트가 발생하는 경우

이벤트 객체	이벤트 소스	이벤트가 발생하는 경우
ActionEvent	JButton	마우스나 〈Enter〉 키로 버튼 선택
	JMenuItem	메뉴 아이템 선택
	JTextField	텍스트 입력 중 〈Enter〉 키 입력
ItemEvent	JCheckBox	체크박스의 선택 혹은 해제
	JRadioButton	라디오 버튼의 선택 상태가 변할 때
	JCheckBoxMenuItem	체크박스 메뉴 아이템의 선택 혹은 해제
ListSelectionEvent	JList	리스트에 선택된 아이템이 변경될 때
KeyEvent	Component	키가 눌러지거나 눌러진 키가 떼어질 때
MouseEvent	Component	마우스 버튼이 눌러지거나 떼어질 때, 마우스 버튼이 클릭될 때, 컴포넌트 위에 마우스가 올라갈 때, 올라간 마우스가 내려올 때, 마우스가 드래그될 때, 마우스가 단순히 움직일 때
FocusEvent	Component	컴포넌트가 포커스를 받거나 잃을 때
WindowEvent	Window	Window를 상속받는 모든 컴포넌트에 대해 윈도우 활성화, 비활성화, 아이콘화, 아이콘에서 복구, 윈도우 열기, 윈도우 닫기, 윈도우 종료
ComponentEvent	Component	컴포넌트가 사라지거나, 나타나거나, 이동, 크기 변경 시
ContainerEvent	Container	Container에 컴포넌트 추가 혹은 삭제 시

1 〈표 9-1〉을 참고하여 다음 중 이벤트가 발생하는 경우가 틀린 것을 골라라.
① 버튼(JButton)을 마우스로 클릭하면 Action 이벤트가 발생한다.
② 버튼(JButton)을 마우스로 클릭하면 Mouse 이벤트가 발생한다.
③ 버튼(JButton)을 마우스로 클릭하면 Item 이벤트가 발생한다.
④ 버튼(JButton)에 〈Enter〉 키를 입력하면 Key 이벤트가 발생한다.
⑤ 체크박스(JCheckBox)를 마우스로 선택하면 ItemEvent가 발생하고 동시에 Mouse 이벤트도 발생한다.

9.3 사용자 이벤트 리스너 작성

리스너 인터페이스

이벤트 리스너란 이벤트를 처리하는 자바 프로그램 코드로서 클래스로 작성된다. 자바는 〈표 9-2〉와 같은 이벤트 리스너 인터페이스(interface)를 제공하며, 개발자는 이 리스너 인터페이스를 상속받고 추상 메소드를 구현하여 이벤트 리스너를 작성한다.

ActionListener 인터페이스의 경우, 자바 패키지에 다음과 같이 선언되어 있으며, Action 이벤트가 발생하면 actionPerformed(ActionEvent e) 메소드가 호출되고, 이때 ActionEvent 객체가 인자로 전달된다.

> 이벤트 리스너 인터페이스
> ActionListener

```java
interface ActionListener {
    public void actionPerformed(ActionEvent e); // Action 이벤트 발생 처리
}
```

또한 MouseListener 인터페이스는 자바 패키지에 다음과 같이 선언되어 있으며, 마우스의 조작에 따라 5개의 메소드가 별도로 호출되며, MouseEvent 객체가 인자로 전달된다.

> MouseListener

```java
interface MouseListener {
    public void mousePressed(MouseEvent e);    // 마우스 버튼이 눌러지는 순간
    public void mouseReleased(MouseEvent e);   // 눌러진 마우스 버튼이 떨어지는 순간
    public void mouseClicked(MouseEvent e);    // 마우스가 클릭되는 순간
    public void mouseEntered(MouseEvent e);    // 마우스가 컴포넌트 위에 올라가는 순간
    public void mouseExited(MouseEvent e);     // 마우스가 컴포넌트 위에서 내려오는 순간
}
```

〈표 9-2〉 이벤트 리스너 인터페이스

이벤트 종류	리스너 인터페이스	리스너의 추상 메소드	메소드가 호출되는 경우
Action	ActionListener	void actionPerformed(ActionEvent)	Action 이벤트가 발생하는 경우
Item	ItemListener	void itemStateChanged(ItemEvent)	Item 이벤트가 발생하는 경우
Key	KeyListener	void keyPressed(KeyEvent)	모든 키에 대해 키가 눌러질 때
		void keyReleased(KeyEvent)	모든 키에 대해 눌러진 키가 떼어질 때
		void keyTyped(KeyEvent)	유니코드 키가 입력될 때
Mouse	MouseListener	void mousePressed(MouseEvent)	마우스 버튼이 눌러질 때
		void mouseReleased(MouseEvent)	눌러진 마우스 버튼이 떼어질 때
		void mouseClicked(MouseEvent)	마우스 버튼이 클릭될 때
		void mouseEntered(MouseEvent)	마우스가 컴포넌트 위에 올라올 때
		void mouseExited(MouseEvent)	컴포넌트 위에 올라온 마우스가 컴포넌트를 벗어날 때
Mouse	MouseMotionListener	void mouseDragged(MouseEvent)	마우스를 컴포넌트 위에서 드래그할 때
		void mouseMoved(MouseEvent)	마우스가 컴포넌트 위에서 움직일 때
Focus	FocusListener	void focusGained(FocusEvent)	컴포넌트가 포커스를 받을 때
		void focusLost(FocusEvent)	컴포넌트가 포커스를 잃을 때
Window	WindowListener	void windowOpened(WindowEvent)	윈도우가 생성되어 처음으로 보이게 될 때
		void windowClosing(WindowEvent)	윈도우의 시스템 메뉴에서 윈도우 닫기를 시도할 때
		void windowIconfied(WindowEvent)	윈도우가 아이콘화될 때
		void windowDeiconfied(WindowEvent)	아이콘 상태에서 원래 상태로 복귀할 때
		void windowClosed(WindowEvent)	윈도우가 닫혔을 때
		void windowActivated(WindowEvent)	윈도우가 활성화될 때
		void windowDeactivated(WindowEvent)	윈도우가 비활성화될 때
ListSelection	ListSelectionListener	void valueChanged(ListSelectionEvent)	JList에 선택된 아이템이 변경될 때

이벤트 리스너 작성

이벤트 리스너는 전형적으로 다음 3단계로 작성한다.

1. 이벤트와 이벤트 리스너 선택 - 목적에 필요한 이벤트와 리스너 인터페이스 선택
2. 이벤트 리스너 클래스 작성 - 리스너 인터페이스를 상속받는 클래스를 작성하고 추상 메소드 모두 구현
3. 이벤트 리스너 등록 - 이벤트를 받을 GUI 컴포넌트에 이벤트 리스너 등록

지금부터 버튼을 클릭하면 버튼 문자열이 "Action"과 "액션"으로 번갈아 변하게 하는 이벤트 리스너를 만들어보자(예제 9-1).

● 이벤트와 이벤트 리스너 선택

〈표 9-1〉과 〈표 9-2〉를 참고하면 버튼을 클릭(선택)할 때 발생하는 이벤트와 이벤트 리스너 인터페이스, 그리고 이벤트 객체는 다음과 같다.

- 이벤트: Action 이벤트
- 이벤트 리스너: ActionListener
- 이벤트 객체: ActionEvent

● 이벤트 리스너 클래스 작성

ActionListener 인터페이스를 상속받은 MyActionListener 클래스를 선언하고, 추상 메소드 actionPerformed(ActionEvent e)를 다음과 같이 구현한다.

> actionPerformed(ActionEvent e)

```
class MyActionListener implements ActionListener {
    public void actionPerformed(ActionEvent e) { // 버튼이 클릭될 때 호출되는 메소드
        JButton b = (JButton)e.getSource(); // 사용자가 클릭한 버튼 알아내기
        if(b.getText().equals("Action")) // 버튼의 현재 문자열이 "Action"인지 비교
            b.setText("액션"); // JButton의 setText()를 호출하여 문자열 변경
        else
            b.setText("Action"); // JButton의 setText()를 호출하여 문자열 변경
    }
}
```

> if(e.getActionCommand().equals("Action"))으로 해도 됨

● 이벤트 리스너 등록

이벤트 리스너가 작동되기 위해서는 MyActionListener 클래스의 객체를 버튼 컴포넌트에 등록하여야 한다. 다음 코드와 같다.

```
MyActionListener listener = new MyActionListener(); // 리스너 인스턴스 생성
btn.addActionListener(listener); // 리스너 등록
```

일반적으로 컴포넌트에 이벤트 리스너를 등록할 때 다음과 같이 한다.

```
component.addXXXListener(listener);
```

이벤트에 따라 addActionListener(), addMouseListener()로 작성하면 된다.

예제 9-1   **독립 클래스로 Action 이벤트 리스너 만들기**

버튼을 클릭할 때 발생하는 Action 이벤트를 처리할 MyActionListener 클래스를 독립 클래스로 작성하여, 클릭할 때마다 버튼 문자열이 "Action"과 "액션"으로 번갈아 변하도록 하라.

```
1    import java.awt.*;
2    import java.awt.event.*;
3    import javax.swing.*;
4
5    public class IndepClassListener extends JFrame {
6      public IndepClassListener() {
7        setTitle("Action 이벤트 리스너 예제");
8        setDefaultCloseOperation(JFrame.EXIT_ON_CLOSE);
9
10       Container c = getContentPane();
11       c.setLayout(new FlowLayout());
12       JButton btn = new JButton("Action");
13       btn.addActionListener(new MyActionListener()); // Action 이벤트 리스너 달기
14       c.add(btn);
15
16       setSize(250, 120);
17       setVisible(true);
18     }
19     public static void main(String [] args) {
20       new IndepClassListener();
21     }
22   }
23
24   // 독립된 클래스로 이벤트 리스너를 작성한다.
25   class MyActionListener implements ActionListener {
26     public void actionPerformed(ActionEvent e) {
27       JButton b = (JButton)e.getSource(); // 이벤트 소스 버튼 알아내기
28       if(b.getText().equals("Action")) // 버튼의 문자열이 "Action"인지 비교
29         b.setText("액션"); // 버튼의 문자열을 "액션"으로 변경
30       else
31         b.setText("Action"); // 버튼의 문자열을 "Action"으로 변경
32     }
33   }
```

MyActionListener.java
파일로 따로 작성해도 됨

●내부 클래스를 이용한 이벤트 리스너 작성

이벤트 리스너 클래스는 내부 클래스(inner class)로도 작성할 수 있다. 예제 9-2는 예제 9-1의 MyActionListener를 내부 클래스로 작성한 경우이다. 내부 클래스는 자신을 내포한 클래스의 멤버와 같으므로, MyActionListener는 InnerClassListener 클래스나 슈퍼 클래스인 JFrame의 멤버를 마음대로 접근할 수 있다.

내부 클래스

내부 클래스로 Action 이벤트 리스너 만들기　　예제 9-2

```java
1   import java.awt.*;
2   import java.awt.event.*;
3   import javax.swing.*;
4
5   public class InnerClassListener extends JFrame {
6      public InnerClassListener() {
7         setTitle("Action 이벤트 리스너 예제");
8         setDefaultCloseOperation(JFrame.EXIT_ON_CLOSE);
9
10        Container c = getContentPane();
11        c.setLayout(new FlowLayout());
12        JButton btn = new JButton("Action");
13        btn.addActionListener(new MyActionListener());
14        c.add(btn);
15
16        setSize(200, 120);
17        setVisible(true);
18     }
19
20     // 내부 클래스로 Action 리스너를 작성한다.
21     private class MyActionListener implements ActionListener {
22        public void actionPerformed(ActionEvent e) {
23           JButton b = (JButton)e.getSource();
24           if(b.getText().equals("Action"))
25              b.setText("액션");
26           else
27              b.setText("Action");
28
29           // InnerClassListener의 멤버나 JFrame의 멤버를 호출할 수 있음
30           InnerClassListener.this.setTitle(b.getText()); // 프레임의 타이틀에 버
                                                           //  튼 문자열을 출력한다.
31        }
32     }
33
34     public static void main(String [] args) {
35        new InnerClassListener();
36     }
37  }
```

버튼의 문자열을 타이틀에 출력

🔲 Action ...　—　□　×

Action

🔲 액션　—　□　×

액션

Action 이벤트 리스너 달기

이 클래스는 내부 클래스이므로 자신을 둘러싼 외부 클래스인 InnerClassListener나 상속받은 JFrame의 모든 멤버에 접근할 수 있다.

InnerClassListener.this에 유의하라.

● 익명 클래스(anonymous class)로 이벤트 리스너 작성

익명 클래스

익명 클래스는 클래스 이름 없이, 클래스 선언과 인스턴스의 생성을 하나로 합친 코드이다. 익명 클래스를 작성하는 방법은 다음과 같다.

```
new 익명클래스의슈퍼클래스(생성자인자들) {
    .....................
    익명 클래스의 멤버 구현
    .....................
}
```

[그림 9-3]을 보면서 익명 클래스를 만들어 보자. [그림 9-3](a)는 ActionListener를 상속받아 MyActionListener 클래스를 작성하고, new로 MyActionListener의 인스턴스를 생성하여 사용한다. [그림 9-3](a)가 필요로 하는 것은 ActionListener의 actionPerformed() 메소드를 구현한 클래스의 인스턴스를 확보하는 것이다. 이 목적을 달성하려면, 군이 MyActionListener 클래스를 작성할 필요 없이, [그림 9-3](b)와 같이 ActionListener를 상속받으면서 바로 actionPerformed() 메소드를 구현한 코드 블록, 소위 익명 클래스를 작성하고 new로 생성하면 된다.

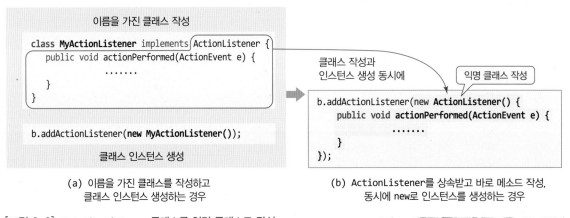

(a) 이름을 가진 클래스를 작성하고
클래스 인스턴스 생성하는 경우

(b) ActionListener를 상속받고 바로 메소드 작성,
동시에 new로 인스턴스를 생성하는 경우

[그림 9-3] MyActionListener 클래스를 익명 클래스로 작성

익명 클래스를 이용하여 예제 **9-2**를 예제 **9-3**으로 작성해보았다. 익명 클래스는 까다롭기는 하지만 몇 번 사용하면 금방 익숙해진다. 이벤트 리스너의 코드가 짧고 한 군데에서만 사용한다면, 익명 클래스로 작성하는 것이 더 편리하기 때문에, 많은 개발자들이 사용하고 있다. 익명 클래스도 일종의 내부 클래스이므로 외부 클래스의 멤버에 마음대로 접근할 수 있다.

익명 클래스로 Action 이벤트 리스너 만들기　　예제 9-3

예제 9-2를 익명 클래스를 이용하여 재작성하라.

```java
1   import java.awt.*;
2   import java.awt.event.*;
3   import javax.swing.*;
4
5   public class AnonymousClassListener extends JFrame {
6      public AnonymousClassListener() {
7         setTitle("Action 이벤트 리스너 작성");
8         setDefaultCloseOperation(JFrame.EXIT_ON_CLOSE);
9
10        Container c = getContentPane();
11        c.setLayout(new FlowLayout());
12        JButton btn = new JButton("Action");
13        c.add(btn);
14        btn.addActionListener(new ActionListener() {
15           public void actionPerformed(ActionEvent e) {
16              JButton b = (JButton)e.getSource();
17              if(b.getText().equals("Action"))
18                b.setText("액션");
19              else
20                b.setText("Action");
21
22              // AnonymousClassListener의 멤버나 JFrame의 멤버를 호출할 수 있음
23              setTitle(b.getText());
24           }
25        });
26
27        setSize(200, 120);
28        setVisible(true);
29     }
30
31     public static void main(String [] args) {
32        new AnonymousClassListener();
33     }
34  }
```

익명 클래스로 Action 리스너 작성

AnonymousClassListener.this.setTitle(b.getText());
로도 할 수 있음

예제 9-4

마우스 이벤트 리스너 작성 연습 - 마우스로 문자열 이동시키기

컨텐트팬의 아무 위치에 마우스 버튼을 누르면 마우스 포인터가 있는 위치로 "Hello" 문자열을 옮기는 프로그램을 작성하라.

MouseListener 인터페이스를 상속받고 mousePressed()에 코드를 작성하면 된다. 나머지 4개의 메소드는 단순 리턴하도록 만든다. "Hello" 문자열은 JLabel을 이용하고, 컨텐트팬의 배치관리자는 삭제해야 컴포넌트를 마음대로 이동시킬 수 있다.

초기 화면

마우스를 다른 곳에 클릭한 경우

마우스를 다른 곳에 클릭한 경우

```java
1   import java.awt.*;
2   import java.awt.event.*;
3   import javax.swing.*;
4
5   public class MouseListenerEx extends JFrame {
6      private JLabel la = new JLabel("Hello"); // "Hello" 문자열을 출력하기 위한 레이블
7
8      public MouseListenerEx() {
9         setTitle("Mouse 이벤트 예제");
10        setDefaultCloseOperation(JFrame.EXIT_ON_CLOSE);
11        Container c = getContentPane();
12        c.addMouseListener(new MyMouseListener()); // 컨텐트팬에 이벤트 리스너 달기
13
14        c.setLayout(null); // 컨텐트팬의 배치관리자 삭제
15        la.setSize(50, 20); // 레이블의 크기 50x20 설정
16        la.setLocation(30, 30); // 레이블의 위치 (30,30)으로 설정
17        c.add(la); // 레이블 삽입
18
19        setSize(200, 200);
20        setVisible(true);
21     }
22
23     class MyMouseListener implements MouseListener { // Mouse 리스너 구현
24        public void mousePressed(MouseEvent e) {
25           int x = e.getX(); // 마우스 클릭 좌표 x
26           int y = e.getY(); // 마우스 클릭 좌표 y
```

MouseListener의 5개의 메소드를 모두 구현

마우스 버튼이 눌러진 (x, y) 위치를 알아냄

```
27          la.setLocation(x, y); // 레이블의 위치를 (x,y)로 이동
28      }
29      public void mouseReleased(MouseEvent e) {}
30      public void mouseClicked(MouseEvent e) {}
31      public void mouseEntered(MouseEvent e) {}
32      public void mouseExited(MouseEvent e) {}
33    }
34
35    public static void main(String [] args) {
36      new MouseListenerEx();
37    }
38 }
```

"Hello" 레이블을 (x, y) 위치로 이동시킴

1 버튼에 발생하는 Action 이벤트를 처리하는 리스너를 작성하려면 어떤 자바 인터페이스를 상속받고 어떤 메소드를 구현해야 하는가?

2 컴포넌트에 키를 눌렀다 뗄 때 어떤 이벤트가 발생하는가? 그리고 이 이벤트를 처리하려면 어떤 자바 인터페이스를 상속받고, 어떤 메소드를 구현해야 하는가?

3 어떤 경우에 이벤트 리스너를 익명 클래스로 작성하면 좋은가?

9.4 어댑터(Adapter) 클래스

리스너 인터페이스를 상속받아 이벤트 리스너를 구현할 때 리스너 인터페이스의 메소드를 모두 구현하여야 하는 부담이 있다. 예를 들어, 예제 9-4에서 본 바와 같이 마우스가 눌러지는 순간만 처리하려면 mousePressed()만 구현하면 되는데, 관계 없는 나머지 4개의 메소드도 모두 구현해야 했다.

자바는 이런 부담을 줄여주기 위해 리스너 인터페이스의 추상 메소드를 단순 리턴하도록 미리 구현해 놓은 클래스를 제공하는데 이것이 어댑터 클래스(Adapter)이다. 〈표 9-3〉은 자바에서 제공하는 어댑터 클래스들을 보여주며, MouseAdapter 클래스 예를 들면, 다음과 같이 MouseListener의 모든 메소드를 단순 리턴하도록 구현하고 있다.

어댑터 클래스

```
class MouseAdapter implements MouseListener, MouseMotionListener, MouseWheelListener {
    public void mousePressed(MouseEvent e) { }
    public void mouseReleased(MouseEvent e) { }
    public void mouseClicked(MouseEvent e) { }        MouseListener 메소드
    public void mouseEntered(MouseEvent e) { }
    public void mouseExited(MouseEvent e) { }
    public void mouseDragged(MouseEvent e) { }        MouseMotionListener 메소드
    public void mouseMoved(MouseEvent e) { }
    public void mouseWheelMoved(MouseWheelEvent e) { }    MouseWheelListener 메소드
}
```

개발자들은 리스너 인터페이스 대신 어댑터 클래스를 상속받아 필요한 메소드만 구현하는 것이 훨씬 편하다. [그림 9–4]는 MouseAdapter를 상속받는 사례이다.

〈표 9–3〉 리스너 인터페이스와 대응하는 어댑터 클래스

리스너 인터페이스	대응하는 어댑터 클래스	리스너 인터페이스	대응하는 어댑터 클래스
ActionListener	없음	TextListener	없음
ItemListener	없음	WindowListener	WindowAdapter
KeyListener	KeyAdapter	AdjustmentListener	없음
MouseListener	MouseAdapter	ComponentListener	ComponentAdapter
MouseMotionListener	MouseMotionAdapter 혹은 MouseAdapter	ContainerListener	ContainerAdapter
FocusListener	FocusAdapter		

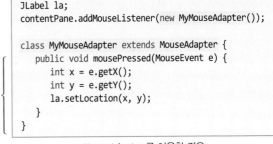

```
JLabel la;
contentPane.addMouseListener(new MyMouseListener());

class MyMouseListener implements MouseListener {
    public void mousePressed(MouseEvent e) {
        int x = e.getX();
        int y = e.getY();
        la.setLocation(x, y);
    }
    public void mouseReleased(MouseEvent e) {}
    public void mouseClicked(MouseEvent e) {}
    public void mouseEntered(MouseEvent e) {}
    public void mouseExited(MouseEvent e) {}
}
```
MouseListener를 이용한 경우

```
JLabel la;
contentPane.addMouseListener(new MyMouseAdapter());

class MyMouseAdapter extends MouseAdapter {
    public void mousePressed(MouseEvent e) {
        int x = e.getX();
        int y = e.getY();
        la.setLocation(x, y);
    }
}
```
MouseAdapter를 이용한 경우

[그림 9–4] MouseListener 대신 MouseAdapter를 사용하는 경우

잠깐! **어댑터 클래스가 없는 리스너**

〈표 9-3〉에서 **ActionListener**와 같이 어댑터가 제공되지 않는 리스너도 있다. 리스너 인터페이스에 메소드가 하나뿐인 경우 굳이 어댑터 클래스를 만들 필요가 없기 때문이다.

MouseAdapter를 상속받아 마우스 리스너 작성 | 예제 9-5

MouseAdapter를 이용하여 예제 9-4를 수정하라.

```java
1   import java.awt.*;
2   import java.awt.event.*;
3   import javax.swing.*;
4
5   public class MouseAdapterEx extends JFrame {
6      private JLabel la = new JLabel("Hello"); // "Hello" 문자열을 출력하기 위한 레이블 컴포넌트
7
8      public MouseAdapterEx() {
9         setTitle("Mouse 이벤트 예제");
10        setDefaultCloseOperation(JFrame.EXIT_ON_CLOSE);
11        Container c = getContentPane();
12        c.addMouseListener(new MyMouseAdapter()); // 컨텐트팬에 Mouse 이벤트 리스너 달기
13
14        c.setLayout(null); // 컨텐트팬의 배치관리자 삭제
15        la.setSize(50, 20); // 레이블의 크기 50x20 설정
16        la.setLocation(30, 30); // 레이블의 위치 (30,30)으로 설정
17        c.add(la); // 레이블 컴포넌트 삽입
18
19        setSize(200, 200);
20        setVisible(true);
21     }
22
23     class MyMouseAdapter extends MouseAdapter { // MouseAdapter를 상속받아 리스너 구현
24        public void mousePressed(MouseEvent e) {
25           int x = e.getX(); // 마우스 클릭 좌표 x
26           int y = e.getY(); // 마우스 클릭 좌표 y
27           la.setLocation(x, y); // 레이블의 위치를 (x,y)로 이동
28        }
29     }
30
31     public static void main(String [] args) {
32        new MouseAdapterEx();
33     }
34  }
```

9.5 Key 이벤트와 KeyListener

Key 이벤트와 포커스

Key 이벤트
포커스
키 입력의 독점권

Key 이벤트와 포커스의 관계를 잘 몰라 키 입력을 받지 못해 고생하는 개발자들을 본 적이 있다. Key 이벤트는 사용자가 키를 입력할 때 발생하는 이벤트이며, 모든 컴포넌트가 Key 이벤트를 받을 수 있다. 그러나 응용프로그램 내에 포커스(focus)를 가진 컴포넌트가 키 입력을 독점하기 때문에, 현재 포커스를 가진 컴포넌트에만 Key 이벤트가 발생한다. 포커스란 키 입력의 독점권을 뜻한다.

어떤 컴포넌트에게 키를 입력하고자 한다면 <Tab> 키 등 스윙의 포커스 이동 방법을 통해 컴포넌트로 포커스를 이동시켜야 한다. 응용프로그램에서 강제로 임의의 컴포넌트에게 포커스를 주기 위해서는 다음 두 코드가 모두 필요하다.

```
component.setFocusable(true); // component가 포커스를 받을 수 있도록 설정한다.
component.requestFocus(); // component에게 포커스를 주어 키 입력을 받을 수 있게 함
```

KeyListener

keyPressed()
keyReleased()
keyTyped()
유니코드

키 이벤트 리스너는 KeyListener를 상속받아 구현한다. 〈표 9-4〉와 같이 키 이벤트가 발생하는 경우는 3가지이다. KeyListener의 keyPressed()는 '키를 누르는 순간'에, keyReleased()는 '누른 키를 떼는 순간'에 호출된다. keyTyped()는 누른 키가 떼어지는 순간 호출되지만 '유니코드 키'인 경우에만 호출된다.

유니코드(Unicode)란 전 세계의 모든 문자를 컴퓨터에서 일관되게 표현하고 다루고자 설계된 국제 산업 표준이다. 유니코드는 한글, 영어 알파벳 등 세계 여러 나라들의 문자들에 대해 코드 값을 정의하고 있다.

그러므로 모든 키 입력에 대해서 keyPressed()와 keyReleased()가 호출되고, 특별히 A~Z, a~z, 0~9, !, @, &, < 등 문자 키에 대해서는 keyTyped()가 추가적으로 호출

되며, 메소드가 호출되는 순서는 다음과 같다.

```
keyPressed(), keyTyped(), keyReleased()
```

<F1>, <Home>, <Delete>, <Control>, <Shift>, <Alt> 등 문자가 아닌 키가 입력될 때 keyTyped()는 호출되지 않는다.

〈표 9-4〉 Key 이벤트가 발생하는 경우 호출되는 KeyListener의 메소드

Key 이벤트가 발생하는 경우	KeyListener의 메소드	리스너
키를 누르는 순간	void keyPressed(KeyEvent e)	KeyListener
누른 키를 떼는 순간	void keyReleased(KeyEvent e)	KeyListener
누른 키를 떼는 순간 (유니코드 키 경우에만 추가적으로)	void keyTyped(KeyEvent e)	KeyListener

키 이벤트 리스너 달기

키 입력을 받을 컴포넌트에 키 이벤트 리스너를 등록하기 위해서는 다음과 같이 addKeyListener() 메소드를 이용한다.

```
component.addKeyListener(myKeyListener);
```

가상 키와 입력된 키 판별

키 이벤트가 발생하면 입력된 키 정보가 KeyEvent 객체에 담겨져 전달된다. KeyEvent 객체는 입력된 키 값을 리턴하는 다음 두 개의 메소드를 제공하며, 이들을 이용하여 입력된 키를 판별할 수 있다.

KeyEvent

● char KeyEvent.getKeyChar()

입력된 키의 유니코드 값을 리턴하며, 유니코드 키가 아닌 경우 KeyEvent.CHAR_UNDEFINED를 리턴한다. 다음 코드는 q 키가 눌러지는 순간 프로그램을 종료하는 코드이다. getKeyChar()의 리턴 값과 문자 'q'를 서로 비교하면 된다.

getKeyChar()

```
public void keyPressed(KeyEvent e) {
    if(e.getKeyChar() == 'q')
        System.exit(0); // 키 q가 눌러지면 프로그램을 종료한다.
}
```

● int KeyEvent.getKeyCode()

키 코드
getKeyCode()
가상 키
VK_

이 메소드는 모든 키에 대해 정수형의 키 코드(key code) 값을 리턴한다. 키 코드는 운영체제나 하드웨어에 따라 서로 다를 수 있기 때문에, 입력된 키를 판별하기 위해서는 반드시 getKeyCode()가 리턴한 키 코드와 가상 키(Virtual Key) 값을 비교해야 한다. 가상 키는 KeyEvent 클래스에 VK_로 시작하는 static 상수로 선언되어 있다. 〈표 9-5〉는 KeyEvent 클래스에 선언된 가상 키의 일부를 보여준다.

다음 예는 〈F5〉 키가 눌러지면 프로그램을 종료하는 코드이다.

```java
public void keyPressed(KeyEvent e) {
    if(e.getKeyCode() == KeyEvent.VK_F5)
        System.exit(0); // <F5> 키가 눌러지면 프로그램을 종료한다.
}
```

〈표 9-5〉 KeyEvent 클래스에 선언된 상수 가상 키

가상 키	설명	가상 키	설명
VK_0 ~ VK_9	0에서 9까지의 키. '0'~'9'까지의 유니코드 값과 동일	VK_LEFT	왼쪽 방향 키
VK_A ~ VK_Z	A에서 Z까지의 키. 'A'~'Z'까지의 유니코드 값과 동일	VK_RIGHT	오른쪽 방향 키
VK_F1 ~ VK_F24	<F1>~<F24>까지의 키 코드	VK_UP	<Up> 키
VK_HOME	<Home> 키	VK_DOWN	<Down> 키
VK_END	<End> 키	VK_CONTROL	<Control> 키
VK_PGUP	<Page Up> 키	VK_SHIFT	<Shift> 키
VK_PGDN	<Page Down> 키	VK_ALT	<Alt> 키
VK_UNDEFINED	입력된 키의 코드 값을 알 수 없음	VK_TAB	<Tab> 키

KeyEvent와 KeyListener의 활용

이 절에서는 예제 9-6, 9-7을 통해 KeyEvent의 getKeyChar(), getKeyCode()를 활용하여 입력된 키를 판별하는 2개의 예를 보인다.

KeyListener 활용 – 입력된 문자 키 판별

<Enter> 키를 입력할 때마다 배경색을 랜덤하게 바꾸고, 'q' 키를 입력하면 프로그램을 종료시켜라.
컨텐트팬에 키 리스너를 달고 포커스를 주어 키 입력을 받도록 해야 한다. 색은 new Color(int r,
int g, int b)로 생성한다. r(red), g(green), b(blue)는 색의 3요소로서 0~255 사이의 값이다.
Color는 11.2절을 참고하라.

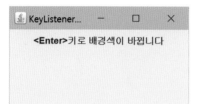

KeyListener... — □ ×
<Enter>키로 배경색이 바뀝니다

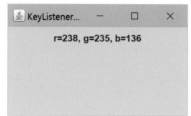

KeyListener... — □ ×
r=238, g=235, b=136

KeyListener... — □ ×
r=203, g=253, b=125

'q' 키를 입력하면 프로그램 종료

```java
1   import java.awt.*;
2   import java.awt.event.*;
3   import javax.swing.*;
4
5   public class KeyCharEx extends JFrame {
6      private JLabel la = new JLabel("<Enter>키로 배경색이 바뀝니다");
7      public KeyCharEx() {
8         super("KeyListener의 문자 키 입력 예제");
9         setDefaultCloseOperation(JFrame.EXIT_ON_CLOSE);
10        Container c = getContentPane(); // 컨텐트팬 알아내기
11        c.setLayout(new FlowLayout());
12        c.add(la);
13        c.addKeyListener(new MyKeyListener()); // 키 리스너 달기
14        setSize(250, 150);
15        setVisible(true);
16
17        c.setFocusable(true); // 컨텐트팬이 포커스를 받을 수 있도록 설정
18        c.requestFocus(); // 컨텐트팬에 포커스 설정. 키 입력 가능해짐
19     }
20
21     class MyKeyListener extends KeyAdapter { // 키 리스너
22        public void keyPressed(KeyEvent e) {
23           // 임의의 색을 만들기 위해 랜덤하게 r, g, b 성분 생성
24           int r = (int) (Math.random() * 256); // 0~255 사이의 임의의 red 성분
25           int g = (int) (Math.random() * 256); // 0~255 사이의 임의의 green 성분
26           int b = (int) (Math.random() * 256); // 0~255 사이의 임의의 blue 성분
27
```

이 두 문장이 없다면 컨텐트팬은 키 입력을 받을 수 없다. 또한 이들은 setVisible(true); 실행 후에 실행되어야한다. setVisible(true)는 프레임을 출력하고 임의의 컴포넌트에게 포커스를 주기 때문이다.

문자 키만 입력받기 때문에 keyTyped()로 해도 됨

```
28              switch(e.getKeyChar()) { // 입력된 키 문자
29                case '\n': // <Enter> 키 입력
30                  la.setText("r=" + r + ", g=" + g + ", b=" + b);
31                  getContentPane().setBackground(new Color(r, g, b)); // 컨텐트팬
                                                                          의 배경색 설정
32                  break;
33                case 'q': System.exit(0); // 프로그램 종료
34              }
35            }
36        }
37    public static void main(String[] args) {
38        new KeyCharEx();
39    }
40 }
```

예제 9-7

KeyListener 활용 - 상, 하, 좌, 우 키로 문자열 움직이기

상, 하, 좌, 우 키를 이용하여 "HELLO" 문자열이 10픽셀씩 움직이는 프로그램을 작성하라.
"HELLO" 문자열은 JLabel 컴포넌트를 이용하여 컨텐트팬에 부착하고 초기 "HELLO" 문자열은 (50,
50) 위치에 출력한다.

초기 상태

상, 하, 좌, 우 키를 여러 번 입력하여
"HELLO"를 움직인 상태

```
1    import java.awt.*;
2    import java.awt.event.*;
3    import javax.swing.*;
4
5    public class FlyingTextEx extends JFrame {
```

```
6     private JLabel la = new JLabel("HELLO"); // 키 입력에 따라 움직일 레이블 컴포넌트
7
8     public FlyingTextEx() {
9         super("상,하,좌,우 키를 이용하여 텍스트 움직이기");
10        setDefaultCloseOperation(JFrame.EXIT_ON_CLOSE);
11
12        Container c = getContentPane();
13        c.setLayout(null); // 컨텐트팬의 배치관리자 삭제
14        c.addKeyListener(new MyKeyListener()); // 컨텐트팬에 키 리스너 달기
15        la.setLocation(50, 50); // 레이블의 초기 위치는 (50,50)
16        la.setSize(100, 20);
17        c.add(la);
18        setSize(200, 200);
19        setVisible(true);
20
21        c.setFocusable(true); // 컨텐트팬이 포커스를 받을 수 있도록 설정
22        c.requestFocus(); // 컨텐트팬이 키 입력을 받을 수 있도록 포커스 강제 지정
23    }
24
25    class MyKeyListener extends KeyAdapter { // Key 리스너 구현
26        public void keyPressed(KeyEvent e) {
27            int keyCode = e.getKeyCode(); // 입력된 키의 키코드를 알아낸다.
28            switch(keyCode) { // 키 코드에 따라 상,하,좌,우 키 판별, 레이블의 위치 이동
29                case KeyEvent.VK_UP:  // UP 키
30                    la.setLocation(la.getX(), la.getY() - 10); break;
31                case KeyEvent.VK_DOWN: // DOWN 키
32                    la.setLocation(la.getX(), la.getY() + 10); break;
33                case KeyEvent.VK_LEFT: // LEFT 키
34                    la.setLocation(la.getX() - 10, la.getY()); break;
35                case KeyEvent.VK_RIGHT: // RIGHT 키
36                    la.setLocation(la.getX() + 10, la.getY()); break;
37            }
38        }
39    }
40
41    public static void main(String [] args) {
42        new FlyingTextEx();
43    }
44 }
```

"HELLO" 레이블을 컨텐트팬상의 임의의 위치로 마음대로 움직이기 위해 컨텐트팬의 배치관리자를 삭제한다.

getKeyCode()를 사용하는 이유는 상, 하, 좌, 우 키는 유니코드 키가 아니기 때문이다.

<Up> 키인 경우 la의 현재 위치에서 10 픽셀만큼 위로 이동시킨다.

1 KeyEvent의 메소드 중 〈Delete〉 키를 인식하는 데 사용되는 것은 어떤 메소드인가?
 ① getKeyChar()   ② getKeyCode()   ③ getKeyText()

2 〈Home〉 키를 입력하였을 때 호출되지 않는 메소드는?
 ① keyPressed()   ② keyReleased()   ③ keyTyped()

3 component.requestFocus(); 코드는 어떤 의미인가?

4 가상 키는 어떤 클래스에 선언되어 있는가?

9.6 Mouse 이벤트와 MouseListener, MouseMotionListener

Mouse 이벤트는 〈표 9-6〉과 같이 사용자가 마우스를 조작하는 7가지 경우에 발생한다. 이 중에서 5가지는 MouseListener의 메소드가 호출되고, 나머지 2가지는 MouseMotionListener의 메소드가 호출된다.

〈표 9-6〉 Mouse 이벤트가 발생하는 경우와 리스너, 메소드

Mouse 이벤트가 발생하는 경우	리스너의 메소드	리스너
마우스가 컴포넌트 위에 올라갈 때	void mouseEntered(MouseEvent e)	MouseListener
마우스가 컴포넌트에서 내려올 때	void mouseExited(MouseEvent e)	MouseListener
마우스 버튼이 눌러졌을 때	void mousePressed(MouseEvent e)	MouseListener
눌러진 버튼이 떼어질 때	void mouseReleased(MouseEvent e)	MouseListener
마우스로 컴포넌트를 클릭하였을 때	void mouseClicked(MouseEvent e)	MouseListener
마우스가 드래그되는 동안	void mouseDragged(MouseEvent e)	MouseMotionListener
마우스가 움직이는 동안	void mouseMoved(MouseEvent e)	MouseMotionListener

마우스가 눌려진 위치에서 그대로 떼어지면 다음 순서로 메소드가 호출된다.

mousePressed(), mouseReleased(), mouseClicked()

하지만 마우스가 드래그되면 다음 순서로 호출된다.

mousePressed(), mouseDragged(), mouseDragged(), …, mouseDragged(), mouseReleased()

잠깐!　mouseClicked()와 mouseReleased()의 차이 ●

mouseClicked()는 한 컴포넌트에 마우스 버튼이 눌러졌다가 떼어질 때에만 호출된다. 반면, 마우스 버튼이 눌러진 컴포넌트를 벗어나 다른 컴포넌트 위에서 떼어질 때에도 눌러진 컴포넌트의 mouseReleased()는 호출된다.

마우스 리스너 달기

〈표 9-6〉의 처음 5가지 경우에 발생하는 Mouse 이벤트를 처리하고자 한다면, Mouse 리스너를 작성하여 컴포넌트에 다음과 같이 등록한다.

```
component.addMouseListener(myMouseListener);
```

그러나 같은 컴포넌트가 마우스 드래깅(mouseDragged())과 마우스 무브(mouseMoved())를 함께 처리하고자 하는 경우 다음과 같이 MouseMotion 리스너를 따로 등록해야 한다.

```
component.addMouseMotionListener(myMouseMotionListener);
```

MouseEvent 객체 활용

MouseEvent 객체는 Mouse 이벤트나 MouseMotion 이벤트가 발생한 상황 정보를 제공하는 객체이다. MouseEvent 객체를 통해 마우스 포인터의 위치와 클릭 횟수를 알아낼 수 있다.

●마우스 포인터의 위치

마우스 포인터의 위치를 제공하는 메소드는 다음과 같다.

> *int getX()* 마우스 포인터의 x 위치 리턴
> *int getY()* 마우스 포인터의 y 위치 리턴

마우스의 위치 (x, y)는 다음과 같이 알아내며, (x, y)는 마우스 이벤트가 발생한 컴포넌트 내 상대 좌표이다.

```
public void mousePressed(MouseEvent e) {
    int x = e.getX(); // 마우스가 눌러진 x 좌표
    int y = e.getY(); // 마우스가 눌러진 y 좌표
}
```

● 마우스 클릭 횟수

더블클릭을 인식할 때 이용되는 것으로, 클릭 횟수를 리턴하는 메소드는 다음과 같다.

> *int getClickCount()* 마우스의 클릭 횟수 리턴

마우스의 더블클릭은 다음 코드로 판단한다.

```java
public void mouseClicked(MouseEvent e) {
    if(e.getClickCount() == 2) {
        ... // 더블클릭을 처리하는 코드
    }
}
```

Mouse 이벤트 처리 예

이 절에서는 7가지의 마우스 이벤트를 처리하는 예를 보인다. 컨텐트팬에 텍스트 정보를 출력하기 위해 JLabel 컴포넌트를 하나 부착하고 [그림 9-5]와 같이 마우스가 눌러지는 순간, 떼어지는 순간, 움직이는 동안, 드래그하는 동안 리스너 메소드와 마우스 포인트 좌표 값을 출력한다. 마우스가 컨텐트팬에 올라가면 배경색을 CYAN으로, 컨텐트팬에서 내려가면 YELLOW 색으로 변경한다. 다음은 [그림 9-5]의 실행 코드이다.

```java
1    import javax.swing.*;
2    import java.awt.event.*;
3    import java.awt.*;
4
5    public class MouseEventAllEx extends JFrame {
6        private JLabel la = new JLabel("   Move Me"); // 마우스로 이동시킬 레이블 컴포넌트
7
8        public MouseEventAllEx() {
9            setTitle("MouseListener와 MouseMotionListener 예제");
10           setDefaultCloseOperation(JFrame.EXIT_ON_CLOSE);
11           Container c = getContentPane();
12
13           MyMouseListener listener = new MyMouseListener(); // 마우스/모션 리스너 객체 생성
14           c.addMouseListener(listener); // MouseListener 리스너 등록
15           c.addMouseMotionListener(listener); //MouseMotionListener 리스너 등록
16
17           c.setLayout(null); // 배치 관리자를 삭제하여 레이블을 마음대로 움직일 수 있게 함
```

MyMouseListener를 Mouse 리스너와 MouseMotion 리스너로 따로 등록하여야 한다.

```
18      la.setSize(80,20);
19      la.setLocation(100,80);
20      c.add(la); // 레이블 컴포넌트 삽입
21
22      setSize(320,200);
23      setVisible(true);
24    }
25
26    // Mouse 리스너와 MouseMotion 리스너를 모두 가진 리스너 구현
27    class MyMouseListener implements MouseListener, MouseMotionListener {
28      // MouseListener의 5개 메소드 구현
29      public void mousePressed(MouseEvent e) {
30        la.setLocation(e.getX(), e.getY()); // 마우스가 눌러진 위치로 레이블 이동
31        setTitle("mousePressed("+e.getX()+","+e.getY()+")"); // 눌러진 위치 출력
32      }
33      public void mouseReleased(MouseEvent e) {
34        la.setLocation(e.getX(), e.getY()); // 마우스가 놓여진 위치에 레이블 이동
35        setTitle("mouseReleased("+e.getX()+","+e.getY()+")"); // 떼어진 위치 출력
36      }
37      public void mouseClicked(MouseEvent e) {}
38      public void mouseEntered(MouseEvent e) {
39        Component comp = (Component)e.getSource();
40        comp.setBackground(Color.CYAN); // 마우스가 올라간 곳 색 변경
41      }
42      public void mouseExited(MouseEvent e) {
43        Component comp = (Component)e.getSource();
44        comp.setBackground(Color.YELLOW); // 마우스가 내려간 곳 색 변경
45        setTitle("mouseExited ("+e.getX()+","+e.getY()+")"); // 벗어난 위치 출력
46      }
47      // MouseMotionListener의 2개 메소드 구현
48      public void mouseDragged(MouseEvent e) { // 마우스가 드래깅되는 동안 계속 호출
49        la.setLocation(e.getX(), e.getY());
50        setTitle("mouseDragged("+e.getX()+","+e.getY()+")"); // 드래깅 위치 출력
51      }
52      public void mouseMoved(MouseEvent e) { // 마우스가 움직이는 동안 계속 호출
53        la.setLocation(e.getX(), e.getY());
54        setTitle("mouseMoved ("+e.getX()+","+e.getY()+")"); // 무브 위치 출력
55      }
56    }
57
58    public static void main(String [] args) {
59      new MouseEventAllEx();
60    }
61  }
```

> MyMouseListener는 MouseListener이면서 동시에 MouseMotionListener로 작동시키기 위해 두 인터페이스를 모두 구현한다.

> e.getX()는 마우스가 클릭된 x 좌표를, e.getY()는 y 좌표를 각각 리턴한다.

초기 화면

마우스 좌표와 이벤트 처리 메소드

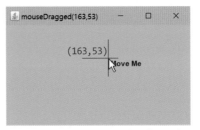

컨텐트팬 위로 마우스가 진입
하여 mouseEntered()에 의해
배경색 변경

마우스 버튼이 눌러진 순간

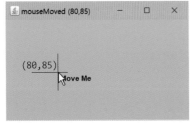

눌러진 마우스가 떼어진 순간

컨텐트팬 위에서 마우스가 드래그되는 동안

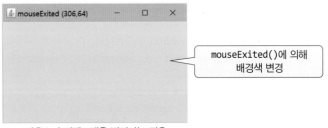

컨텐트팬 위에서 마우스가 이동하는 동안

mouseExited()에 의해
배경색 변경

마우스가 컨텐트팬을 벗어나는 경우

[그림 9-5] 7개의 마우스 이벤트를 처리하는 예

이벤트 기반 GUI 프로그래밍
- 이벤트 기반 프로그래밍은 ❶_____의 발생에 의해 프로그램 실행 흐름이 결정되는 방식이다.
- AWT나 스윙 패키지로 이벤트 기반 GUI 프로그램을 작성할 수 있다.

이벤트 객체와 이벤트 리스너
- ❷_____란 이벤트를 발생시킨 GUI 컴포넌트를 말한다.
- ❸_____란 이벤트를 처리하는 코드이고, ❹_____란 발생한 이벤트에 관한 여러 정보를 가진 객체로서 이벤트 발생 시 이벤트 리스너에게 전달된다.
- 이벤트 리스너는 자바의 ❺_____를 상속받아 추상 메소드를 구현하는 방식으로 작성한다.
- ❻_____는 이벤트 리스너의 모든 멤버가 단순 리턴하도록 구현한 클래스로서, 리스너 작성 시 상속받아 필요한 메소드만 구현하면 된다.

KeyEvent와 KeyListener
- 프로그램이 실행 중에 포커스를 가진 컴포넌트는 하나뿐이며, ❼_____을 독점한다.
- 컴포넌트에게 포커스를 강제로 주는 방법은 다음과 같다.

```
component.setFocusable(true);
component.requestFocus();
```

- KeyListener는 키 이벤트가 발생할 때 호출되는 다음 3개의 메소드를 가지고 있다.

```
void keyPressed(KeyEvent e) // 키를 누른 순간에 발생하는 키 이벤트 처리
void keyReleased(KeyEvent e) // 눌러진 키를 놓는 순간에 발생하는 키 이벤트 처리
void ❽_____ (KeyEvent e) // 유니코드 키가 입력된 경우에만 호출
```

- KeyEvent의 ❾_____ 메소드는 유니코드 키가 입력된 경우에, 키의 문자 코드를 리턴한다.
- KeyEvent의 ❿_____ 메소드는 유니코드 키를 막론하고 입력된 키의 코드 값을 리턴한다.
- 입력된 키를 판별하기 위해서는 입력된 키 코드 값과 ⓫_____ 값을 비교하여야 한다. 이들은 KeyEvent 클래스에 상수로 선언되어 있다.

MouseEvent와 MouseListener, MouseMotionListener
- 사용자의 마우스 조작에 따라 다음 7가지 경우에 마우스 이벤트가 발생한다.

```
void mouseEntered(MouseEvent e) // 마우스가 컴포넌트 위에 올라갈 때
void mouseExited(MouseEvent e) // 마우스가 컴포넌트에서 내려올 때
void ⓬_____ (MouseEvent e) // 마우스 버튼이 눌러졌을 때
void mouseReleased(MouseEvent e) // 마우스 버튼이 떼어질 때
void mouseClicked(MouseEvent e) // 마우스로 컴포넌트를 클릭하였을 때
void ⓭_____ (MouseEvent e) // 마우스가 드래그되는 동안
void mouseMoved(MouseEvent e) // 마우스가 움직이는 동안
```

Open Challenge

캠블링 게임 만들기

스윙 컴포넌트 활용.
키 이벤트 리스너 작성

스윙으로 간단한 캠블링 게임을 만들어보자. 아래 그림과 같이 3개의 레이블 컴포넌트가 있다. 이 컴포넌트에는 각각 0~4까지의 한 자릿수가 출력된다. 〈Enter〉 키를 입력할 때마다 3개의 수를 랜덤하게 발생시키고 이 수를 각 레이블에 출력한다. 그리고 나서 모두 동일한 수인지 판단하여 모두 동일한 수이면 "축하합니다!!"를, 아니면 "아쉽군요"를 출력한다. 난이도 중

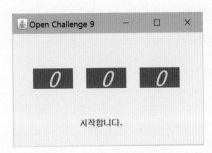

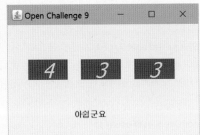

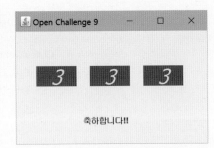

힌트

- JPanel을 상속받은 새로운 GamePanel 클래스를 작성하고 컨텐트팬으로 등록한다. GamePanel의 배치관리자를 null로 설정하여 3개의 레이블과 결과 레이블의 크기와 위치를 임의로 지정한다.
- GamePanel이 〈Enter〉 키 이벤트를 받을 수 있도록 setFocusable()과 requestFocus() 메소드를 호출하여 포커스를 설정한다.
- 0~4 범위의 랜덤 수를 발생시키기 위해서는 다음과 같이 한다.

```
int x = (int)(Math.random()*5);
```

- Key 리스너를 작성하고 GamePanel에 등록한다. Key 리스너에는 keyPressed()만 구현하고 〈Enter〉 키가 입력되었는지 다음과 같이 검사한다.

```
if(e.getKeyChar() == '\n')
```

그리고 나서 0~4까지 랜덤한 수를 3개 발생시켜 각각 레이블 컴포넌트에 출력한다. 그리고 발생한 3개의 수가 같은지 검사하고 결과 레이블에 "축하합니다!!" 혹은 "아쉽군요"를 출력한다.

연습문제

EXERCISE

1. 자바의 이벤트 기반 프로그래밍에 대한 설명으로 틀린 것을 골라라.
   ① AWT나 스윙 응용프로그램은 이벤트 기반 프로그램이다.
   ② 이벤트 기반 프로그램에는 이벤트 분배 스레드가 존재한다.
   ③ 이벤트 리스너를 가진 컴포넌트만 이벤트를 처리할 수 있다.
   ④ 이벤트 리스너는 클래스로 작성하되 반드시 별도의 자바 파일로 작성해야 한다.

2. Mouse 이벤트가 발생하면 MouseEvent 객체가 생성된다. MouseEvent 객체가 가지고 있는 정보에 해당하지 않는 것은 무엇인가?
   ① 이벤트 소스　　　　　　　　　② 마우스 드래깅 길이
   ③ 마우스 버튼 번호　　　　　　　④ 마우스 클릭 좌표

3. 다음 코드를 익명 클래스를 이용하여 다시 작성하라.

```java
JButton btn = new JButton("Hello");
btn.addActionListener(new MyActionListener());
class MyActionListener implements ActionListener {
   public void actionPerformed(ActionEvent e) {
      System.out.println("Click");
   }
}
```

4. 다음 코드를 익명 클래스를 이용하여 다시 작성하라.

```java
JButton btn = new JButton("Hello");
btn.addKeyListener(new MyKeyListener());
class MyKeyListener extends KeyAdapter {
   public void keyReleased(KeyEvent e) {
      System.out.println("Key Released");
   }
}
```

5. 다음 코드에서 틀린 부분을 수정하라.

```java
class MyActionListener extends ActionAdapter {
  public void actionPerformed(ActionEvent e) {
    System.out.println("Click");
  }
}
```

6. 다음 각 항목의 코드에서 틀린 부분을 수정하라.

(1)

```java
class MyMouseListener implements MouseListener {
  public void mousePressed(MouseEvent e) {
    System.out.println("Mouse Pressed");
  }
}
```

(2)

```java
class MyKeyListener extends KeyAdapter {
  public void keyTyped(ActionEvent e) {
    System.out.println("Key Typed");
  }
}
```

7. 다음 중에서 유니코드 키가 아닌 것을 모두 골라라.

```
a, <Alt>, 9, %, <Tab>, @, <Delete>, ;, <Shift>, ~, <Help>
```

8. 사용자가 <Esc> 키를 입력할 때 KeyListener의 keyPressed(), keyReleased(), keyTyped() 메소드가 호출되는 순서는?

9. JLabel la = new JLabel("Hello");에서 레이블 la를 마우스로 클릭하면 la의 글자를 "안녕"으로 바꾸고자 한다. 다음 코드를 완성하라.

```java
la._____ ; // la에 마우스 리스너를 등록한다.
...
class MyMouseListener extends _____ { // 마우스 리스너를 선언한다.
  public void _____ { // 눌러진 마우스가 놓이는 순간 처리
    JLabel label = _____ // 이벤트 소스를 알아낸다.
    label. _____ // 문자열을 "안녕"으로 변경한다.
  }
}
```

10. 키 입력을 받기 위해 작성된 다음 keyPressed() 메소드 안의 빈칸을 적절히 채워라.

```java
public void keyPressed(KeyEvent e) {
  if(_____ == _____) // Delete 키가 눌러진 경우
     System.out.println("Delete");
  else if(_____ == '#') // # 키가 눌러진 경우
     System.out.println("#");
}
```

11. 컴포넌트가 키보드 이벤트를 받을 수 있기 위해서는 포커스를 가지고 있어야 한다. 컴포넌트 c에 포커스를 주는 코드는 다음 중 무엇인가?
① c.focus();   ② c.getFocus();
③ c.requestFocus();   ④ c.setFocus();

1. JLabel 컴포넌트는 Mouse 이벤트를 받을 수 있다. JLabel 컴포넌트의 초기 문자열을 "자기야"라고 출력하고, 레이블에 마우스를 올리면 "사랑해"로, 내리면 "자기야"가 다시 출력되도록 프로그램을 작성하라. 난이도 하

목적 Mouse 이벤트 리스너 작성

2. 프레임의 컨텐트팬의 초기 색을 Color.CYAN으로 하고, R 키를 누르는 순간 배경색이 Color.RED 색으로 변했다가. 키를 떼면 다시 초기 색으로 돌아오는 프로그램을 작성하라. 난이도 하

목적 포커스 설정 및 Key 이벤트 리스너 작성

힌트 컴포넌트의 배경색을 Color.RED로 바꾸기 위해서는 다음과 같이 한다.

```
component.setOpaque(true); // 배경색을 불투명하게 출력되도록 설정
component.setBackground(Color.RED); // 배경색 변경
```

문제 Mouse 이벤트와
MouseMotion 이벤트 함께 처리

3. 컨텐트팬의 배경색은 초록색(**Color.GREEN**)으로 하고, 마우스의 드래깅 동안만 노란색(**Color.YELLOW**)으로 나타나는 프로그램을 작성하라. 드래깅을 멈추면 초록색이된다. 난이도 중

문제 Key 이벤트 리스너, 포커스, 폰트 다루기

4. JLabel 컴포넌트를 이용하여 "**Love Java**"를 출력하고, + 키를 치면 폰트 크기를 5픽셀씩 키우고, - 키를 치면 폰트 크기를 5픽셀씩 줄이는 스윙 응용프로그램을 작성하라. 5픽셀 이하로 작아지지 않도록 하라. 난이도 중

힌트 JLabel 컴포넌트에 폰트를 설정하는 방법은 다음과 같다.

```
JLabel la = new JLabel("Love Java");
la.setFont(new Font("Arial", Font.PLAIN, 10)); // Arial 폰트로 10픽셀 크기
Font f = la.getFont(); // 현재 la의 폰트 얻기
int size = f.getSize(); // 폰트 크기 알아내기
la.setFont(new Font("Arial", Font.PLAIN, size+5)); // 15픽셀 크기로 폰트 변경
```

5. 클릭 연습용 스윙 응용프로그램을 작성하라. JLabel을 이용하여 문자열 "C"인 레이블을 하나 만들고 초기 위치를 (50, 50)으로 하라. 문자열을 클릭할 때마다 레이블은 프레임 내의 랜덤한 위치로 움직인다. 난이도 중

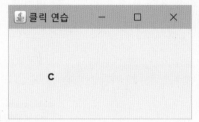 

> 목적 Mouse 리스너와 배치관리자 없이 절대 위치에 컴포넌트 배치 응용

힌트 컨텐트팬의 배치 관리자를 삭제하면 레이블을 임의의 위치에 부착할 수 있다. 컨텐트팬 내에 레이블의 배치 가능한 영역은 다음과 같이 알아낼 수 있다.

```
JLabel la = (JLabel)e.getSource()
Container c = la.getParent(); // 레이블의 컨테이너(컨텐트팬)
int xBound = c.getWidth() - la.getWidth(); // 컨테이너 너비 - 레이블 너비
int yBound = c.getHeight() - la.getHeight(); // 컨테이너 높이 - 레이블 높이
```

6. GridLayout을 이용하여 컨텐트팬에 숫자를 담은 JLabel을 12개를 부착하고, 초기 바탕색을 모두 Color.WHITE 색으로 한다. 그리고 각 레이블 위에 마우스로 클릭하면 랜덤한 색으로 채워지도록 프로그램을 작성하라. 랜덤한 색을 만드는 방법은 예제 9-6의 코드를 참고하라. 난이도 중

> 목적 JLabel에 Mouse 리스너 작성

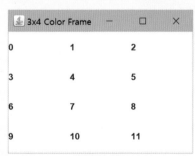 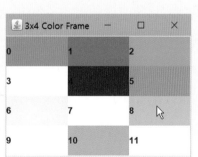

초기 화면   각 영역을 마우스로 클릭하면 랜덤한 색으로 채워짐

7. 임의의 정수에 주어진 연산을 조합하여 0을 만드는 게임을 작성해보자. 화면에는 1에서 60 사이의 임의의 정수가 출력되고, 그 밑에 "+2" 버튼, "-1" 버튼, "%4" 버튼의 세 버튼을 출력하라. 그리고 이들 버튼을 누르면 정수에 '더하기 2', '빼기 2', '4로 나눈 나머지'를 각각 계산하여 정수를 수정하라. 사용자가 각 버튼을 한 번씩만 누를 수 있도록 누른 버튼은 모두 비활성화시켜라. 버튼을 눌러서 정수가 0이 되면 처음부터 시작하도록 하라. 난이도 상

초기 화면

0으로 만들기 성공.
새 숫자로 시작

0으로 만들지 못하여 실패

Bonus 1 JLabel을 활용하여 "Love Java"를 출력하고, "Love Java" 글자 위에 마우스를 올려 마우스 휠을 위로 굴리면 글자가 작아지고, 아래로 굴리면 글자가 커지도록 프로그램을 작성하라. 폰트 크기는 한 번에 5픽셀씩 작아지거나 커지도록 하고, 5픽셀 이하로 작아지지 않도록 하라. **난이도 상**

목표 MouseWheel 리스너 작성

힌트

마우스 휠이 굴려질 때마다 MouseWheelEvent가 발생하며 MouseWheelListener의 mouseWheelMoved(MouseWheelEvent e) 메소드가 호출된다. 이때 매개 변수 e 객체를 다음과 같이 이용하면 마우스 휠이 위로 굴려졌는지 아래로 굴려졌는지 알 수 있다.

```
int n = e.getWheelRotation();
```

n이 음수이면 마우스 휠이 위로 굴려졌고, 양수이면 아래로 굴려졌다. 실제 n은 -1 혹은 1 중 하나이다. 핵심적인 코드는 다음과 같다.

```
label.addMouseWheelListener(new MouseWheelListener() {
    public void mouseWheelMoved(MouseWheelEvent e) {
        int n = e.getWheelRotation();
        if(n < 0) { // up direction. 폰트 5픽셀 작게
            ..........
        }
        else { // down direction. 폰트 5픽셀 크게
            ..........
        }
    }
});
```

[목표] JButton의 **Action** 리스너 작성 및 종합 응용

Bonus 2 간단한 계산기를 만들어보자. 아래 그림과 같이 여러 버튼들이 있고 숫자 버튼과 연산자 버튼을 눌러 계산식을 만든 후 계산 버튼을 누르면 결과를 출력한다. 코딩의 난이도를 낮추기 위해 한 번에 하나의 연산만 처리하도록 작성하라. 예를 들어 2+3×4와 같이 두 개 이상의 연산자가 들어 있는 계산은 처리하지 않아도 된다.

난이도 **상**

초기 화면

마우스로 버튼을 눌러 수식을 입력하고
계산 버튼을 누르면 결과 출력

10.

스윙 컴포넌트 활용

10.1 스윙 컴포넌트 소개

10.2 JLabel로 문자열과 이미지 출력

10.3 JButton으로 버튼 만들기

10.4 JCheckBox로 체크박스 만들기

10.5 JRadioButton으로 라디오버튼 만들기

10.6 JTextField로 한 줄 입력 창 만들기

10.7 JTextArea로 여러 줄의 입력 창 만들기

10.8 JList<E>로 리스트 만들기

10.9 JComboBox<E>로 콤보박스 만들기

10.10 메뉴 만들기

10.11 팝업 다이얼로그

스윙 컴포넌트 활용

10.1 스윙 컴포넌트 소개

컴포넌트 기반 GUI 프로그래밍

컴포넌트 기반 프로그래밍

자바에서 GUI 프로그래밍은 스윙 컴포넌트들을 이용하는 방법과 캔버스 위에 그림을 그리듯 직접 그래픽으로 화면을 구성하는 방법으로 나뉜다. 전자는 많이 활용하는 방법으로서 쉽게 GUI 프로그램을 작성할 수 있는 장점이 있지만, 자바에서 제공되는 GUI 컴포넌트의 한계를 벗어날 수 없다. 후자의 방법은 개발지가 자비에서 지원하지 않는 독특한 GUI를 구성할 수 있고 실행 속도가 빨라 게임 등에서 주로 사용된다. 하지만 프로그래밍에 대한 개발자의 부담이 크다. 이 장에서는 전자의 컴포넌트 기반 프로그래밍 방법을 다룬다. 자바에서 제공하는 여러 스윙 GUI 컴포넌트를 소개하고 이들을 이용하여 GUI 프로그램을 작성하는 방법에 대해 설명하며, 그래픽을 활용하는 후자의 방법은 11장에서 설명한다.

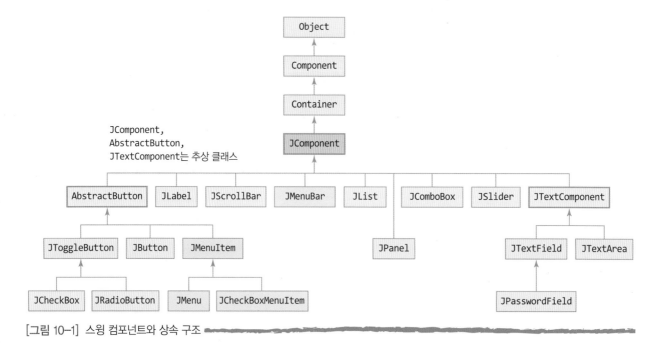

[그림 10-1] 스윙 컴포넌트와 상속 구조

스윙 컴포넌트의 상속 구조

[그림 10-1]은 기본적인 스윙 컴포넌트들과 그들의 계층 구조를 보여준다. 스윙 컴포넌트는 JComponent를 상속받으며, 이름이 모두 J로 시작된다.

JComponent는 추상 클래스이며, 스윙 컴포넌트들이 상속받는 많은 공통 메소드와 상수들을 구현하고 있다. 또한 새로운 컴포넌트를 만들려면 반드시 JComponent를 상속받아 만들어야 한다. [그림 10-2]는 JComponent의 메소드 중 일부를 보여주며, 이름만으로도 기능을 상상할 수 있을 것이다.

JComponent

컴포넌트의 모양과 관련된 메소드

void setForeground(Color) 전경색 설정
void setBackground(Color) 배경색 설정
void setOpaque(boolean) 불투명성 설정
void setFont(Font) 폰트 설정
Font getFont() 폰트 리턴

컴포넌트의 상태와 관련된 메소드

void setEnabled(boolean) 컴포넌트 활성화/비활성화
void setVisible(boolean) 컴포넌트 보이기/숨기기
boolean isVisible() 컴포넌트의 보이는 상태 리턴

컴포넌트의 위치와 크기에 관련된 메소드

int getWidth() 폭 리턴
int getHeight() 높이 리턴
int getX() x 좌표 리턴
int getY() y 좌표 리턴
Point getLocationOnScreen() 스크린 좌표상에서의 컴포넌트 좌표
void setLocation(int, int) 위치 지정
void setSize(int, int) 크기 지정

컨테이너를 위한 메소드

Component add(Component) 자식 컴포넌트 추가
void remove(Component) 자식 컴포넌트 제거
void removeALL() 모든 자식 컴포넌트 제거
Component[] getComponents() 자식 컴포넌트 배열 리턴
Container getParent() 부모 컨테이너 리턴
Container getTopLevelAncestor() 최상위 부모 컨테이너 리턴

[그림 10-2] 많이 사용되는 JComponent의 메소드

스윙 컴포넌트의 공통 기능, JComponent의 메소드

이 예제는 3개의 버튼을 통해 JComponent의 공통 메소드 활용을 보인다.

첫 번째 버튼의 문자열에 폰트, 배경색, 글자색을 주고, 두 번째 버튼은 비활성화시키고, 세 번째 버튼은 위치와 크기를 출력하도록 하였다.

```java
1    import java.awt.*;
2    import java.awt.event.*;
3    import javax.swing.*;
4
5    public class JComponentEx extends JFrame {
6       public JComponentEx() {
7          super("JComponent의 공통 메소드 예제");
8          Container c = getContentPane();
9          c.setLayout(new FlowLayout());
10
11         JButton b1 = new JButton("Magenta/Yellow Button");
12         JButton b2 = new JButton("  Disabled Button  ");
13         JButton b3 = new JButton("getX(), getY()");
14
15         b1.setBackground(Color.YELLOW); // 배경색 설정
16         b1.setForeground(Color.MAGENTA); // 글자색 설정
17         b1.setFont(new Font("Arial", Font.ITALIC, 20)); // Arial, 20픽셀 폰트 설정
18         b2.setEnabled(false); // 버튼 비활성화
19         b3.addActionListener(new ActionListener() {
20            public void actionPerformed(ActionEvent e) {
21               JButton b = (JButton)e.getSource();
22               setTitle(b.getX() + "," + b.getY()); // 타이틀에 버튼 좌표 출력
23            }
24         });
25
26         c.add(b1); c.add(b2); c.add(b3); // 컨텐트팬에 버튼 부착
27
28         setSize(260,200); setVisible(true);
29      }
30
31      public static void main(String[] args) {
32         new JComponentEx();
33      }
34   }
```

> JComponentEx.this.
> setTitle(...);로
> 해도 됨

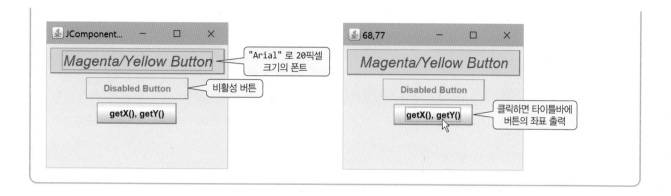

10.2 JLabel로 문자열과 이미지 출력

JLabel

JLabel은 문자열과 이미지를 출력할 때 사용되는 레이블 컴포넌트이다. 레이블은 다음 생성자를 이용하여 생성한다.

레이블

JLabel() 빈 레이블
JLabel(Icon image) 이미지 레이블
JLabel(String text) 문자열 레이블
JLabel(String text, Icon image, int hAlign) 문자열과 이미지 모두 가진 레이블
•**hAlign**: 수평 정렬 값으로 SwingConstants.LEFT, SwingConstants.RIGHT, SwingConstants.CENTER 중 하나

레이블을 생성하는 예를 들어보자.
다음은 "사랑합니다" 문자열을 가진 레이블을 생성한다.

```
JLabel textLabel = new JLabel("사랑합니다");
```

다음은 sunset.jpg 파일의 이미지를 가진 레이블을 생성한다.

```
ImageIcon image = new ImageIcon("images/sunset.jpg"); // 파일로부터 이미지 로딩
JLabel imageLabel = new JLabel(image);
```

sunset.jpg 파일의 경로명은 "images/sunset.jpg"로서, sunset.jpg는 프로젝트 폴더 아래 images 폴더에 있어야 한다.

예제 10-2   **JLabel을 이용한 문자열과 이미지 출력**

문자열, 이미지, 그리고 문자열과 이미지를 함께 가진 레이블 등 3개의 레이블을 만들어 출력하는 코드를 보여준다.

```java
1   import javax.swing.*;
2   import java.awt.*;
3
4   public class LabelEx extends JFrame {
5     public LabelEx() {
6       setTitle("레이블 예제");
7       setDefaultCloseOperation(JFrame.EXIT_ON_CLOSE);
8       Container c = getContentPane();
9       c.setLayout(new FlowLayout());
10
11      // 문자열 레이블 생성
12      JLabel textLabel = new JLabel("제임스 고슬링 입니더!");
13
14      // 이미지 레이블 생성
15      ImageIcon img = new ImageIcon("images/gosling.jpg"); // 이미지 로딩
16      JLabel imageLabel = new JLabel(img); // 레이블 생성
17
18      // 문자열 이미지 모두 가진 레이블 생성
19      ImageIcon icon = new ImageIcon("images/icon.gif"); // 이미지 로딩
20      JLabel label = new JLabel("커피한잔 하실래예, 전화주이소",
21          icon, SwingConstants.CENTER);
22
23      // 컨텐트팬에 3 개의 레이블 삽입
24      c.add(textLabel);
25      c.add(imageLabel);
26      c.add(label);
27
28      setSize(300,500);
29      setVisible(true);
30    }
31
32    public static void main(String [] args) {
33      new LabelEx();
34    }
35  }
```

문자열 레이블

이미지 레이블

이미지와 문자열이 함께 있는 레이블

10.3 JButton으로 버튼 만들기

JButton

버튼은 JButton 클래스를 이용하여 생성한다. 레이블 컴포넌트가 문자열이나 이미지를 사용자에게 보여주기 위한 목적이라면, 버튼은 사용자로부터 명령을 입력 받기 위한 목적이다. 그러므로 버튼을 마우스로 선택하면 Action 이벤트가 발생한다. 버튼은 [그림 10-3]과 같이 이미지와 문자열로 구성된다.

버튼
Action 이벤트

[그림 10-3] 이미지와 문자열을 가진 버튼 컴포넌트

버튼은 다음 생성자를 이용하여 생성한다.

```
JButton() 빈 버튼
JButton(Icon image) 이미지 버튼
JButton(String text) 문자열 버튼
JButton(String text, Icon image) 문자열과 이미지 모두 가진 버튼
```

"hello" 문자열 버튼을 생성하는 예는 다음과 같다.

```
JButton btn = new JButton("hello");
```

이미지 버튼 만들기

JButton은 사용자의 버튼 조작에 대한 시각적 효과를 극대화하기 위해, 마우스 접근에 따라 3개의 버튼 이미지를 출력한다. 3개의 이미지는 다음과 같으며 작은 이미지를 주로 사용하므로 아이콘으로도 부른다.

setIcon(Icon image)

- normalIcon
버튼이 보통 상태에 있을 때 출력되는 디폴트 이미지로서, 생성자나 JButton의 setIcon(Icon image)을 통해 설정한다.

- rolloverIcon
버튼 위에 마우스가 올라가면 출력되는 이미지로서 JButton의 setRollover Icon(Icon image)을 호출하여 설정한다.

setRolloverIcon(Icon image)

- pressedIcon
마우스 버튼이 눌러져 있는 동안 출력되는 이미지로서 JButton의 setPressed Icon(Icon image)을 호출하여 설정한다.

setPressedIcon(Icon image)

개발자는 이 3개의 이미지 아이콘을 JButton에 달아주기만 하면, 사용자가 마우스를 움직이는 상황에 따라 자동으로 버튼 이미지가 변경되어 출력된다.

버튼 컴포넌트에 normalIcon, rolloverIcon, pressedIcon의 세 이미지 아이콘을 설정하는 예를 들어보자. 우선 JLabel에서 이미지 객체를 생성하는 방법과 동일하게 이미지 아이콘을 만든다.

```
ImageIcon normalIcon = new ImageIcon("images/normalIcon.gif");
ImageIcon rolloverIcon = new ImageIcon("images/rolloverIcon.gif");
ImageIcon pressedIcon = new ImageIcon("images/pressedIcon.gif");
```

그리고 버튼에 3개의 이미지를 다음과 같이 달아준다. 이때 3개의 이미지 파일은 프로젝트 폴더 밑의 images 폴더에 있어야 한다.

```
JButton button = new JButton("테스트버튼", normalIcon); // normalIcon 달기
button.setRolloverIcon(rolloverIcon); // rolloverIcon 달기
button.setPressedIcon(pressedIcon); // pressedIcon 달기
```

사람들은 3개의 이미지를 모두 사용하지 않고, normalIcon 이미지 하나만 가진 디폴트 버튼을 많이 사용한다. 실행 중에 디폴트 이미지를 변경하려면 다음과 같이 setIcon()을 이용한다.

```
ImageIcon newIcon = new ImageIcon("images/newIcon.gif");
button.setIcon(newIcon); // 디폴트 이미지 변경
```

JButton을 이용한 이미지 버튼 만들기

예제 10-3

images/normalIcon.gif, images/rolloverIcon.gif, images/pressedIcon.gif 파일로부터 normalIcon, rolloverIcon, pressedIcon을 각각 생성하고 JButton에 등록하여 다음과 같이 작동하는 버튼을 작성하라.

이들 3개의 이미지 파일은 프로젝트 폴더 밑의 **images** 폴더에 있어야 한다.

보통 상태에 있는 동안
(normalIcon.gif)

마우스가 버튼 위에 올라간 경우
(rolloverIcon.gif)

마우스가 눌러진 순간
(pressedIcon.gif)

```java
1   import javax.swing.*;
2   import java.awt.*;
3
4   public class ButtonImageEx extends JFrame {
5      public ButtonImageEx() {
6         setTitle("이미지 버튼 예제");
7         setDefaultCloseOperation(JFrame.EXIT_ON_CLOSE);
8         Container c = getContentPane();
9         c.setLayout(new FlowLayout());
10
11        // 3개의 이미지를 읽어들인다.
12        ImageIcon normalIcon = new ImageIcon("images/normalIcon.gif");     // normalIcon 아이콘
13        ImageIcon rolloverIcon = new ImageIcon("images/rolloverIcon.gif"); // rolloverIcon 아이콘
14        ImageIcon pressedIcon = new ImageIcon("images/pressedIcon.gif");   // pressedIcon 아이콘
15
16        // 3개의 아이콘을 가진 버튼 컴포넌트 생성
17        JButton btn = new JButton("call~~", normalIcon);
18        btn.setPressedIcon(pressedIcon); // pressedIcon용 이미지 등록
19        btn.setRolloverIcon(rolloverIcon); // rolloverIcon용 이미지 등록
20        c.add(btn);
21
22        setSize(250,150);
23        setVisible(true);
24     }
25
26     public static void main(String [] args) {
27        new ButtonImageEx();
28     }
29  }
```

10.4 JCheckBox로 체크박스 만들기

JCheckBox

체크박스

JCheckBox를 이용하면 선택과 해제(비선택)의 두 상태만 가지는 체크박스 컴포넌트를 만들 수 있다. 체크박스는 체크박스 문자열과 체크박스 이미지로 구성되며, [그림 10-4]는 JCheckBox로 만든 3개의 체크박스를 보여준다.

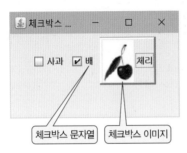

[그림 10-4] JCheckBox로 만든 3개의 체크박스 컴포넌트

체크박스의 생성은 다음 생성자를 이용하며, 디폴트가 비선택 상태이다.

```
JCheckBox() 빈 체크박스
JCheckBox(Icon image) 이미지 체크박스
JCheckBox(Icon image, boolean selected) 이미지 체크박스
JCheckBox(String text, Icon image) 문자열과 이미지를 가진 체크박스
JCheckBox(String text, Icon image, boolean selected) 문자열과 이미지 체크박스
• selected: true이면 선택 상태로 초기화
```

문자열을 가진 체크박스를 생성하는 예를 들어보자.

```
JCheckBox apple = new JCheckBox("사과"); // "사과" 체크박스 생성
JCheckBox pear = new JCheckBox("배", true); // 선택 상태의 "배" 체크박스 생성
```

이미지 체크박스를 만들려면 디폴트 이미지와 체크된 상태를 나타내는 2개의 이미지가 필요하다.

JCheckBox로 체크박스 만들기

그림과 같은 3개의 문자열 체크박스를 가진 프로그램을 작성하라.

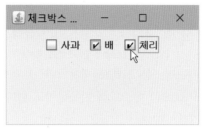

초기 상태   체리 체크박스를 선택한 상태

```java
1   import javax.swing.*;
2   import java.awt.*;
3
4   public class CheckBoxEx extends JFrame {
5      public CheckBoxEx() {
6         setTitle("체크박스 만들기 예제");
7         setDefaultCloseOperation(JFrame.EXIT_ON_CLOSE);
8         Container c = getContentPane();
9         c.setLayout(new FlowLayout());
10
11        // 3개의 체크박스를 생성한다.
12        JCheckBox apple = new JCheckBox("사과");
13        JCheckBox pear = new JCheckBox("배", true);       선택 상태의 체크박스 생성
14        JCheckBox cherry = new JCheckBox("체리");
15
16        // 컨텐트팬에 3개의 체크박스 삽입
17        c.add(apple);
18        c.add(pear);
19        c.add(cherry);
20
21        setSize(250,150);
22        setVisible(true);
23     }
24
25     public static void main(String [] args) {
26        new CheckBoxEx();
27     }
28  }
```

체크박스에 Item 이벤트 처리

●Item 이벤트와 ItemListener 인터페이스

Item 이벤트
setSelected()

Item 이벤트는 체크박스나 라디오버튼이 선택되거나 해제될 때 발생하는 이벤트 (〈표 9-1〉 참조)이다. 그러나 이미 선택 상태인 라디오버튼을 누르는 등 선택 상태가 바뀌지 않으면 Item 이벤트도 발생하지 않는다. 대부분 사용자가 마우스나 키보드로 체크박스를 선택/해제하지만, 프로그램 내에서 다음 코드와 같이 JCheckBox의 setSelected() 메소드를 이용하기도 한다.

```
JCheckBox c = new JCheckBox("사과");
c.setSelected(true); // 선택 상태로 변경, false이면 해제 상태로 변경
```

사용자가 선택하든 프로그램 코드로 실행하든 둘 다 Item 이벤트가 발생한다.

ItemListener
itemStateChanged()

이제 Item 이벤트를 처리하는 ItemListener에 대해 알아보자. ItemListener 인터페이스에는 다음 itemStateChanged() 메소드만 선언되어 있다.

> *void itemStateChanged(ItemEvent e)* 체크박스의 선택 상태가 변하는 경우 호출

이 메소드는 체크박스의 선택 상태에 변화가 일어나면 호출된다. 그러나 이 메소드가 실행되면 이미 화면의 체크박스의 상태는 바뀌어 있음을 기억하기 바란다.

●ItemEvent

ItemEvent

Item 이벤트가 발생하면 ItemEvent 객체가 생성되어 itemStateChanged()에 전달된다. ItemEvent 객체는 다음 메소드를 통해 체크 상태의 변화와 이벤트 소스를 제공한다.

> *int getStateChange()*
>   체크박스가 선택된 경우 ItemEvent.SELECTED를, 해제된 경우 ItemEvent.DESELECTED 리턴
> *Object getItem()*
>   이벤트를 발생시킨 아이템 객체 리턴. 체크박스의 경우 JCheckBox 컴포넌트의 레퍼런스 리턴

●체크박스 컴포넌트에 ItemListener 리스너 달기

addItemListener()

JCheckBox의 addItemListener() 메소드를 이용하여 다음과 같이 등록한다.

```
checkbox.addItemListener(new MyItemListener());
```

ItemEvent를 활용하여 체크박스로 가격을 합산하는 응용 예제 10-5

그림과 같이 사과, 배, 체리 체크박스를 만들고, 사용자가 과일을 선택하면 선택된 과일의 가격을 합산하여 출력하는 프로그램을 작성하라.

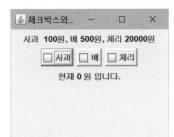

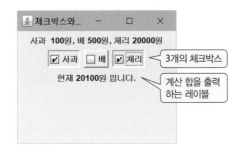

```
1   import javax.swing.*;
2   import java.awt.event.*;
3   import java.awt.*;
4
5   public class CheckBoxItemEventEx extends JFrame {
6       private JCheckBox [] fruits = new JCheckBox [3]; // 체크박스 배열
7       private String [] names = {"사과", "배", "체리"}; // 체크박스 문자열로
                                                          사용할 문자열 배열
8       private JLabel sumLabel; // 계산 합을 출력할 레이블
9
10      public CheckBoxItemEventEx() {
11          setTitle("체크박스와 ItemEvent 예제");
12          setDefaultCloseOperation(JFrame.EXIT_ON_CLOSE);
13          Container c = getContentPane();
14          c.setLayout(new FlowLayout());
15
16          c.add(new JLabel("사과  100원, 배 500원, 체리 20000원"));
17
18          // 3개의 체크박스 컴포넌트를 생성하고 컨텐트팬에 삽입, Item 리스너 등록
19          MyItemListener listener = new MyItemListener();
20          for(int i=0; i<fruits.length; i++) {
21              fruits[i] = new JCheckBox(names[i]); // names[]의 문자열로 체크박스 생성
22              fruits[i].setBorderPainted(true); // 체크박스의 외곽선이 보이도록 설정
23              c.add(fruits[i]); // 컨텐트팬에 체크박스 삽입
24              fruits[i].addItemListener(listener); // 체크박스에 Item 리스너 등록
25          }
26
27          sumLabel = new JLabel("현재 0 원 입니다."); // 가격 합을 출력하는 레이블 생성
28          c.add(sumLabel);
29
30          setSize(250,200);
31          setVisible(true);
```

> fruits[i].addItemListener
> (new MyItemListener());로 하
> 면 안 된다. 이렇게 하면 3개의 리스
> 너가 제 각각 sum 변수를 보유하게
> 되기 때문이다.

체크박스의 선택 상태가 변할 때 호출되며 Item 이벤트가 발생한 체크박스를 판별하고 가격을 계산한다.

e.getStateChange()는 Item 이벤트가 발생한 체크박스의 현재 상태를 리턴하며 선택 상태인지를 판단하기 위해 ItemEvent.SELECTED 상수와 비교한다.

```java
32        }
33
34        // Item 리스너 구현
35        class MyItemListener implements ItemListener {
36           private int sum = 0; // 가격의 합
37
38           // 체크박스의 선택 상태가 변하면 itemStateChanged()가 호출됨
39           public void itemStateChanged(ItemEvent e) {
40              if(e.getStateChange() == ItemEvent.SELECTED) { // 체크박스가 선택된 경우
41                 if(e.getItem() == fruits[0]) // 사과 체크박스
42                    sum += 100;
43                 else if(e.getItem() == fruits[1]) // 배 체크박스
44                    sum += 500;
45                 else // 체리 체크박스
46                    sum += 20000;
47              }
48              else { // 체크박스가 해제된 경우
49                 if(e.getItem() == fruits[0]) // 사과 체크빅스
50                    sum -= 100;
51                 else if(e.getItem() == fruits[1]) // 배 체크박스
52                    sum -= 500;
53                 else // 체리 체크박스
54                    sum -= 20000;
55              }
56              sumLabel.setText("현재 " + sum + "원 입니다."); // 합 출력
57           }
58        }
59        public static void main(String [] args) {
60           new CheckBoxItemEventEx();
61        }
62     }
```

체크박스를 만들어 과일의 가격을 합산해 보아야지.

10.5 JRadioButton으로 라디오버튼 만들기

JRadioButton

JRadioButton을 이용하면 라디오버튼을 만들 수 있다. 라디오버튼은 체크박스와 거의 동일하지만, 한 가지 면에서 다르다. 각 체크박스는 독립적으로 선택/해제되지만, 라디오버튼은 버튼 그룹에 속한 하나의 라디오버튼만 선택 가능하다. 이것은 마치 FM 라디오로 여러 채널 중 오직 한 채널만 들을 수 있는 것과 같다.

라디오버튼

[그림 10-5]는 라디오버튼의 예를 보여준다.

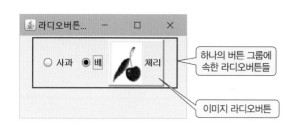

사과, 배, 체리는 같은 그룹에 속한 라디오버튼이며, 이 중 하나만이 선택 상태가 되고 나머지는 비선택 상태가 됩니다. 현재 배가 선택된 경우입니다.

하나의 버튼 그룹에 속한 라디오버튼들

이미지 라디오버튼

[그림 10-5] JRadioButton을 이용한 3개의 라디오버튼. 이 중 하나만 선택 가능

라디오버튼의 생성은 다음 생성자를 이용하며 디폴트가 비선택 상태이다.

JRadioButton() 빈 라디오버튼
JRadioButton(Icon image) 이미지 라디오버튼
JRadioButton(Icon image, boolean selected) 이미지 라디오버튼
JRadioButton(String text) 문자열 라디오버튼
JRadioButton(String text, boolean selected) 문자열 라디오버튼
JRadioButton(String text, Icon image) 문자열과 이미지를 가진 라디오버튼
JRadioButton(String text, Icon image, boolean selected) 문자열과 이미지를 가진 라디오버튼
• selected: true이면 선택 상태로 초기화

이미지 라디오버튼을 만들려면 디폴트 이미지와 선택 상태를 나타내는 2개의 이미지가 필요하다.

버튼 그룹과 라디오버튼의 생성 과정

버튼 그룹 객체

라디오버튼의 생성은 JRadioButton의 생성자를 호출하는 것으로 끝나지 않고, [그림 10-6]의 네 과정이 필요하다. 우선 여러 개의 라디오버튼을 묶을 버튼 그룹 객체를 생성한다. 그리고 나서 JRadioButton 생성자로 라디오버튼 컴포넌트를 생성하고 하나씩 버튼 그룹에 추가한다. 또한 각 라디오버튼을 화면에 출력하기 위해 컨테이너에 삽입한다. 이제 버튼 그룹에 속한 라디오버튼 중 하나만 선택 상태가 된다.

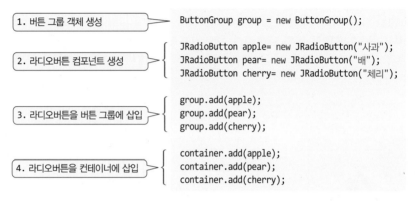

[그림 10-6] "사과", "배", "체리"의 3개 라디오버튼을 만드는 과정 ━━━━━

라디오버튼에 Item 이벤트 처리

Item 이벤트

라디오버튼이 선택되거나 해제되어 상태와 달라지면 Item 이벤트가 발생한다. 사용자가 마우스나 키보드로 라디오버튼의 선택 상태를 변경하거나, 프로그램에서 JRadioButton의 setSelected()를 호출하여 선택 상태를 변경할 수 있다. 이 두 경우 모두 Item 이벤트가 발생한다. Item 이벤트는 ItemListener 인터페이스의 다음 메소드에 의해 처리된다. JCheckBox 절에서 설명한 Item 이벤트에 대한 설명을 참고하기 바란다.

> *void itemStateChanged(ItemEvent e)* 라디오버튼의 선택 상태가 변경될 때 호출

> **잠깐!** **라디오버튼의 item 이벤트 주의** ●
>
> 만일 3개의 라디오버튼 중 라디오버튼 A가 선택 상태일 때, 라디오버튼 B를 선택하게 되면 두 번의 Item 이벤트가 발생하는 것에 주의해야 한다. 라디오버튼 A에는 해제 상태로 변경되었음을 알리는 Item 이벤트가 발생하고, 라디오버튼 B에는 선택 상태로 변경되었음을 알리는 Item 이벤트가 발생한다. 개발자가 주의하여 이벤트 처리해야 한다.

JRadioButton으로 라디오버튼 만들기

예제 10-6

그림과 같이 3개의 라디오버튼을 가진 프로그램을 작성하라.

```
🔲 라디오버튼...   —   □   ✕

    ○ 사과  ◉ 배  ○ 체리
```

```java
1   import javax.swing.*;
2   import java.awt.*;
3
4   public class RadioButtonEx extends JFrame {
5     public RadioButtonEx() {
6       setTitle("라디오버튼 만들기 예제");
7       setDefaultCloseOperation(JFrame.EXIT_ON_CLOSE);
8       Container c = getContentPane();
9       c.setLayout(new FlowLayout());
10
11      ButtonGroup g = new ButtonGroup();  // 버튼 그룹 객체 생성
12
13      // 라디오버튼 3개 생성
14      JRadioButton apple = new JRadioButton("사과");
15      JRadioButton pear = new JRadioButton("배", true);
16      JRadioButton cherry = new JRadioButton("체리");
17
18      // 버튼 그룹에 3개의 라디오버튼 삽입
19      g.add(apple);
20      g.add(pear);
21      g.add(cherry);
22
23      // 컨텐트팬에 3개의 라디오버튼 삽입
24      c.add(apple);    c.add(pear);    c.add(cherry);
25
26      setSize(250,150);
27      setVisible(true);
28    }
29
30    public static void main(String [] args) {
31      new RadioButtonEx();
32    }
33  }
```

- 3개의 라디오버튼을 묶을 버튼 그룹 객체 생성
- 3개의 라디오버튼 생성. 두 번째 라디오버튼이 선택 상태
- 버튼 그룹에 등록하여 하나만 선택되게 한다.
- 라디오버튼이 컨텐트팬에 삽입되어야 화면에 출력됨

10.6 JTextField로 한 줄 입력 창 만들기

JTextField

텍스트필드
Action 이벤트

JTextField를 이용하면 한 줄의 문자열을 입력받는 창(텍스트필드)을 만들 수 있다. 텍스트필드에 문자열 입력 도중 <Enter> 키가 입력되면 Action 이벤트가 발생한다. 입력 가능한 문자 개수와 창의 크기는 서로 다르며 응용프로그램에서 변경할 수 있다. JTextField의 생성자는 다음과 같다.

> *JTextField()* 빈 텍스트필드
> *JTextField(int cols)* 입력 창의 열의 개수가 cols개인 텍스트필드
> *JTextField(String text)* text 문자열로 초기화된 텍스트필드
> *JTextField(String text, int cols)* 입력 창의 열의 개수는 cols개이고 text 문자열로 초기화된 텍스트필드

입력 창의 열의 크기가 10인 텍스트필드를 생성하면 다음과 같다. 열의 개수가 10이라는 뜻은 최대 10개의 문자를 입력받는다는 의미는 아니다. 글자의 크기에 따라 입력되는 개수 또한 달라진다.

```
JTextField tf1 = new JTextField(10);
```

"컴퓨터공학과"로 초깃값을 가지는 텍스트필드를 생성하면 다음과 같다.

```
JTextField tf2 = new JTextField("컴퓨터공학과");
```

입력창의 열의 크기가 20이고 "대한민국대학교"로 초기화된 텍스트필드를 생성하면 다음과 같다.

```
JTextField tf3 = new JTextField("대한민국대학교", 20);
```

텍스트필드를 생성하는 간단한 사례는 예제 10-7에 보이고, <Enter> 키 입력시 Action 이벤트를 처리하는 사례는 예제 10-8에서 보인다.

JTextField로 텍스트필드 만들기

예제 10-7

JTextField를 이용하여 그림과 같이 이름, 학과, 주소를 입력받는 폼을 만들어라. 입력 창의 열의 개수는 모두 20으로 한다.

초기 화면　　　　　　　　사용자가 이름과 주소를 입력한 경우

```java
1   import javax.swing.*;
2   import java.awt.*;
3
4   public class TextFieldEx extends JFrame {
5      public TextFieldEx() {
6         setTitle("텍스트필드 만들기 예제");
7         setDefaultCloseOperation(JFrame.EXIT_ON_CLOSE);
8         Container c = getContentPane();
9         c.setLayout(new FlowLayout());
10
11        c.add(new JLabel("이름   "));
12        c.add(new JTextField(20)); // 창의 열 개수 20
13        c.add(new JLabel("학과   "));
14        c.add(new JTextField("컴퓨터공학과", 20)); // 창의 열 개수 20
15        c.add(new JLabel("주소   "));
16        c.add(new JTextField("서울시 ...", 20)); // 창의 열 개수 20
17
18        setSize(300,150);
19        setVisible(true);
20     }
21
22     public static void main(String [] args) {
23        new TextFieldEx();
24     }
25  }
```

10.7 JTextArea로 여러 줄의 입력 창 만들기

JTextArea

텍스트영역
JScrollPane

JTextArea를 이용하면 여러 줄의 문자열을 입력받을 수 있는 창(텍스트영역)을 만들 수 있다. 입력 창의 크기보다 많은 줄의 문자를 입력받을 수 있지만, JScrollPane에 삽입하여야 스크롤바 지원을 받을 수 있다.

텍스트영역의 생성자는 다음과 같다.

> *JTextArea( )* 빈 텍스트영역
> *JTextArea(int rows, int cols)* 입력 창이 rows × cols개의 문자 크기인 텍스트영역
> *JTextArea(String text)* text 문자열로 초기화된 텍스트영역
> *JTextArea(String text, int rows, int cols)* 입력 창이 rows × cols개의 문자 크기이며
>   text 문자열로 초기화된 텍스트영역

JTextArea 컴포넌트 생성 예

JTextArea로 텍스트영역 컴포넌트를 생성하는 예를 들어보자. [그림 10-7]은 두 가지 예를 보여준다. 그림의 왼쪽은 JTextArea를 이용하여 텍스트영역 컴포넌트를 생성한 것으로 스크롤바가 없으며, 오른쪽은 행 수(rows)에 지정된 라인 수를 넘어가거나 열 수(cols)보다 많은 문자를 입력하는 경우 스크롤바가 출력되도록 다음과 같이 JScrollPane 컴포넌트에 삽입한 예이다.

```
container.add(new JScrollPane(new JTextArea("hello", 7, 20)));
```

(1) JTextArea 컴포넌트 생성

(2) JScrollPane에 삽입된 JTextArea 컴포넌트

[그림 10-7] JTextArea 컴포넌트 생성

JTextArea로 여러 줄이 입력되는 창 만들기

예제 10-8

그림과 같이 사용자가 텍스트필드에 문자열을 입력한 후 <Enter> 키를 입력하면 텍스트영역 창에 문
자열을 추가하고 텍스트필드 입력 창은 지우는 프로그램을 작성하라.

텍스트영역 창에 직접 키로 입력할 수도 있다.

초기 화면

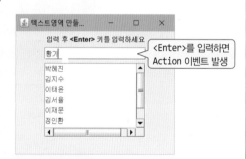

텍스트필드에 입력하고
<Enter> 키를 누른 경우

```java
1   import javax.swing.*;
2   import java.awt.event.*;
3   import java.awt.*;
4
5   public class TextAreaEx extends JFrame {
6      private JTextField tf = new JTextField(20);
7      private JTextArea ta = new JTextArea(7, 20); // 한줄에 20개
                                                        입력 가능. 7줄 입력창
8
9      public TextAreaEx() {
10        setTitle("텍스트영역 만들기 예제");
11        setDefaultCloseOperation(JFrame.EXIT_ON_CLOSE);
12        Container c = getContentPane();
13        c.setLayout(new FlowLayout());
14
15        c.add(new JLabel("입력 후 <Enter> 키를 입력하세요"));
16        c.add(tf);
17        c.add(new JScrollPane(ta));
18
19        // 텍스트필드에 Action 리스너를 등록한다.
20        tf.addActionListener(new ActionListener() { // <Enter> 키 입력시 작동하는
                                                          리스너
21           public void actionPerformed(ActionEvent e) {
22              JTextField t = (JTextField)e.getSource();
23              ta.append(t.getText() + "\n"); // 텍스트필드의 문자열을 텍스트영역에 붙임
24              t.setText(""); // 현재 텍스트필드에 입력된 내용 지우기
25           }
26        });
27
28        setSize(300,250);
29        setVisible(true);
30     }
31
32     public static void main(String [] args) {
33        new TextAreaEx();
34     }
35  }
```

<Enter>를 입력하면
Action 이벤트 발생

현재 텍스트필드에 입력된 문자열
알아냄

10.8 JList⟨E⟩로 리스트 만들기

JList⟨E⟩

JList<E>를 이용하면 사용자에게 하나 이상의 아이템을 보여주고 아이템을 선택하도록 하는 리스트 컴포넌트를 만들 수 있다. Java 7부터 JList에 제네릭(Generics)을 도입하여 JList<E>로 사용한다. E는 리스트에 삽입되는 아이템 타입으로, 리스트를 생성할 때 E 대신 아이템 타입을 대입하여 구체화해야 한다. 사용자는 리스트에서 하나 이상의 아이템을 선택할 수 있다. 아이템은 문자열과 이미지 아이콘 모두 가능하다.

JList<E>는 자체적으로는 스크롤을 지원하지 않기 때문에 스크롤이 가능하려면 JScrollPane에 삽입되어야 한다. [그림 10-8]은 9개의 텍스트 아이템을 가진 리스트의 예를 보여준다.

[그림 10-8] JList<String>으로 만든 문자열 리스트

리스트는 다음 생성자를 이용하여 생성한다.

```
JList<E>() 빈 리스트
JList<E>(Vector listData) 벡터로부터 아이템을 공급받는 리스트
JList<E>(Object [] listData) 배열로부터 아이템을 공급받는 리스트
```

배열 fruits에 들어 있는 9개의 과일 이름 문자열로 [그림 10-8]의 리스트를 만들면 다음과 같다.

```
String [] fruits= {"apple", "banana", "kiwi", "mango", "pear", "peach",
        "berry", "strawberry", "blackberry"};
JList<String> strList = new JList<String>(fruits);
```

JList<E>로 다양한 리스트 만들기 예제 10-9

그림과 같은 3개의 리스트를 가진 프로그램을 작성하라.
마지막 리스트는 JScrollPane에 삽입하여 스크롤을 지원한다.

```java
1   import javax.swing.*;
2   import java.awt.*;
3
4   public class ListEx extends JFrame {
5      private String [] fruits= {"apple", "banana", "kiwi", "mango",
6                         "pear", "peach", "berry", "strawberry",
7                         "blackberry"};
8      private ImageIcon [] images = { new ImageIcon("images/icon1.png"),
9                            new ImageIcon("images/icon2.png"),
10                           new ImageIcon("images/icon3.png"),
11                           new ImageIcon("images/icon4.png") };
12     public ListEx() {
13        setTitle("리스트 만들기 예제");
14        setDefaultCloseOperation(JFrame.EXIT_ON_CLOSE);
15        Container c = getContentPane();
16        c.setLayout(new FlowLayout());
17
18        JList<String> strList = new JList<String>(fruits); // 문자열 리스트 생성
19        c.add(strList);
20
21        JList<ImageIcon> imageList = new JList<ImageIcon>(); // 이미지 리스트 생성. 빈 리스트
22        imageList.setListData(images); // 리스트에 이미지 아이템 삽입
23        c.add(imageList);
24
25        JList<String> scrollList = new JList<String>(fruits); // 문자열 리스트 생성
26        c.add(new JScrollPane(scrollList)); // 리스트를 JScrollPane에 부착
27
28        setSize(300,300);
29        setVisible(true);
30     }
31
32     public static void main(String [] args) {
33        new ListEx();
34     }
35  }
```

> 리스트를 스크롤 가능하게 하기 위해 JScrollPane에 부착하고 다시 JScrollPane을 컨텐트팬에 부착함

문자열 리스트   이미지 리스트   스크롤바를 가지는 리스트

10.9 JComboBox⟨E⟩로 콤보박스 만들기

JComboBox⟨E⟩

콤보박스

JComboBox⟨E⟩를 이용하면 텍스트필드, 버튼 그리고 드롭다운(drop down) 리스트로 구성되는 콤보박스를 만들 수 있다. Java 7부터 JComboBox에 제네릭을 도입하여 JComboBox⟨E⟩로 사용한다. E는 콤보박스에 삽입되는 아이템의 타입으로, 콤보박스를 생성할 때 E 대신 아이템의 타입을 대입하여 구체화해야 한다.

[그림 10-9]는 8개의 아이템을 가진 콤보박스를 보여준다. 보통 텍스트필드 창과 버튼만 보이지만, 버튼을 클릭하면 드롭다운 리스트가 아래로 출력되고 아이템을 선택하면 텍스트필드 창에 나타난다.

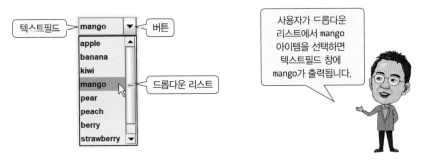

[그림 10-9] JComboBox⟨String⟩으로 만든 콤보박스

콤보박스의 생성은 다음 생성자를 이용한다.

```
JComboBox<E>() 빈 콤보박스
JComboBox<E>(Vector items) 벡터로부터 아이템을 공급받는 콤보박스
JComboBox<E>(Object [] items) 배열로부터 아이템을 공급받는 콤보박스
```

[그림 10-9]는 다음과 같이 fruits 배열에 있는 텍스트를 아이템으로 가진 콤보박스를 만든 예이다.

```
String [] fruits = {"apple", "banana", "kiwi", "mango", "pear",
                    "peach", "berry", "strawberry", "blackberry" };
JComboBox<String> combo = new JComboBox<String>(fruits);
```

JComboBox<E>로 콤보박스 만들고 활용하기 　　　　　　　　　　　　예제 10-10

그림과 같이 "apple", "babana", "mango"의 과일 이름을 가진 콤보박스를 만들고 사용자가 선택한
과일의 이미지를 콤보박스 옆에 출력하는 프로그램을 작성하라.

콤보박스에 아이템 선택 시 발생하는 **Action** 이벤트를 처리할 **ActionListener**를 작성하고, 과일 이
미지는 **JLabel** 컴포넌트를 활용하여 출력하라.

```java
1   import javax.swing.*;
2   import java.awt.event.*;
3   import java.awt.*;
4
5   public class ComboActionEx extends JFrame {
6      private String [] fruits = {"apple", "banana", "mango"}; // 콤보박스 아이템
7      private ImageIcon [] images = { new ImageIcon("images/apple.jpg"),
8                             new ImageIcon("images/banana.jpg"),
9                             new ImageIcon("images/mango.jpg") };
10     private JLabel imgLabel = new JLabel(images[0]); // 이미지를 출력할 레이블
11
12     public ComboActionEx() {
13        setTitle("콤보박스 활용 예제");
14        Container c = getContentPane();
15        c.setLayout(new FlowLayout());
16        JComboBox<String> combo = new JComboBox<String>(fruits); // 콤보박스 생성
17        c.add(combo); c.add(imgLabel);
18
19        // 콤보박스에 Action 리스너 등록. 선택된 아이템의 이미지 출력
20        combo.addActionListener(new ActionListener() {
21           public void actionPerformed<String>(ActionEvent e) {
22              JComboBox<String> cb = (JComboBox<String>)e.getSource();
                            // Action 이벤트가 발생한 콤보박스 알아내기
23              int index = cb.getSelectedIndex(); // 콤보박스의 선택된 아이템의 인덱스
                                              번호 알아내기
24              imgLabel.setIcon(images[index]); // 인덱스의 이미지를 이미지 레이블에 출력
25           }
26        });
27
28        setSize(300,250);
29        setVisible(true);
30     }
31
32     public static void main(String [] args) {
33        new ComboActionEx();
34     }
35  }
```

> 콤보박스에 아이템 선택이 변경되면 호출된다. 선택된 아이템을 찾아 해당하는 이미지를 imgLabel에 출력한다.

10.10 메뉴 만들기

메뉴 구성

메뉴를 만들어 프레임에 달아 보자. [그림 10-10]은 메뉴를 만든 예를 보여준다. 메뉴를 만들기 위해 다음 요소가 필요하다.

- 메뉴아이템 - JMenuItem을 이용하여 생성
- 메뉴 - 여러 개의 메뉴 아이템을 가짐. JMenu를 이용하여 생성
- 메뉴바 - 메뉴들을 붙이는 바이며, 프레임에 부착. JMenuBar를 이용하여 생성
- 분리선 - 메뉴아이템 사이의 분리선으로서 separator라고 부르며, JMenu의 addSeparator() 메소드를 호출하여 삽입

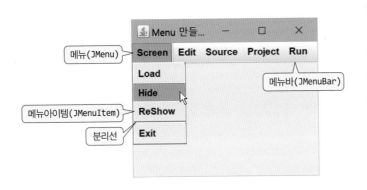

JMenuBar에 Screen, Edit, Source, Project, Run의 5개 메뉴가 붙어 있으며, Screen 메뉴에는 JMenuItem으로 만든 4개의 메뉴아이템이 붙어 있습니다. JMenu.addSeparator()를 호출하여 메뉴아이템 사이에 분리선을 삽입할 수 있습니다.

[그림 10-10] 스윙 메뉴 예

메뉴 만들기

이제 직접 메뉴를 만들어 보자. [그림 10-10]에서 Screen 메뉴만 만드는 과정을 소개한다. 이 과정은 [그림 10-11]에서 보인다.

1. 메뉴바를 만든다.

```
JMenuBar mb = new JMenuBar(); // 메뉴바 mb 생성
```

2. 메뉴를 만들어 메뉴바에 붙인다.

메뉴 이름은 JMenu의 생성자에 전달한다. 메뉴바에 메뉴를 붙일 때 JMenuBar의 add() 메소드를 이용한다. "Screen" 메뉴를 메뉴바에 붙이는 코드는 다음과 같다.

```
JMenu screenMenu = new JMenu("Screen"); // Screen 메뉴 생성
mb.add(screenMenu); // Screen 메뉴 삽입
```

3. 메뉴아이템을 생성하여 메뉴에 붙인다.

```
screenMenu.add(new JMenuItem("Load"));
screenMenu.add(new JMenuItem("Hide"));
screenMenu.add(new JMenuItem("ReShow"));
screenMenu.addSeparator(); // ReShow 메뉴아이템 다음에 분리선 삽입
screenMenu.add(new JMenuItem("Exit"));
```

4. 메뉴바를 프레임에 붙인다.

다음과 같이 JFrame의 setJMenuBar() 메소드로 메뉴바를 프레임에 붙인다.

`setJMenuBar()`

```
frame.setJMenuBar(mb);
```

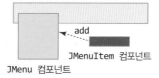
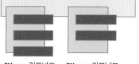

(1) JMenuBar 컴포넌트 생성 (2) JMenu 컴포넌트를 생성하여 JMenuBar에 붙인다. (3) JMenuItem 컴포넌트를 생성하여 JMenu에 붙인다. (3') 여러 개의 메뉴와 메뉴아이템을 생성한다.

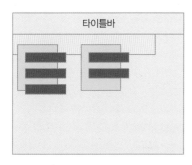
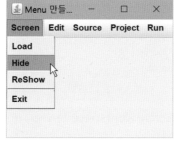

(4) JMenuBar 컴포넌트를 JFrame에 붙인다.

[그림 10-11] 스윙으로 메뉴 만드는 과정

예제 10-11   **메뉴 만들기**

그림과 같이 Screen, Edit, Source, Project, Run의 5개 메뉴를 가지며, Screen 메뉴에만 4개의
메뉴아이템과 하나의 분리선(separator)을 가지도록 프로그램을 작성하라.

```java
1   import javax.swing.*;
2
3   public class MenuEx extends JFrame {
4      public MenuEx() {
5         setTitle("Menu 만들기 예제");
6         createMenu(); // 메뉴 생성, 프레임에 삽입
7         setSize(250,200);
8         setVisible(true);
9      }
10
11     // 메뉴를 만들어 프레임에 삽입한다.
12     private void createMenu() {
13        JMenuBar mb = new JMenuBar(); // 메뉴바 생성
14        JMenu screenMenu = new JMenu("Screen"); // Screen 메뉴 생성
15
16        // Screen 메뉴에 메뉴아이템 생성 삽입
17        screenMenu.add(new JMenuItem("Load"));
18        screenMenu.add(new JMenuItem("Hide"));
19        screenMenu.add(new JMenuItem("ReShow"));
20        screenMenu.addSeparator(); // 분리선 삽입
21        screenMenu.add(new JMenuItem("Exit"));
22
23        // 메뉴바에 메뉴 삽입
24        mb.add(screenMenu); // Screen 메뉴 삽입
25        mb.add(new JMenu("Edit")); // Edit 메뉴 생성 삽입
26        mb.add(new JMenu("Source")); // Source 메뉴 생성 삽입
27        mb.add(new JMenu("Project")); // Project 메뉴 생성 삽입
28        mb.add(new JMenu("Run")); // Run 메뉴 생성 삽입
29
30        // 메뉴바를 프레임에 부착
31        setJMenuBar(mb);           ┌─ 메뉴바를 프레임에 붙임.
32     }                            └─ 비로소 메뉴가 보인다.
33
34     public static void main(String [] args) {
35        new MenuEx();
36     }
37  }
```

메뉴아이템에 Action 이벤트 달기

Action 이벤트

메뉴아이템은 사용자로부터 지시나 명령을 받는데 사용되므로, 사용자가 메뉴아이템을 선택하면 Action 이벤트가 발생한다. 다음은 메뉴아이템에 Action 이벤트를 처리하기 위한 Action 리스너를 등록하는 코드이다.

```
JMenuItem item = new JMenuItem("Load");
item.addActionListener(new MenuActionListener()); // 메뉴아이템에 Action 리스너 등록
screenMenu.add(item);
...
class MenuActionListener implements ActionListener {
    public void actionPerformed(ActionEvent e) {
        // 사용자가 Load 메뉴아이템을 선택하는 경우 처리할 작업 구현
    }
}
```

메뉴에 Action 리스너 활용

예제 10-12

그림과 같이 Screen 메뉴에 4개의 메뉴아이템을 만들고, Load 메뉴아이템을 선택하면 이미지를 하나 로딩하여 출력하고, Hide 메뉴아이템을 선택하면 이미지를 보이지 않게 하며, ReShow 메뉴아이템을 선택하면 숨겨진 이미지를 다시 보이게 하고, Exit 메뉴아이템을 선택하면 프로그램을 종료하도록 Action 리스너를 작성하라.

초기 상태

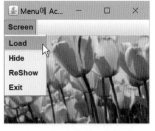

Load 메뉴아이템 선택하면
레이블을 이용하여 이미지 출력

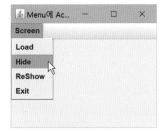

Hide 메뉴아이템 선택으로
이미지를 보이지 않게 함

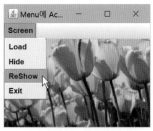

ReShow 메뉴아이템 선택으로
숨겨진 이미지가 다시 보이게 함

Exit 메뉴아이템 선택하면
프로그램 종료

```
1   import javax.swing.*;
2   import java.awt.event.*;
3   import java.awt.*;
4
5   public class MenuActionEventEx extends JFrame {
6       private JLabel imgLabel = new JLabel(); // 빈 이미지를 가진 레이블
7       public MenuActionEventEx() {
8           setTitle("Menu에 Action 리스너 만들기 예제");
9           createMenu();
10          getContentPane().add(imgLabel, BorderLayout.CENTER);
11          setSize(250,200); setVisible(true);
12      }
13
14      private void createMenu() { // 메뉴바와 Screen 메뉴 생성. Screen 메뉴에 4개의 메뉴아이템 삽입
15          JMenuBar mb = new JMenuBar(); // 메뉴바 생성
16          JMenuItem [] menuItem = new JMenuItem [4];
17          String[] itemTitle = {"Load", "Hide", "ReShow", "Exit"};
18          JMenu screenMenu = new JMenu("Screen");
19
20          // 4개의 메뉴아이템을 Screen 메뉴에 삽입한다.
21          MenuActionListener listener = new MenuActionListener(); // Action 리스너 생성
22          for(int i=0; i<menuItem.length; i++) {
23              menuItem[i] = new JMenuItem(itemTitle[i]); // 메뉴아이템 생성
24              menuItem[i].addActionListener(listener); // 메뉴아이템에 Action 리스너 등록
25              screenMenu.add(menuItem[i]); // 메뉴아이템을 Screen 메뉴에 삽입
26          }
27          mb.add(screenMenu); // 메뉴바에 Screen 메뉴 삽입
28          setJMenuBar(mb); // 메뉴바를 프레임에 부착
29      }
30
31      class MenuActionListener implements ActionListener { // 메뉴아이템 처리 Action 리스너
32          public void actionPerformed(ActionEvent e) {
33              String cmd = e.getActionCommand(); // 사용자가 선택한 메뉴아이템의 문자열 리턴
34              switch(cmd) { // 메뉴 아이템의 종류 구분
35                  case "Load" :
36                      if(imgLabel.getIcon() != null) return; // 이미 로딩되었으면 리턴
37                      imgLabel.setIcon(new ImageIcon("images/img.jpg")); break;
38                  case "Hide" :
39                      imgLabel.setVisible(false); break;
40                  case "ReShow" :
41                      imgLabel.setVisible(true); break;
42                  case "Exit" :
43                      System.exit(0); break;
```

이미지를 출력할 레이블 → 6

이미지 레이블을 콘텐트팬의 중앙에 부착 → 10

imgLabel에 이미지 로딩 및 출력 → 37

imgLabel이 보이지 않도록 변경 → 39

imgLabel이 보이도록 변경 → 41

```
44              }
45          }
46      }
47      public static void main(String [] args) {
48          new MenuActionEventEx();
49      }
50  }
```

10.11 팝업 다이얼로그

팝업 다이얼로그는, 사용자에게 메시지를 전달하거나 문자열을 입력받을 수 있는 간단한 팝업 창으로 몇 가지 종류가 있다. 팝업 다이얼로그는 JOptionPane 클래스의 static 메소드를 이용하여 생성한다. 지금부터 많이 사용되는 3가지 팝업 다이얼로그를 생성하고 활용하는 방법을 알아보자.

팝업 다이얼로그
JOptionPane

입력 다이얼로그, JOptionPane.showInputDialog()

다음 showInputDialog()를 호출하면, 한 줄을 입력받는 다이얼로그를 생성할 수 있다.

showInputDialog()
한 줄 입력 다이얼로그

---

static String JOptionPane.showInputDialog(String msg)
• **msg:** 다이얼로그 메시지
• **리턴 값:** 사용자가 입력한 문자열. 취소 버튼이 선택되거나 창이 닫히면 **null** 리턴

[그림 10-12]는 입력 다이얼로그를 생성하는 코드와 화면을 보여준다. 사용자가 "Java Kim"을 입력하고 "확인" 버튼을 누르면, showInputDialog()는 name 변수에 "Java Kim"을 리턴하지만, "취소" 버튼을 누르거나 창을 닫으면 null 값을 리턴한다.

```
String name = JOptionPane.showInputDialog("이름을 입력하세요.");
// name에 "Java Kim"이 리턴
// 취소 버튼이나, 입력 없이 다이얼로그가 닫히면 null 리턴
```

[그림 10-12] 입력 다이얼로그

확인 다이얼로그, JOptionPane.showConfirmDialog()

showConfirmDialog()

사용자로부터 확인을 받기 위한 확인 다이얼로그는 다음 showConfirmDialog()를 호출한다.

```
static int JOptionPane.showConfirmDialog(Component parentComponent, Object msg,
                                          String title, int optionType)
```
- parentComponent: 다이얼로그의 부모 컴포넌트로서 다이얼로그가 출력되는 영역의 범위 지정을 위해 사용(예: 프레임). null이면 전체 화면 중앙에 출력
- msg: 다이얼로그 메시지
- title: 다이얼로그 타이틀
- optionType: 다이얼로그 옵션 종류 지정
  YES_NO_OPTION, YES_NO_CANCEL_OPTION, OK_CANCEL_OPTION
- 리턴 값: 사용자가 선택한 옵션 종류
  YES_OPTION, NO_OPTION, CANCEL_OPTION, OK_OPTION, CLOSED_OPTION

YES_OPTION
NO_OPTION
CLOSED_OPTION

[그림 10-13]은 YES_NO_OPTION 타입의 확인 다이얼로그를 생성한 사례이다. 이 확인 다이얼로그는 "예", "아니오"의 두 버튼만 가진다. showConfirmDialog()는 사용자가 "예" 버튼을 선택하면 YES_OPTION을, "아니오" 버튼을 선택하면 NO_OPTION을 리턴한다. 그러나 어떤 버튼도 선택하지 않고 다이얼로그를 종료한 경우 CLOSED_OPTION을 리턴한다.

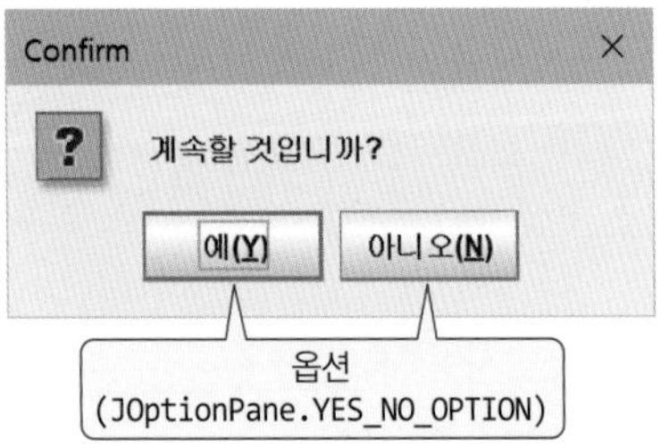

null은 다이얼로그를 스크린 중앙에 출력시킴

```
int result = JOptionPane.showConfirmDialog(null, "계속할 것입니까?",
                                "Confirm", JOptionPane.YES_NO_OPTION);
if(result == JOptionPane.CLOSED_OPTION) {
    // 사용자가 "예", "아니오"의 선택 없이 다이얼로그 창을 닫은 경우
}
else if(result == JOptionPane.YES_OPTION) {
    // 사용자가 "예"를 선택한 경우
}
else {
    // 사용자가 "아니오"를 선택한 경우
}
```

옵션
(JOptionPane.YES_NO_OPTION)

[그림 10-13] 확인 다이얼로그

메시지 다이얼로그, JOptionPane.showMessageDialog()

사용자에게 문자열 메시지를 전달하기 위한 메시지 다이얼로그는 다음 showMessageDialog()를 호출하여 생성한다.

showMessageDialog()

```
static void JOptionPane.showMessageDialog(Component parentComponent,
                               Object msg, String title, int messageType)
```
- **parentComponent**: 다이얼로그의 부모 컴포넌트로서 다이얼로그가 출력되는 영역의 범위 지정을 위해 사용(예: 프레임). null이면 전체 화면 중앙에 출력
- **msg**: 다이얼로그 메시지
- **title**: 다이얼로그 타이틀
- **messageType**: 다이얼로그의 종류로서 다음 중 하나
  ERROR_MESSAGE, INFORMATION_MESSAGE, WARNING_MESSAGE, QUESTION_MESSAGE, PLAIN_MESSAGE

[그림 10-14]는 ERROR_MESSAGE 타입의 메시지 다이얼로그를 생성한 사례이다. 이 메시지 다이얼로그는 메시지와 "확인" 버튼 하나만 출력하며, 사용자가 "확인" 버튼을 누르거나 다이얼로그를 닫으면 단순 리턴한다.

null은 다이얼로그를 스크린 중앙에 출력시킴

```
JOptionPane.showMessageDialog(null,
               "조심하세요", "Message",
               JOptionPane.ERROR_MESSAGE);
```

Message ✕

ⓧ 조심하세요

확인

[그림 10-14] 메시지 다이얼로그

팝업 다이얼로그는 일단 화면에 출력되면, 닫기 전에는 다른 창으로 이동할 수 없는 이른바 모달(modal) 타입임을 잊지 마세요.

예제 10-13　JOptionPane으로 3가지 팝업 다이얼로그 만들기

다음 그림과 같이 3개의 팝업 다이얼로그를 출력하는 응용프로그램을 작성해보라.

각 버튼을 클릭하면 해당하는 팝업 다이얼로그를 출력하며, 이때 각 팝업에 대해 사용자가 입력한 내용이나 선택한 버튼 정보를 텍스트필드 창에 출력한다.

초기 화면

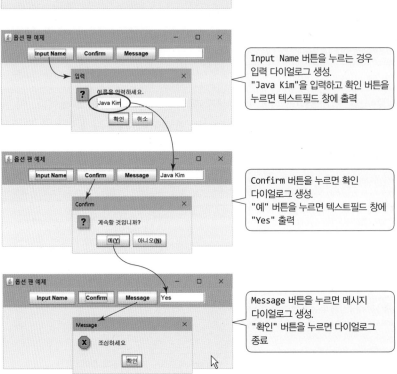

Input Name 버튼을 누르는 경우 입력 다이얼로그 생성.
"Java Kim"을 입력하고 확인 버튼을 누르면 텍스트필드 창에 출력

Confirm 버튼을 누르면 확인 다이얼로그 생성.
"예" 버튼을 누르면 텍스트필드 창에 "Yes" 출력

Message 버튼을 누르면 메시지 다이얼로그 생성.
"확인" 버튼을 누르면 다이얼로그 종료

```java
1  import javax.swing.*;
2  import java.awt.event.*;
3  import java.awt.*;
4
5  public class OptionPaneEx extends JFrame {
6     public OptionPaneEx() {
7        setTitle("옵션 팬 예제");
8        setDefaultCloseOperation(JFrame.EXIT_ON_CLOSE);
9        Container c = getContentPane();
```

```
10        setSize(500,200);
11        c.add(new MyPanel(), BorderLayout.NORTH);
12        setVisible(true);
13     }
14
15     class MyPanel extends Panel {
16        private JButton inputBtn = new JButton("Input Name");
17        private JTextField tf = new JTextField(10);
18        private JButton confirmBtn = new JButton("Confirm");
19        private JButton messageBtn = new JButton("Message");
20
21        public MyPanel() {
22           setBackground(Color.LIGHT_GRAY);
23           add(inputBtn);
24           add(confirmBtn);
25           add(messageBtn);
26           add(tf);
27
28           inputBtn.addActionListener(new ActionListener() {
29              public void actionPerformed(ActionEvent e) {
30                 // 입력 다이얼로그 생성
31                 String name = JOptionPane.showInputDialog("이름을 입력하세요.");
32                 if(name != null)
33                    tf.setText(name); // 사용자가 입력한 문자열을 텍스트필드 창에 출력
34              }
35           });
36
37           confirmBtn.addActionListener(new ActionListener() {
38              public void actionPerformed(ActionEvent e) {
39                 // 확인 다이얼로그 생성
40                 int result = JOptionPane.showConfirmDialog(null,
41                    "계속할 것입니까?", "Confirm", JOptionPane.YES_NO_OPTION);
42
43                 // 사용자가 선택한 버튼에 따라 문자열을 텍스트필드 창에 출력
44                 if(result == JOptionPane.CLOSED_OPTION)
45                    tf.setText("Just Closed without Selection");
46                 else if(result == JOptionPane.YES_OPTION)
47                    tf.setText("Yes");
48                 else
49                    tf.setText("No");
50              }
51           });
52
53           messageBtn.addActionListener(new ActionListener() {
```

> Input Name 버튼을 선택하면 입력 다이얼로그를 생성한다.

> Confirm 버튼을 선택하면 확인 다이얼로그를 생성한다.

> null 대신 OptionPaneEx.this를 사용하면 다이얼로그를 프레임 중앙에 출력

> Message 버튼을 선택하면 메시지 다이얼로그를 생성한다.

```
54            public void actionPerformed(ActionEvent e) {
55                // 메시지 다이얼로그 생성
56                JOptionPane.showMessageDialog(null, "조심하세요", "Message",
                                   JOptionPane.ERROR_MESSAGE);
57            }
58        });
59      }
60   }
61
62   public static void main(String [] args) {
63      new OptionPaneEx();
64   }
65 }
```

null 대신 OptionPaneEx.this를 사용하면 프레임의 중앙에 다이얼로그 출력

팝업 다이얼로그 정말 유용하구나! 배우길 잘했어.

○ **스윙 컴포넌트 소개**
- ❶_____는 스윙 컴포넌트의 슈퍼클래스로서 컴포넌트의 모양, 상태, 크기, 위치, 컨테이너와의 관계 등에 관련한 많은 공통 메소드를 제공한다.
- 스윙 컴포넌트의 클래스 이름은 J자로 시작한다.

○ **JLabel과 JButton**
- 레이블은 문자열이나 ❷_____를 출력하기 위한 컴포넌트이며, JLabel을 이용하여 생성한다.
- 버튼은 사용자로부터 명령을 받기 위한 컴포넌트로서, JButton을 이용하여 생성하며, 버튼이 선택되면 ❸_____ 이벤트가 발생한다.
- JButton에 normalIcon, pressedIcon, rolloverIcon 등 3개의 이미지 아이콘을 설정하면, 보통 상태, 마우스가 올라간 상태, 마우스가 눌러진 상태 때 각각 출력된다.

○ **JCheckBox와 JRadioButton**
- 체크박스는 선택/비선택의 두 상태를 가지는 버튼으로서 ❹_____를 이용하여 생성한다.
- 체크박스의 선택 상태에 변화가 생기면 ❺_____ 이벤트가 발생하고, 이때 ItemListener의 void itemStateChanged(ItemEvent e)가 호출된다.
- 라디오버튼은 JRadioButton을 이용하여 생성하며, 여러 개의 라디오버튼으로 구성되는 버튼 그룹 중 오직 하나만 선택된다.

○ **JTextField와 JTextArea**
- JTextField는 한 줄짜리 입력 창으로, 입력 도중 <Enter> 키를 치면 ❻_____ 이벤트가 발생한다.
- ❼_____는 여러 줄을 입력받을 수 있는 창으로, ❽_____에 부착되면 스크롤 지원을 받을 수 있다.

○ **JList<E>와 JComboBox<E>**
- JList<E>는 아이템들을 리스트 형식으로 보여주고 아이템을 선택하도록 하는 컴포넌트이다.
- ❾_____는 버튼을 선택하면 드롭다운 리스트에 아이템이 출력되는 컴포넌트이다.

○ **메뉴와 팝업다이얼로그**
- ❿_____는 메뉴바를, JMenu는 하나의 메뉴를, ⓫_____은 하나의 메뉴아이템을 구현한다. 메뉴바를 프레임에 붙이기 위해서는 JFrame의 ⓬_____ 메소드를 이용한다. 메뉴아이템이 선택되면 Action 이벤트가 발생한다.
- 입력 다이얼로그는 JOptionPane.showInputDialog()를 호출하여 생성하며, 한 줄의 입력창을 통해 문자열을 입력받는다.
- 확인 다이얼로그는 JOptionPane.⓭_____를 호출하여 생성하며, 사용자로부터 "예", " 아니오"의 답을 얻는데 사용된다.
- 메시지 다이얼로그는 JOptionPane.showMessageDialog()를 호출하여 생성하며, 사용자에게 임의의 메시지를 전하기 위해 사용된다.

　버튼 클릭으로 좌우로 이미지 넘기기

┌─ 목 적 ─┐
JLabel을 이용한 이미지 나
루기, 이벤트 핸들링

버튼과 이미지 레이블을 활용하는 응용프로그램을 작성해보자. 아래에는 이 응용프로그램을 실행한 4개의
화면이 있다. 컨텐트팬의 배치관리자를 **BorderLayout**으로 설정하고 **CENTER** 영역 에는 이미지를 출력하
는 레이블 컴포넌트를 단다. **SOUTH** 영역에는 **JPanel**을 상속받은 **MenuPanel**을 작성하고 이곳에 좌(←),
우(→) 화살표 이미지를 가진 두 개의 버튼을 단다. 오른쪽 화살표 버튼을 클릭하면 이미지 레이블에 다음
이미지를 출력하고 반대로 왼쪽 화살표 버튼을 클릭하면 이전 이미지를 레이블에 출력한다. 이미지는 총 4
개로 하라. 난이도 중

연습문제

 EXERCISE

1. 다음 중 스윙 패키지에 속하지 않는 클래스는 무엇인가?
   ① JComponent   ② Container   ③ JButton   ④ JMenu

2. Item 이벤트가 발생하는 경우에 해당하지 않은 것은?
   ① 해제되어 있는 상태의 체크박스를 클릭하여 선택 상태로 변경한 경우
   ② 선택 상태 체크박스를 클릭한 경우
   ③ 새로운 라디오버튼을 클릭한 경우
   ④ JTextField에 <Enter> 키를 입력한 경우

3. Action 이벤트가 발생하는 경우가 아닌 것은?
   ① JButton 컴포넌트를 마우스로 클릭한 경우
   ② JTextField 컴포넌트에 키보드로 입력하는 도중 <Enter> 키를 입력한 경우
   ③ JCheckBox 컴포넌트를 마우스로 선택한 경우
   ④ JComboBox<E>의 아이템을 마우스로 선택한 경우

4. 다음은 Item 리스너 클래스를 작성한다. 빈칸에 적절한 코드를 삽입하라.

```
class MyItemListener implements ItemListener {
   public void _____(_____ e) {
      if(e.getStateChange() == _____)
         System.out.println("선택되었습니다.");
      else
         System.out.println("해제되었습니다.");
   }
}
```

5. 메뉴를 만들어 프레임에 붙이는 다음 코드의 빈칸에 적절한 코드를 삽입하라.

```
JMenuBar mb = new JMenuBar();
_____ fileMenu = new _____ ("File"); // "File" 메뉴를 생성한다.
mb.add(fileMenu); // 메뉴바에 파일 메뉴를 붙인다.
fileMenu.add(_____); // "New" 메뉴아이템을 생성하여 붙인다.
fileMenu._____; // 분리선을 삽입한다.
frame._____(mb); // 프레임에 메뉴바를 붙인다.
```

6. 다음 빈칸에 적절한 말을 보기에서 찾아 삽입하라.

> 간단한 팝업 다이얼로그를 생성하여 화면에 출력하려면 _____ 클래스를 이용하면 된다. 이 클래스에는 팝업 다이얼로그를 출력하는 _____ 타입의 메소드가 여러 개 있다. 하지만 이들은 모두 _____ 다이얼로그로서 일단 화면에 출력되면 닫기 전에 다른 작업을 할 수 없는 특징이 있다. 이름이나 주소 등 한 줄로 된 문자열을 입력받을 수 있는 간단한 입력 다이얼로그는 _____ 메소드를 호출하면 된다. 이 메소드의 리턴 값은 _____이지만, 취소 버튼이 선택되거나 강제로 창이 닫히면 _____를(을) 리턴한다.

> **보기**
>
> JMessage, JDialog, JOptionPane, static, non-static, 모달리스, 가상, 엄격한, 모달, showMessageDialog(), showInputDialog(), getInputDialog(), showOptionDialog(), 사용자입력 문자열, null, 정수, 불린, false

7. "sunny.jpg"를 가진 이미지 레이블 sunnyLabel을 만드는 코드는?

```
_____ // 이미지 파일 로딩, 이미지 객체 생성
_____ // 레이블 컴포넌트 sunnyLabel 생성
```

8. JTextArea로 만든 컴포넌트는 여러 줄의 텍스트 입력을 받을 수 있는 창이지만, 스크롤 기능을 제공하지 않는다. 스크롤이 되게 하고 컨텐트팬에 붙이고자 하면 어떻게 해야 하는지 다음 코드에 빈칸을 이용하여 설명하라.

```
JTextArea ta = new JTextArea();
Container c = getContentPane(); // 프레임의 컨텐트팬을 알아낸다.
_____
_____
```

9. 다음 각 경우를 위해 GUI를 구성할 때, JRadioButton, JCheckBox, JButton, JLabel 중 적절한 컴포넌트와 컴포넌트의 개수는?
   (1) 사용자에게 '아침', '점심', '저녁' 중 하나를 선택하도록 한다.
   (2) 회원 등록 시, '남/여', '내국인/외국인', '성년/미성년'의 3가지 정보를 입력받고자 한다.
   (3) 화면을 4등분하여 4개의 이미지를 출력하고자 한다.
   (4) '다음'으로 계속 진행하는 사용자 입력을 받고자 한다.

실습 문제

· 홀수 문제는 정답이 공개됩니다.

1. 다음과 같이 자기가 좋아하는 이미지 4개를 출력하는 프로그램을 작성하라. GridLayout을 이용하고, 4개의 JLabel로 각 이미지를 출력하면 된다. 난이도 하

목적 JLabel로 이미지 출력

2. 다음과 같이 "파일", "편집", "보기", "입력" 의 4가지 메뉴를 가진 스윙프로그램을 작성하라. "보기" 메뉴에만 "화면확대", "쪽윤곽"의 2개의 메뉴아이템이 있고 그 사이에는 분리선이 있다. 난이도 하

목적 메뉴 만들기

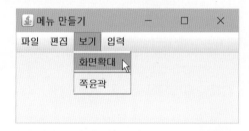

3. 그림과 같은 두 개의 라디오버튼 중 Red 버튼이 선택되면 배경을 빨간색으로, Blue 버튼이 선택되면 배경이 파란색으로 변하는 프로그램을 작성하라. 난이도 하

목적 JRadioButton과 Item 리스너 활용

목표 Item 리스너 및 스윙 컴
포넌트 공통 메소드 활용

4. 다음 그림과 같이 2개의 체크박스와 버튼을 하나 만들어라. "버튼 비활성화"를 선택
하면 버튼이 작동하지 못하게 하고, 해제하면 다시 작동하게 하라. "버튼 감추기"를
선택하면 버튼이 보이지 않도록 하고 해제하면 버튼이 보이도록 하라. **난이도 중**

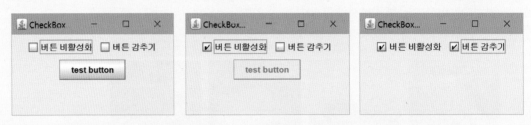

힌트
컴포넌트를 활성화/비활성화시키는 메소드는 setEnabled()이고, 컴포넌트를 보이게 혹은 보이지
않게 하는 메소드는 setVisible()이다.

목표 메뉴, JOptionPane을 활
용한 종합 응용

5. 다음과 같이 '파일' 메뉴에 '저장' 메뉴아이템을 만들고 컨텐트팬에는 **JTextArea**를
하나 생성하여 스크롤되게 부착한다. 텍스트를 입력한 후 '저장' 메뉴아이템을 선택
하면 **JOptionPane**의 입력 다이얼로그를 출력하여 파일명을 입력받고, 입력된 텍스
트를 파일에 저장하라. 파일은 프로젝트 폴더 밑에 저장된다. 만일 텍스트영역에 아무
입력도 없이 '저장' 메뉴아이템에 선택되면 **JOPtionPane**의 메시지 다이얼로그를 이
용하여 경고하라. **난이도 중**

텍스트 입력

힌트
JTextArea에 입력되어 있는 문자열에는 <Enter> 키 입력에 따라 라인 끝에 '\n' 문자가 들어
있다. 이 라인을 그대로 파일에 저장하면, 텍스트 파일 내에 한 줄 띄는 효과가 나타나지 않는다.
'\n' 문자를 "\r\n"으로 저장해야 한다.
파일에 저장하는 코드는 다음 코드를 참고하라.

```
JTextArea ta = new JTextArea();
...
try {
    FileWriter fout = new FileWriter(fileName); // 파일 스트림 열기
    String t = ta.getText(); // 입력된 텍스트를 문자열로 얻어내기
    StringTokenizer st = new StringTokenizer(ta.getText(), "\n"); // 라인
                                                                   단위로 분리

    while(st.hasMoreTokens()) {
        fout.write(st.nextToken()); // 한 라인 쓰기
        fout.write("\r\n"); // 라인 끝에 다음 줄로 넘어가는 문자 삽입
    }
    fout.close(); // 파일 스트림 닫기
} catch (IOException e1) {}
```

6. 1개의 텍스트필드와 3개의 라디오버튼을 출력하고, 사용자가 라디오버튼을 선택하면
   텍스트필드에 입력된 숫자를 10진수, 8진수, 2진수, 16진수로 보여주는 프로그램을
   작성하라. 난이도 중

목적 스윙 컴포넌트를 활용한
종합 응용

힌트 src가 첫 번째 텍스트필드 창이고 dest가 두 번째 텍스트필드 창일 때, 십진수를 2진수로 바꾸는
코드는 다음을 참고하라.

```
JTextField src = new JTextField(8); // 입력용 텍스트필드
JTextField dest = new JTextField(8); // 출력용 텍스트필드
int n = Integer.parseInt(src.getText());
dest.setText(Integer.toBinaryString(n));
```

목표 **JLabel**로 이미지 만들기,
마우스 리스너 종합 응용

7. 이미지 레이블을 마우스로 드래깅하여 자유롭게 옮기는 프로그램을 작성하라.

난이도 상

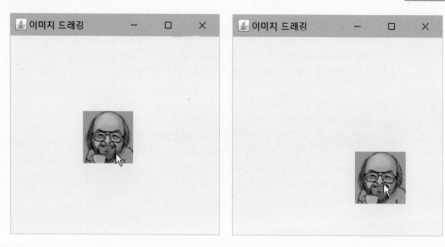

힌트 컨텐트팬의 배치관리자를 null로 지정한다. 그리고 MouseListener와 MouseMotionListener
를 동시에 상속받는 이벤트 리스너(MyListener)를 작성하고, 이미지 레이블 컴포넌트에 등록한
다. 이때 반드시 다음과 같이 한 개의 리스너 객체를 공동으로 사용해야 한다.

```
MyListener listener = new MyListener();
label.addMouseListener(listener);
label.addMouseMotionListener(listener);
```

mousePressed()에서 마우스의 위치를 기억해 두고, mouseDragged()에서 현재 마우스 포인터
와 기억 해둔 마우스 사이의 거리를 계산하여 그 거리만큼 이미지 레이블의 위치를 움직이면 된다.

8. 10개의 레이블을 순서대로 클릭하는 간단한 게임을 만들어보자. 0에서 9까지 숫자가 있는 레이블을 10개 만들고 이들을 컨텐트팬 내의 임의의 위치에 배치한다. 사용자가 0부터 9까지 순서대로 클릭하여 10개를 모두 클릭하면, 이들을 다시 임의의 위치에 배치한다. 클릭된 숫자는 화면에서 보이지 않게 하고, 번호 순서로 클릭되게 하라.

목적 스윙 컴포넌트와 이벤트 처리 종합 응용

난이도 상

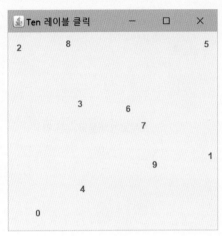 

초기 화면   0에서 6까지 클릭한 경우

9. 영한 단어장을 만드는 프로그램을 작성해보자. 단어는 HashMap<String, String>을 이용하면 된다. 그림과 같이 영어와 한글을 입력하고 저장 버튼을 누르면 해시맵에 저장되며, 영어를 입력하고 검색 버튼을 누르면 검색하여 한글을 출력한다. 이미 있는 영어 단어의 경우 한글을 갱신한다. 단어를 저장할 때마다 저장된 단어 개수는 JLabel을 이용하여 출력한다. 해시맵은 예제 7-5를 참고하라.

목적 HashMap 컬렉션 및 스윙 종합 응용

난이도 상

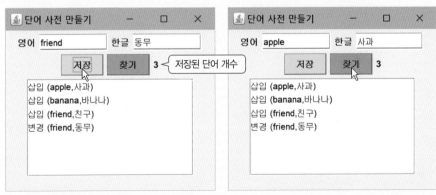

영어와 한글 단어를 입력하고 저장 버튼을   apple을 입력하고 찾기 버튼을 눌러
누르면 해시맵에 저장된다.   사과를 출력한 경우

목표 HashMap 컬렉션 및 스윙
종합 응용

10. 실습 문제 9번에 단어 삭제와 모두보기 기능을 추가하라. [난이도 상]

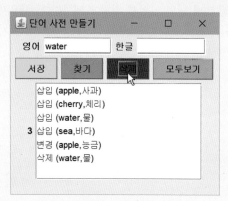

영어 단어 water를 삭제한 경우

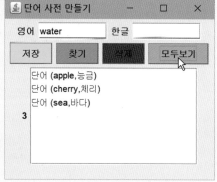

모두보기 버튼을 누른 경우

11

그래픽

11.1 스윙 컴포넌트 그리기

11.2 Graphics

11.3 도형 그리기와 칠하기

11.4 이미지 그리기

11.5 repaint()와 그래픽 응용

그래픽

11.1 스윙 컴포넌트 그리기

컴포넌트는 자신의 모양을 스스로 그린다

X-window, MFC, C# GUI, Android 등 GUI 플랫폼에서 GUI 컴포넌트는 스스로 자신의 모양을 그린다. 자바의 스윙도 예외는 아니다. JButton은 버튼 모양을 그리는 코드를 내장하고, JComboBox 역시 콤보박스를 그리는 코드를 가지고 있다. 컨테이너가 이들을 대신 그려주지 않으며, 자바 가상 기계가 하지도 않는다. 개발자가 새로운 컴포넌트를 설계하여 구현하고자 한다면, 컴포넌트의 모양을

그리는 코드를 컴포넌트 안에 작성하여야 할 것이다. 자바의 스윙은 컴포넌트들이 자신의 모양을 그리는 코드를 paintComponent()라는 메소드에 작성하도록 설계하였다. 지금부터 paintComponent()에 대해 자세히 알아보자.

paintComponent()

paintComponent()

스윙 컴포넌트가 자신의 모양을 그리는 paintComponent() 메소드의 원형은 다음과 같다.

```
public void paintComponent(Graphics g)
```

paintComponent()는 JComponent의 추상 메소드로서, 모든 스윙 컴포넌트가 오버라이딩하여 가지고 있다. 예를 들어 JButton의 paintComponent()는 텍스트나 이미지로 구성된 버튼을 그리고, JTextField의 paintComponent()는 입력창을 그리며, JRadioButton의 paintComponent()는 텍스트와 동그란 라디오버튼을 그린다.

paintComponent()는 자바 플랫폼에 의해 호출되며, 개발자가 직접 호출해서는 안된다. 그러면 paintComponent()가 호출되는 경우는 언제일까? 간단히 말하면 컴포넌트가 화면에 그려져야 하는 경우로서, 다음 5가지 경우이다.

- 컴포넌트가 처음으로 그려질 때
- 컴포넌트의 크기나 위치 변경 등 컴포넌트에 변화가 생길 때
- 다른 윈도우에 의해 가려졌다가 드러날 때
- 아이콘화 되었다가 본래 크기로 복구할 때
- 프로그램이 컴포넌트의 repaint() 메소드를 호출하여 강제로 다시 그릴 때.

paintComponent(Graphics g)에 인자로 넘어오는 Graphics 객체 g를 그래픽 컨텍스트(graphics context)라고 부르며 자바 플랫폼에 의해 생성되어 공급된다. 화실에서 그림을 그리려면, 캔버스와 붓, 연필, 물감, 지우개 등 다양한 도구가 필요한 것처럼, 자바 플랫폼은 컴포넌트 그리기를 위한 다양한 메소드와 필드를 Graphics 객체를 통해 제공한다. 개발자는 오직 Graphics 객체만을 이용하여 그려야만 한다. Graphics 는 뒤에서 자세히 설명한다.

Graphics

paintComponent()의 오버라이딩

개발자가 JComponent를 상속받아 새로운 컴포넌트를 설계하든지 아니면 기존의 스윙 컴포넌트 모양에 변화를 주고자 할 때, 다음과 같이 paintComponent()를 오버라이딩 하여 자신만의 컴포넌트 모양을 그릴 수 있다.

```
class MyComponent extends JXXX { // JXXX는 기존의 스윙 컴포넌트
    ...
    public void paintComponent(Graphics g) {
        super.paintComponent(g);
        ... 컴포넌트를 그리는 코드 작성 ...
    }
    ...
}
```

paintComponent()를 오버라이딩
하면 원하는 모양을 그릴 수 있어.

JPanel에 그리기

JPanel은 빈 캔버스와 같이 아무 모양도 없는 텅 빈 컴포넌트이면서 컨테이너이다. JPanel은 개발자가 그래픽을 통해 다양한 GUI를 창출할 수 있는 캔버스로 적합하기 때문에 그래픽을 위해 많이 사용된다. JPanel에 그리기를 수행하는 예를 살펴보자. 아래와 같이 JPanel 클래스를 상속받고 paintComponent()를 오버라이딩하여 이곳에 그리기를 구현한다.

```java
class MyPanel extends JPanel {
    public void paintComponent(Graphics g) {
        super.paintComponent(g); // JPanel에 구현된 paintComponent() 호출
        g.setColor(Color.BLUE);   // 파란색 선택. 이후 그리기는 파란색으로 진행
        g.drawRect(10,10,50,50); // (10,10) 위치에 50×50 크기의 사각형 그리기
        g.drawRect(50,50,50,50); // (50,50) 위치에 50×50 크기의 사각형 그리기
        g.drawRect(90,90,50,50); // (90,90) 위치에 50×50 크기의 사각형 그리기
    }
}
```

이 코드를 잠깐 살펴보자. 다음 라인은 paintComponent(Graphics g)의 인자로 넘어오는 Graphics 객체 g에 파란색을 지정한다.

```java
g.setColor(Color.BLUE); // 파란색 선택
```

지금부터 모든 그리기, 칠하기, 문자 출력 등 그래픽 처리에 파란색이 이용된다.

Graphics 클래스의 drawRect() 메소드는 사각형을 그리는 것으로, 다음 코드는 JPanel 상의 (10,10) 위치에 50×50 크기의 파란색 사각형을 그린다.

```java
g.drawRect(10,10,50,50); // (10,10) 위치에 50×50 크기의 사각형 그리기
```

JPanel에 구현되어 있는 paintComponent()는 패널에 그려진 이전 내용을 모두 지우고, setBackground()에 의해 설정된 배경색으로 패널의 바탕을 칠하도록 구현되어 있다. 그러므로 MyPanel의 paintComponent()에서 다음을 호출하면,

```java
super.paintComponent(g); // JPanel에 구현된 paintComponent() 호출
```

이전에 그려진 내용을 모두 지울 수 있다. 일반적으로 JPanel을 상속받아 paintComponent()를 작성하는 경우 super.paintComponent()를 제일 먼저 호출하는 것이 좋다. JPanel뿐 아니라 다른 스윙 컴포넌트를 상속받는 경우도 마찬가지이다. 지금까지 설명한 내용을 예제 11-1로 구성하였다.

JPanel을 상속받은 패널에 도형 그리기

JPanel을 상속받아 패널을 구성하고 이곳에 그림과 같은 3개의 사각형을 그려라.

(10,10)
50×50 크기
(50,50)
(90,90)

```java
1   import javax.swing.*;
2   import java.awt.*;
3
4   public class paintJPanelEx extends JFrame {
5      public paintJPanelEx() {
6         setTitle("JPanel의 paintComponent() 예제");
7         setDefaultCloseOperation(JFrame.EXIT_ON_CLOSE);
8         setContentPane(new MyPanel()); // MyPanel 패널을 컨텐트팬으로 사용
9
10        setSize(250,200);
11        setVisible(true);
12     }
13
14     // JPanel을 상속받는 새 패널 구현
15     class MyPanel extends JPanel {
16        public void paintComponent(Graphics g) {
17           super.paintComponent(g); // JPanel의 paintComponent() 호출
18           g.setColor(Color.BLUE); // 파란색 선택
19           g.drawRect(10,10,50,50); // (10,10) 위치에 50x50 크기의 사각형 그리기
20           g.drawRect(50,50,50,50); // (50,50) 위치에 50x50 크기의 사각형 그리기
21
22           g.setColor(Color.MAGENTA); // 마젠타색 선택
23           g.drawRect(90,90,50,50); // (90,90) 위치에 50x50 크기의 사각형 그리기
24        }
25     }
26
27     public static void main(String [] args) {
28        new paintJPanelEx();
29     }
30  }
```

MyPanel의 내부를 그리는 메소드로서 3개의 사각형을 그린다.

패널 내에 이전에 그려진 잔상을 지우기 위해 호출한다.

11.2 Graphics

10장에서는 컴포넌트를 기반으로 GUI 프로그램을 작성하는 방법에 대해 설명하였다. 이장에서는 그래픽 기반으로 GUI 프로그램을 작성하는 방법에 대해 소개한다.

그래픽 기반 GUI 프로그래밍

그래픽

그래픽이란 개발자가 스윙 컴포넌트에 의존하지 않고 선, 원, 이미지 등을 이용하여 직접 화면을 구성하는 기능을 말한다. 그러면 그래픽이 필요한 이유는 무엇일까?

첫째, 스윙 컴포넌트는 사용하기 쉽고 전형적인 모양의 사용자 인터페이스를 만들기에는 효과적이지만, 차트. 게임 화면 등 자유로운 콘텐트를 표현하기에는 부족함이 있다. 도형 그리기, 이미지 그리기 등 그래픽을 이용하면, 기존의 스윙 컴포넌트로 만들어 내지 못하는 모양을 자유자재로 만들어 낼 수 있다.

둘째, 그래픽 그리기는 컴포넌트 그리기보다 빠르다. 스윙 컴포넌드는 그려지는데 상대적으로 많은 시간이 걸리므로, 화면이 역동적으로 변하고 속도가 중요한 게임 등의 경우, 스윙 컴포넌트로는 화면 갱신 속도를 맞추는데 문제가 있을 수 있다.

셋째, 스윙 컴포넌트들은 기본적으로 그래픽 기능을 이용하여 작성되었기 때문에, 자바의 GUI 바탕 기술을 이해하는데 도움이 된다.

넷째, 개발자는 그래픽을 이용하여 자신만의 컴포넌트를 개발할 수 있다.

Graphics

Graphics

Graphics 클래스의 경로명은 **java.awt.Graphics**이며, 그리기, 칠하기, 이미지 출력, 클리핑 등 GUI 프로그래밍에 있어 필요한 필드와 메소드를 제공한다.

●Graphics의 좌표 체계

자바 그래픽의 좌표 값은 그래픽 대상 컴포넌트의 왼쪽 상단 모서리가 (0, 0)이고, 오른쪽으로 X축 값이 증가하며, 아래쪽으로 Y축 값이 증가한다.

[그림 11-1] 자바의 그래픽 좌표 체계

●Graphics의 기능

Graphics가 제공하는 기능은 간단히 다음과 같다.

- 색상 선택하기
- 문자열 그리기
- 도형 그리기
- 도형 칠하기
- 이미지 그리기
- 클리핑

문자열 그리기

문자열 그리기를 위한 Graphics 메소드는 다음과 같다.

```
void drawString(String str, int x, int y)
   str 문자열을 (x,y) 영역에 그림. 현재 Graphics에 설정된 색과 폰트로 문자열 출력
```

drawString()을 사용하여 (30, 30) 위치에서 "자바는 재밌다.~~"를 출력하는 예를 들면 다음과 같다. 문자가 출력되는 (30,30)의 위치는 예제 11-2에서 확인하기 바란다.

drawString()

```
Graphics g;
g.drawString("자바는 재밌다.~~", 30,30);
```

색상과 폰트, Color와 Font

Color와 Font 클래스는 색과 문자 폰트를 지정하는 데 사용된다.

●Color

Color는 색을 표현하는 클래스이다. 자바에서 색은 r(Red), g(Green), b(Blue) 성분으로 구성되며, 각 성분은 0~255(8비트) 범위의 정수이다. Color의 생성자는 다음과 같다.

Color

```
Color(int r, int g, int b) r, g, b 값으로 sRGB 색 생성
Color(int rgb) rgb는 32비트의 정수이지만 하위 24비트만 유효. 즉, 0x00rrggbb로 표현. 각
   바이트가 r, g, b의 색 성분
```

색은 생성자를 이용하지 않고 Color 클래스에 상수로 선언된 Color.BLUE, Color. YELLOW 등을 사용할 수도 있다. Color 클래스를 사용하는 예를 들어보자.

```
Graphics g;
g.setColor(new Color(255, 0, 0)); // 빨간색을 생성히여 그래픽 색으로 지정핟다.
g.setColor(new Color(0x0000ff00)); // 초록색을 생성하여 그래픽 색으로 지정한다.
g.setColor(Color.YELLOW); // 노란색을 그래픽 색으로 지정한다.
```

● Font

Font

Font는 문자의 폰트 정보를 담으며, 생성자는 다음과 같다.

> *Font(String fontFace, int style, int size)*
> • fontFace: "고딕체", "Ariel" 등과 같은 폰트 이름
> • style: Font.BOLD, Font.ITALIC, Font.PLAIN 중 한 값으로 문자의 스타일
> • size: 픽셀 단위의 문자 크기

예를 들어, 이탤릭 스타일을 가진 "Times New Roman"체의 30픽셀 폰트를 생성하면 다음과 같다.

```
Font f = new Font("Times New Roman", Font.ITALIC, 30);
```

Graphics에서 색상과 폰트 활용

문자에만 적용되는 Font와는 달리 Color는 문자열 그리기, 도형 그리기, 도형 칠하기 등 색이 필요한 모든 곳에 사용된다. 색과 폰트를 설정하는 **Graphics** 메소드는 다음과 같다.

> *void setColor(Color color)* 그래픽 색을 color로 설정. 그리기 시에 색으로 이용
> *void setFont(Font font)* 그래픽 폰트를 font로 설정. 문자열 출력 시 폰트로 이용

"Arial"체와 빨간색으로 "How much"를 (30, 30) 위치에 출력하면 다음과 같다.

```
Graphics g;
Font f = new Font("Arial", Font.ITALIC, 30);
g.setFont(f);
g.setColor(Color.RED);
g.drawString("How much", 30, 30);
```

Color와 Font를 이용하여 문자열 그리기

Color와 Font를 이용하여 그림과 같이 문자열을 출력하라.

"How much?"는 "Arial" 체로, "This much!!"는 Jokerman 체로 한다. Jokerman 체는 아쉽게도
한글을 지원하지 않는다. "This much!!"는 10픽셀에서 50픽셀까지 증가시키면서 출력한다.

```java
1   import javax.swing.*;
2   import java.awt.*;
3
4   public class GraphicsColorFontEx extends JFrame {
5     public GraphicsColorFontEx() {
6       setTitle("문자열, Color, Font 사용 예제");
7       setDefaultCloseOperation(JFrame.EXIT_ON_CLOSE);
8       setContentPane(new MyPanel()); // 새로운 패널을 생성하여
                                        //       컨텐트팬으로 사용
9
10      setSize(300, 300);
11      setVisible(true);
12    }
13
14    // JPanel을 상속받아 새 패널 구현
15    class MyPanel extends JPanel {
16      public void paintComponent(Graphics g) {
17        super.paintComponent(g);
18        g.setColor(Color.BLUE); // 파란색 지정
19        g.drawString("자바가 정말 재밌다.~~", 30,30); // (30,30)에 문자열 출력
20        g.setColor(new Color(255, 0, 0)); // 빨간색 지정
21        g.setFont(new Font("Arial", Font.ITALIC, 30));
22        g.drawString("How much?", 30, 70);
23        g.setColor(new Color(0x00ff00ff)); // r=ff, g=00, b=ff, 즉 보라색
24
25        for(int i=1; i<=4; i++) {
26          g.setFont(new Font("Jokerman", Font.ITALIC, i*10));
27          g.drawString("This much!!", 30, 60+i*40);
28        }
29      }
30    }
31
32    public static void main(String [] args) {
33      new GraphicsColorFontEx();
34    }
35  }
```

1 자바에서 사용할 수 있는 색은 최대 몇 개인가?

2 Graphics 객체 g를 이용하여 파란색으로 (20, 20)에 "BLUE" 문자열을 출력하는 코드를 작성하라.

3 Graphics 객체 g를 이용하여 노란색으로 (100, 100)에 20픽셀 크기의 "Arial" 체로 "Yes"를 출력하는 코드를 작성하라.

11.3 도형 그리기와 칠하기

도형 그리기

Graphics를 이용하여 선, 타원, 사각형, 둥근모서리사각형, 원호, 페다각형 등을 그릴 수 있다. 우선 선, 원, 사각형을 그리는 메소드를 보면 다음과 같다.

```
void drawLine(int x1, int y1, int x2, int y2)
   (x1, y1)에서 (x2, y2)까지 선을 그린다.
void drawOval(int x, int y, int w, int h)
   (x, y)에서 w x h 크기의 사각형에 내접하는 타원을 그린다.
void drawRect(int x, int y, int w, int h)
   (x, y)에서 w x h 크기의 사각형을 그린다.
void drawRoundRect(int x, int y, int w, int h, int arcWidth, int arcHeight)
 • arcWidth: 모서리 원의 수평 반지름
 • arcHeight: 모서리 원의 수직 반지름
   (x, y)에서 w x h 크기의 사각형을 그리되, 4개의 모서리는 arcWidth와 arcHeight를 이용하
   여 원호로 그린다.
```

이들 메소드로 도형을 그리는 코드 예를 들어보자. 예제 11-3은 drawLine()을 이용하여 선을 그리는 코드 샘플을 보여주며, [그림 11-2]는 예제 소스의 drawLine() 대신에 drawOval(), drawRect(), drawRoundRect()을 이용하여 원, 사각형, 둥근 모서리 사각형을 그리는 예이다.

선 그리기

Graphics의 drawLine()을 이용하여 컨텐트팬에 (20, 20)에서 (100, 100)까지 빨간선을 그리는 프로그램을 작성하라.

```java
1   import javax.swing.*;
2   import java.awt.*;
3
4   public class GraphicsDrawLineEx extends JFrame {
5      public GraphicsDrawLineEx() {
6         setTitle("drawLine 사용 예제");
7         setDefaultCloseOperation(JFrame.EXIT_ON_CLOSE);
8         setContentPane(new MyPanel());
9
10        setSize(200, 150);
11        setVisible(true);
12     }
13
14     class MyPanel extends JPanel {
15        public void paintComponent(Graphics g) {
16           super.paintComponent(g);
17           g.setColor(Color.RED); // 빨간색을 선택한다.
18           g.drawLine(20, 20, 100, 100);
19        }
20     }
21
22     public static void main(String [] args) {
23        new GraphicsDrawLineEx();
24     }
25  }
```

(20, 20)과 (100, 100)의 두 점을 연결하는 빨간색 선을 그린다.

```
class MyPanel extends JPanel {
    public void paintComponent(Graphics g) {
        super.paintComponent(g);
        g.setColor(Color.RED);
        g.drawOval(20,20,80,80);
    }
}
```

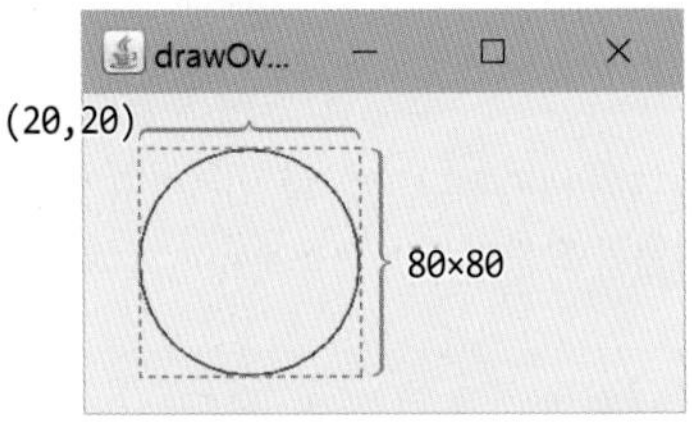

```
class MyPanel extends JPanel {
    public void paintComponent(Graphics g) {
        super.paintComponent(g);
        g.setColor(Color.RED);
        g.drawRect(20,20,80,80);
    }
}
```

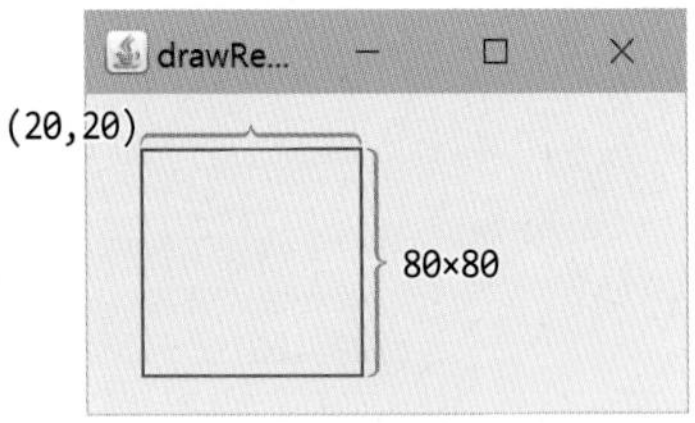

```
class MyPanel extends JPanel {
    public void paintComponent(Graphics g) {
        super.paintComponent(g);
        g.setColor(Color.RED);
        g.drawRoundRect(20,20,120,80,40,60);
    }
}
```

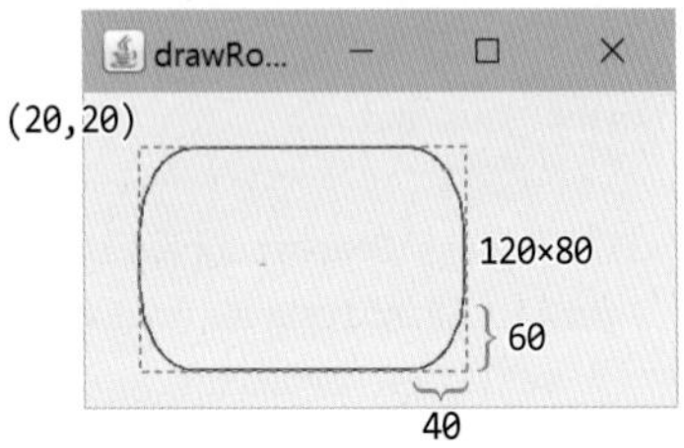

▲[예제 11-3]의 소스에서 MyPanel을 수정하여 이들 도형을 그린다.

[그림 11-2] Graphics를 이용하여 원, 사각형, 둥근 모서리 사각형 그리기

원호와 폐다각형 그리기

Graphics 클래스의 다음 메소드를 이용하면 원호와 폐다각형을 그릴 수 있다.

> *void **drawArc**(int x, int y, int w, int h, int startAngle, int arcAngle)*
> • startAngle: 원호의 시작 각도
> • arcAngle: 원호 각도
>   (x, y)에서 w x h 크기의 사각형에 내접하는 원호를 그린다. 3시 방향이 0도 기점이다.
>   startAngle 지점에서 arcAngle 각도만큼 원호를 그린다. arcAngle이 양수이면 반시계 방향,
>   음수이면 시계 방향으로 그린다.
> *void **drawPolygon**(int []x, int []y, int n)*
>   x, y 배열에 저장된 점들 중 n개를 연결하는 폐다각형을 그린다. (x[0], y[0]), (x[1],
>   y[1]), … , (x[n-1], y[n-1]), (x[0], y[0])의 점들을 순서대로 연결한다.

이들 메소드를 이용하여 원호와 폐다각형을 그리는 예는 [그림 11-3]과 같다.

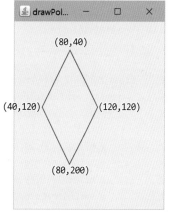

```
class MyPanel extends JPanel {
    public void paintComponent(Graphics g) {
        super.paintComponent(g);
        g.setColor(Color.RED);
        g.drawArc(20,100,80,80,90,270);
    }
}
```

```
class MyPanel extends JPanel {
    public void paintComponent(Graphics g) {
        super.paintComponent(g);
        g.setColor(Color.RED);

        int []x = {80,40,80,120};
        int []y = {40,120,200,120};
        g.drawPolygon(x, y, 4);
    }
}
```

▲[예제 11-3]의 소스에서 MyPanel을 수정하여 원호와 폐다각형을 그린다.

[그림 11-3] Graphics를 이용하여 원호와 폐다각형 그리기

> **잠깐!**　도형 그리기의 선 두께는 반드시 1픽셀
>
> Graphics의 도형 그리기는 **1**픽셀 두께로만 하며, 두께를 선택할 수 없다. 외곽선의 두께를 다양하게 그리고자 한다면 크기를 달리하여 여러 번 도형을 그리든지 Graphics **2D**를 사용하면 된다.

도형 칠하기

도형 칠하기란 도형의 외곽선과 내부를 동일한 색으로 칠하는 기능이다. 도형의 외곽선과 내부를 분리하여 칠하는 기능은 없다. 칠하는 색과 외곽선의 색을 달리하고자 하는 경우, 도형 내부를 칠하고 다른 색으로 외곽선을 다시 그려야 한다. 도형 칠하기 메소드는 다음과 같이 그리기 메소드 명에서 **draw** 대신에 **fill**로 시작한다.

fill

drawRect() → fillRect()
drawArc() → fillArc()

예제 11-4   도형 칠하기

Graphics의 칠하기 메소드를 이용하여 그림과 같은 패널을 작성하라.

```java
1   import javax.swing.*;
2   import java.awt.*;
3
4   public class GraphicsFillEx extends JFrame {
5     public GraphicsFillEx() {
6       setTitle("fillXXX 사용 예제");
7       setDefaultCloseOperation(JFrame.EXIT_ON_CLOSE);
8       setContentPane(new MyPanel());
9
10      setSize(100, 350);
11      setVisible(true);
12    }
13
14    class MyPanel extends JPanel {
15      public void paintComponent(Graphics g) {
16        super.paintComponent(g);
17        g.setColor(Color.RED);
18        g.fillRect(10,10,50,50); // 빨간색 사각형 칠하기
19        g.setColor(Color.BLUE);
20        g.fillOval(10,70,50,50); // 파란색 타원 칠하기
21        g.setColor(Color.GREEN);
22        g.fillRoundRect(10,130,50,50,20,20); // 초록색 둥근사각형 칠하기
23        g.setColor(Color.MAGENTA);
24        g.fillArc(10,190,50,50,0,270); // 마젠타색 원호 칠하기
25        g.setColor(Color.ORANGE);
26        int []x ={30,10,30,60};
27        int []y ={250,275,300,275};
28        g.fillPolygon(x, y, 4);      // 오렌지색 다각형 칠하기
29      }
30    }
31
32    public static void main(String [] args) {
33      new GraphicsFillEx();
34    }
35  }
```

setColor()는 칠하기 색으로도 사용 → (line 17)

x[]와 y[]로부터 4점으로 구성된 폐다각형 칠하기 → (line 28)

1 Graphics 객체 g를 이용하여 다음 도형을 그리는 코드를 작성하라.

   (1) **(10, 10)**에서 **(30, 30)**까지의 노란색 선 그리기

   (2) 중심이 **(20, 20)**이고 높이가 **10**, 폭이 **20**인 사각형에 내접하는 타원 그리기

   (3) **(10, 10)**, **(5, 15)**, **(15, 20)**으로 구성되는 삼각형 칠하기. 삼각형의 내부는 빨간색

11.4 이미지 그리기

이미지 그리는 2가지 방법

스윙에서 이미지는 다음 2가지 방법으로 그릴 수 있다.

- JLabel을 이용한 이미지 그리기
- Graphics의 drawImage()로 이미지 그리기

첫 번째 방법은 10장에서 다룬 것으로서 JLabel 컴포넌트를 이용하는 방법이다. 예를 들어, "images/apple.jpg" 이미지는 다음과 같이 화면에 출력한다.

`JLabel`

```
ImageIcon image = new ImageIcon("images/apple.jpg"); // 이미지 로딩
JLabel label = new JLabel(image); // 이미지 레이블 만들기
panel.add(label); // 이미지 레이블을 패널에 붙이기. 패널이 그려질 때 이미지도 그려짐
```

이 방법은 간편하고 쉽지만, 이미지의 크기 조절이 어렵다.

두 번째 방법은 Graphics의 drawImage() 메소드를 호출하여 원하는 위치에, 원하는 크기로, 원하는 비율로 이미지를 그리는 방법이다. 이 방법은 이미지의 크기를 조절하거나 이미지의 일부분만 그리는 등 다양하게 이미지를 출력할 수 있는 장점이 있으나, 이미지를 그리는 코드를 직접 작성해야 하는 부담이 있다.

`drawImage()`

> **잠깐!** 이미지 그리기
>
> JLabel로 이미지를 그리는 경우 이미지가 하나의 컴포넌트가 되므로 마우스로 이미지를 움직이거나 다른 컨테이너에 삽입하는 등 이미지 관리가 쉽다. 그러므로 이미지 변환 같이 이미지를 특별하게 다루는 경우가 아니라면 JLabel을 이용하는 것이 좋다. JLabel의 이미지는 JLabel의 paintComponent()에 의해 화면에 그려진다. JLabel을 상속받고 paintComponent()를 오버라이딩하면 이미지를 변형하여 그릴 수도 있다.

Graphics의 drawImage() 메소드

drawImage()

이미지를 그리는 Graphics의 drawImage() 메소드는 몇 가지 유형이 있다.

● 원본 크기로 그리기

원본 크기로 이미지를 그리는 drawImage()는 다음과 같다.

```
boolean drawImage(Image img, int x, int y, Color bgColor, ImageObserver observer)
boolean drawImage(Image img, int x, int y, ImageObserver observer)
```
- **img**: 이미지 객체
- **x, y**: 이미지가 그려질 좌표
- **bgColor**: 이미지가 투명한 부분을 가지고 있을 때 투명한 부분에 칠해지는 색상
- **observer**: 이미지 그리기의 완료를 통보받는 객체

    img를 그래픽 영역의 (x, y) 위치에 img의 원본 크기로 그린다.

● 크기 조절하여 그리기

원본 이미지를 원하는 크기로 조절하여 그리는 drawImage() 메소드는 다음과 같다.

```
boolean drawImage(Image img, int x, int y, int width, int height, Color bgColor,
                ImageObserver observer)
boolean drawImage(Image img, int x, int y, int width, int height,
                ImageObserver observer)
```
- **width**: 그려지는 폭으로서 픽셀 단위
- **height**: 그려지는 높이로서 픽셀 단위

    img를 그래픽 영역의 (x, y) 위치에 width x height 크기로 조절하여 그린다.

Graphics의 이미지 그리기

이제 drawImage()를 이용하여 이미지를 그리는 과정을 사례를 통해 알아보자.

● 이미지 로딩: Image 객체 생성

이미지 로딩
Image

이미지를 그리기 전에 이미지를 로딩하여 Image 객체를 만들어야 한다. 다음 소스는 "images/image0.jpg" 파일로부터 이미지를 로딩하여 Image 객체를 생성한다. image0. jpg 파일은 프로젝트의 images 폴더에 있어야 한다.

```
ImageIcon icon = new ImageIcon("images/image0.jpg"); // 파일로부터 이미지 로딩
Image img = icon.getImage(); // 이미지 정보 추출
```

img를 이용하면 다음과 같이 이미지의 폭과 높이를 알아낼 수 있다.

```
int width = img.getWidth(this); // 이미지의 폭. this는 ImageObserver로서, null도 가능
int height = img.getHeight(this); // 이미지의 높이
```

● (20, 20) 위치에 이미지 원본 크기로 그리기

img 이미지를 MyPanel의 (20, 20)에 원본 크기로 그리는 코드는 다음과 같다.

```
class MyPanel extends JPanel {
    public void paintComponent(Graphics g) {
        super.paintComponent(g);
        g.drawImage(img, 20, 20, this);
    }
}
```

drawImage()의 마지막 인자에는 그리기 완료를 통보받는 객체를 지정하는데, 이 코드에서 this를 주었으므로 통보를 JPanel이 처리한다. 통보를 무시하고자 하면 null을 주기도 한다. 대개 this나 null을 사용한다.

● 이미지를 (20, 20) 위치에 100×100 크기로 그리기

img를 (20, 20) 위치에 100×100 크기로 조절하여 그리는 코드는 다음과 같다.

```
class MyPanel extends JPanel {
    public void paintComponent(Graphics g) {
        super.paintComponent(g);
        g.drawImage(img, 20, 20, 100, 100, this);
    }
}
```

● 이미지를 패널에 꽉 차도록 그리기

img를 패널(MyPanel)에 꽉 차도록 크기를 조절하여 그리는 코드는 다음과 같다.

```
class MyPanel extends JPanel {
    public void paintComponent(Graphics g) {
        super.paintComponent(g);
        g.drawImage(img, 0, 0, this.getWidth(), this.getHeight(), this);
    }
}
```

마우스로 프레임의 크기를 변경하면 MyPanel의 paintComponent()가 호출되며 drawImage()가 변경된 패널 크기에 맞추어 이미지를 다시 그리게 된다.

예제 11-5 **원본 크기로 이미지 그리기**

그림과 같이 "images/image0.jpg" 파일의 이미지를 패널의 (20, 20) 위치에 원본 크기로 그리는 프로그램을 작성하라.

MyPanel()이 생성될 때 이미지를 로딩하고, paintComponent()에서는 그리기만 한다.

```java
1    import javax.swing.*;
2    import java.awt.*;
3
4    public class GraphicsDrawImageEx1 extends JFrame {
5       public GraphicsDrawImageEx1() {
6          setTitle("원본 크기로 원하는 위치에 이미지 그리기");
7          setDefaultCloseOperation(JFrame.EXIT_ON_CLOSE);
8          setContentPane(new MyPanel());
9
10         setSize(300, 400);
11         setVisible(true);
12      }
13
14      class MyPanel extends JPanel {
15         private ImageIcon icon = new ImageIcon("images/image0.jpg"); // 이미지 로딩
16         private Image img = icon.getImage(); // 이미지 객체
17
18         public void paintComponent(Graphics g) {
19            super.paintComponent(g);
20
21            // 이미지를 패널의(20,20)에 원래의 크기로 그린다.
22            g.drawImage(img, 20, 20, this);
23         }
24      }
25
26      public static void main(String [] args) {
27         new GraphicsDrawImageEx1();
28      }
29   }
```

(20, 20)

JPanel 크기에 맞추어 이미지 그리기 예제 11-6

그림과 같이 "images/image0.jpg" 파일의 이미지를 패널에 꽉 차도록 그려라.
프레임의 크기가 변하면, 패널의 `paintComponent()`가 호출되어 패널의 크기에 맞추어 이미지가 다시 그려진다.

```java
1  import javax.swing.*;
2  import java.awt.*;
3
4  public class GraphicsDrawImageEx2 extends JFrame {
5     public GraphicsDrawImageEx2() {
6        setTitle("패널의 크기에 맞추어 이미지 그리기");
7        setDefaultCloseOperation(JFrame.EXIT_ON_CLOSE);
8        setContentPane(new MyPanel());
9
10       setSize(200, 300);
11       setVisible(true);
12    }
13
14    class MyPanel extends JPanel {
15       private ImageIcon icon = new ImageIcon("images/image0.jpg");
                                                   // 이미지 로딩
16       private Image img = icon.getImage(); // 이미지 객체
17
18       public void paintComponent(Graphics g) {
19          super.paintComponent(g);
20
21          // 이미지를 패널 크기로 조절하여 그린다
22          g.drawImage(img, 0, 0, getWidth(), getHeight(), this);
23       }
24    }
25
26    public static void main(String [] args) {
27       new GraphicsDrawImageEx2();
28    }
29 }
```

패널의 폭과 높이

> 프레임의 크기가 조절되면 자동으로 패널이 다시 그려지게 되어 패널의 크기에 맞추어 이미지를 다시 그립니다.

11.5 repaint()와 그래픽 응용

repaint()

repaint()

repaint()는 모든 컴포넌트가 가지고 있는 메소드로, 그래픽에서 중요한 기능을 한다. 프로그램에서 그래픽 그리기를 수행하거나, 컴포넌트의 모양, 문자열, 크기, 색 등을 변경하는 경우, 변경 결과가 화면에 반영되려면 컴포넌트의 paintComponent() 메소드가 다시 실행되어야 한다. 그렇지 않으면 변경 결과가 화면에 반영되지 않은 채 남아 있게 된다.

그렇다면 프로그램이 실행 중 컴포넌트의 모양이나 위치에 변형을 가하고, 직접 paintComponent()를 호출하면 될까? 이 메소드는 자바 플랫폼이 호출하며, 사용자가 직접 호출해서는 안 된다.

이 문제에 대한 해결책은 repaint() 이다. repaint()는 자바 플랫폼에게 컴포넌트의 페인팅을 실행할 것을 간접적으로 지시하는 메소드이다. 개발자는 프로그램에서 컴포넌트의 색, 모양, 크기, 텍스트 등을 변경한 후 repaint()를 호출하여, 자바 플랫폼이 컴포넌트의 paintComponent()를 호출하도록 해야 한다.

다음과 같이 repaint()를 호출한다.

```
component.repaint(); // component를 다시 그리도록 지시
```

컴포넌트를 다시 그리기 위해서는 컨테이너(부모 컴포넌트)부터 다시 그리는 것이 좋다. 컴포넌트의 모양이나 위치가 변경되었다면, 컨테이너(부모 컴포넌트)에게 자신의 이전 모양이나 이전 위치의 잔상을 지우도록 해야 하기 때문이다. 다음과 같이 호출하면, component의 부모 컴포넌트부터 다시 그릴 수 있다. 부모 컴포넌트를 다시 그리면 당연히 자신 뿐 아니라 부모의 모든 자식들이 다시 페인팅된다.

```
component.getParent().repaint(); // component의 부모 컨테이너를 다시 그리도록 지시
```

repaint()와 마우스를 이용한 응용

repaint()의 활용을 경험하기 위해 두 개의 예제를 준비하였다. 하나는 마우스 드래깅으로 타원을 자유자재로 그리는 프로그램으로 예제 11-7에 작성하였다. repaint() 없이는 이 프로그램의 작성이 불가능하므로, repaint()의 역할과 중요성을 확실히 이해할 수 있을 것이다. 이 예제를 실행하면 마우스를 드래깅하는 동안 타원이 변해가는 것을 볼 수 있다.

두 번째 예는 예제 11-8로서, 여러 개의 선을 그리고 그려진 선 정보를 기억하는 사례이다. 다른 응용에 사용할 수 있는 예제이니 잘 학습하기 바란다.

repaint()와 마우스를 이용한 타원 그리기

마우스를 드래깅하여 타원을 그리는 프로그램을 작성하라.

마우스로 한 점을 찍고 드래깅을 하면 타원이 그려진다. 드래깅하는 동안 타원 모양을 보기 위해서는 mouseDragged()에서 repaint()를 호출해야 한다.

```java
1   import javax.swing.*;
2   import java.awt.*;
3   import java.awt.event.*;
4
5   public class GraphicsDrawOvalMouseEx extends JFrame {
6      public GraphicsDrawOvalMouseEx() {
7         setTitle("마우스 드래깅으로 타원 그리기 예제");
8         setDefaultCloseOperation(JFrame.EXIT_ON_CLOSE);
9         setContentPane(new MyPanel());
10
11        setSize(300, 300);
12        setVisible(true);
13     }
14
15     public static void main(String [] args) {
16        new GraphicsDrawOvalMouseEx();
17     }
18
19     // 타원을 그릴 패널 작성. 이 패널에 마우스 리스너 구현
20     class MyPanel extends JPanel {
21        private Point start=null, end=null; // 마우스의 시작점과 끝점
22        public MyPanel() {
23           MyMouseListener listener = new MyMouseListener(); // 리스너 생성
24
25           // listener를 아래 두 리스너로 공통으로 등록해야 한다.
26           addMouseListener(listener);        // Mouse 리스너 등록
27           addMouseMotionListener(listener); // MouseMotion 리스너 등록   } 주목
28        }
29
30        class MyMouseListener extends MouseAdapter { // 마우스 리스너
31           public void mousePressed(MouseEvent e) {
32              start = e.getPoint(); // 마우스포인터(시작점)를 start 객체에 저장
33           }
34           public void mouseDragged(MouseEvent e) {
35              end = e.getPoint(); // 마우스포인터(끝점)를 end 객체에 저장
36              repaint(); // 패널의 그리기 요청  ◁ 주목
37           }
38        }
```

repaint()가 호출되면, 자바 플랫폼에 의해 MyPanel의 paintComponent()가 호출된다. 여기서 start와 end 사이의 타원을 그린다.

```
39
40      public void paintComponent(Graphics g) { // 패널에 타원 그리기
41         super.paintComponent(g);
42         if(start -- null) // 타원이 만들어지지 않았음
43            return;
44
45         g.setColor(Color.BLUE); // 파란색 선택
46         int x = Math.min(start.x, end.x);
47         int y = Math.min(start.y, end.y);
48         int width = Math.abs(start.x - end.x);
49         int height = Math.abs(start.y - end.y);
50         g.drawOval(x, y, width, height); // 타원 그리기
51      }
52   }
53 }
```

예제 11-8   **repaint()와 마우스를 이용한 여러 개의 선 그리기**

그림과 같이 마우스를 이용하여 여러 개의 선을 그리는 프로그램을 작성하라.

마우스를 누르고 드래깅하여 놓으면 선이 그려진다. 여러 개의 선을 그리기 위해 각 선의 위치를 기억하는 벡터를 사용한다. 그린 선이 보이게 하기 위해서는 **mouseReleased()**에서 **repaint()**를 호출한다.

```
1  import javax.swing.*;
2  import java.awt.*;
3  import java.util.*;
4  import java.awt.event.*;
5
6  public class GraphicsDrawLineMouseEx extends JFrame {
7     public GraphicsDrawLineMouseEx() {
8        setTitle("마우스로 여러 개의 선 그리기 예제");
9        setDefaultCloseOperation(JFrame.EXIT_ON_CLOSE);
10       setContentPane(new MyPanel());
11
12       setSize(300, 300);
13       setVisible(true);
14    }
15
16    public static void main(String [] args) {
17       new GraphicsDrawLineMouseEx();
18    }
```

```
19
20      // 선을 그릴 수 있는 패널을 구현한다.
21      // 이 패널에 Mouse 리스너를 구현한다.
22      class MyPanel extends JPanel {
23          // 그려진 선을 모두 저장하기 위해 시작점은 vStart에
24          // 끝점은 vEnd 벡터에 각각 저장한다.
25          private Vector<Point> vStart = new Vector<Point>();
26          private Vector<Point> vEnd = new Vector<Point>();
27
28          public MyPanel() {
29
30              // Mouse 리스너를 등록한다.
31              // 이 리스너는 마우스 버튼이 눌러지면 마우스 포인터(시작점)를 vStart 벡터에 저장하고
32              // 마우스 버튼이 놓여지면 마우스 포인터(끝점)를 vEnd 벡터에 기억한다.
33
34              addMouseListener(new MouseAdapter(){
35                  public void mousePressed(MouseEvent e) {
36                      Point startP = e.getPoint(); // 마우스 포인터를 알아낸다.
37                      vStart.add(startP); // 시작점을 vStart에 저장한다.
38                  }
39                  public void mouseReleased(MouseEvent e) {
40                      Point endP = e.getPoint(); // 마우스 포인터를 알아낸다.
41                      vEnd.add(endP); // 끝점을 vEnd에 저장한다.
42
43                      // 패널의 다시 그리기를 요청한다.
44                      repaint();    ─ 주목
45                  }
46              });
47          }
48
49          public void paintComponent(Graphics g) {
50              super.paintComponent(g);
51              g.setColor(Color.BLUE); // 파란색을 선택한다.
52
53              // 벡터에 저장된 선을 모두 그린다.
54              for(int i=0; i<vStart.size(); i++) { // vStart 벡터의 크기는 만들어진 선
                                                      // 의 개수와 동일
55                  Point s = vStart.elementAt(i); // 벡터에 들어 있는 시작점을 알아낸다.
56                  Point e = vEnd.elementAt(i); // 벡터에 들어 있는 끝점을 알아낸다.
57
58                  // 시작점에서 끝점까지 선을 그린다.
59                  g.drawLine((int)s.getX(), (int)s.getY(), (int)e.getX(), (int)e.getY());
60              }
61          }
62      }
63  }
```

> 여러 개의 선을 저장하기 위해서 Vector<Point> 객체 vStart, vEnd를 생성하고 시작점과 끝점을 각각 따로 저장합니다. mousePressed()에서 마우스가 눌러진 점 startP와 mouseReleased()에서 마우스의 끝점 endP를 vStart, vEnd에 각각 저장합니다. 이제 중요한 것은 그 다음에 repaint()를 호출하는 것입니다. 이 호출로 인해 MyPanel이 다시 페인팅되고 paintComponent()가 호출됩니다. paintComponent() 메소드는 vStart와 vEnd에 지금까지 만들어진 선을 모두 그립니다.

요약 **SUMMARY**

◐ 스윙 컴포넌트 그리기

● 각 컴포넌트는 자신의 모양을 그리는 ❶ _____ 메소드를 이용하여 스스로 그린다.

● 기존의 컴포넌트를 상속받아 자신만의 컴포넌트를 만들고자 하면 paintComponent(Graphics)를 오버라이딩 하여야 한다.

● ❷ _____은 그래픽을 통해 다양한 GUI를 창출할 수 있는 캔버스로 유용하게 사용된다.

◐ Graphics

● 그래픽이란 개발자가 스윙 컴포넌트에 의존하기 않고, 선, 원, 이미지 등으로 직접 화면을 구성하는 것을 말한다. 그래픽을 이용하면 스윙 컴포넌트를 사용하는 것보다 자유로운 GUI를 구성할 수 있고, 그리기 속도가 빨라 게임 등에 주로 활용된다.

● ❸ _____는 색상 선택, 문자열 그리기, 도형 그리기 및 칠하기, 이미지 그리기, 클리핑 등의 기능을 제공한다.

● 문자열 출력은 Graphics의 ❹ _____ 메소드를 이용한다.

● 색상은 Color를, 폰트는 Font를 이용하여, Graphics의 그리기 색과 글자체로 각각 사용할 수 있다.

◐ 도형 그리기와 칠하기

● 도형 그리기는 Graphics의 drawLine(), drawRect(), drawOval(), drawRoundRect(), drawArc(), drawPolygon() 등의 메소드를 이용한다.

● 도형 칠하기는 Graphics의 fillRect(), fillOval(), fillRoundRect(), fillArc(), fillPolygon() 등의 메소드를 이용한다.

◐ 이미지 그리기

● 이미지는 ❺ _____ 컴포넌트를 이용하는 방법과 Graphics의 ❻ _____ 메소드를 이용하여 그리는 두 가지 방법이 있다.

● Graphics는 이미지를 그리기 위한 여러 drawImage() 메소드를 지원한다.

◐ repaint()

● 프로그램에서 Graphics를 이용하여 컴포넌트의 모양이나 색, 위치, 크기가 변경하는 경우, 컴포넌트가 즉각 변하지 않을 수 있다. 변경된 내용이 화면에 반영되려면 그 컴포넌트의 ❼ _____가 호출되어야 하기 때문이다.

● ❽ _____ 메소드는 모든 컴포넌트가 가진 것으로, 자바 플랫폼에게 컴포넌트를 다시 그릴 것을 요청하는 메소드이다.

● 컴포넌트의 repaint()를 호출하면 자바 플랫폼이 컴포넌트의 paintComponent()를 호출하여 컴포넌트를 다시 그린다.

● repaint() 메소드는 프로그램에서 직접 호출하면 안 된다.

● 컴포넌트를 다시 그리려면, 부모 컴포넌트(컨테이너)의 repaint()를 호출하는 것이 좋다. 왜냐하면, 컴포넌트만 다시 그리면, 컨테이너에는 컴포넌트의 이전 모양이 그대로 남아 있을 수 있기 때문이다.

Open Challenge 파이 차트 그리기

목적
그래픽 활용, 이벤트 핸들링

파이 차트를 그려보자. 다음 그림과 같이 **apple, cherry, strawberry, prune**의 4종류의 과일 판매량을 입력하면 전체 판매량에서 백분율**(%)**을 계산하여 문자열과 파이 차트로 동시에 출력되도록 하라. 텍스트필드 컴포넌트에 수를 입력하고 〈Enter〉 키를 치면 **Action** 이벤트가 발생한다. **Action** 이벤트 리스너에서 백분율을 계산하고 파이 차트를 그린다. 난이도 상

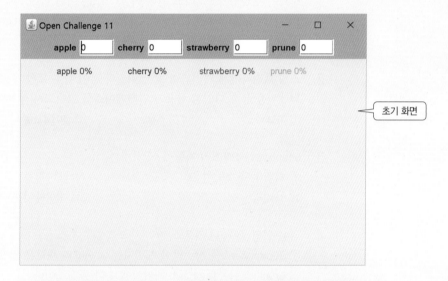

초기 화면

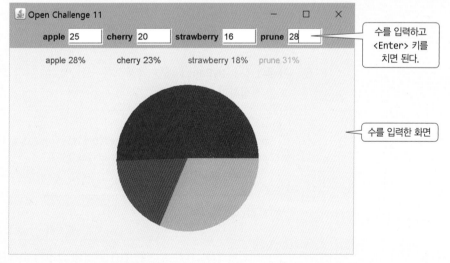

수를 입력하고
〈Enter〉 키를
치면 된다.

수를 입력한 화면

연습문제

이론 문제　　　　　　　　　　　　　　　　　　　　　• 홀수 문제는 정답이 공개됩니다.

---

1. 모든 스윙 컴포넌트가 오버라이딩하여 가지고 있는 것으로 자신의 모양을 그리는 메소드는 무엇인가? 그리고 원래 이 메소드는 어떤 클래스에 있는 메소드인지 말하라.
① printComponent(Graphics g)　　　② paintContent(Graphics g)
③ paintComponent(Graphics g)　　　④ repaint()

2. 스윙 패키지에서 지원되며 빈 캔버스와 같이 아무 모양이 없는 컨테이너로서 개발자가 그래픽을 통해 다양한 사용자 인터페이스를 그리고자 할 때 사용하는 클래스는?
① JPanel　　　　　② JFrame　　　　　③ JDialog　　　　　④ JCanvas

3. Graphics 클래스의 기능이 아닌 것은?
① 이미지 축소하여 그리기　　　　　② 폐다각형 그리기
③ 클리핑　　　　　　　　　　　　　④ 애니메이션

4. 다음 설명 중 틀린 것은?
① JComponent를 상속받아 개발자는 자신만의 새로운 컴포넌트를 제작할 수 있다.
② Graphics는 java.awt 패키지에 속한 클래스이다.
③ Graphics로 선을 그릴 때 선의 두께를 마음대로 조절할 수 있다.
④ Graphics로 다각형을 칠할 때 외곽선과 내부의 색을 다르게 줄 수 없다.

5. 아래와 같은 MyPanel 패널 클래스가 있을 때, 다음 각 요청에 따라 그림을 그리는 코드를 작성하라.

```
class MyPanel extends JPanel {
   private Image img = new ImageIcon("test.jpg").getImage();
   public void paintComponent(Graphics g) {
      super.paintComponent(g);

      _____

   }
}
```

(1) 이미지를 원본 크기로 (10, 20) 위치에 그리는 코드를 작성하라.
(2) 패널 안에 상, 하, 좌, 우 10픽셀씩 여백을 두고 그 안에 이미지가 모두 보이도록 그리는 코드를 작성하라.

6. 아래와 같은 **MyPanel** 패널 클래스가 있을 때, 다음 각 요청에 따라 그림을 그리는 코드를 한 줄 혹은 두 줄로 작성하라.

```java
class MyPanel extends JPanel {
   public void paintComponent(Graphics g) {
      super.paintComponent(g);
      _____
      _____
   }
}
```

(1) 패널의 (100, 100)에 30픽셀의 Times New Roman체로 "We win!!"을 출력하라.
(2) 패널에 꽉 차는 파란색의 타원을 그려라. 패널 크기와 함께 타원의 크기도 변한다.

7. 자바로 GUI를 구성할 때 JButton, JRadioButton 등 컴포넌트를 이용하거나 또는 그래픽을 이용할 수 있다. 그래픽을 이용하는 장점은 무엇인가?

8. 컴포넌트의 paintComponent()를 응용프로그램에서 직접 호출하면 안 된다. 컴포넌트의 paintComponent()가 실행되도록 응용프로그램에서 간접적으로 할 수 있는 방법은?

9. 다음 코드를 참고하여 super.paintComponent(g)의 기능과 호출 이유를 설명하라.

```java
import java.awt.*;
import javax.swing.*;
public class paintComp extends JFrame {
   public paintComp() {
      MyPanel p = new MyPanel(); // 패널 생성
      setContentPane(p); // 패널을 컨텐트팬으로 설정
      p.setBackground(Color.YELLOW); // 패널의 배경을 노란색으로 설정
      setSize(300,300);
      setVisible(true);
   }
   class MyPanel extends JPanel {
      public void paintComponent(Graphics g) {
         super.paintComponent(g); // 이 코드의 기능과 호출 이유를 설명하라.
         g.drawString("Why", 100, 100); // (100,100)에 Why 출력
      }
   }
   public static void main(String[] args) { new paintComp(); }
}
```

실습 문제

목적 paintComponent()와 스윙 그래픽 그리기 연습

1. 다음과 같이 출력하는 프로그램을 작성하라. 난이도 하

(1) 삼색원

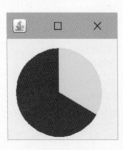

(2) 오륜기

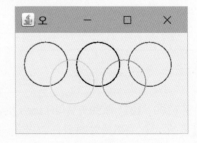

(3) 컨텐트팬에 꽉 차는 마름모

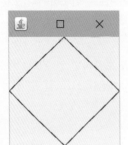

(4) 컨텐트팬을 10×10으로 나누는 격자 그리기

목적 paintComponent()와 스윙 그래픽으로 이미지 출력

2. FlowLayout 배치 관리자를 가진 컨테이너의 바탕에 꽉 차게 "back.jpg" 이미지를 출력하고 그 위에 "Hello" 버튼이 보이도록 스윙 프로그램을 작성하라. "back.jpg" 이미지는 독자 임의로 선택하면 된다. 이 문제는 그래픽과 컴포넌트를 동시에 사용할 수 있음을 보여주기 위한 것이다. 때로는 그래픽과 컴포넌트를 동시에 사용하면 효과적이다. 난이도 하

3. 두 개의 이미지 파일 a.jpg와 b.jpg를 준비하고, JPanel을 상속받은 패널에 꽉 차도록 그래픽을 이용하여 두 이미지를 동일한 크기로 출력하는 프로그램을 작성하라.

목표 스윙 그래픽으로 이미지 출력

(1) 옆으로 나란히 출력하기 　　　　(2) 아래로 나란히 출력하기

난이도 중

4. 앞의 2번 문제에 주어진 "back.jpg"을 배경에 출력하고 그 위에 반지름이 20픽셀인 초록색 원을 만들어 커서처럼 마우스 드래깅으로 움직이는 프로그램을 작성하라. mouseDragged()에서 repaint()를 호출해야 한다. 난이도 중

목표 이미지 출력, 마우스 드래깅, repaint()의 결합

5. 마우스로 점을 찍으면 점들을 계속 연결하여 폐다각형을 그리는 프로그램을 작성하라. mousePressed()에서 repaint()를 호출해야 한다.

목표 스윙 그래픽, Vector 컬렉션, 마우스 리스너의 종합 응용

난이도 상

점을 2개 찍을 때　　　　　점을 3개 찍을 때　　　　　점을 여러 개 찍을 때

6. "apple.jpg" 이미지를 그래픽으로 컨텐트팬의 (10,10) 위치에 원본 크기로 출력하고, + 키를 입력하면 이미지를 10% 확대하고, - 키를 입력하면 10% 축소하는 프로그램을 작성하라. 난이도 상

 이미지의 크기는 다음과 같이 알아낼 수 있다.

```
Image img; // 이미지가 로딩되어 있을 때
int width = img.getWidth(this); // 이미지의 폭, 픽셀 단위
int height = img.getHeight(this); // 이미지의 높이, 픽셀 단위
```

또한 keyPressed()에서 repaint()를 호출해야 한다.

12

자바 스레드 기초

12.1 멀티태스킹

12.2 자바 스레드 만들기

12.3 스레드 종료

12.4 스레드 동기화

CHAPTER 12

자바 스레드 기초

12.1 멀티태스킹

멀티태스킹이란?

멀티태스킹

멀티태스킹(multitasking)이란 멀티(multi)+태스킹(tasking)의 합성어로서 다수의 작업을 동시에 처리하는 것을 말한다. 먼저, [그림 12-1]을 통해 우리 주변에서 멀티태스킹이 이루어지고 있는 사례들을 살펴보자.

다림질하면서   운전하면서 음악을   판독과 포장을
전화 받는 주부   듣는 연수 양   동시에 하는 기계

[그림 12-1] 일상생활에서의 멀티태스킹 사례

그림에서 주부 한 씨는 다림질과 전화 받기를 동시에 하고 있으며, 멋쟁이 연수 양은 운전을 하면서 노래를 듣고, 포장 기계는 물건 인식과 동시에 포장 작업을 하고 있다. 이 모두가 일상생활에서의 멀티태스킹 사례이다. 본래 멀티태스킹은 컴퓨터 기술 용어로서 여러 프로그램 코드(작업, 태스크)가 동시에 실행되는 것을 말한다.

멀티태스킹 프로그램 사례

작업
태스크

하나의 프로그램이 하나의 작업(태스크)만 하는 경우가 대부분이지만, 하나의 프로그램이 여러 작업(태스크)을 동시에 실행하는 경우가 있다. [그림 12-2](a)는 미디어 플레이어 소프트웨어의 내부 구조이다. 미디어 플레이어는 오디오를 출력하는 태스크와

스크린에 동영상을 출력하는 태스크, 그리고 사용자의 키와 마우스 입력을 처리하는
태스크 등 최소 3개의 태스크가 동시에 실행되고 있다. 만일 3개의 태스크를 하나씩
순차적으로 실행하면 오디오나 비디오가 간헐적으로 끊어지는 일이 발생할 수 있다.

[그림 12-2](b)의 테트리스 게임 프로그램 역시 배경 음악을 연주하는 태스크, 시간
에 따라 블록을 아래로 이동시키는 태스크, 사용자의 키를 입력받아 블록을 회전시키
는 태스크 등 최소 3개의 태스크가 동시에 실행되고 있다.

하나의 프로그램에 여러 작업(태스크)을 구현하는 멀티태스킹을 이용하면, 실행 중
에 여러 작업(태스크)을 동시에 실행시켜 프로그램이 효율적으로 실행되게 한다.

(a) 미디어 플레이어의 멀티태스킹   (b) 테트리스 게임의 멀티태스킹

[그림 12-2] 멀티태스킹 소프트웨어 사례

스레드와 운영체제

스레드(thread)란 운영 체제에 의해 관리되는 하나의 작업 혹은 태스크를 말하며, 다
수의 스레드를 동시에 실행시키도록 응용프로그램을 작성하는 기법을 멀티스레딩
(multi-threading)이라고 부른다. 태스크와 스레드는 서로 바꾸어 사용해도 무관하
다. 그러므로 [그림 12-2]에서 미디어 플레이어나 테트리스는 3개의 스레드가 동시에 실
행되는 멀티스레딩 프로그램이다.

스레드는 다음과 같이 스레드 실행 코드와 운영체제가 관리하는 스레드 정보로 이
분화 된다.

- 스레드 코드 - 작업을 실행하기 위해 사용자가 작성한 프로그램 코드
- 스레드 정보 - 스레드 명, 스레드 ID, 스레드 소요시간, 스레드 우선순위 등 운영
  체제가 관리하는 정보

스레드
태스크
멀티스레딩

개발자
운영체제

수행할 작업을 프로그램 코드로 작성하는 것은 응용프로그램 개발자의 몫이고, 이 프로그램 코드를 스레드로 관리하고 작동시키는 것은 운영체제의 몫이다. 그러므로 개발자는 작성한 코드를 하나의 스레드로 만들어 줄 것을 운영체제에게 요청해야 한다. 스레드는 실행 중 다른 스레드를 생성하거나, 중단시킬 수 있지만, 반드시 운영체제를 통해야 한다. 스레드를 생성하고 중단시키고, 종료시키는 권한은 모두 운영체제에게 있다. 또한 실행할 스레드를 스케줄링하는 것 역시 운영체제이다.

멀티태스킹과 멀티스레딩

멀티프로세싱
프로세스
독립

컴퓨터 기술의 발전과 함께 멀티태스킹을 실현하기 위해 두 가지 방법이 사용되고 있다. 멀티프로세싱(multi-processing)은 하나의 응용프로그램을 여러 개의 프로세스 (process)로 구성하여 각 프로세스가 하나의 작업(태스크)을 처리하도록 하는 기법이다. 각 프로세스는 고유한 메모리 영역을 보유하고 독립적으로 실행된다. 그러므로 하나의 응용프로그램에 속하는 프로세스들 사이의 변수를 공유할 수 없기 때문에, 프로세스 들 사이에 사용하는 통신 기법(IPC, Inter Process Communication)이 어렵고 오버헤드가 크다. 또한 프로세스 사이의 문맥 교환(context switch)에 따른 과도한 작업량과 시간 소모의 문제점이 있다.

멀티스레딩
스레드
공유

이런 문제점을 개선하기 위해 제안된 방법이 멀티스레딩(multi-threading)이다. 멀티스레딩은 하나의 응용프로그램을 여러 개의 스레드로 구성하고 각 스레드로 하여 금 하나의 작업을 처리하도록 하는 기법이다. 모든 스레드가 응용프로그램 내의 자원과 메모리를 공유하므로 통신에 따른 오버헤드가 비교적 크지 않고, 스레드 사이의 문맥 교환 시 작업량이 작아 문맥 교환이 빠른 장점을 지닌다. 멀티스레딩 시 운영체제의 스케줄링 단위는 스레드이다. 윈도우, 리눅스 등 많은 운영체제들이 멀티프로세싱을 지원하고 있지만 멀티스레딩을 기본으로 하고 있다.

[그림 12-3]의 웹 서버는 대표적인 멀티스레드 응용프로그램이다. 네트워크 클라이언트로부터 웹 검색 요청이 전달되면 웹 서버는 그 클라이언트를 전담하는 웹 서비스 스레드를 생성하여 검색을 하고 결과를 클라이언트로 전송하도록 한다. 그러므로 웹 서버에 동시에 100명의 클라이언트가 접속하면 100개의 웹 서비스 스레드가 각각 자신의 웹 클라이언트의 요청을 서비스한다. 만일 웹 서버를 싱글스레드(single thread)로 구현한다면 웹 서버가 한 번에 한 클라이언트씩 순차적으로 서비스하게 되므로 뒤에 접속한 클라이언트는 많은 시간을 기다려야 할 것이다.

멀티스레딩은 응용프로그램이 다수의 스레드를 가지고 다수의 작업이나 요청을 동시에 처리함으로써, 여러 작업을 순차적으로 진행하는 경우 발생하는 시간 지연과 자원의 비효율적 사용을 개선한다.

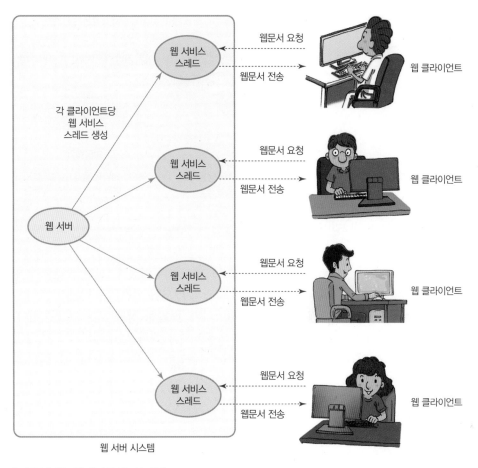

각 클라이언트당
웹 서비스
스레드 생성

웹 서비스
스레드

웹문서 요청
웹문서 전송
웹 클라이언트

웹 서버

웹 서비스
스레드

웹문서 요청
웹문서 전송
웹 클라이언트

웹 서비스
스레드

웹문서 요청
웹문서 전송
웹 클라이언트

웹 서비스
스레드

웹문서 요청
웹문서 전송
웹 클라이언트

웹 서버 시스템

[그림 12-3] 웹 서버의 멀티스레딩

자바 스레드와 JVM

자바 스레드(java thread)는 앞서 설명한 일반 스레드와 거의 차이가 없으며, 자바 가상 기계(Java Virtual Machine, JVM)가 운영체제의 역할을 한다. 자바에는 프로세스가 존재하지 않고 스레드만 존재하며, 자바 스레드는 JVM에 의해 스케줄되는 실행 단위 코드 블록이다.

　하나의 JVM은 [그림 12-4](1)과 같이 하나의 자바 응용프로그램만 실행한다. JVM이 실행을 시작하면 자바 응용프로그램 클래스 파일을 로딩하여 실행한다. 자바 응용프로그램이 종료되면 JVM도 함께 종료된다. 만일 한 컴퓨터에서 n개의 자바 응용프로그램이 실행된다고 하면 n개의 JVM이 실행되고 있는 것이다. 이들 각 자바 응용프로그램은 별개의 메모리 영역에서 독립적으로 실행된다. JVM은 [그림 12-4](3)과 같이 멀티스레딩을 지원하며, 자바 응용프로그램은 하나 이상의 스레드를 생성할 수 있다.

자바 스레드
자바 가상 기계

자바 응용프로그램

JVM
운영체제
하드웨어

JVM
운영체제
하드웨어

JVM
운영체제
하드웨어

(1) JVM은 한 개의 응용
프로그램만 실행 가능

(2) JVM은 여러 개의 응용
프로그램 실행 불가

(3) 하나의 응용프로그램이
여러 개의 스레드를 가질
수 있음

[그림 12-4] JVM은 하나의 자바 응용프로그램만 실행 가능

스레드 스케줄링
JVM

　자바에서 스레드 스케줄링은 전적으로 JVM에 의해 이루어진다. 또한 스레드가 몇 개 존재하는지, 스레드로 실행되는 프로그램 코드의 메모리 위치는 어디인지, 스레드의 상태는 무엇인지, 스레드의 우선순위는 얼마인지 등 많은 정보는 JVM이 관리한다. 개발자의 임무는 자바 스레드로 작동할 스레드 코드를 작성하고, 스레드 코드가 생명을 가지고 실행을 시작하도록 JVM에게 요청하는 일뿐이다. 스레드를 관리하는 일은 모두 JVM의 일이다.

CHECK TIME

1　실세계에서 멀티태스킹이 이루어지는 경우를 한 가지만 들어라.

2　멀티스레딩과 멀티프로세싱 중에서 보다 진보된 방법은 무엇인가?

3　하나의 JVM이 여러 개의 자바 응용프로그램을 실행할 수 있는가?

4　하나의 JVM이 여러 개의 자바 스레드를 실행할 수 있는가?

12.2 자바 스레드 만들기

지금부터 자바 스레드를 만드는 방법을 소개한다. 사용자는 다음 2가지 방법으로 자바 스레드를 만들 수 있으며, 하나씩 설명해보자.

- Thread 클래스 이용
- Runnable 인터페이스 이용

Thread 클래스로 스레드 만들기

Thread 클래스의 경로명은 java.lang.Thread이며, Thread 클래스를 상속받아 새로운 스레드 코드를 만든다. Thread 클래스는 스레드를 만들고 유지 관리하기 위해 〈표 12–1〉과 같이 많은 메소드를 제공한다.

Thread 클래스 상속

〈표 12–1〉 Thread 클래스의 주요 메소드

Thread의 메소드	내용
Thread() Thread(Runnable target) Thread(String name) Thread(Runnable target, String name)	스레드 객체 생성 Runnable 객체인 target을 이용하여 스레드 객체 생성 이름이 name인 스레드 객체 생성 Runnable 객체를 이용하며, 이름이 name인 스레드 객체 생성
void run()	스레드 코드로서 JVM에 의해 호출된다. 개발자는 반드시 이 메소드를 오버라이딩하여 스레드 코드를 작성하여야 한다. 이 메소드가 종료하면 스레드도 종료한다.
void start()	JVM에게 스레드 실행을 시작하도록 요청
void interrupt()	스레드 강제 종료
static void yield()	다른 스레드에게 실행을 양보한다. 이때 JVM은 스레드 스케줄링을 시행하며 다른 스레드를 선택하여 실행시킨다.
void join()	스레드가 종료할 때까지 기다린다.
long getId()	스레드의 ID 값 리턴
String getName()	스레드의 이름 리턴
int getPriority()	스레드의 우선순위 값 리턴. 1에서 10 사이 값
void setPriority(int n)	스레드의 우선순위 값을 n으로 변경
Thread.State getState()	스레드의 상태 값 리턴
static void sleep(long mills)	스레드는 mills 시간 동안 잔다. mills의 단위는 밀리초
static Thread currentThread()	현재 실행 중인 스레드 객체의 레퍼런스 리턴

void run()
void start()

지금부터 Thread 클래스를 이용하여 1초 단위로 초를 출력하는 타이머 스레드를 만들어보자. [그림 12-5]를 보면서 아래 설명을 이해하도록 하라.

●Thread 클래스를 상속받아 run() 오버라이딩

run()

먼저 Thread 클래스를 상속받아 TimerThread 클래스를 작성하고 run() 메소드를 오버라이딩한다.

```java
class TimerThread extends Thread {
    .............................
    @Override
    public void run() { // Thread 클래스의 run() 오버라이딩
        ..................
    }
}
```

스레드 코드

자바에서는 스레드가 수행할 작업 코드를 반드시 run() 메소드에 작성하도록 하고 있다. JVM이 스레드를 실행시키면, 스레드는 run() 메소드에서부터 실행을 시작한다. 그리고 run()이 종료하면 스레드도 종료한다. 그러므로 run()을 스레드 코드라고 부른다. 만일 run()을 오버라이딩하지 않으면 Thread 클래스에 이미 작성된 run()이 실행되는데, 이것은 아무 작업 없이 단순 리턴하도록 작성되어 있어 스레드는 바로 종료된다.

●스레드 객체 생성

스레드 객체

다음으로, 스레드 객체를 생성한다.

```java
TimerThread th = new TimerThread(); // 스레드 객체 생성
```

이 코드는 TimerThread 객체를 생성한 것으로 스레드가 작동하는 것은 아니다. 이것은 하나님이 흙으로 인간을 빚었을 때 아직 생명이 없는 흙덩이인 것과 같이, 스레드 객체 th 역시 코드 덩이에 불과하다. 코에 생기를 불어 넣어 살아있는 사람이 되게 한 것과 같이, 스레드 객체 th에게 생명을 넣어 스레드로서 실행을 시작하도록 하려면, 다음 단계와 같이 start()를 호출해야 한다.

●스레드 시작 : start() 메소드 호출

start()

이제 Thread 클래스의 start()를 호출하여 JVM이 스레드 th를 스케줄링하도록 한다. 그러면 조금 후 th의 run()이 실행된다.

```java
th.start();
```

start() 메소드는 Thread 클래스에 구현되어 있는 메소드로서, 스레드 객체 th를 JVM에게 새로운 스레드로 인식하고 스케줄링 가능한 상태로 만들 것을 지시한다. 그러고 나서 JVM이 이 스레드를 스케줄링하면, 그때 비로소 스레드 th의 run()이 실행된다. start() 메소드는 개발자가 절대 오버라이딩하면 안 된다.

start()
run() 실행

[그림 12-5]의 코드를 잠깐 설명해보자. TimerThread는 Thread를 상속받은 클래스로서 run()을 오버라이딩하여 스레드 코드를 구현한다. run() 메소드는 무한 루프를 돌면서 1초 간격으로 콘솔에 초 시간을 출력한다.

sleep(1000); 코드는 TimerThread 스레드가 1000ms 동안 잠을 자는 코드이다. 잠을 자는 사이, 이 스레드를 종료시키고자 하는 예외 InterruptedException이 발생할 때 이를 처리하기 위해 try-catch 블록이 삽입되어야 한다. 현재 catch 블록에서 바로 return하므로 InterruptedException이 발생하면 run() 메소드가 종료하게 되어 스레드는 바로 종료한다. try-catch 블록 없이 sleep() 문을 사용하면 자바 컴파일러는 오류를 발생시킨다.

sleep(1000)
try-catch 블록

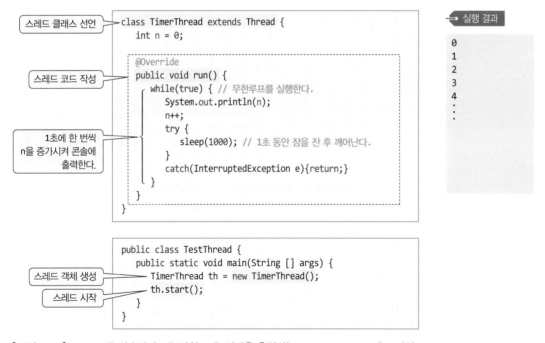

스레드 클래스 선언

스레드 코드 작성

1초에 한 번씩 n을 증가시켜 콘솔에 출력한다.

실행 결과

```
class TimerThread extends Thread {
    int n = 0;

    @Override
    public void run() {
        while(true) { // 무한루프를 실행한다.
            System.out.println(n);
            n++;
            try {
                sleep(1000); // 1초 동안 잠을 잔 후 깨어난다.
            }
            catch(InterruptedException e){return;}
        }
    }
}
```

```
0
1
2
3
4
:
:
```

스레드 객체 생성

스레드 시작

```
public class TestThread {
    public static void main(String [] args) {
        TimerThread th = new TimerThread();
        th.start();
    }
}
```

[그림 12-5] Thread를 상속받아 1초 단위로 초 시간을 출력하는 TimerThread 스레드 작성

예제 12-1   Thread를 상속받아 1초 단위로 출력하는 타이머 스레드 만들기

Thread 클래스를 상속받아 그림과 같이 1초 단위로 카운팅하여 출력하는 스레드를 만들고, 레이블을
이용하여 카운트 값을 출력하라.

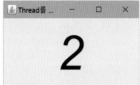  

```
1   import java.awt.*;
2   import javax.swing.*;
3
4   class TimerThread extends Thread {
5      Private JLabel timerLabel; // 타이머 값이 출력되는 레이블
6
7      public TimerThread(JLabel timerLabel) {
8         this.timerLabel = timerLabel; // 타이머 카운트를 출력할 레이블
9      }
10     // 스레드 코드. run()이 종료하면 스레드 종료
11     @Override
12     public void run() {
13        int n=0; // 타이머 카운트 값
14        while(true) { // 무한 루프
15           timerLabel.setText(Integer.toString(n)); // 레이블에 카운트 값 출력
16           n++; // 카운트 증가
17           try {
18              Thread.sleep(1000); // 1초 동안 잠을 잔다.
19           }
20           catch(InterruptedException e) {
21              return; // 예외가 발생하면 스레드 종료
22           }
23        }
24     }
25  }
26
27  public class ThreadTimerEx extends JFrame {
28     public ThreadTimerEx() {
29        setTitle("Thread를 상속받은 타이머 스레드 예제");
30        setDefaultCloseOperation(JFrame.EXIT_ON_CLOSE);
31        Container c = getContentPane();
32        c.setLayout(new FlowLayout());
33
```

run()은 스레드 코드로서
start() 메소드에 의해 스레
드가 실행을 시작한다.

try-catch 블록이 없으
면 컴파일 오류가 발생한다.
sleep()에 의해 잠을 자는
경우 예외 발생에 대비하기
위해서이다.

```
34          // 타이머 값을 출력할 레이블 생성
35          JLabel timerLabel = new JLabel();
36          timerLabel.setFont(new Font("Gothic", Font.ITALIC, 80));
37          c.add(timerLabel); // 레이블을 컨텐트팬에 부착
38
39          // 타이머 스레드 객체 생성. 타이머 값을 출력할 레이블을 생성자에 전달
40          TimerThread th = new TimerThread(timerLabel);       스레드 객체를 만든다.
41
42          setSize(250,150);
43          setVisible(true);
44
45          th.start(); // 타이머 스레드의 실행을 시작하게 한다.    스레드를 동작시킨다. 이 호출의
46      }                                                        결과 TimerThread의 run()
47      public static void main(String[] args) {                 메소드가 실행을 시작한다.
48          new ThreadTimerEx();
49      }
50 }
```

Runnable 인터페이스로 스레드 만들기

두 번째 방법으로 Runnable 인터페이스를 이용하여 스레드를 만들 수 있다. Runnable은
경로명 java.lang.Runnable이며, 다음과 같이 추상 메소드 run()만 가진 인터페이스이다.

Runnable 인터페이스

```
interface Runnable {
    public void run();
}
```

그러므로 Runnable을 상속받고 run()을 구현하여 스레드 클래스를 만든다. 앞서 만
든 타이머 스레드를 Runnable 인터페이스를 이용하여 작성해보자.

●스레드 클래스 선언: Runnable 인터페이스 구현

다음과 같이 Runnable 인터페이스를 구현하는 클래스를 선언한다.

```
class TimerRunnable implements Runnable {
    ...............
    @Override
    public void run() { // Runnable 인터페이스의 run() 메소드 오버라이딩
        ..................
    }
}
```

run()

run() 메소드에 스레드 코드를 구현한다. run()이 종료되면 스레드도 종료된다.

● 스레드 객체 생성

run()을 오버라이딩한 TimerRunnable의 인스턴스를 생성하고, 다음과 같이 Thread 클래스의 생성사에 전달하면서 스레드 객체를 생성한다.

```java
Thread th = new Thread(new TimerRunnable());
```

이제, 스레드 객체 th는 사용자가 작성한 run() 메소드를 가지고 있다.

● 스레드 시작: start() 메소드 호출

start()

스레드 생성의 마지막 과정으로 스레드를 실행시키는 과정이다. 다음과 같이 Thread 클래스의 start() 메소드를 호출하여 스레드 th가 run() 메소드에서 실행을 시작하도록 지시한다.

```java
th.start();
```

앞의 예제 12-1을 Runnable 인터페이스를 이용하여 작성하면 예제 12-2와 같다.

예제 12-2 **Runnable 인터페이스를 이용하여 1초 단위로 출력하는 타이머 스레드 만들기**

Runnable 인터페이스를 구현하여 그림과 같이 1초 단위로 카운팅하여 출력하는 스레드를 만들고, 레이블을 이용하여 카운트 값을 출력하라.

 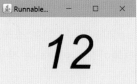 

```java
1   import java.awt.*;
2   import javax.swing.*;
3
4   class TimerRunnable implements Runnable {
5      private JLabel timerLabel; // 타이머 값이 출력된 레이블
6
7      public TimerRunnable(JLabel timerLabel) {
8         this.timerLabel = timerLabel; // 초 카운트를 출력할 레이블
9      }
```

```
10      // 스레드 코드. run()이 종료하면 스레드 종료
11      @Override
12      public void run() {
13          int n=0; // 타이머 카운트 값
14          while(true) { // 무한 루프
15              timerLabel.setText(Integer.toString(n)); // 레이블에 카운트 값 출력
16              n++; // 카운트 증가
17              try {
18                  Thread.sleep(1000); // 1초동안 잠을 잔다.
19              }
20              catch(InterruptedException e) {
21                  return; // 예외가 발생하면 run() 메소드 종료. 스레드 종료
22              }
23          }
24      }
25  }
26
27  public class RunnableTimerEx extends JFrame {
28      public RunnableTimerEx() {
29          setTitle("Runnable을 구현한 타이머 스레드 예제");
30          setDefaultCloseOperation(JFrame.EXIT_ON_CLOSE);
31          Container c = getContentPane();
32          c.setLayout(new FlowLayout());
33
34          // 타이머 값을 출력할 레이블 생성
35          JLabel timerLabel = new JLabel();
36          timerLabel.setFont(new Font("Gothic", Font.ITALIC, 80));
37          c.add(timerLabel); // 레이블을 컨텐트팬에 부착
38
39          // 타이머 스레드로 사용할 Runnable 객체 생성. 타이머 값을 출력할 레이블을 생성자에 전달
40          TimerRunnable runnable = new TimerRunnable(timerLabel);
41          Thread th = new Thread(runnable); // 스레드 객체 생성
42
43          setSize(250,150);
44          setVisible(true);
45
46          th.start(); // 타이머 스레드가 실행을 시작하게 한다.
47      }
48      public static void main(String[] args) {
49          new RunnableTimerEx();
50      }
51  }
```

> 이 라인 실행 결과, TimerRunnable의 run() 메소드가 실행을 시작한다.

main 스레드

main() 메소드 실행
메인 스레드
currentThread()

JVM은 자바 응용프로그램을 실행하기 직전, 스레드를 하나 생성하고, 이 스레드로 하여금 main() 메소드를 실행하도록 한다. 이 스레드가 바로 메인 스레드(main 스레드)이고 실행 시작 주소는 main() 메소드의 첫 코드가 된다. main()을 실행하는 스레드를 확인하기 위해, 예제 12-3을 준비하였다. 이 예제에서는 Thread의 currentThread() 메소드를 이용하여 현재 실행되고 있는 스레드에 관한 정보를 담은 객체를 알아내고, 스레드의 이름, id, 우선순위, 스레드의 상태를 알아내는 코드의 샘플을 보여준다. 〈표 12-1〉에 있는 Thread 클래스의 메소드를 참고하라.

예제 12-3 **main 스레드 확인과 스레드 정보를 알아내는 코드**

main() 메소드 내에서 현재 실행중인 스레드 정보를 가진 Thread 객체를 알아내어 스레드에 관한 다양한 정보를 출력한다.

```java
1  public class ThreadMainEx {
2    public static void main(String [] args) {
3      long id = Thread.currentThread().getId(); // 스레드 ID 얻기
4      String name = Thread.currentThread().getName(); // 스레드 이름 얻기
5      int priority = Thread.currentThread().getPriority(); // 스레드 우선순위 값 얻기
6      Thread.State s = Thread.currentThread().getState(); // 스레드 상태 값 얻기
7
8      System.out.println("현재 스레드 이름 = " + name);
9      System.out.println("현재 스레드 ID = " + id);
10     System.out.println("현재 스레드 우선순위 값 = " + priority);
11     System.out.println("현재 스레드 상태 = " + s);
12   }
13 }
```

→ 실행 결과

```
현재 스레드 이름 = main
현재 스레드 ID = 1
현재 스레드 우선순위 값 = 5
현재 스레드 상태 = RUNNABLE
```

1 자바 스레드를 만들기 위해서 Thread를 상속받아 오버라이딩해야 하는 메소드는?

2 자바 스레드가 sleep()하는 동안 발생할 수 있는 예외에 대비하여 try-catch 블록을 만들어야 하는데 이 예외는 무엇인가?

12.3 스레드 종료

스레드의 종료는 스스로 종료하는 경우와 다른 스레드에 의해 강제 종료되는 경우가 있다. 스스로 종료했든 강제 종료되었든 종료된 스레드를 다시 살릴 수는 없다. 원한다면 스레드 객체를 다시 생성하고 start()를 호출하여 스레드를 시작시켜야 한다.

스스로 종료

스레드는 다음 예와 같이 run() 메소드가 종료하거나 리턴하는 경우 종료된다.

```java
public void run() {
    ..........
    return; // 스레드는 스스로 종료한다.
    .........
}
```

강제 종료

한 스레드가 다른 스레드를 강제로 종료시키고자 하면, 종료시키고자 하는 스레드 객체의 interrupt() 메소드를 호출하면 된다. [그림 12-6]의 예를 보자. main()은 TimerThread 스레드를 생성하고, 강제로 종료시키기 위해 th.interrupt()를 호출한다. 이 결과 th가 가리키는 TimerThread 스레드에 InterruptedException 예외가 발생한다.

interrupt()
InterruptedException 예외

```java
class TimerThread extends Thread {
    int n = 0;
    @Override
    public void run() {
        while(true) {
            System.out.println(n);  // 화면에 카운트 값 출력
            n++;
            try {
                sleep(1000);
            }
            catch(InterruptedException e){
                return;  // 예외를 받고 스스로 리턴하여 종료
            }
        }
    }
}
```

```java
public static void main(String [] args) {
    TimerThread th = new TimerThread();
    th.start();

    th.interrupt();  // TimerThread 강제 종료
}
```

main() 스레드

th

th.interrupt(); ············ InterruptedException 발생

TimerThread 스레드

catch(InterruptedException e)
{return;}

[그림 12-6] main()에서 TimerThread 스레드의 강제 종료

TimerThread 스레드는 sleep(1000) 실행 중 InterruptedException 예외를 받게 되면, catch 블록에서 return 문을 실행하고, run() 메소드의 종료와 함께 스레드가 종료한다. 만일 TimerThread의 run() 메소드가 InterruptedException 예외를 처리하는 try-catch 블록을 가지고 있지 않다면, 다른 스레드에서 interrupt()를 호출하여도 TimerThread는 종료되지 않을 것이다.

sleep() 코드

정리하면, 스레드 A가 스레드 B를 강제 종료시키고자 하는 경우 스레드 B의 interrupt()를 호출하여야 한다. 물론 이때 스레드 B는 sleep() 코드와 함께 InterruptedException 예외를 처리하는 try-catch 블록을 가지고 있어야 한다.

```
B.interrupt(); // 스레드 B를 종료시킨다.
```

예제 12-4   **진동하는 스레드와 스레드의 강제 종료**

Runnable을 상속받은 스레드를 작성하여 프레임이 심하게 진동하도록 프로그램을 작성하라. 그리고 컨텐트팬에 마우스를 클릭하면 진동 스레드를 종료시켜 진동이 멈추도록 하라.

마우스로 클릭하면 진동 멈춤

> Runnable 인터페이스 구현. 프레임에 run() 메소드 반드시 작성 필요

```java
1   import java.awt.*;
2   import java.awt.event.*;
3   import javax.swing.*;
4   import java.util.Random;
5
6   public class VibratingFrame extends JFrame implements Runnable {
7      private Thread th; // 진동하는 스레드
8      public VibratingFrame() {
9         setTitle("진동하는 프레임 만들기");
10        setDefaultCloseOperation(JFrame.EXIT_ON_CLOSE);
11        setSize(200,200);
12        setLocation(300,300); // 프레임의 위치를 스크린의 (300,300)에 설정
```

```
13        setVisible(true);
14
15        getContentPane().addMouseListener(new MouseAdapter() {       마우스가 클릭되면 진동을 멈추기
16           public void mousePressed(MouseEvent e) {                  위한 익명의 이벤트 리스너
17              if(!th.isAlive()) return; // 이미 스레드가 종료했다면 그냥 리턴
18              th.interrupt(); // 진동 스레드에게 InterruptedException을 보내 강제 종료
19           }
20        });                     프레임 객체가 Runnable 인터페이스를
21                               구현한 객체이므로 this 가능
22        th = new Thread(this); // 진동 스레드 객체 생성
23        th.start(); // 진동 시작
24     }
25
26     @Override
27     public void run() { // 프레임의 진동을 일으키기 위해 20ms마다 프레임의 위치를 랜덤하
                                  게 이동
28        Random r = new Random(); // 진동할 위치를 랜덤하게 발생시킬 랜덤 객체 생성
29        while(true) {
30           try {
31              Thread.sleep(20); // 20ms 잠자기
32           }
33           catch(InterruptedException e){
34              return; // 리턴하면 스레드 종료         -4에서 4까지의
35           }                                        임의의 정수 리턴
36           int x = getX() + r.nextInt()%5; // 새 위치 x    getX()는 프레임의 현재 위치 x값
37           int y = getY() + r.nextInt()%5; // 새 위치 y    프레임의 현재 위치에서 4픽셀 범위
38           setLocation(x, y); // 프레임의 위치 이동. 진동 효과   의 랜덤한 위치
39        }
40     }
41
42     public static void main(String [] args) {
43        new VibratingFrame();
44     }
45  }
```

1 한 번 종료한 스레드의 Thread 객체를 이용하여 스레드를 다시 생성할 수 있는가?

2 Thread 클래스의 run() 메소드에 작성된 return 문은 어떤 역할을 하는가?

12.4 스레드 동기화

스레드 동기화의 필요성

공유 데이터
동시 접근
스레드 동기화

멀티스레드 프로그램이 실행될 때, 다수의 스레드가 공유 데이터를 동시에 접근하는 경우가 발생한다. 특히 다수의 스레드가 동시에 공유 데이터의 값을 변경시키는 경우, 공유 데이터의 값이 정상적으로 변경되지 않게 된다. 이것은 마치 여러 사람이 볼 일을 보려고 한 칸의 화장실에 동시에 들어가는 경우와 같다. 공유 데이터를 동시 접근하는 여러 스레드에 의해 공유 데이터의 값이 비정상적으로 유지되지 않도록 스레드의 실행을 제어하는 기술을 스레드 동기화(thread synchronization)라고 부른다. 자바의 스레드 동기화에는 다음 2가지 방법이 있다.

- synchronized로 동기화 블록 지정
- wait()-notify() 메소드로 스레드 실행 순서 제어

스레드 동기화의 필요성에 대한 이해를 돕기 위해 [그림 12-7]의 예를 들어보자.

스레드 A가 프린터 사용을 끝낼 때까지 기다린다.

두 개의 스레드가 동시에 프린터에 쓰는 경우

두 개의 스레드가 순서를 지켜 프린터에 쓰는 경우

[그림 12-7] 두 개의 스레드가 한 프린터에 동시에 쓰기를 수행할 때

　　[그림 12-7]은 두 스레드가 각각 공유 프린터에 문서를 출력하는 사례이다. 왼쪽은 두 스레드가 동시에 프린터를 사용하여, 두 출력이 섞여 나온다. 오른쪽의 경우를 보자. 공유 프린터에 먼저 도착한 스레드에게 공유 프린터를 소유하도록 하고 출력이 이루어지게 한다. 뒤이어 도착한 스레드에게 공유 프린터를 사용하고 있는 스레드의 사용이 끝날 때까지 대기하게 함으로써, 출력물이 엉키지 않게 하였다. 공유 프린터에 대한 멀티스레드의 동시 접근을 순차화하면 두 출력이 섞이는 문제를 해결할 수 있다.

동시 접근 순차화

자바 스레드 동기화를 위한 synchronized 블록

가장 쉬운 스레드 동기화 기법은, 스레드가 공유 데이터를 접근할 때, 하나씩 순차적으로 실행하도록 제어하는 기법이다. 화장실에 들어갈 때 문을 잠그는 것처럼, 한 스레드가 공유 데이터의 접근을 시작한 순간, 열쇠로 잠가(lock) 다른 스레드가 공유 데이터를 접근하지 못하게 하면 된다.

잠가(lock)

　　synchronized 키워드는 스레드 동기화를 위한 장치로서, 코드 블록을 동기화가 설정된 임계 영역으로 지정한다. [그림 12-8]과 같이 메소드를 임계 영역으로 지정하는 방법과 임의의 코드 블록만 지정하는 두 가지 방법이 있다. 자바 플랫폼은 한 스레드가 synchronized 블록에 진입하면, 자동으로 락(lock)을 걸어 synchronized 블록을 실행하고자 하는 다른 스레드는 락(lock)이 풀릴 때까지 대기하도록 한다.

synchronized

```
synchronized void print(String text) { // 동기화 메소드
    ...
    for(int i=0; i<text.length(); i++) // text의 각 문자 출력
        System.out.print(text.charAt(i));
    ...
}
```

```
void execute(String text) {
    ...
    synchronized(this) { // 동기화 코드 블록
        ...
        for(int i=0; i<text.length(); i++)
            System.out.print(text.charAt(i));
        ...
    }
}
```

(a) 메소드에 동기화 설정　　　　　　　　　　　(b) 코드 블록에 동기화 설정

[그림 12-8] synchronized 키워드 활용

synchronized 활용 사례

두 스레드가 공유 프린터에 동시에 프린트하는 경우 발생하는 [그림 12-7]의 충돌 문제를 synchronized 키워드로 해결하는 코드를 만들어 보자. 예제 **12-5**에 공유 프린터를 SharedPrinter라는 클래스로 작성하고, 두 스레드를 작성하여 이들이 SharedPrinter의 print() 메소드를 동시에 호출하게 하였다. 한 스레드는 print()를 호출하여 영문을 한 번에 한 줄씩 출력하고, 다른 스레드는 print()를 호출하여 국문을 한 번에 한

줄씩 출력한다. 정상적이라면 국문이나 영문이 한 줄에 섞여 출력되지 않아야 한다. print() 메소드를 synchronized를 선언하는 경우 [그림 12-9](a)처럼 정상적으로 출력되지만, synchronized를 생략하면, 두 스레드의 print() 메소드 실행에 충돌이 생겨, [그림 12-9](b)처럼 영문과 국문이 한 줄에 섞여 출력되는 경우가 발생한다. 프로그램의 실행 속도가 빠르기 때문에 두 스레드의 충돌을 보기 쉽지 않다. 여러 번 반복 실행하면 [그림 12-9](b)와 비슷한 결과를 확인할 수 있다.

예제 12-5   **두 스레드가 공유 프린터 객체를 통해 동시에 출력하는 경우,** synchronized **블록 지정**

두 스레드가 공유 프린터에 동시에 프린트하는 경우 발생하는 [그림 12-7]의 충돌 문제를 synchronized 키워드로 해결하는 코드를 보인다.

```java
1   public class SynchronizedEx {
2     public static void main(String[] args) {
3       SharedPrinter p = new SharedPrinter(); // 공유 데이터 생성
4       String [] engText = { "Wise men say, ",
5                             "only fools rush in",
6                             "But I can't help, ",
7                             "falling in love with you",
8                             "Shall I stay? ",
9                             "Would it be a sin?",
10                            "If I can't help, ",
11                            "falling in love with you" };
12      String [] korText = { "동해물과 백두산이 마르고 닳도록, ",
13                            "하느님이 보우하사 우리 나라 만세",
14                            "무궁화 삼천리 화려강산, ",
15                            "대한 사람 대한으로 길이 보전하세",
16                            "남산 위에 저 소나무, 철갑을 두른 듯",
17                            "바람서리 불변함은 우리 기상일세.",
18                            "무궁화 삼천리 화려강산, ",
19                            "대한 사람 대한으로 길이 보전하세" };
20      // 스레드 생성시 공유 프린터의 주소를 알려준다. 두 스레드는 공유 프린터 p에 동시에 접근한다.
21      Thread th1 = new WorkerThread(p, engText); // 영문 출력 스레드
22      Thread th2 = new WorkerThread(p, korText); // 국문 출력 스레드
23
24      // 두 스레드를 실행시킨다.
25      th1.start(); th2.start();
26    }
27  }
28
29  class SharedPrinter { // 두 WorkerThread 스레드에 의해 동시 접근되는 공유 프린터
```

```
30      // synchronized를 생략하면 한글과 영어가 한 줄에 섞여 출력되는 경우가 발생한다.
31      synchronized void print(String text) {
32         // Thread.yield();
33         for(int i=0; i<text.length(); i++)
34            System.out.print(text.charAt(i));
35         System.out.println();
36      }
37   }
38
39   class WorkerThread extends Thread { // 스레드 클래스
40      private SharedPrinter p; // 공유 프린터 주소
41      private String [] text;
42
43      public WorkerThread(SharedPrinter p, String[] text) { // 공유 프린터 주소와 텍스트 전달 받음
44         this.p = p; this.text = text;
45      }
46      // 스레드는 반복적으로 공유 프린터에 10번 접근하여 text[]를 출력한다.
47      @Override
48      public void run() {
49         for (int i=0; i<text.length; i++) // 한 줄씩 출력
50            p.print(text[i]); // 공유 프린터에 출력
51      }
52   }
```

synchronized를 생략하면 print() 메소드의 동시 접근 충돌 발생

Thread.yield()를 실행하여 스레드 스케줄을 다시 하면 synchronized가 생략될 때 더 많은 충돌을 발생시킬 수 있다.

```
Wise men say,
only fools rush in
But I can't help,
falling in love with you
Shall I stay?
Would it be a sin?
If I can't help,
falling in love with you
동해물과 백두산이 마르고 닳도록,
하느님이 보우하사 우리 나라 만세
무궁화 삼천리 화려강산,
대한 사람 대한으로 길이 보전하세
남산 위에 저 소나무, 철갑을 두른 듯
바람서리 불변함은 우리 기상일세.
무궁화 삼천리 화려강산,
대한 사람 대한으로 길이 보전하세
```

라인 31에 synchronized로 선언한 정상적인 경우

```
Wise 동해물과 백두산이 마르고 닳도록, men say,
only fools rush in
But I can't help,
하느님이 보우하사 우리 나라 만세
falling in love with you
무궁화 삼천리 Shall I stay?
화려강산,
Would it be a sin?
대한 사람 대한으로 길이 보전하세
If I can't help,
남산 위에 저 소나무, 철갑을 두른 듯
falling in love바람서리 불변함은 우리 기상일세.
 with you
무궁화 삼천리 화려강산,
대한 사람 대한으로
길이 보전하세
```

print() 메소드 충돌

print() 메소드 충돌

print() 메소드 충돌

라인 31에 synchronized를 생략하여 충돌이 발생한 경우

[그림 12-9] 예제 12-5의 실행 결과

wait()-notify()를 이용한 스레드 동기화

producer-consumer
입력 스레드
재생 스레드
wait()-notify()

스레드들이 순차적으로 공유 데이터에 접근하도록 제어된 경우라도, 여전히 동기화되어야 하는 상황이 있다. [그림 12-10]과 같이 한 개의 공유 데이터를 통해 두 스레드가 데이터를 주고받을 때, 두 스레드 사이의 충돌을 해결하는 producer-consumer 문제이다. 예를 들어 비디오 스트리밍 소프트웨어는 네트워크 서버로부터 압축된 비디오 프레임을 주기적으로 가지고 와서 비디오 버퍼에 저장하는 입력 스레드(producer)와 비디오 버퍼에 들어있는 비디오 프레임을 디코딩하여 화면에 출력하는 재생 스레드(consumer)로 구성된다. 이때 만일 네트워크의 속도가 갑자기 떨어져서 입력 스레드의 공급이 일시적으로 늦어지게 되면, 재생 스레드는 버퍼가 찰 때까지 기다리게(wait) 된다. 잠시 후 입력 스레드가 버퍼에 비디오 프레임을 공급하고 대기 중인 재생 스레드(notify)를 깨운다. 반대로 네트워크 속도가 순간적으로 빨라져서 입력 스레드가 채운 버퍼를 재생 스레드가 미처 소비하지 못한 경우, 입력 스레드는 비디오 버퍼가 비워지기를 기다린다(wait). 잠시 후 재생 스레드는 버퍼를 소비하고 나서 버퍼가 비워지기를 기다리는 입력 스레드를 깨운다(notify). wait()-notify()를 이용하면 producer-consumer 문제의 스레드 동기화를 해결할 수 있다.

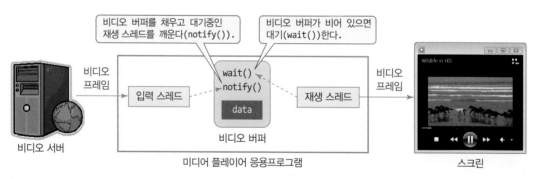

[그림 12-10] 비디오 스트리밍 응용에서 입력 스레드와 재생 스레드의 버퍼 사용에 대한 동기화

동기화 객체
Object

입력 스레드와 재생 스레드가 대기하는 대상인 비디오 버퍼를 동기화 객체라고 부른다. 자바는 모든 객체가 동기화 객체가 될 수 있도록 설계하였다. 모든 객체는 Object 클래스를 상속받으며, Object 클래스는 wait()와 notify() 메소드를 가지고 있기 때문이다.

예제 12-6은 wait()-notify()를 이용하여 producer-consumer 문제를 해결하는 사례를 보여준다. 사용자가 아무 키나 입력하면 바의 색이 마젠타색으로 채워지며, 타이머는 바에 채워진 마젠타색을 제거한다.

예제 12-6

wait(), notify()를 이용하여 키 입력으로 바 채우기

다음 설명과 같이 작동하는 스윙 프로그램을 작성하라.

아래 그림에는 스레드를 가진 **bar**가 있다. 아무 키나 누르면 **bar**에 마젠타색이 오른쪽으로 1/100씩 채워진다. 가만히 있으면 스레드에 의해 **0.1**초 간격으로 **bar**의 마젠타색을 1/100씩 감소시킨다. 키를 빨리 누르지 않으면 스레드의 감소 속도를 이기지 못한다. **bar**는 JLabel을 상속받은 **MyLabel**로 작성하고 **MyLabel**의 paintComponent() 메소드가 **bar**를 마젠타색으로 채우도록 하라.

초기 화면

아무 키나 빨리 눌러보라. 키를 누르는 만큼 마젠타색이 채워진다.

키를 반복하여 빨리 누른 화면

```
1   import javax.swing.*;
2   import java.awt.*;
3   import java.awt.event.*;
4
5   class MyLabel extends JLabel {
6      private int barSize = 0; // 바의 크기
7      private int maxBarSize;
8
9      public MyLabel(int maxBarSize) {
10        this.maxBarSize = maxBarSize;
11     }
12
13     public void paintComponent(Graphics g) {
14        super.paintComponent(g);         // 라인 67의 bar.setBackground(Color.ORANGE)
15        g.setColor(Color.MAGENTA);        //   에 의해 배경을 오렌지색으로 칠한다.
16        int width = (int) (((double)(getWidth()))/maxBarSize*barSize);
17        if(width == 0) return; // 크기가 0이기 때문에 바를 그릴 필요 없음
18        g.fillRect(0, 0, width, this.getHeight()); // width만큼 MAGENTA 색으로 칠함
19     }
20
21     synchronized void fill() {
22        if(barSize == maxBarSize) {
23           try {
24              wait(); // 바의 크기가 최대이면, ConsumerThread에 의해 바의 크기가 줄어들
                         //            때까지 대기
25           } catch (InterruptedException e) { return; }
26        }
```

```
27        barSize++;
28        repaint(); // 바 다시 그리기
29        notify(); // 기다리는 ConsumerThread 스레드 깨우기
30      }
31      synchronized void consume() {
32        if(barSize == 0) {
33          try {
34            wait(); // 바의 크기가 0이면 바의 크기가 0보다 커질 때까지 대기
35          } catch (InterruptedException e) { return; }
36        }
37        barSize--;
38        repaint(); // 바 다시 그리기
39        notify(); // 기다리는 키 이벤트 리스너(스레드) 깨우기
40      }
41  }
42
43  class ConsumerThread extends Thread {
44      private MyLabel bar;
45
46      public ConsumerThread(MyLabel bar) { this.bar = bar; }
47
48      @Override
49      public void run() {
50        while(true) {
51          try {
52            sleep(100); // 0.1초 잠을 잠
53            bar.consume(); // 0.1초마다 바를 1씩 줄임
54          } catch (InterruptedException e) { return; }
55        }
56      }
57  }
58
59  public class TabAndThreadEx extends JFrame {
60      private MyLabel bar = new MyLabel(100); // 바의 최대 크기를 100으로 설정
61
62      public TabAndThreadEx(String title) {
63        super(title);
64        setDefaultCloseOperation(JFrame.EXIT_ON_CLOSE);
65        Container c = getContentPane();
66        c.setLayout(null);
67        bar.setBackground(Color.ORANGE);
68        bar.setOpaque(true);
69        bar.setLocation(20, 50);
70        bar.setSize(300, 20); // 300x20 크기의 바
```

```
71        c.add(bar);
72
73        // 컨텐트팬에 키 이벤트 핸들러 등록
74        c.addKeyListener(new KeyAdapter() {
75           public void keyPressed(KeyEvent e) {
76              bar.fill(); // 키를 누를때마다 바가 1씩 증가
77           }
78        });
79        setSize(350,200);
80        setVisible(true);
81
82        c.setFocusable(true); // 컨텐트팬이 포커스를 받을 수 있도록 설정
83        c.requestFocus(); // 컨텐트팬에게 키 입력 독점권 부여
84        ConsumerThread th = new ConsumerThread(bar); // 스레드 생성
85        th.start(); // 스레드 시작
86     }
87
88     public static void main(String[] args) {
89        new TabAndThreadEx("아무키나 빨리 눌러 바 채우기");
90     }
91  }
```

1 스레드 동기화는 어떤 경우에 필요한가?

① 멀티스레드가 공유 데이터에 접근할 때   ② 스레드의 우선순위를 높일 때
③ 스레드가 종료하는 시간을 맞출 때   ④ 스레드를 타이머처럼 작동시킬 때

2 자바에서 2개 이상의 스레드가 동시에 실행할 가능성이 있는 코드 블록에, 스레드가 하나씩 순차적으로 실행되도록 지시하는 키워드는 무엇인가?

3 파일에서 읽어 화면에 출력하는 하나의 자바 프로그램이, 파일에서 읽어 버퍼에 저장하는 스레드와 버퍼의 내용을 화면에 출력하는 2개의 스레드로 구성되어 있다고 하자.

(1) 화면에 출력하는 스레드가 버퍼에서 읽어 화면에 출력하려 할 때, 버퍼가 비어 있는 경우 스레드 동기화를 위해 어떻게 해야 하는가(구체적으로 버퍼의 레퍼런스가 **buffer**일 때 어떤 코드를 실행해야 하는가)? 또한 파일에서 읽어 버퍼에 저장하는 스레드는 버퍼에 데이터를 기록하고 나서 스레드 동기화를 위해 어떤 일을 추가적으로 해야 하는가?

(2) 파일에서 읽어 버퍼에 저장하는 스레드가 버퍼가 현재 꽉 차 있음에도 새로운 데이터를 버퍼에 기록하면 이전 데이터는 화면에 출력되기 전에 지워진다. 이런 상황이 벌어지지 않도록 스레드 동기화를 위해 어떤 일을 해야 하는가? 화면에 출력하는 스레드는 버퍼에서 읽어 화면에 출력하고 난 뒤 스레드 동기화를 위해 무엇을 해야 하는가?

요약 SUMMARY

◯ **멀티태스킹**

● **❶**＿＿＿＿＿＿＿이란 멀티(multi)+태스킹(tasking)의 합성어로서 다수의 작업을 동시에 처리하는 것을 말한다.

● **❷**＿＿＿＿＿란 운영 체제에 의해 관리되는 하나의 작업 혹은 태스크를 말하고, 다수의 스레드를 동시에 작동시기도록 응용프로그램을 작성하는 기법을 멀티스레딩(multi-threading)이라고 한다.

● 수행할 작업을 프로그램 코드로 작성하는 것은 프로그램 개발자의 몫이고, 이 프로그램 코드를 스레드로 실행시키는 것은 **❸**＿＿＿＿＿＿의 몫이다.

● 자바 스레드는 **❹**＿＿＿＿＿에 의해 스케줄링되고 관리되는 실행 단위 코드 블록이다.

● 하나의 JVM은 하나의 자바 응용프로그램만을 실행하며, 자바 응용프로그램의 실행을 위해 JVM이 실행을 시작하고 자바 응용프로그램이 종료하면 JVM도 함께 종료한다.

◯ **자바 스레드 만들기**

● 자바 스레드는 Thread 클래스를 상속받는 방법과 **❺**＿＿＿＿＿＿＿인터페이스를 구현하는 두 방법으로 만들 수 있다.

● Thread 클래스를 상속받아 스레드로 실행할 코드는 **❻**＿＿＿＿＿＿메소드에 작성한다. 스레드 객체 생성 후 **❼**＿＿＿＿＿＿메소드를 호출해야 스레드로 작동한다.

● Runnable 인터페이스를 구현할 때도 스레드로 실행할 코드를 역시 run() 메소드에 작성한다. 그리고 Runnable 객체를 생성하여 Thread 클래스의 생성자에 넘겨주면서 Thread 객체를 생성한다. 스레드를 동작시키기 위해서는 Thread의 start() 메소드를 호출해야 한다.

● 두 경우 모두 run() 메소드가 종료하면 스레드가 종료한다.

● JVM이 시작되면 main 스레드를 만들고, 이 스레드가 응용프로그램의 **❽**＿＿＿＿＿＿메소드를 실행시킨다.

◯ **스레드 종료**

● run() 메소드가 리턴하면 스레드는 스스로 종료된다.

● 타 스레드의 interrupt() 메소드를 호출하면 타 스레드에 **❾**＿＿＿＿＿예외가 발생하며, 타 스레드가 이 예외를 받아 리턴하면 종료된다.

◯ **스레드 동기화**

● 공유 데이터에 대해 동시 접근하는 두 개 이상의 스레드 충돌로 인해 공유 데이터의 값이 비정상적으로 유지되지 않도록 스레드 실행을 제어하는 기술을 **❿**＿＿＿＿＿라고 부른다.

● 메소드나 코드 블록 앞에 **⓫**＿＿＿＿＿＿키워드를 붙이면 먼저 실행한 스레드가 락(lock)을 걸어 메소드나 코드 블록의 실행을 끝낼 때까지 다른 스레드가 진입하지 못하게 한다. 락이 풀리면 기다리는 스레드가 실행할 수 있다.

● **⓬**＿＿＿＿＿를 상속받는 모든 클래스는 wait(), notify() 메소드를 가지고 있으며, 한 스레드가 wait()를 호출하면 다른 스레드가 notify()를 호출할 때까지 대기한다. 이런 방식으로 두 스레드가 서로 대화하면서 공유 데이터에 대한 정상적인 접근을 유지한다.

Open Challenge

아바타와 괴물 게임 만들기

아바타와 괴물이 등장하고 괴물은 터미네이터처럼 끊임없이 아바타를 따라다니는 게임을 만들어보자. 아바타는 15×15 크기의 "@" 문자열 레이블로 만들고 괴물 역시 "M" 문자열 레이블로 만든다. 아바타는 상, 하, 좌, 우 키를 이용하여 패널상에서 움직이면서 도망가고, 괴물은 자동으로 아바타를 추적하여 따라다닌다. 아바타가 도망치는 속도가 떨어지면 괴물에게 잡히게 된다. 이 게임은 점수를 관리하지 않는다. 그러므로 괴물에게 잡혀도 특별히 점수와 관계없으며 프로그램은 종료하지 않는다. 오직 'q' 키를 입력하여야 게임은 종료된다. 아바타는 한 번의 키 입력에 10픽셀씩 이동하며, 괴물은 상, 하, 좌, 우, 대각선 방향으로 움직일 수 있고 200ms마다 한 번 이동하고 그 거리는 5픽셀이다. 난이도 상

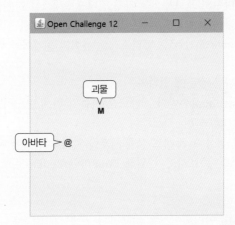

- 컨텐트팬으로 사용할 GamePanel을 만들고 이곳에서 아바타 레이블과 괴물 레이블이 자유롭게 위치할 수 있도록 배치관리자를 삭제한다.
- Key 리스너를 구현하여 GamePanel에 등록한다. keyPressed() 메소드를 작성하고 KeyEvent. getKeyChar() 메소드를 호출하여 우선 'q' 키가 입력되었는지 비교하고 그렇다면 System. exit(0)을 호출하여 프로그램을 종료한다. 다시 KeyEvent.getKeyCode() 메소드를 호출하여 입력된 키의 코드와 상, 하, 좌, 우 키의 가상 키 값과 비교한다.
- Thread를 상속받은 MonsterThread 스레드를 구현하고 run() 메소드에서 4가지 경우를 판단한다. 아바타가 괴물의 왼쪽에 있는지, 오른쪽에 있는지, 위쪽에 있는지, 아래쪽에 있는지 판단하고 그에 따라 괴물의 위치를 조정한다. 괴물의 위치가 변경되면 곧장 GamePanel을 다시 그려야 한다. 이를 위해 괴물 레이블이 만일 monster이면 monster.getParent().repaint()를 호출한다.

연습문제

EXERCISE

1. 일상생활에서 일어나는 멀티태스킹의 사례를 2가지만 찾아보라.

2. 자바의 멀티태스킹에 대한 설명 중 틀린 것은?
 ① 자바에서는 다수의 스레드를 가진 멀티스레드를 지원한다.
 ② 자바에서는 다수의 프로세스를 가진 멀티프로세스를 지원한다.
 ③ 자바에서 하나의 JVM은 오직 하나의 응용프로그램만을 실행한다.
 ④ 자바에서 synchronized는 멀티스레드 사이의 동기화를 위해 만들어진 것이다.

3. 스레드에 대한 다음 질문에 답하라.
 (1) Thread 클래스를 상속받아 스레드를 만들기 위해 반드시 오버라이딩해야 하는 메소드는?
 (2) 스레드 객체 생성 후 스레드 실행 시작을 지시하기 위한 메소드는?
 (3) 다른 스레드를 종료시키기 위해 InterruptedException을 유발시키는 메소드는?

4. 다음은 Runnable 인터페이스를 이용하여 스레드를 작성하는 코드이다. 스레드는 작동 10초 후에 종료한다. 빈칸을 채워라.

```
public class MyThread _____ Runnable {
  public void _____() { // 스레드 코드를 작성한다.
    try {
      _____ // 10초 동안 잠을 잔다.
    } catch(InterruptedException e) { return; }
  }
  public static void main(String [] args) {
    Thread th = new Thread(_____);
    _____ // 스레드를 실행시킨다.
  }
}
```

5. JVM이 자바 응용프로그램을 실행하기 위해 생성하는 기본 스레드를 무엇이라고 부르는가? 이 스레드는 자바 응용프로그램의 어떤 코드에서부터 실행을 시작하는가?

6. wait(), notify()는 어떤 클래스의 메소드인가?

① Thread   ② Runnable   ③ Object   ④ JVM

7. 동기화가 필요 없는 멀티태스킹 경우는?

① 미디어 플레이어에서, 하드디스크로부터 비디오 스트림을 읽어 공급하는 스레드와 읽은 스트림을 스크린에 출력하는 스레드
② 스마트폰에서, 문자를 전송하는 스레드와 음악을 연주하는 스레드
③ 웹 서버에서, 접속한 각 사용자마다 로그인 정보 데이터베이스를 기록하는 다수의 스레드
④ 방송 서버에서, 말하는 사람의 목소리를 샘플링하여 오디오 샘플을 만드는 스레드와 샘플을 청취자의 컴퓨터로 전송하는 스레드

8. 다음 중 멀티스레드로 응용프로그램을 작성하면 효과적이지 않은 것은? 그리고 그 이유를 말하여라.

① 웹 서버
② 그리기와 프린팅 기능을 동시에 할 수 있는 그래픽 편집기
③ 1에서 100000까지 더하기를 2개의 스레드를 작성하여 한 스레드는 짝수만 더하고, 다른 스레드는 홀수만 더하여 최종적으로 두 합을 더하여 결과를 내는 응용프로그램

9. 다음 중 한 코드 블록에 두 개 이상의 스레드가 동시에 접근할 때, 먼저 실행을 시작한 스레드가 끝날 때까지 다른 스레드를 대기 상태로 만들기 위해 코드 블록 앞에 사용하는 키워드는 무엇인가?

① lock   ② synchronized   ③ wait   ④ notify

10. 어떤 객체 a의 wait() 메소드를 호출하여 대기 상태인 스레드는 어떤 경우에 깨어나서 실행을 계속할 수 있는가?

① 다른 스레드가 객체 a의 notify()를 호출할 때
② 객체 a가 소멸될 때
③ 일정 시간이 지나면
④ 다른 스레드가 객체 a의 wakeup()을 호출할 때

실습 문제

• 홀수 문제는 정답이 공개됩니다.

목적 간단한 스레드 만들기

1. Thread 클래스를 상속받아 실행 시작 **10**초 후에 자동으로 종료하는 스레드를 작성하라. 스레드가 실행을 시작하면 타이틀 바에 "실행 시작"이라고 출력하고, 컨텐트팬의 바탕색은 노란색으로 하라. 스레드는 종료 직전 타이틀 바에 "실행 종료"라고 출력하고 바탕색을 파란색으로 변경하라. 난이도 **하**

목적 스레드, 그래픽, repaint() 응용

2. JPanel을 상속받은 패널에 지름이 **50**인 원이 **500ms** 간격으로 랜덤한 위치로 이동하는 프로그램을 작성하라. 이 패널을 컨텐트팬으로 사용하라. 난이도 **하**

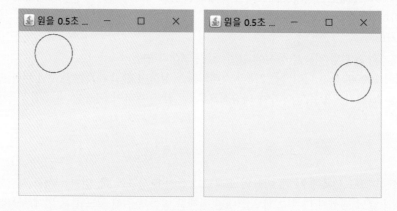

목적 JLabel 상속, 타이머 스레드 만들기

3. "나는 당신을 사랑합니다."라는 문자열을 가지고, **0.5**초 간격으로 한 글자씩 덧붙여 출력하고, 문자열이 모두 출력되면 처음부터 다시 반복하는 WalkingLabel 컴포넌트를 작성하라. WalkingLabel은 JLabel을 상속받도록 하라. 난이도 **중**

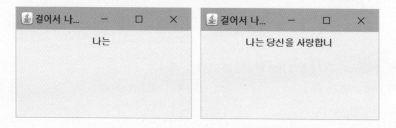

4. 현재 시간 값으로부터 시작하는 디지털시계를 만들어라. 시계는 시, 분, 초 값을 가진 다. 난이도 **중**

목적 Calendar 클래스 활용 및
타이머 스레드 만들기

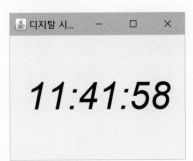

힌트 현재 시간 값을 알아와서 시간을 출력할 문자열로 만드는 코드는 다음과 같다.

```
Calendar c = Calendar.getInstance(); // 현재년도/날짜/시간 값을 가진 객체얻기
int hour = c.get(Calendar.HOUR_OF_DAY);
int min = c.get(Calendar.MINUTE);
int second = c.get(Calendar.SECOND);
String clockText = Integer.toString(hour);
clockText = clockText.concat(":");
clockText = clockText.concat(Integer.toString(min));
clockText = clockText.concat(":");
clockText = clockText.concat(Integer.toString(second));
```

Calendar 클래스를 사용하려면 import java.util.Calendar; 문이 필요하다.

목적 키 이벤트, 스레드, 스윙 컴포넌트의 종합 응용

5. 그림과 같이 아래에 총알을 발사하는 발사대가 있으며, 위에는 목표물(닭)이 왼쪽에서 오른쪽으로 지나간다. 사용자가 <Enter> 키로 빨간색 총알을 발사하여 목표물을 맞히는 게임을 작성하라. 목표물이 움직이는 시간은 **20ms**당 5픽셀이다. 목표물이 오른쪽을 벗어나면 다시 왼쪽에서 시작되며 총알이 움직이는 속도 역시 **20ms**당 5픽셀이다. 총알은 한 번에 한 개씩만 발사되며, 목표물을 명중하든지 위로 올라가 실패하여야 다음 발사가 가능하다. 목표물은 명중되면 처음 위치로 돌아가서 다시 움직이기 시작한다. 난이도 상

<Enter> 키를 입력하면 빨간 총알이 발사된다.

목적 마우스 리스너, 스레드 종합 활용

6. 프레임 내 임의의 위치에 마우스로 찍으면 그 위치부터 한 개의 버블이 만들어지고 위로 움직인다. 버블이 완전히 프레임을 벗어나면 프로그램에서 삭제된다. 버블은 **20ms**마다 5픽셀씩 위로 이동한다. 마우스로 찍을 때마다 버블이 만들어지는 프로그램을 완성하라. 버블은 이미지 레이블로 구현하여도 되고, 그래픽으로 구현하여도 된다. 다음은 이미지 레이블로 구현한 것이다. 난이도 상

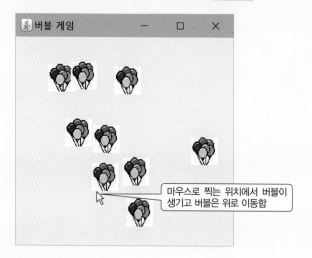

마우스로 찍는 위치에서 버블이 생기고 버블은 위로 이동함

13

입출력 스트림과 파일 입출력

13.1 자바의 입출력 스트림

13.2 문자 스트림과 텍스트 파일 입출력

13.3 바이트 스트림과 바이너리 파일 입출력

13.4 File 클래스

13.5 파일 복사 응용프로그램 작성

입출력 스트림과 파일 입출력

13.1 자바의 입출력 스트림

입출력 스트림이란?

입출력 스트림
응용프로그램과 입출력 장치
연결

자바에서 입출력 스트림은 응용프로그램과 입출력 장치를 연결하는 소프트웨어 모듈로서, 입출력 장치와 응용프로그램 사이에서 데이터가 순서대로 전송되도록 한다. [그림 13-1]과 같이 스트림의 양끝에는 응용프로그램과 장치가 연결되므로, 응용프로그램은 키보드나 스크린에 직접 입출력할 필요 없이, 입출력 스트림 객체를 생성하고 스트림을 통해 쉽게 입출력할 수 있다. 자바에서는 입력 스트림과 출력 스트림으로 나누어지며, 입출력을 동시에 하는 스트림은 없다. 스트림 입출력의 기본 단위는 바이트이며, 선입선출 방식으로 들어오는 순서대로 전달한다.

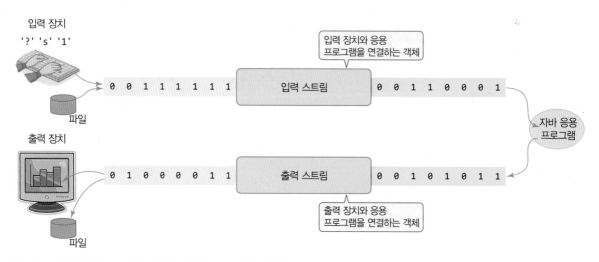

[그림 13-1] 입출력 스트림은 입출력 장치와 프로그램을 연결한다.

바이트 스트림과 문자 스트림

자바에서 입출력 스트림은 문자 스트림(character stream)과 바이트 스트림(byte stream)의 2종류로 나눈다. 문자 스트림은 [그림 13-2](a)와 같이 문자만 다룰 수 있기 때문에, 문자가 아닌 데이터가 문자 출력 스트림에 출력되면 출력이 보이지 않거나 엉뚱한 기호가 출력되며, 문자가 아닌 정보가 문자 입력 스트림에 입력되면 응용프로그램에게 엉뚱한 문자가 전달되는 오류가 발생한다. 한편, 바이트 스트림은 [그림 13-2](b)와 같이 바이트를 단위로 다루는 스트림으로서, 스트림에 들어오고 나가는 정보를 단순 바이너리로 다루기 때문에, 문자이든 이미지 바이트든 상관없이 흘려보낸다.

문자 스트림
바이트 스트림

(a) 문자 입출력 스트림의 데이터 흐름

(b) 바이트 입출력 스트림의 데이터 흐름

[그림 13-2] 문자 스트림과 바이트 스트림

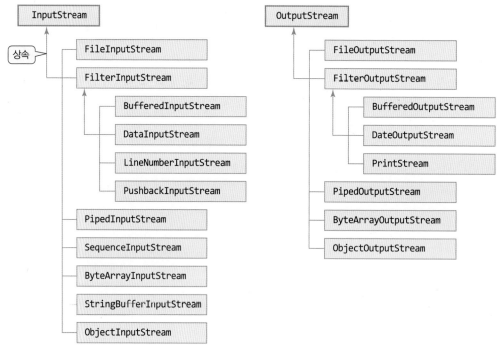

(a) 바이트 스트림 클래스 계층 구조

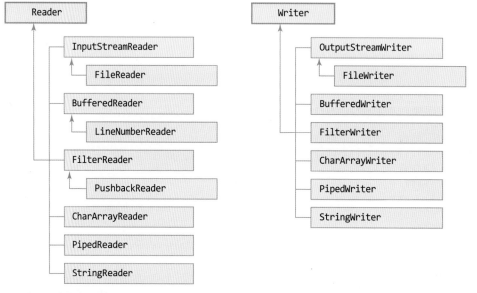

(b) 문자 스트림 클래스 계층 구조

[그림 13-3] 자바의 입출력 스트림 클래스 계층 구조

Stream
Reader/Writer

자바 플랫폼은 [그림 13-3]과 같이 바이트 스트림이나 문자 스트림으로 입출력할 수 있는 다양한 클래스들을 제공하며, 이들은 모두 java.io 패키지에 포함되어 있다. 바이트 스트림을 다루는 클래스는 이름 뒤에 공통적으로 Stream을 붙이고, 문자 스트림을 다루는 클래스는 Reader/Writer를 붙여 구분한다.

메모장으로 작성된 텍스트 파일이나 자바 소스 파일 같이 문자들로만 이루어진 파일을 읽고 쓰는 경우, 문자 스트림 클래스(FileReader, FileWriter)나 바이트 스트림 클래스(FileInputStream, FileOutputStream) 모두 사용 가능하지만, 이미지나 오디오, 비디오 파일의 경우, 단순 바이너리로 처리해야 하므로, 반드시 바이트 스트림 클래스(FileInputStream, FileOutputStream)를 사용해야 한다.

스트림 연결

스트림은 서로 연결하여 사용할 수 있다. 바이트 스트림과 문자 스트림을 연결하여 사용하는 예를 들어보자. 다음은 키보드로부터 문자를 입력받기 위해 System.in과 InputStreamReader를 연결하는 코드이다.

```
InputStreamReader rd = new InputStreamReader(System.in);
```

이 코드는 [그림 13-4]와 같이 바이트 스트림인 System.in을 키보드에 연결하고, 다시 System.in을 문자 스트림 rd를 생성하여 연결한다. 이렇게 두 스트림이 연결되면, System.in은 사용자의 키 입력을 바이트 스트림으로 내보내며, rd는 입력되는 바이트 스트림을 문자로 구성하여 응용프로그램에게 전달한다. 자바 응용프로그램은 다음과 같이 rd.read()를 통해 입력된 키의 문자 값을 읽을 수 있다.

```
while(true) {
    int c = rd.read(); // 입력 스트림으로부터 키 입력. c는 입력된 키의 문자 값
    if(c == -1) // 입력 스트림의 끝을 만나는 경우
        break; // 입력 종료
}
```

[그림 13-4] 바이트 스트림 System.in과 문자 스트림 rd의 연결

13.2 문자 스트림과 텍스트 파일 입출력

문자 스트림은 문자를 단위로 다루는 스트림으로, 문자가 아닌 비이너리 값들은 제대로 처리하지 못한다. 텍스트 파일은 문자로만 구성된 파일로서, 텍스트 파일을 읽고 쓰기 위해서는 문자 입출력 시스템을 사용해야 한다. 지금부터 문자 스트림 파일 입출력 클래스인 FileReader/FileWriter를 이용하여 텍스트 파일을 읽고 쓰는 방법에 대해 알아보자.

텍스트 파일 읽기

〈표 13-1〉, 〈표 13-2〉는 텍스트 파일을 읽기 위해 필요한 FileReader 클래스의 생성자와 주요 메소드를 보여준다.

●파일 입력 스트림 생성(파일 열기)

FileReader

파일을 읽기 위해, 우선 파일 입력 스트림을 생성하고 파일과 연결한다. 다음은 FileReader 스트림을 생성하고, c:\test.txt 텍스트 파일을 연결하는 코드이다.

```
FileReader fin = new FileReader("c:\\test.txt");
```

파일과 스트림을 연결

　　FileReader의 생성자는 스트림 객체를 생성한 후 c:\test.txt 파일을 찾아 열고, 파일과 스트림을 연결한다.

●파일 읽기

fin.read()

이제 fin 스트림을 이용하여 파일을 읽어보자. fin.read()는 파일로부터 문자 하나를 읽어 리턴하며, 파일의 끝(EOF)을 만나면 -1을 리턴한다. fin.read()를 이용하여 파일 전체를 읽어 화면에 출력하는 코드는 다음과 같다.

```
int c;
while((c = fin.read()) != -1) { // 문자 하나를 c에 읽어 들인다. 파일 끝까지 반복한다.
    System.out.print((char)c); // 문자 c를 화면에 출력한다.
}
```

　　c=fin.read()에서 문자를 읽는데 왜 char 타입이 아닌, int 타입의 변수 c를 사용하는지 궁금하다. 그것은 다음의 '잠깐' 부분을 참고하기 바란다.

블록

　　파일이 큰 경우 한 번에 한 문자씩 읽으면 읽는 속도가 너무 느리기 때문에, 다음과 같이 read()를 이용하여 배열 buf의 크기만큼 한 번에 한 블록씩 읽을 수 있다.

```
char [] buf = new char [1024];
int n = fin.read(buf); // buf 크기 1024개의 문자 한 번에 읽기. 실제 읽은 문자수는 n에 리턴
```

read()는 실제로 읽은 문자수를 리턴하므로, n이 버퍼의 크기보다 작다면(n<buf.length), 파일의 끝까지 읽은 것으로 판단하면 된다(예제 13-8 참고).

● 스트림 닫기

스트림이 더 이상 필요 없게 되면 닫아야 한다. 다음과 같이 close() 메소드를 호출하여 스트림을 닫으며, 닫힌 스트림으로부터는 더 이상 읽을 수 없다.

close()

```
fin.close();
```

> **잠깐!** **파일 경로명 문자열** ●────
>
> 경로명을 말할 때 c:\test.txt와 같이 표현하지만, 프로그램에서 문자열로 표현할 때는 "c:\\test.txt"라고 해야 한다. 자바는 '\'를 특수 문자로 다루기 때문에, 문자열에 '\' 문자를 사용하고자 하면 '\\'와 같이 백슬래시를 두 번 사용하도록 하고 있다. 만일, "c:\test.txt"라고 기술하면 문자열 중간에 있는 '\t'를 탭(<Tab>) 문자가 있는 것으로 오해하는 일이 벌어진다.

> **잠깐!** **read()의 리턴 타입이 int인 이유?** ●────
>
> 개발자들은 아래 코드와 같이 파일이나 입력 스트림을 읽는 read() 메소드를 보면서 두 가지 의문을 품을 수 있다.
>
> ```
> FileInputStream in = new FileInputStream("c:\\test.dat");
> int c = in.read(); // in.read()는 한 바이트를 읽어 int 타입으로 리턴한다.
> while((c = in.read()) != -1) { // 파일의 끝을 만나면 -1을 리턴한다.
>     System.out.print((char)c);
> }
> ```
>
> 첫째, read()는 한 바이트나 한 문자를 리턴하므로, 리턴 타입이 byte 혹은 char인 것이 합당한데, int로 선언한 이유는 무엇일까? 둘째, read()가 스트림의 끝 혹은 파일의 끝을 만나면 -1을 리턴하는데, 스트림이나 파일에 -1이 있다면 이 둘은 어떻게 구분할 수 있는가?
> 이 두 의문의 해답은 모두 스트림 혹은 파일의 끝 처리와 연관되어 있다. 만일 스트림이나 파일에 0xFF 값이 있다고 하면, read()는 0xFF를 리턴한다. 이 때 독자들은 '어! 0xFF는 -1인데, 파일의 끝을 나타내는 -1과 혼동되네!'라고 생각할 수 있다. 그러나 read()는 int 타입으로 리턴하므로, 0xFF를 32비트의 0x000000FF로 리턴한다. 이것은 -1이 아니다. int 타입의 -1은 0xFFFFFFFF이다. 스트림이나 파일에서 read()가 0xFF의 값을 읽어 리턴하는 것과 확연히 구분된다. 이것이 바로 read()의 리턴 타입이 int인 이유이다.

〈표 13-1〉 FileReader의 생성자

생성자	설명
FileReader(File file)	file에 지정된 파일로부터 읽는 FileReader 생성
FileReader(String name)	name 이름의 파일로부터 읽는 FileReader 생성

〈표 13-2〉 FileReader의 주요 메소드

메소드	설명
int read()	한 개의 문자를 읽어 정수형으로 리턴
int read(char[] cbuf)	최대 cbuf 배열의 크기만큼 문자들을 읽어 cbuf 배열에 저장. 만일 읽는 도중 EOF를 만나면 실제 읽은 문자 개수 리턴
int read(char[] cbuf, int off, int len)	최대 len 크기만큼 읽어 cbuf 배열의 off부터 저장. 읽는 도중 EOF를 만나면 실제 읽은 문자 개수 리턴
String getEncoding()	스트림이 사용하는 문자 집합의 이름 리턴
void close()	입력 스트림을 닫고 관련된 시스템 자원 해제

파일 입출력과 예외 처리

FileNotFoundException 예외

파일 입출력 실행 중 예외가 발생할 수 있다. 첫째, 파일의 경로명이 틀리거나, 어떤 상황으로 파일을 열 수 없는 경우, FileReader 생성자는 FileNotFoundException 예외를 발생시킨다.

```
FileReader fin = new FileReader("c:\\test.txt"); // FileNotFoundException 발생 가능
```

IOException 예외

둘째, 파일 읽기, 쓰기, 닫기를 하는 동안 디스크 오작동이나 파일이 깨진 경우 등으로 인해 입출력 오류가 발생하면, read(), write(), close() 메소드는 IOException 예외를 발생시킨다.

```
int c = fin.read(); // IOException 발생 가능
```

그러므로 파일 입출력 코드에는 반드시 다음과 같이 입출력 코드 전체를 감싸는 try-catch 블록이 필요하다.

```
try {
    FileReader fin = new FileReader("c:\\test.txt");
    ..
    int c = fin.read();
    ...
    fin.close();
} catch(FileNotFoundException e) {
    System.out.println("파일을 열 수 없음");
} catch(IOException e) {
    System.out.println("입출력 오류");
}
```

> 생략 가능. FileNotFoundException은 IOException을 상속받기 때문에 아래의 catch 블록 하나만 있으면 됨

그러나 FileNotFoundException은 IOException을 상속받기 때문에, 프로그램을 단순화하고자 하면, catch(FileNotFoundException e) { .. } 블록을 삭제하고 catch(IOException e) { .. } 블록에서 모두 예외를 처리해도 무관하다.

FileReader로 텍스트 파일 읽기 예제 13-1

FileReader를 이용하여 c:\windows\system.ini 파일을 읽어 화면에 출력하는 프로그램을 작성하라. system.ini는 텍스트 파일이다.

```
1   import java.io.*;
2
3   public class FileReaderEx {
4      public static void main(String[] args) {
5         FileReader in = null;
6         try {
7            in = new FileReader("c:\\windows\\system.ini"); // 문자 입력 스트림 생성
8            int c;
9            while ((c = in.read()) != -1) { // 한 문자씩 파일 끝까지 읽는다.
10              System.out.print((char)c);
11           }
12           in.close();
13        }
14        catch (IOException e) {
15           System.out.println("입출력 오류");
16        }
17     }
18  }
```

```
; for 16-bit app support
[386Enh]
woafont=dosapp.fon
EGA80WOA.FON=EGA80WOA.FON
EGA40WOA.FON=EGA40WOA.FON
CGA80WOA.FON=CGA80WOA.FON
CGA40WOA.FON=CGA40WOA.FON

[drivers]
wave=mmdrv.dll
timer=timer.drv

[mci]
```

텍스트 파일 쓰기

FileWriter

FileWriter를 이용하여 파일 출력 스트림을 만들고, 텍스트를 파일에 저장하는 방법을 알아보자. FileWriter의 생성자와 주요 메소드는 〈표 13-3〉, 〈표 13-4〉에서 보여준다.

●파일 출력 스트림 생성

다음 코드는 c:\Temp\test.txt 파일에 텍스트를 쓰는 출력 스트림을 생성한다.

```
FileWriter fout = new FileWriter("c:\\Temp\\test.txt");
```

FileWriter의 생성자는 스트림 객체를 생성한 후, c:\Temp\test.txt 파일을 열어 스트림과 연결한다. 파일이 없는 경우 빈 파일을 생성하며, 이미 파일이 있는 경우 파일 내용을 지우고 파일의 처음부터 쓰기가 진행된다.

●파일 쓰기

write()

이제 fout 스트림의 write() 메소드를 이용하여 텍스트를 파일에 기록해보자. write()를 이용하여 문자 하나씩 기록할 수 있다. 다음은 문자 'A'를 파일에 기록하는 코드이다.

```
fout.write('A'); // 문자 'A'를 파일에 기록
```

write()를 이용하여 다음과 같이 한 번에 한 블록씩 쓸 수 있다.

블록

```
char [] buf = new char [1024];
fout.write(buf, 0, buf.length); // buf[0]부터 버퍼 크기만큼 쓰기
```

● 스트림 닫기

텍스트를 모두 파일에 기록하였으면 close()를 호출하여 스트림을 닫는다. 스트림을 닫으면 연결된 파일도 닫힌다.

close()

```
fout.close(); // 스트림을 닫는다. 더 이상 스트림에 기록할 수 없다.
```

〈표 13-3〉 FileWriter의 생성자

생성자	설명
FileWriter(File file)	file에 데이터를 저장할 FileWriter 생성
FileWriter(String name)	name 파일에 데이터를 저장할 FileWriter 생성
FileWriter(File file, boolean append)	FileWriter를 생성하며, append가 true이면 파일의 마지막부터 데이터 저장
FileWriter(String name, boolean append)	FileWriter를 생성하며, append가 true이면 파일의 마지막부터 데이터 저장

〈표 13-4〉 FileWriter의 주요 메소드

메소드	설명
void write(int c)	c를 char로 변환하여 한 개의 문자 출력
void write(String str)	문자열 str 출력
void write(String str, int off, int len)	인덱스 off부터 len개의 문자를 str 문자열에서 출력
void write(char[] cbuf, int off, int len)	인덱스 off부터 len개의 문자를 배열 cbuf에서 출력
void flush()	스트림에 남아 있는 텍스트 모두 출력
String getEncoding()	스트림이 사용하는 문자 집합의 이름 리턴
void close()	출력 스트림을 닫고 관련된 시스템 자원 해제

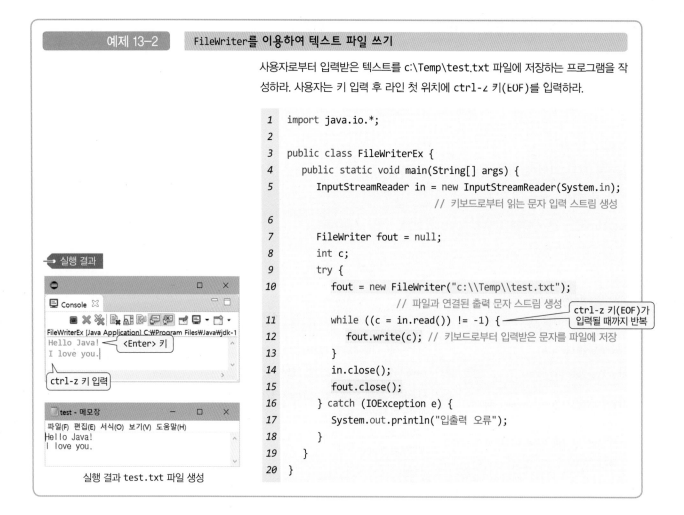

예제 13-2 FileWriter를 이용하여 텍스트 파일 쓰기

사용자로부터 입력받은 텍스트를 c:\Temp\test.txt 파일에 저장하는 프로그램을 작성하라. 사용자는 키 입력 후 라인 첫 위치에 ctrl-z 키(EOF)를 입력하라.

```java
1   import java.io.*;
2
3   public class FileWriterEx {
4     public static void main(String[] args) {
5       InputStreamReader in = new InputStreamReader(System.in);
                                      // 키보드로부터 읽는 문자 입력 스트림 생성
6
7       FileWriter fout = null;
8       int c;
9       try {
10        fout = new FileWriter("c:\\Temp\\test.txt");
                                      // 파일과 연결된 출력 문자 스트림 생성
11        while ((c = in.read()) != -1) {
12          fout.write(c); // 키보드로부터 입력받은 문자를 파일에 저장
13        }
14        in.close();
15        fout.close();
16      } catch (IOException e) {
17        System.out.println("입출력 오류");
18      }
19    }
20  }
```

실행 결과

FileWriterEx [Java Application] C:₩Program Files₩Java₩jdk-1
Hello Java!   <Enter> 키
I love you.
ctrl-z 키 입력

ctrl-z 키(EOF)가 입력될 때까지 반복

test - 메모장
파일(F) 편집(E) 서식(O) 보기(V) 도움말(H)
Hello Java!
I love you.

실행 결과 test.txt 파일 생성

13.3 바이트 스트림과 바이너리 파일 입출력

이미지
동영상 파일

바이트 스트림은 바이트 단위의 바이너리 데이터가 흐르는 스트림이다. 이미지나 동영상 파일을 읽고 쓰기 위해서는 반드시 바이트 스트림을 이용해야 한다. 바이너리 파일 입출력을 위한 대표적 스트림 클래스는 FileInputStream/FileOutputStream이며, 이들의 생성자와 주요 메소드는 〈표 13-5〉와 〈표 13-6〉에 요약되어 있다.

바이너리 파일 쓰기

프로그램 내의 변수나 배열에 들어 있는 바이너리 값을 그대로 파일에 저장할 필요가 있다. 예를 들면 이미지 버퍼를 그대로 이미지 파일에 기록하는 경우이다. 변수의 바이너리 값이 기록된 바이너리 파일은 사람이 읽고 쉽게 해석할 수 없다. 이제, 변수나 배열을 그대로 c:\Temp\test.out 파일에 기록하는 예를 통해 바이트 스트림 파일 쓰기를 알아보자.

●파일 출력 스트림 생성

다음과 같이 c:\Temp\test.out에 바이너리를 기록하는 출력 스트림을 생성한다.

```
FileOutputStream fout = new FileOutputStream("c:\\Temp\\test.out");
```

FileOutputStream 생성자는 스트림을 생성한 후, c:\Temp\test.out 파일을 생성하여 스트림 자신에 연결한다. 파일이 이미 있으면 그 내용을 지우고 스트림에 연결한다.

`FileOutputStream`

●파일 쓰기

파일 쓰기는 write() 메소드를 이용하여 다음과 같이 배열 데이터를 기록한다.

```
byte b[] = {7,51,3,4,-1,24};
for(int i=0; i<b.length; i++)
    fout.write(b[i]); // 배열 b의 바이트를 바이너리 그대로 기록
```

혹은 다음과 같이 for 문 없이 한 번에 배열 b을 통째로 기록할 수도 있다.

```
fout.write(b); // 배열 b의 바이트 모두 기록
```

실행 결과, c:\Temp\test.out은 바이너리 파일로서 [그림 13-5]와 같이 기록된다. 배열 b의 값 7, 51, 3, 4, -1, 24가 바이너리 그대로 파일에 기록된 것을 볼 수 있다.

`바이너리 파일`

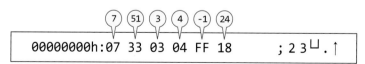

[그림 13-5] c:\Temp\test.out 파일의 내부

〈표 13-5〉 FileOutputStream 클래스의 생성자

생성자	설명
FileOutputStream(File file)	file이 지정하는 파일에 출력하는 FileOutputStream 생성
FileOutputStream(String name)	name이 지정하는 파일에 출력하는 FileOutputStream 생성
FileOutputStream (File file, boolean append)	FileOutputStream을 생성하며 append가 true이면 file이 지정하는 파일의 마지막부터 데이터 저장
FileOutputStream (String name, boolean append)	FileOutputStream을 생성하며 append가 true이면 name 이름의 파일의 마지막부터 데이터 저장

〈표 13-6〉 FileOutputStream의 주요 메소드

메소드	설명
void write(int b)	int 형으로 넘겨진 한 바이트를 출력 스트림으로 출력
void write(byte[] b)	배열 b의 바이트를 모두 출력 스트림으로 출력
void write(byte[] b, int off, int len)	len 크기민큼 off부터 배열 b를 출력 스트림으로 출력
void flush()	출력 스트림에서 남아 있는 바이너리 데이터 모두 출력
void close()	출력 스트림을 닫고 관련된 시스템 자원 해제

예제 13-3   **FileOutputStream으로 바이너리 파일 쓰기**

FileOutputStream을 이용하여 byte [] 배열 속에 들어 있는 바이너리 값을 c:\Temp\test.out 파일에 저장하라. 이 파일은 바이너리 파일이 된다. 이 파일은 예제 13-4에서 읽어 출력할 것이다.

```java
1   import java.io.*;
2
3   public class FileOutputStreamEx {
4      public static void main(String[] args) {
5         byte b[] = {7,51,3,4,-1,24};
6
7         try {
8            FileOutputStream fout = new FileOutputStream("c:\\Temp\\test.out");
9            for(int i=0; i<b.length; i++)
10              fout.write(b[i]); // 배열 b의 바이너리를 그대로 기록
11           fout.close();
12        } catch(IOException e) { }
13        System.out.println("c:\\Temp\\test.out을 저장하였습니다.");
14     }
15  }
```

> fout.write(b); 한 줄로 코딩할 수 있다.
> (9, 10행)

➡ 실행 결과

c:\Temp\test.out을 저장하였습니다.

바이너리 파일 읽기

바이트 스트림으로 파일을 읽는 스트림 클래스는 FileInputStream이며, 생성자와 주요 메소드는 〈표 13-7〉, 〈표 13-8〉과 같다. 예제 13-4는 FileInputStream을 이용하여, 예제 13-3에서 저장한 c:\Temp\test.out 파일의 바이너리 값들을 바이트 배열로 읽어들이는 코드를 보여준다.

예제 **13-4**에서 다음은 한 바이트씩 파일에서 읽어 배열 b[]에 저장하는 코드이다.

```
int n=0, c;
while((c = fin.read()) != -1) {
    b[n] = (byte)c; // 읽은 바이트를 배열에 저장
    n++;
}
```

이 5줄의 코드는 다음 한 줄의 코드로 바꿀 수 있으며, 한 번에 배열로 읽어 들인다.

```
fin.read(b); // 배열 b의 바이트 크기만큼 바이너리 그대로 읽기
```

〈표 13-7〉 FileInputStream 클래스의 생성자

생성자	설명
FileInputStream(File file)	file이 지정하는 파일로부터 읽는 FileInputStream 생성
FileInputStream(String name)	name이 지정하는 파일로부터 읽는 FileInputStream 생성

〈표 13-8〉 FileInputStream의 주요 메소드

메소드	설명
int read()	입력 스트림에서 한 바이트를 읽어 int형으로 리턴
int read(byte[] b)	최대 배열 b의 크기만큼 바이트를 읽음. 읽는 도중 EOF를 만나면 실제 읽은 바이트 수 리턴
int read(byte[] b, int off, int len)	최대 len개의 바이트를 읽어 b 배열의 off 위치부터 저장. 읽는 도중 EOF를 만나면 실제 읽은 바이트 수 리턴
int available()	입력 스트림에서 현재 읽을 수 있는 바이트 수 리턴
void close()	입력 스트림을 닫고 관련된 시스템 자원 해제

예제 13-4   `FileInputStream`으로 바이너리 파일 읽기

`FileInputStream`을 이용하여 c:\Temp\test.out 파일(예제 13-3에서 저장한 파일)을 읽어 바이너리 값들을 byte [] 배열 속에 저장하고 화면에 출력하라.

```java
1   import java.io.*;
2
3   public class FileInputStreamEx {
4      public static void main(String[] args) {
5         byte b[] = new byte [6]; // 비어 있는 byte 배열
6         try {
7            // "c:\\Temp\\test.out" 파일을 읽어 배열 b에 저장
8            FileInputStream fin = new FileInputStream("c:\\Temp\\test.out");
9            int n=0, c;
10           while((c = fin.read())!= -1) { // -1은 파일 끝(EOF)
11              b[n] = (byte)c; // 읽은 바이트를 배열에 저장
12              n++;
13           }
14           // 배열 b의 바이트 값을 모두 화면에 출력
15           System.out.println("c:\\Temp\\test.out에서 읽은 배열을 출력합니다.");
16           for(int i=0; i<b.length; i++)
17              System.out.print(b[i] + " ");
18           System.out.println();
19
20           fin.close();
21        } catch(IOException e) { }
22     }
23   }
```

> fin.read(b);의 한 줄로 코딩할 수 있다. *(라인 10~13에 대한 설명)*

➡ 실행 결과

```
c:\Temp\test.out에서 읽은 배열을 출력합니다.
7 51 3 4 -1 24
```

잠깐!   예제 13-4의 c:\Temp\test.out 파일에서 -1 값(바이트)을 읽을 때

c:\Temp\test.out에는 [그림 13-5]와 같이 -1(FF)이 들어 있다. 예제 13-4의 라인 11에서, fin. read()는 파일에 있는 -1(FF)의 한 바이트를 읽어 int 타입의 0x000000FF, 즉 255를 리턴하고 255는 변수 c에 저장된다. 그러므로 c(0x000000FF)와 -1(0xFFFFFFFF)을 비교하여 같지 않은 것으로 판단한다. fin.read()가 파일의 끝을 만나면 -1(0xFFFFFFFF)을 리턴하여 while 문이 종료된다.

13.4 File 클래스

File 클래스란?

File 클래스는 파일이나 디렉터리에 대해, 경로명, 파일 크기, 파일 타입, 파일 수정 날짜 등 파일에 관한 속성 정보를 제공하고, 파일 삭제, 디렉터리 생성, 파일 이름 변경, 디렉터리 내의 파일 리스트 제공 등 파일 관리 작업을 지원한다.

이름과는 달리, File 클래스에는 파일 입출력 기능은 없다. 파일을 읽고 쓰는 것은 앞서 공부한 FileInputStream, FileOutputStream, FileReader, FileWriter 등 파일 입출력 클래스를 이용해야 한다.

File 클래스
속성 정보
파일 관리 작업

File 객체 생성

File 객체는 〈표 13–9〉의 생성자를 이용하여 생성한다. 예를 들어 c:\Temp\test.txt 파일의 File 객체는 다음과 같이 생성한다.

```
File f = new File("c:\\Temp\\test.txt");
```

혹은 다음과 같이 디렉터리와 파일명을 나누어 생성자를 호출할 수 있다.

```
File f = new File("c:\\Temp", "test.txt");
```

File 객체는 다음과 같이 스트림 생성 시 생성자에 파일 경로명을 전달하기 위해 이용된다.

```
FileReader fr = new FileReader(f);
```

〈표 13–9〉 File 클래스의 생성자

메소드	설명
File(File parent, String child)	parent 디렉터리에 child 이름의 서브 디렉터리나 파일을 나타내는 File 객체 생성
File(String pathname)	pathname의 완전 경로명이 나타내는 File 객체 생성
File(String parent, String child)	parent 디렉터리에 child 이름의 서브 디렉터리나 파일을 나타내는 File 객체 생성
File(URI uri)	file:URI를 추상 경로명으로 변환하여 File 객체 생성

File 클래스 활용

파일 크기
타입
파일 삭제
이름 변경
디렉터리 생성
디렉터리의 파일 리스트 얻기

File 클래스의 메소드를 이용하면, 파일 크기와 타입을 알아내고, 파일 삭제, 이름 변경, 디렉터리 생성, 디렉터리의 파일 리스트 얻기 등 다양한 파일 관리 작업을 수행할 수 있다. File 클래스의 주요 메소드는 〈표 13-10〉과 같다. 지금부터 File 클래스를 활용하는 몇 가지 사례를 알아보자.

〈표 13-10〉 File 클래스의 주요 메소드

메소드	설명
boolean mkdir()	새로운 디렉터리 생성
String[] list()	디렉터리 내의 파일과 서브 디렉터리 리스트를 문자열 배열로 리턴
File [] listFiles()	디렉터리 내의 파일과 서브 디렉터리 리스트를 File [] 배열로 리턴
boolean renameTo(File dest)	dest가 지정하는 경로명으로 파일 이름 변경
boolean delete()	파일 또는 디렉터리 삭제
long length()	파일의 크기 리턴
String getPath()	경로명 전체를 문자열로 변환하여 리턴
String getParent()	파일이나 디렉터리의 부모 디렉터리 이름 리턴
String getName()	파일 또는 디렉터리 이름을 문자열로 리턴
boolean isFile()	일반 파일이면 true 리턴
boolean isDirectory()	디렉터리이면 true 리턴
long lastModified()	파일이 마지막으로 변경된 시간 리턴
boolean exists()	파일 또는 디렉터리가 존재하면 true 리턴

●파일 크기, length()

length()

length()는 파일이나 디렉터리의 크기를 리턴한다. 예를 들면 다음과 같다.

```
File f = new File("c:\\windows\\system.ini"); // 파일 크기는 29바이트
long size = f.length(); // size = 29
```

length()는 파일이 존재하지 않거나, 디렉터리 혹은 운영체제 종속적인 장치 파일의 경우 운영체제에 따라 0을 리턴한다.

●파일의 경로명, getName(), getPath(), getParent()

getName()은 파일명만, getPath()는 완전경로명을, getParent()는 부모 디렉터리를 문자열로 리턴한다. 예를 들면 다음과 같다.

```
String filename = f.getName();   // "system.ini"
String path = f.getPath();       // "c:\\windows\\system.ini"
String parent = f.getParent();   // "c:\\windows"
```

getName()
getPath()
getParent()

●파일 타입 판별, isFile()과 isDirectory()

isFile(), isDirectory()는 경로명이 파일인지 디렉터리인지에 따라 true/false를 리턴한다. 예를 들면 다음과 같다.

isFile()
isDirectory()

```
if(f.isFile())
    System.out.println(f.getPath() + "는 파일입니다."); // 파일인 경우
else if(f.isDirectory())
    System.out.println(f.getPath() + "는 디렉터리입니다."); // 디렉터리인 경우
```

system.ini는 당연히 파일이므로 아래와 같이 출력된다.

c:\windows\system.ini는 파일입니다.

●디렉터리에 있는 파일 리스트 얻기, listFiles()

File 객체가 디렉터리인 경우, 디렉터리의 모든 파일과 서브 디렉터리의 리스트를 얻을 수 있다. list()는 파일과 서브 디렉터리 경로명을 문자열 배열(String[])로 리턴하는 반면, listFiles()는 파일과 서브 디렉터리 경로명을 File[] 배열로 리턴한다. 다음 코드는 listFiles() 메소드를 이용하여 c:\Temp 디렉터리에 있는 모든 파일과 서브 디렉터리의 이름을 출력한다.

list()
listFiles()

```
File f = new File("c:\\Temp");
File[] subfiles = f.listFiles(); // c:\Temp 디렉터리의 파일 및 서브 디렉터리 리스트 얻기
for(int i=0; i<filenames.length; i++) {
    System.out.print(subfiles[i].getName()); // 서브 파일명 출력
    System.out.println("\t파일 크기: " + subfiles[i].length()); // 서브 파일의 크기 출력
}
```

예제 13-5   File 클래스를 활용한 파일 관리

File 클래스를 이용하여, 파일 타입 및 경로명 알아내기, 디렉터리 생성, 파일 이름 변경, 디렉터리의
파일 리스트 출력 등 다양한 파일 관리 사례를 보여준다.

> 디렉토리에 포함된 파일과 서브
> 디렉토리의 이름, 크기, 수정 시
> 간을 출력하는 메소드

```java
1   import java.io.File;
2   public class FileClassExample {
3
4      public static void listDirectory(File dir) {
5         System.out.println("-----" + dir.getPath() +  "의 서브 리스트 입니다.-----");
6
7         File[] subFiles = dir.listFiles(); // 디렉토리에 포함된 파일과 디렉토리 이름의
                                                                    리스트 얻기
8         for(int i=0; i<subFiles.length; i++) { // subFiles 배열의 각 File에 대해 루프
9            File f = subFiles[i];
10           long t = f.lastModified(); // 마지막으로 수정된 시간
11           System.out.print(f.getName());
12           System.out.print("\t파일 크기: " + f.length()); // 파일 크기
13           System.out.printf("\t수정한 시간: %tb %td %ta %tT\n",t, t, t, t); //포맷 출력
14        }
15     }
16
17     public static void main(String[] args) {
18        File f1 = new File("c:\\windows\\system.ini");
19        System.out.println(f1.getPath() + ", " + f1.getParent() + ", " +
                              f1.getName());
20
21        String res="";
22        if(f1.isFile()) res = "파일"; // 파일 타입이면
23        else if(f1.isDirectory()) res = "디렉토리"; // 디렉토리 타입이면
24        System.out.println(f1.getPath() + "은 " + res + "입니다.");
25
26        File f2 = new File("c:\\Temp\\java_sample"); // 새로 만들고자 하는 디렉토리
27        if(!f2.exists()) { // f2 디렉토리가 존재하는지 검사
28           f2.mkdir(); // 존재하지 않으면 디렉토리 생성
29        }
30
31        listDirectory(new File("c:\\Temp")); // c:\Temp에 있는 파일 리스트 출력
32        f2.renameTo(new File("c:\\tmp\\javasample")); // java_sample ->
                                                          javasample로 이름 변경
33        listDirectory(new File("c:\\Temp")); // javasample로 변경한 후 리스트 출력
34     }
35  }
```

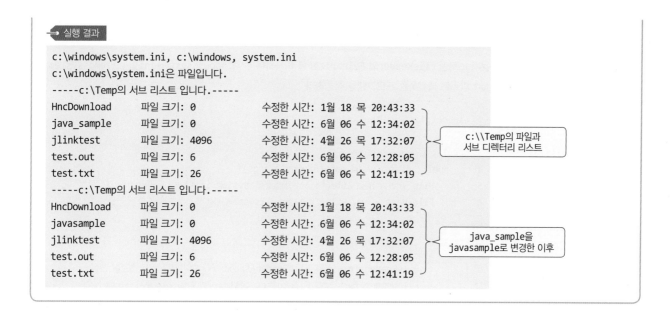

13.5 파일 복사 응용프로그램 작성

이 절에서는 파일 입출력 스트림의 응용으로서 파일을 복사하는 프로그램 작성에 대해 소개한다. 파일은 문자들로 이루어진 텍스트 파일과 이미지나 오디오 혹은 그래픽 등 바이너리 코드로 이루어진 바이너리 파일로 나뉜다. 바이너리 파일은 바이트 스트림으로 읽고 써야 정확하게 복사가 이루어진다. 그러나 텍스트 파일은 문자 스트림이나 바이트 스트림 둘 다 사용해도 복사에 문제가 없다.

텍스트 파일 복사

문자 스트림을 이용하여 텍스트 파일을 복사해보자. 예제 13-6은 텍스트 파일 복사 코드를 보여준다. FileReader를 이용하여 텍스트 파일을 읽어, FileWriter로 텍스트 파일에 복사한다. 파일 경로명은 File 객체를 이용한다. 이 예제로는 이미지 파일이나 워드 파일, PPT 파일, 한글 파일(.hwp) 등을 복사할 수 없다.

FileReader
FileWriter

예제 13-6 **텍스트 파일 복사**

문자 스트림 FileReader와 FileWriter를 이용하여 c:\windows\system.ini를 c:\Temp\system.txt 파일로 복사하는 프로그램을 작성하라.

```java
1  import java.io.*;
2
3  public class TextCopy {
4     public static void main(String[] args){
5        File src = new File("c:\\windows\\system.ini"); // 원본 파일 경로명
6        File dest = new File("c:\\Temp\\system.txt"); // 복사 파일 경로명
7
8        int c;
9        try {
10          FileReader fr = new FileReader(src); // 파일 입력 문자 스트림 생성
11          FileWriter fw = new FileWriter(dest); // 파일 출력 문자 스트림 생성
12          while((c = fr.read()) != -1) { // 문자 하나 읽고
13             fw.write((char)c); // 문자 하나 쓰고
14          }
15          fr.close();
16          fw.close();
17          System.out.println(src.getPath()+ "를 " + dest.getPath()+ "로 복사하였
                              습니다.");
18       } catch (IOException e) {
19          System.out.println("파일 복사 오류");
20       }
21    }
22 }
```

> fr.read()는 파일 끝을 만나면 -1 리턴

→ 실행 결과

c:\windows\system.ini를 c:\Temp\system.txt로 복사하였습니다.

이 예제는 한 바이트씩 읽고 쓰기 때문에 파일이 큰 경우 복사 시간이 오래 걸린다. 파일 입출력 속도를 높이기 위해 블록 단위로 읽고 쓰도록 수정한 코드는 예제 **13-8**에서 보여준다.

바이너리 파일 복사

바이트 스트림을 이용하여 바이너리 파일을 복사해보자. 예제 **13-7**은 바이너리 파일을 복사하는 사례이다. 이 예제는 파일의 각 바이트를 단순 바이너리로 취급하므로 이미지, 동영상, 실행 파일(exe)뿐 아니라 텍스트 파일도 복사할 수 있다.

바이너리 파일 복사

예제 13-7

바이트 스트림 FileInputStream과 FileOutputStream을 이용하여 이미지 파일을 복사하라.
실행 전에 미리 c:\Temp 디렉터리에 img.jpg를 준비하라.

```java
1   import java.io.*;
2
3   public class BinaryCopy {
4      public static void main(String[] args) {
5         File src = new File("c:\\Temp\\img.jpg"); // 원본 파일 경로명
6         File dest = new File("c:\\Temp\\back.jpg"); // 복사 파일 경로명
7
8         int c;
9         try {
10           FileInputStream fi = new FileInputStream(src);   // 파일 입력 바이트 스트
                                                              림 생성
11           FileOutputStream fo = new FileOutputStream(dest); // 파일 출력 바이트
                                                               스트림 생성
12           while((c = fi.read()) != -1) {
13              fo.write((byte)c);
14           }
15           fi.close();
16           fo.close();
17           System.out.println(src.getPath()+ "를 " + dest.getPath()+ "로 복사하였습니다.");
18        } catch (IOException e) {
19           System.out.println("파일 복사 오류");
20        }
21     }
22   }
```

> fi.read()는 파일 끝을 만나면 -1 리턴

> 한 바이트씩 복사하므로 복사 시간이 많이 걸림에 유의하라. 고속 복사는 다음 절을 참고하라.

→ 실행 결과

c:\Temp\img.jpg를 c:\Temp\back.jpg로 복사하였습니다.

블록 단위로 파일 고속 복사

예제 13-6이나 13-7은 한 바이트씩 읽고 쓰기 때문에 큰 파일의 경우 복사 시간이 오래 걸린다. 복사 속도를 높이려면 BufferedInputStream과 BufferedOutputStream을 사용하든지, 아니면 나음과 같이 블록 단위로 읽고 쓰도록 수정하면 된다.

```
byte [] buf = new byte [1024*10]; // 10KB 버퍼
while(true) {
    int n = fi.read(buf); // 버퍼 크기만큼 읽기 지시. n은 실제 읽은 바이트
    fo.write(buf, 0, n); // buf[0]부터 n 바이트만큼 쓰기
    if(n < buf.length)
        break; // 버퍼 크기보다 작게 읽었기 때문에 파일 끝에 도달. 복사 종료
}
```

예제 13-8   **블록 단위로 바이너리 파일 고속 복사**

예제 13-7을 10KB씩 읽고 쓰도록 수정하여 고속으로 파일을 복사하라.

```
1    import java.io.*;
2    public class BlockBinaryCopy {
3      public static void main(String[] args) {
4        File src = new File("c:\\Temp\\img.jpg"); // 원본 파일
5        File dest = new File("c:\\Temp\\back.jpg"); // 복사 파일
6        try {
7          FileInputStream fi = new FileInputStream(src); // 파일 입력 바이트 스트림 생성
8          FileOutputStream fo = new FileOutputStream(dest); // 파일 출력 바이트 스트림 생성
9          byte [] buf = new byte [1024*10]; // 10KB 버퍼
10         while(true) {
11           int n = fi.read(buf); // 버퍼 크기만큼 읽기. n은 실제 읽은 바이트
12           fo.write(buf, 0, n); // buf[0]부터 n 바이트 쓰기
13           if(n < buf.length)
14             break; // 버퍼 크기보다 작게 읽었기 때문에 파일 끝에 도달. 복사 종료
15         }
16         fi.close();
17         fo.close();
18         System.out.println(src.getPath() + "를 " + dest.getPath() + "로 복사하였습니다.");
19       } catch (IOException e) { System.out.println("파일 복사 오류"); }
20     }
21   }
```

→ 실행 결과

c:\Temp\img.jpg를 c:\Temp\back.jpg로 복사하였습니다.

❑ **자바의 입출력 스트림**

- ❶＿＿＿＿＿＿은 입출력 장치와 응용프로그램을 연결하는 소프트웨어 모듈이므로, 응용프로그램은 스트림을 통해 쉽게 입출력할 수 있다.
- 입출력 스트림은 입출력되는 데이터를 도착 순서대로 전송시킨다.
- 스트림은 문자 스트림과 ❷＿＿＿＿＿＿의 2종류로 나뉜다.
- 바이트 스트림은 단순히 바이트가 흘러가는 스트림이며 처리 단위는 바이트이다. 한편 문자 스트림은 문자만 다루는 스트림이며, 처리 단위는 문자이다.
- 자바는 스트림 입출력을 지원하는 많은 스트림 클래스를 제공한다. 바이트 스트림을 다루는 클래스는 이름 뒤에 공통적으로 ❸＿＿＿＿＿＿을 붙이고, 문자 스트림을 다루는 클래스는 이름 뒤에 공통적으로 **Reader/Writer**를 붙여 구분한다.
- ❹＿＿＿＿＿＿은 텍스트 파일의 입출력에도 사용 가능하지만 이미지나 동영상과 같은 바이너리 데이터를 입출력하는 데 적합하다.

❑ **문자 스트림과 파일 입출력**

- 텍스트 파일을 읽고 쓰기 위해서는 문자 스트림을 이용한다. 문자 스트림은 바이너리 파일의 입출력에 사용할 수 없다.
- 텍스트 파일을 읽기 위해서는 문자 스트림인 **FileReader** 클래스를, 텍스트 파일에 쓰기 위해서는 ❺＿＿＿＿＿＿ 클래스를 이용한다.
- 파일을 읽기 전 파일의 경로명을 주어 **FileReader** 스트림을 생성한다. **FileReader** 생성자는 파일이 존재하는지 검사하고 파일을 열어 스트림과 연결한다.

❑ **바이트 스트림과 파일 입출력**

- 바이너리 파일을 읽고 쓰기 위해서는 바이트 스트림을 이용한다. 하지만, 바이트 스트림은 바이너리 파일뿐 아니라 텍스트 파일도 읽고 쓸 수 있다.
- 바이너리 파일을 읽기 위해 ❻＿＿＿＿ 클래스를, 바이너리 파일에 쓰기 위해서는 ❼＿＿＿＿＿ 클래스를 이용한다.

❑ **File 클래스**

- ❽＿＿＿＿＿ 클래스는 파일과 디렉터리 경로명의 추상적 표현이다.
- **File** 클래스의 ❾＿＿＿＿＿ 메소드는 파일명 문자열을 리턴하고, ❿＿＿＿＿는 완전 경로명을, ⑪＿＿＿＿＿는 부모 디렉터리명을 리턴한다.
- **File** 클래스의 ⑫＿＿＿＿＿ 메소드는 파일 크기를 리턴하며, 파일인지 알아보기 위해서는 ⑬＿＿＿＿＿, 디렉터리인지 알아보기 위해서는 ⑭＿＿＿＿＿ 메소드를 이용하면 된다. **File** 클래스를 이용하면 파일 수정 시간 등 다른 파일 속성도 알아낼 수 있다.
- **File** 클래스는 파일 삭제, 파일 이름 변경, 디렉터리 생성, 디렉터리의 파일 리스트 얻기 등과 같은 파일 관리 서비스를 제공한다.
- **File** 클래스는 파일 입출력 기능은 제공하지 않는다.

Open Challenge

행맨(HangMan) 게임 만들기

목 적
파일 읽기, 벡터 다루기

행맨은 많이 알려져 있는 전통 있는 게임이다. 간단한 행맨 게임을 만들어보자. 행맨은 컴퓨터가 사용자 모르게 영어 단어 하나를 선택하고 이 단어에서 몇 개의 글자를 숨긴 다음 화면에 출력하여 사용자로 하여금 이 단어를 맞추게 하는 게임이다. 숨긴 글자의 수가 많으면 그만큼 난이도가 높다. 이 도전 주제에서는 2개의 글자만 숨기도록 한다. 한 단어에 대해 5번 틀리면 프로그램을 종료한다. 행맨에 사용되는 단어 파일은 홈페이지에서 제공하는 words.txt 파일을 이용하라. 이 파일에는 한 줄에 하나의 영어 단어가 적혀 있다.

난이도 상

```
지금부터 행맨 개임을 시작합니다.
ri-gma-ter
>>s
ri-gmaster
>>n
ringmaster
Next(y/n)?y
-ow-an-
>>h
-ow-an-
>>y
-ow-an-
>>t
-ow-an-
>>w
-ow-an-
>>m
5번 실패 하였습니다.
lowland
Next(y/n)?n
행맨 개임을 종료합니다...
```

힌트
Hint

● words.txt 파일의 모든 단어를 읽어 다음의 스트링 벡터에 저장한다.

```
Vector<String> wordVector = new Vector<String>();
```

● words.txt 파일에는 한 라인에 하나의 영어 단어가 들어 있으며, Scanner를 이용하여 다음과 같이 한 라인씩 읽을 수 있다.

```
Scanner scanner = new Scanner(new FileReader("words.txt"));
while(scanner.hasNext()) { // 파일의 끝까지 반복하여 읽는다.
    String word = scanner.nextLine(); // 한 라인 단위로 읽는다.
    wordVector.add(word); // 단어를 벡터에 저장한다.
}
```

연습문제

이론 문제

• 홀수 문제는 정답이 공개됩니다.

1. 스트림에 대한 설명으로 틀린 것은?
① 스트림은 단방향이다.
② 스트림은 다른 스트림과 연결될 수 없다.
③ 스트림은 선입선출 구조이다.
④ 스트림은 버퍼를 가질 수 있다.

2. 다음 파일을 읽고자 할 때 바이트 스트림 클래스와 문자 스트림 클래스 중 어떤 것이 더 적합한지 설명하라.
(1) 동영상 파일(.avi)　　　　　(2) 메모장으로 작성한 파일(.txt)
(3) 자바 클래스 파일(.class)　　　(4) HTML 파일(.html)

3. 다음 중 바이트 스트림 클래스가 아닌 것은?
① OutputStream　　　　　② FileReader
③ BufferedInputStream　　　④ FileInputStream

4. 동영상 파일을 읽으려고 한다. 가장 적합한 스트림 클래스는?
① InputStream　　　　　② FileInputStream
③ FileReader　　　　　　④ InputStreamReader

5. c:\Temp\test.txt 파일이 다음과 같을 때, 다음 코드의 실행 결과는?

```
FileInputStream fin;
try {
    fin = new FileInputStream("c:\\Temp\\test.txt");
    int c;
    for(int i=0; i<5; i++) {
        c = fin.read();
        if(c != -1) System.out.print((char)c);
        else break;
    }
    fin.close();
} catch (IOException e) { }
```

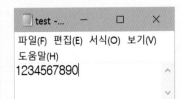

6. 다음은 파일 입력 스트림을 생성하는 코드이다. 이 코드는 어떤 경우에 예외가 발생하는가? 그리고 예외를 처리하기 위해 **try-catch** 블록으로 감싸라.

```
FileReader fin = new FileReader("c:\\Temp\\sample.txt");
```

7. 다음은 128바이트 크기의 버퍼를 이용하여 fin으로부터 한번에 128바이트씩 파일을 읽어 fout 스트림에 복사하는 프로그램이다. 빈칸에 적절한 코드를 삽입하라.

```
FileOutputStream fout;
FileInputStream fin;
try {
    fout = new FileOutputStream("c:\\Temp\\test2.txt");
    fin = new FileInputStream("c:\\Temp\\test.txt");
    byte [] buf = _____; // 버퍼 할당
    while(true) {
        int n = fin.read(buf); // 버퍼 크기만큼 읽는다.
        _____ // 읽은 바이트만큼 쓴다.
        if(n < _____) // 버퍼 크기보다 적게 읽었다면
            break; // 파일 끝에 도달했으므로 복사 완료
    }
    fin.close();
    fout.close();
} catch (IOException e) { }
```

8. File 클래스가 제공하는 기능이 아닌 것은?
   ① 파일 읽기   ② 파일 크기
   ③ 파일의 부모 디렉토리 명   ④ 파일 수정 시간

9. 다음 코드가 있다고 할 때 물음에 대해 답하라.

```
File f = new File("c:\\Program Files\\java\\jre-10\\README.html");
```

(1) f.isFile()의 리턴 값은?
(2) f.getParent()의 리턴 값은?
(3) f.getPath()의 리턴 값은?
(4) f.getName()의 리턴 값은?
(5) 다음 코드의 빈칸을 채워 문제와 동일한 파일 객체를 생성하라.

```
File f = new File(_____, "README.html");
```

10. 다음 코드의 빈칸에 적절한 코드를 삽입하라.

```
File f = new File("c:\\Temp\\a.txt");
_____  // (1) c:\Temp에 a.txt 파일이 존재하면 yes 출력
_____  // (2) a.txt 파일 크기 출력
_____  // (3) a.txt를 b.txt로 이름 변경
_____  // (4) b.txt 삭제
```

실습 문제

• 홀수 문제는 정답이 공개됩니다.

1. 메모장을 이용하여 **c:\Temp\sample.txt** 파일을 만든 다음, 이 파일을 읽어 화면에 출력하는 프로그램을 작성하라. 난이도 하

 **목적** FileReader로 텍스트 파일 읽기

sample - 메모장	— □ ×
파일(F) 편집(E) 서식(O) 보기(V) 도움말(H)	
Hello 저는 자바를 좋아합니다.|	

Hello 저는 자바를 좋아합니다.

2. **c:\windows\system.ini** 파일을 읽어 영어 글자를 모두 대문자로 변환하여 화면에 출력하라. 난이도 하

목적 FileReader로 텍스트 파일 읽기

힌트 문자 c가 소문자인 경우 대문자로 바꾸는 코드는 다음을 참고하라.

```
if(Character.isLowerCase(c)) c = Character.toUpperCase(c);
```

3. **File** 클래스를 활용하여 **c:**에 있는 파일(디렉토리 제외) 중에서 크기가 제일 큰 파일의 이름을 출력하라. 난이도 중

목적 File 클래스로 디렉터리 리스트 알아내기

가장 큰 파일은 c:\hiberfil.sys 3394002944바이트

목적 Scanner와 FileReader
로 텍스트 파일을 라인 단위로
읽기

4. 라인 번호를 붙여 텍스트 파일을 화면에 출력하는 프로그램을 작성하라. 난이도 중

```
텍스트 파일 이름을 입력하세요>>c:\windows\system.ini
   1: ; for 16-bit app support
   2: [386Enh]
   3: woafont=dosapp.fon
   4: EGA80WOA.FON=EGA80WOA.FON
   5: EGA40WOA.FON=EGA40WOA.FON
   6: CGA80WOA.FON=CGA80WOA.FON
   7: CGA40WOA.FON=CGA40WOA.FON
   8:
   9: [drivers]
  10: wave=mmdrv.dll
  11: timer=timer.drv
  12:
  13: [mci]
```

힌트 다음과 같이 Scanner 클래스를 이용하면 텍스트 파일을 라인 단위로 쉽게 읽을 수 있다.

```
Scanner fileScanner = new Scanner(new FileReader(src));
while(fileScanner.hasNext()) { // 파일에 읽을 내용이 있는 동안
   String line = fileScanner.nextLine();
   ...
}
```

목적 File 클래스로 파일 삭제

5. c:\Temp에 있는 .txt 파일을 모두 삭제하는 프로그램을 작성하라. 프로그램을 작성하여 c:\나 c:\Windows 등에 적용하면 중요한 파일이 삭제될 수 있으니 조심하라.

난이도 상

```
c:\Temp\password.txt 삭제
c:\Temp\sample.txt 삭제
c:\Temp\song.txt 삭제
c:\Temp\system.txt 삭제
c:\Temp\telephone.txt 삭제
c:\Temp\test.txt 삭제
```

●String s가 파일 명을 가지고 있을 때, 파일 명에는 ".txt"가 여러 개 있을 수 있다. 그러므로
int index = s.lastIndexOf(".txt")를 이용해야 하며, 이는 문자열 s 내에 있는 ".txt" 문
자열의 마지막 인덱스를 리턴한다. 발견할 수 없으면 −1을 리턴한다.

●파일을 삭제하려면 File 객체의 delete() 메소드를 호출하면 된다. 예를 들면 다음과 같다.

```
File f = new File("c:\\Temp\\song.txt");
f.delete(); // "c:\\Temp\\song.txt" 파일 삭제
```

6. words.txt 파일(홈페이지에서 제공)은 한 라인에 하나의 영어 단어가 들어 있다. 이
파일을 모두 읽어 Vector<String>에 저장하고, 영어 단어를 입력받고 벡터를 검색
하여 그 단어로 시작하는 모든 단어를 출력하는 프로그램을 작성하라. 난이도 상

> 목표 Vector 컬렉션과
> FileReader를 활용한 종합 응용

```
단어>>blue
blue
blueback
blueberry
bluebill
bluebird
bluebonnet
bluebook
bluebush
bluefish
bluegill
bluegrass
bluejacket
blueprint
bluestocking
bluet
단어>>java
발견할 수 없음
단어>>moon
moon
moonlight
moonlit
단어>>exit
종료합니다...
```

14

자바 소켓 프로그래밍

14.1 TCP/IP 기초

14.2 소켓 프로그래밍

14.3 서버-클라이언트 채팅 프로그램 만들기

14.4 수식 계산 서버-클라이언트 만들기 실습

자바 소켓 프로그래밍

14.1 TCP/IP 기초

TCP/IP 소개

TCP/IP

TCP/IP(Transmission Control Protocol/Internet Protocol)는 두 시스템 사이에 데이터가 손상 없이 안전하게 전송되도록 하는 통신 프로토콜이며, e-mail, FTP, 웹(HTTP) 등이 TCP/IP 통신 프로토콜로 작성되어 있다. TCP/IP를 이용하는 통신 프로그램을 개발할 때 개발자가 알아두어야 하는 통신 특징을 알아보자.

연결형 통신

첫째, TCP/IP는 연결형(connection oriented) 통신이다. 친구에게 전화를 걸고 신호가 간 후 친구가 전화를 받게 되면, 나와 친구 사이에 연결이 이루어지고, 그때부터 전화를 끊을 때까지 연결이 유지된다. TCP/IP는 이와 비슷하게 한 컴퓨터가 다른 컴퓨터에 연결하면 둘 중 하나가 연결을 끊을 때까지 데이터를 전송할 수 있다. 이것은 통신에 있어 큰 장점이지만, 연결을 유지하기 위해 두 컴퓨터는 자원을 묶어두어야 하는 부담 또한 있다.

순서대로 전달

둘째, 전송되는 데이터들은 여러 개의 라우터를 거쳐 상이한 경로를 따라 목적지에 도달하는데, TCP/IP는 한 컴퓨터에서 보낸 데이터들을 목적 컴퓨터에 순서대로 응용프로그램에게 전달되도록 한다. 그러므로 받는 쪽 응용프로그램이 도착하는 데이터를 다시 정렬하는 작업은 필요가 없다. 받는 쪽 응용프로그램에서는 안심하고 도착하는 순서대로 받기만 하면 된다.

이 두 장점 때문에 많은 통신 프로그램들이 TCP/IP를 이용하여 작성된다.

[그림 14-1] TCP/IP의 통신 특징

IP 주소

IP 주소는 네트워크상에서 유일하게 식별될 수 있는 네트워크 장치의 주소로서, 192.156.11.15와 같이 4개의 숫자가 '.'으로 연결된다. 하나의 숫자 범위는 0~255로서 한 바이트로 표현이 가능하다. 전화번호나 집주소 같이 IP 주소를 통해 네트워크에 연결된 장치를 식별하기 때문에 동일한 IP 주소를 여러 네트워크 장치에 중복 사용해서는 안 된다. IP 주소는 기억하기 어려우므로 www.naver.com과 같이 도메인 이름으로 바꿔 사용한다. 사용자가 도메인 이름을 사용하면 DNS(Domain Name System) 서버가 숫자로 구성된 IP 주소로 자동 변환해준다.

현재는 4개의 숫자로 표현된 32비트의 IP 버전 4(IPv4)가 사용되고 있지만, 세계적으로 네트워크 장치의 개수가 폭발적으로 증가하여 각 장치에 부여할 수 있는 IP 주소가 고갈됨에 따라 128비트의 IP 버전 6(IPv6)이 점점 널리 사용되는 추세이다.

자신의 컴퓨터에서는 자신의 IP 주소를 간단히 localhost라는 이름으로 사용해도 된다. localhost의 IP 주소는 127.0.0.1로 지정되어 있다.

IP 주소

localhost

내 컴퓨터의 IP 주소 확인하기

윈도우 PC에서 명령창을 열어 ipconfig 명령을 실행하면 [그림 14-2]와 같이 컴퓨터의 IP 주소를 확인할 수 있다. 대학이나 연구소 등에서는 한 컴퓨터에 항상 동일한 IP(고정 IP)를 설정하는 경우가 많지만, 가정에서는 주로 무선 공유기가 자동으로 할당해주는 IP 주소를 부여받는다. 이를 유동 IP라고 부른다.

ipconfig

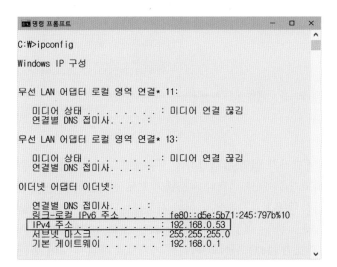

[그림 14-2] 내 컴퓨터 IP 주소 확인

TCP/IP 포트

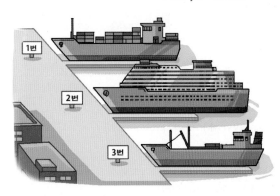

TCP/IP에서는 한 컴퓨터에서 여러 소프트웨어들의 통신이 일어날 수 있도록 포트(port) 개념을 만들었다. 부산항의 1번 선착장(port)은 미국에서 오는 화물이, 2번 선착장에는 일본에서 오는 크루저가, 3번 선착장에는 대서양 원양어선이 들어오기로 되어 있어 부산항에 들어오는 배들을 각자의 포트(port)로 배를 진입시킨다. TCP 포트는 항구의 포트와 유사하다.

TCP/IP를 이용하는 통신 응용프로그램은 IP 주소와 포트(port)를 이용하여 상대편 통신 프로그램과 연결하고 데이터를 교환하는데, 응용프로그램과 포트 사용 사례는 [그림 14-3]과 같다. 컴퓨터 3에는 리눅스 서버, 웹 서버, MQTT 브로커 등 3개의 응용프로그램이 각각 23번, 80번, 1883번 포트에서 상대편 응용프로그램의 접속을 기다리다가 대기 중인 포트로 접속해온 응용프로그램과 통신을 수행한다.

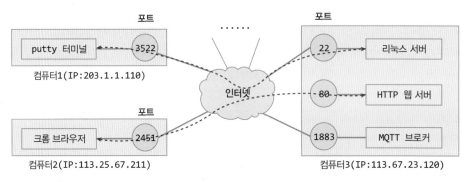

[그림 14-3] 두 응용프로그램 사이의 포트를 이용한 통신

포트 번호는 응용프로그램 개발자가 임의로 결정하여 사용하면 된다. 하지만 기존 응용프로그램에서 이미 사용하고 있는 포트 번호나 시스템의 포트 번호는 피하는 것이 좋다. 시스템이나 기존에 알려진 응용프로그램에서 이미 사용하는 포트 번호를 잘 알려진 포트(well-known ports)라고 한다. 예를 들어, SSH는 22번 포트, HTTP는 80번 포트, FTP는 21번 포트 등이며, 주로 0~1023 사이의 번호를 가지므로 개발자는 이 범위의 포트 번호는 피해서 선택하는 것이 바람직하다.

1 다음 중 잘못된 IP 주소는 어떤 것인가? 그 이유는 무엇인가?

　① 192.1.1.5　　　② 113.25.88.190　　　③ 20.20.20.20　　　④ 120.13.280.19

2 현재 자신의 컴퓨터의 IP 주소가 얼마인지 확인하라.

3 TCP/IP로 통신하는 응용프로그램이 상대편에 접속하려면 있어야 하는 정보는?

　① 상대 IP　　　　　　　　　　② 상대 포트 번호
　③ 상대 IP와 포트 번호　　　　　④ 상대 IP와 나의 포트 번호

14.2 소켓 프로그래밍

소켓(socket)

소켓 통신은 개발자가 TCP/IP 프로토콜을 이용하여 쉽게 통신 프로그램을 작성하도록 지원하는 기반 기술로서 통신의 모양은 [그림 14-4]와 같다. 여기서 소켓(socket)은 두 응용프로그램 간의 통신 연결의 끝단(endpoint)으로서, 일단 연결되면 스스로 데이터를 주고받는 TCP/IP 소프트웨어 모듈이다. 그러므로 응용프로그램은 직접 상대방과 통신하지 않고 자신의 소켓에 보낼 데이터를 주거나 자신의 소켓으로부터 데이터를 받는다. 소켓을 이용하면 통신이 무척 쉽다.

소켓(socket)

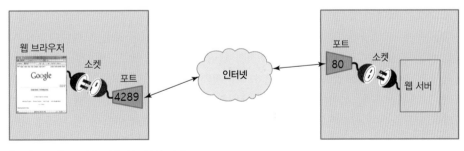

[그림 14-4]　소켓을 이용하는 통신 사례

소켓마다 포트를 가지고 있으며 포트 번호를 통해 상대방 응용프로그램을 식별한다. [그림 14-4]에서, 오른쪽은 웹 서버가 소켓을 만들고 80번 포트를 통해 통신하도록 구성한 경우이고, 왼쪽은 웹 브라우저가 자신도 소켓을 만들고 80번 포트를 기다리는 웹 서버의 소켓에 접속하도록 하여 데이터를 주고받는 사례이다.

데이터를 주고받는 기능은 순전히 소켓의 몫이다. 전송받은 데이터에 오류가 없는 지 검사하고, 손상된 데이터가 오면 다시 받기를 요청하는 등 온전한 데이터를 받는 과정은 모두 소켓의 몫이다.

소켓과 서버 클라이언트 통신

소켓 통신에서는 응용프로그램이 반드시 서버와 클라이언트로 구분되어야 한다. 보 통, 정보를 제공하는 쪽이 서버이고, 정보를 이용하는 쪽이 클라이언트이다. 서버가 먼저 클라이언트의 접속을 기다리고, 클라이언트에서 서버에 접속하면 그때부터 서로 데이터를 주고받을 수 있다. 서버나 클라이언트가 데이터를 보내는 순서나 방식은 모 두 개발자가 프로그램을 작성하기에 달려있다.

● 서버 소켓과 클라이언트 소켓

소켓에는 서버 소켓과 클라이언트 소켓의 2가지 종류가 있다. 이 둘은 다음과 같이 용 도가 다르다.

서버 소켓
클라이언트 소켓

기다리는 목적

- 서버 소켓은 서버 응용프로그램이 클라이언트의 접속을 기다리는(listen) 목적 으로만 사용한다.
- 클라이언트 응용프로그램에서는 클라이언트 소켓을 이용하여 서버에 접속한다.
- 서버 소켓은 클라이언트가 접속해오면, 클라이언트 소켓을 별도로 만들어 상대 클라이언트와 통신하게 한다.

이 내용을 정리하면 서버 소켓은 클라이언트의 접속을 기다리는 소켓이며, 클라이 언트 소켓은 데이터 통신을 실시하는 소켓이다.

[그림 14-5]는 소켓을 이용한 전형적인 웹 통신 프로그램의 구조를 보여준다. 웹 서 버가 서버 응용프로그램이며 웹 브라우저가 클라이언트 응용프로그램이다. 웹 서버는 서버 소켓을 만들고 80번 포트에서 웹 브라우저의 접속을 기다린다. [그림 14-5]는 2개 의 웹 브라우저가 웹 서버에 접속한 경우로서, 웹 서버의 서버 소켓은 웹 브라우저의 클라이언트 소켓이 접속해올 때마다 클라이언트 소켓을 별도로 만들어 웹 브라우저와 통신하도록 한다.

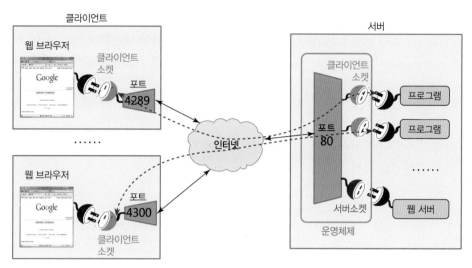

[그림 14-5] 소켓을 이용한 웹 서버-웹 브라우저 통신

●서버에서 클라이언트 소켓들의 포트 공유

한편, [그림 14-5]의 서버 쪽을 자세히 들여다보면, '동일한 포트(80)를 여러 클라이언 트 소켓들이 공유하고 있는 것을 볼 수 있다. 이러한 공유가 어떻게 가능한지 알아보 자. 웹 서버의 운영체제는 웹 브라우저가 서버 소켓에 연결될 때(웹 브라우저 IP 주소, 포트 번호, 서버의 클라이언트 소켓) 정보를 저장해두고, 웹 브라우저로부터 데이터 패킷이 들어오면 패킷 속에 들어 있는 웹 브라우저의 IP 주소와 포트 번호를 참고하여, 서버에 있는 클라이언트 소켓을 찾아 그 곳으로 데이터를 보낸다.

운영체제

●서버 클라이언트 통신 프로그램 구성

이제 자바로 작성할 때 서버 응용프로그램과 클라이언트 응용프로그램의 구조를 알아 보자. 서버 클라이언트의 전형적인 구조는 [그림 14-6]과 같으며 동작하는 과정은 다음 과 같다(구체적인 코드는 다음 절에서 설명한다).

1. 서버 응용프로그램은 ServerSocket 클래스를 이용하여 서버 소켓을 생성하고 (new SeverSocket(서버 port)), accept() 메소드를 호출하여 클라이언트의 접 속을 기다린다. 서버 소켓을 생성할 때 포트 번호를 주어 해당 포트로 접속해 오 는 클라이언트 기다리게 한다.
2. 클라이언트 응용프로그램은 Socket 클래스를 이용하여 클라이언트 소켓을 생성 하여(new Socket(서버 IP, 서버 port)) 서버에 접속을 지시한다.
3. 서버의 accept() 메소드가 클라이언트로부터 접속 요청을 받으면, 접속된 클라 이언트와 통신하도록 전용 클라이언트 소켓을 따로 생성한다. 서버 소켓은 클라

ServerSocket 클래스
Socket 클래스
accept() 메소드

이언트로부터의 접속을 받는 목적으로만 사용하며, 서버 응용프로그램은 다음 접속을 받기 위해 `listener.accept()` 메소드를 호출하여 대기한다.

4. 서버와 클라이언트 모두 자신의 소켓으로부터 입출력 스트림을 얻어내고, 데이터를 주고받을 준비를 한다.

5. 서버와 클라이언트 응용프로그램은 소켓에 연결된 입출력 스트림을 이용하여 쉽게 데이터를 주고받는다.

6. 통신이 끝나면 양쪽 모두 클라이언트 소켓을 닫는다. 하지만 클라이언트의 접속을 기다리는 서버 소켓은 닫히지 않는다.

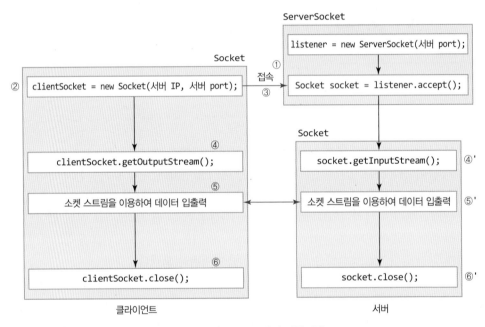

[그림 14-6] 소켓을 이용한 서버 클라이언트 통신 프로그램의 전형적인 구조

Socket 클래스, 클라이언트 소켓

Socket은 java.net 패키지에 포함되어 있는 클래스로서 클라이언트 소켓을 구현한다. 클라이언트는 이 소켓을 사용하여 서버와 접속하고 데이터를 주고받는다. Socket의 생성자와 메소드는 각각 〈표 14-1〉, 〈표 14-2〉와 같다.

Socket의 생성자는 연결할 서버의 IP 주소(또는 도메인 주소)와 포트 번호를 인자로 받아서 소켓을 생성한다. 이들은 클라이언트 자신의 주소와 포트 번호가 아님에 주의하라. 이제 Socket 클래스를 이용하여 클라이언트 응용프로그램을 작성하는 방법을 하나씩 알아보자.

●클라이언트 소켓 생성 및 서버 접속

IP 주소가 **128.12.1.1**이고 포트 번호가 **9999**인 서버에 연결하기 위해 다음과 같이 클라이언트 소켓을 생성한다. 이때 클라이언트의 포트(local port)는 사용되지 않는 포트 중에서 자동으로 선택되므로 굳이 알 필요는 없다.

```
Socket clientSocket = new Socket("128.12.1.1", 9999); // 128.12.1.1 서버에 접속
```

Socket 객체가 생성되면 곧바로 **128.12.1.1** 주소의 **9999** 포트로 자동 접속이 이루어진다. 다음과 같이 빈 소켓 객체를 생성하고 서버에 연결해도 된다.

```
Socket clientSocket = new Socket(); // 연결되지 않는 소켓 생성
clientSocket.bind(new InetSocketAddress("192.168.1.21", 1234));
                    // 소켓에 자신의 IP 주소(192.168.1.21)와 로컬 포트(1234)를 결합한다.
clientSocket.connect(new InetSocketAddress("128.12.1.1", 9999));
                    // IP 주소가 128.12.1.1이고 포트가 9999인 서버 응용프로그램에 접속
```

●네트워크 입출력 스트림 생성

소켓을 서버에 연결한 후에는 `Socket` 클래스의 `getInputStream()`이나 `getOutputStream()` 메소드를 이용하여 서버와 데이터를 주고받을 소켓 스트림을 얻어내고 이를 버퍼 스트림에 연결한다.

getInputStream()
getOutputStream()

```
BufferedReader in = new BufferedReader(new
                    InputStreamReader(clientSocket.getInputStream()));
BufferedWriter out = new BufferedWriter(new
                    OutputStreamWriter(clientSocket.getOutputStream()));
```

지금부터는 in, out 스트림 객체를 이용하여 데이터를 주고받으면 된다. 현재 in, out은 문자 입출력 스트림으로 문자만 보내고 받을 수 있다.

●서버로 데이터 전송

이제 버퍼 출력 스트림 out을 통해 데이터를 전송해보자. 다음은 "hello" 문자열을 서버로 전송하는 코드이다.

```
out.write("hello"+"\n");
out.flush();
```

"hello"에 "\n"을 덧붙여 보내는 이유는 서버 쪽에서 라인 단위('\n' 문자가 올 때까지 대기한 후 한 번에 읽는)로 수신하도록 작성해 놓았기 때문이다. 스트림 out flush()

은 버퍼 스트림이므로 버퍼가 차기 전까지 데이터를 보내지 않기 때문에 강제로 out.flush()를 호출하여 스트림 속의 데이터를 모두 즉각 전송하도록 하였다.

● 서버로부터 데이터 수신

버퍼 입력 스트림 in을 이용하면 서버로부터 문자 데이터를 수신할 수 있다. 다음은 클라이언트로부터 한 개의 문자를 수신하는 코드이다.

```
int x = in.read(); // 클라이언트로부터 한 개의 문자 수신
```

한 행의 문자열을 수신하는 코드는 다음과 같다.

```
String line = in.readLine(); // 클라이언트로부터 한 행의 문자열 수신
```

readLine()

in.readLine() 메소드는 '\n' 문자가 올 때까지 계속 읽고 '\n'이 도착하면 그때까지 읽은 문자열을 리턴한다. 리턴되는 문자열 속에는 '\n'이 삽입되지 않는다.

● 데이터 송수신 종료

socket.close()

데이터 송수신을 모두 수행하고 소켓 연결을 끊고자 하면 다음과 같이 한다.

```
socket.close();
```

〈표 14-1〉 Socket 클래스의 생성자

생성자	설명
Socket()	연결되지 않은 상태의 소켓 생성
Socket(InetAddress address, int port)	소켓을 생성하고, IP 주소(address)와 포트 번호(port)에서 대기하는 서버에 연결
Socket(String host, int port)	소켓을 생성하여 호스트(host)와 포트 번호(port)에 대기하는 서버에 연결. 호스트 이름이 null인 경우는 루프백(loopback) 주소로 가정

〈표 14-2〉 Socket 클래스의 주요 메소드

메소드	설명
bind(SocketAddress bindpoint)	소켓에 로컬 IP 주소와 로컬 포트 지정
void close()	소켓을 닫는다.
void connect(SocketAddress endpoint)	서버에 연결

InetAddress getInetAddress()	연결된 서버 IP 주소 반환
InputStream getInputStream()	소켓의 입력 스트림 반환. 이 스트림을 이용하여 소켓이 상대 편으로부터 받은 데이터를 읽을 수 있음
InetAddress getLocalAddress()	소켓의 로컬 주소 반환
int getLocalPort()	소켓의 로컬 포트 번호 반환
int getPort()	소켓에 연결된 서버의 포트 번호 반환
OutputStream getOutputStream()	소켓의 출력 스트림 반환. 이 스트림에 출력하면 소켓이 상대 편으로 데이터 전송
boolean isBound()	소켓이 로컬 주소에 결합되어 있으면 true 반환
boolean isConnected()	소켓이 연결되어 있으면 true 반환
boolean isClosed()	소켓이 닫혀있으면 true 반환
void setSoTimeout(int timeout)	데이터 읽기 타임아웃 시간 지정. 0이면 타임아웃 해제

ServerSocket 클래스, 서버 소켓

ServerSocket 클래스는 서버 소켓을 구현한다. ServerSocket 클래스는 java.net 패키지에 포함되어 있으며 생성자와 메소드는 각각 〈표 14-3〉, 〈표 14-4〉와 같다. ServerSocket은 클라이언트로부터 연결 요청을 기다리는 목적으로만 사용되며, 서버가 클라이언트의 연결 요청을 수락하면 클라이언트로 데이터를 주고받은 Socket 객체를 별도로 생성한다. ServerSocket은 데이터의 송수신에 사용되지 않는다.

ServerSocket

●서버 소켓 생성

ServerSocket 생성자는 포트 번호를 인자로 받아서 서버 소켓을 생성한다. 이 포트 번호는 클라이언트가 접속해 올 자신의 포트 번호이다. 이미 사용 중인 포트 번호를 지정하면 오류가 발생한다. 9999번 포트를 사용하는 서버 소켓의 생성 예를 들면 다음과 같다.

```
ServerSocket listener = new ServerSocket(9999);
```

●클라이언트로부터 접속 대기

ServerSocket 클래스의 accept() 메소드를 이용하여 클라이언트로부터의 연결 요청을 기다린다. accept() 메소드가 연결을 수락하면 다음과 같이 Socket 객체를 별도로 생성하여 리턴한다.

accept()

```
Socket socket = listener.accept();
```

서버와 지금 연결된 클라이언트와의 데이터 통신은 이 Socket 객체를 이용한다. 새로 만들어진 socket은 서버 소켓과 동일한 포트(9999번)를 통해 데이터를 주고받는다.

● 네트워크 입출력 스트림 생성

getInputStream()
getOutputStream()

클라이언트와 데이터를 주고받기 위한 스트림은 socket 객체의 getInputStream()과 getOutputStream() 메소드를 이용하여 얻어낸다. 그리고 이 스트림을 버퍼 스트림에 연결하여 사용한다.

```java
BufferedReader in = new BufferedReader(new
                        InputStreamReader(socket.getInputStream()));
BufferedWriter out = new BufferedWriter(new
                        OutputStreamWriter(socket.getOutputStream()));
```

이제, 버퍼 스트림 in, out을 이용하여 클라이언트와 데이터를 주고받으면 된다. 현재 in, out은 모두 문자만 전송하는 스트림이다.

● 클라이언트로부터 데이터 수신

앞서 만들어진 버퍼 스트림 in을 이용하면 클라이언트로부터 문자를 수신할 수 있다. 다음은 클라이언트로부터 문자 한 개를 수신하는 코드이다.

```java
int x = in.read(); // 클라이언트로부터 한 개의 문자 수신
```

한 행의 문자열을 수신하는 코드는 다음과 같다.

```java
String line = in.readLine(); // 클라이언트로부터 한 행의 문자열 수신
```

readLine()

in.readLine() 메소드는 '\n' 문자가 올 때까지 계속 읽고 '\n'이 도착하면 그때까지 읽은 문자열을 리턴한다. 리턴되는 문자열에는 '\n'이 삽입되지 않는다. 현재 서버에서 라인 단위로 읽기 때문에 클라이언트에서는 문자열 끝에 '\n'을 덧붙여 보내야 한다.

● 클라이언트로 데이터 송신

앞서 만들어진 문자 버퍼 스트림 out을 통해 클라이언트로 데이터를 전송할 수 있다. 다음은 "Hi!, Client" 문자열을 클라이언트로 전송하는 코드이다.

```
out.write("Hi!, Client"+"\n");
out.flush();
```

    "Hi!, Client"에 "\n"을 덧붙여 보내는 이유는 클라이언트 쪽에서 라인 단위('\n' 문자가 올 때까지 대기한 후 한 번에 읽는)로 수신하기 때문이다. out.flush()를 호출하면 버퍼 스트림 속의 데이터를 모두 즉각 클라이언트로 전송한다.

flush()

● 데이터 송수신 종료
데이터 송수신을 모두 수행하고 소켓 연결을 끊고자 하면 다음과 같이 한다.

```
socket.close();
```

socket.close()

● 서버 응용프로그램 종료
더 이상 클라이언트의 접속을 받지 않고 서버 응용 프로그램을 종료하고자 하는 경우 다음과 같이 ServerSocket을 종료시킨다.

```
serverSocket.close();
```

〈표 14-3〉 ServerSocket 클래스의 주요 생성자

생성자	설명
ServerSocket(int port)	포트 번호(port)와 결합된 서버 소켓 생성

〈표 14-4〉 ServerSocket 클래스의 주요 메소드

메소드	설명
Socket accept()	클라이언트로부터 연결 요청을 기다리다 요청이 들어오면 수락하고 클라이언트와 데이터를 주고받을 새 Socket 객체 반환
void close()	서버 소켓을 닫는다.
InetAddress getInetAddress()	서버 소켓의 로컬 IP 주소 반환
int getLocalPort()	서버 소켓의 로컬 포트 번호 반환
boolean isBound()	서버 소켓이 로컬 IP 주소와 결합되어 있으면 true 반환
boolean isClosed()	서버 소켓이 닫혀있으면 true 반환
void setSoTimeout(int timeout)	accept()가 대기하는 타임아웃 시간 지정. 0이면 무한정 대기

14.3 서버-클라이언트 채팅 프로그램 만들기

예제 개요

채팅 프로그램

서버와 클라이언트가 번갈아 한 번씩 채팅 문자를 보내는 간단한 채팅 예제를 통해, 소켓을 이용한 통신 프로그램을 작성하는 사례를 알아보자. 채팅 프로그램의 개념은 다음과 같다.

- 서버와 클라이언트가 1:1로 채팅한다.
- 클라이언트와 서버가 번갈아 가면서 문자열 전송 및 수신한다. 클라이언트가 먼저 문자열을 보내면, 서버가 받아 화면에 출력하고 서버가 다시 문자열을 보내는 식이다.
- 서버나 클라이언트는 사용자로부터 문자열을 입력받아 보낸다. 이때 문자열 끝에 "\n"을 덧붙여 보내고 받는 쪽에서는 라인 단위로 수신한다.
- 클라이언트가 "bye"를 보내면 서버 클라이인드 모두 종료한다.

본 예제에서 작성할 채팅 프로그램의 실행 과정은 [그림 14-7]과 같다.

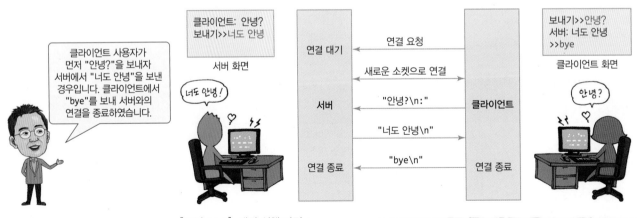

[그림 14-7] 채팅 실행 과정

> **잠깐!** 채팅 프로그램 예제가 번갈아 채팅할 수밖에 없는 이유
>
> **14.3**절 채팅 프로그램 예제에서는 서버와 클라이언트가 한 번씩 번갈아 상대에게 채팅 문자를 전송한다. 통신 프로그램이 언제든지 메시지를 보내고 언제든지 받으려고 하면, 보내는 스레드와 별도로 받는 스레드를 가지고 있어야 한다. 또 사용자가 보내고자 하는 텍스트를 입력하는 도중 상대로부터 메시지를 전송받을 때 입력창외 다른 출력창이 필요하므로 응용프로그램은 **2**개의 창을 갖춘 **GUI** 프로그램 형태로 개발되어야 한다. **14**장 **Open Challenge**는 멀티스레드와 스윙 **GUI**로 작성하여 언제든 채팅 메시지를 보내고 받을 수 있는 사례를 보여준다.

코드 부분 설명

채팅 프로그램의 전체 코드는 다음 절에서 보이며, 여기서는 소스 코드 중 두 부분만 간단히 설명한다.

● 클라이언트에서 소켓 생성

서버와 클라이언트를 동일한 컴퓨터에서 실행시키려면, 클라이언트에서 소켓을 생성할 때 다음과 같이 서버의 IP 주소를 "localhost"로 하면 된다. 서버가 다른 컴퓨터라면 당연히 서버의 IP 주소를 주어야 한다.

`localhost`

```java
socket = new Socket("localhost", 9999); // 클라이언트 소켓 생성. 서버의 9999번 포트에 연결
```

● 사용자로부터 라인 입력

이 채팅 프로그램에는 클라이언트와 서버는 사용자가 입력한 문자열을 읽어 전송하는데, 다음은 서버 쪽에서 사용자가 입력한 문자열을 전송하는 부분 코드이다.

```java
Scanner scanner = new Scanner(System.in);
String outputMessage = scanner.nextLine(); // 키보드로부터 한 줄을 읽는다.
out.write(outputMessage + "\n"); // 읽는 문자열에 "\n"을 덧붙여 보낸다.
out.flush();
```

서버-클라이언트 채팅 소스 코드

전체 예제 코드는 다음과 같다.

• 서버 프로그램 ServerEx.java

```java
1    import java.io.*;
2    import java.net.*;
3    import java.util.*;
4
5    public class ServerEx {
6        public static void main(String[] args) {
7            BufferedReader in = null;
8            BufferedWriter out = null;
9            ServerSocket listener = null;
10           Socket socket = null;
11           Scanner scanner = new Scanner(System.in); // 키보드에서 읽을 scanner 객체 생성
12           try {
13               listener = new ServerSocket(9999); // 서버 소켓 생성
14               System.out.println("연결을 기다리고 있습니다.....");
15               socket = listener.accept(); // 클라이언트로부터 연결 요청 대기
16               System.out.println("연결되었습니다.");
17               in = new BufferedReader(new InputStreamReader(socket.getInputStream()));
18               out = new BufferedWriter(new OutputStreamWriter(socket.getOutputStream()));
19               while (true) {
20                   String inputMessage = in.readLine(); // 클라이언트로부터 한 행 읽기
21                   if (inputMessage.equalsIgnoreCase("bye")) {
22                       System.out.println("클라이언트에서 bye로 연결을 종료하였음");
23                       break;   // "bye"를 받으면 연결 종료
24                   }
25                   System.out.println("클라이언트: " + inputMessage);
26                   System.out.print("보내기>>"); // 프롬프트
27                   String outputMessage = scanner.nextLine(); // 키보드에서 한 행 읽기
28                   out.write(outputMessage + "\n"); // 키보드에서 읽은 문자열 전송
29                   out.flush(); // out의 스트림 버퍼에 있는 모든 문자열 전송
30               }
31           } catch (IOException e) {
32               System.out.println(e.getMessage());
33           } finally {
34               try {
35                   scanner.close(); // scanner 닫기
36                   socket.close(); // 통신용 소켓 닫기
37                   listener.close(); // 서버 소켓 닫기
38               } catch (IOException e) {
39                   System.out.println("클라이언트와 채팅 중 오류가 발생했습니다.");
40               }
41           }
42       }
43   }
```

소켓 입력 스트림 → 17
소켓 출력 스트림 → 18
받은 메시지를 화면에 출력 → 25

• 클라이언트 프로그램 ClientEx.java

```java
1   import java.io.*;
2   import java.net.*;
3   import java.util.*;
4
5   public class ClientEx {
6       public static void main(String[] args) {
7           BufferedReader in = null;
8           BufferedWriter out = null;
9           Socket socket = null;
10          Scanner scanner = new Scanner(System.in); // 키보드에서 읽을 scanner 객체 생성
11          try {
12              socket = new Socket("localhost", 9999); // 클라이언트 소켓 생성. 서버에 연결
13              in = new BufferedReader(new InputStreamReader(socket.getInputStream()));    // 소켓 입력 스트림
14              out = new BufferedWriter(new OutputStreamWriter(socket.getOutputStream())); // 소켓 출력 스트림
15              while (true) {
16                  System.out.print("보내기>>"); // 프롬프트
17                  String outputMessage = scanner.nextLine(); // 키보드에서 한 행 읽기
18                  if (outputMessage.equalsIgnoreCase("bye")) {
19                      out.write(outputMessage+"\n"); // "bye" 문자열 전송
20                      out.flush();
21                      break; // 사용자가 "bye"를 입력한 경우 서버로 전송 후 실행 종료
22                  }
23                  out.write(outputMessage + "\n"); // 키보드에서 읽은 문자열 전송
24                  out.flush(); // out의 스트림 버퍼에 있는 모든 문자열 전송
25                  String inputMessage = in.readLine(); // 서버로부터 한 행 수신
26                  System.out.println("서버: " + inputMessage); // 서버로부터 받은 메시지를 화면에 출력
27              }
28          } catch (IOException e) {
29              System.out.println(e.getMessage());
30          } finally {
31              try {
32                  scanner.close();
33                  if(socket != null) socket.close(); // 클라이언트 소켓 닫기
34              } catch (IOException e) {
35                  System.out.println("서버와 채팅 중 오류가 발생했습니다.");
36              }
37          }
38      }
39  }
```

서버-클라이언트 채팅 예제 실행

예제를 실행하기 전에 컴파일된 클래스 파일 ServerEx.class와 ClientEx.class를 드라이브 c:\ 밑에 옮겨 놓아야 한다. 서버와 클라이언트는 따로 명령창을 열어 실행한다. 실행은 다음 순서로 진행한다.

연결 요청을 기다린다

1. 명령창을 열고 서버 프로그램을 먼저 실행시켜 클라이언트의 연결 요청을 기다린다. [그림 14-8]과 같다.

[그림 14-8] 서버가 먼저 실행되어 클라이언트로부터 연결을 기다리고 있는 서버 명령창

서버와 연결

2. [그림 14-9](a)와 같이 다른 명령창을 열어 클라이언트 프로그램을 실행한다. 클라이언트 프로그램이 실행되면 바로 서버로 연결을 시도한다. 서버와 연결이 이루어지면 [그림 14-19](b)와 같이 서버의 명령창에는 "연결되었습니다."가 출력된다.

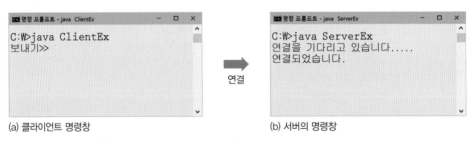

(a) 클라이언트 명령창   (b) 서버의 명령창

[그림 14-9] 클라이언트에서 서버로 문자열 보내기

3. 채팅은 클라이언트에서 먼저 시작하며, 번갈아 메시지를 주고받는다. [그림 14-10](a)에서 클라이언트는 사용자로부터 "안녕?"과 <Enter> 키가 입력되면 서버로 전송한다. [그림 14-10](b)에서 서버는 받은 문자열을 출력한다.

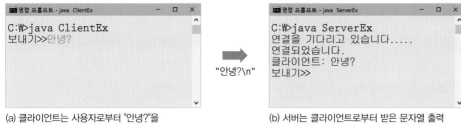

(a) 클라이언트는 사용자로부터 "안녕?"을
　입력받아 전송

(b) 서버는 클라이언트로부터 받은 문자열 출력

[그림 14-10] 클라이언트에서 서버로 문자열 보내기

4. 이제, 서버는 사용자로부터 "너도 안녕?"을 입력받아 클라이언트로 보낸다. [그림 14-11](b)에서 서버는 사용자로부터 입력받은 "너도 안녕?"을 보낸다. [그림 14-11](a)에는 클라이언트가 서버로부터 받은 문자열을 출력한다. 이런 식으로 번갈아 메시지를 주고받는다.

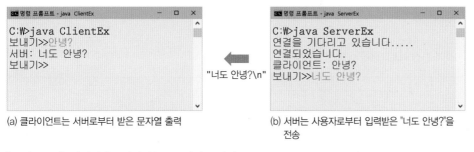

(a) 클라이언트는 서버로부터 받은 문자열 출력

(b) 서버는 사용자로부터 입력받은 "너도 안녕?"을
　전송

[그림 14-11] 서버에서 클라이언트로 문자열 보내기

5. 클라이언트에서 "bye"를 서버에게 전송하면 채팅이 종료된다. [그림 14-12](a)는 클라이언트에서 "bye"를 입력받아 서버로 보내고 스스로 종료한 화면이고, [그림 14-12](b)는 "bye" 문자열을 받고 서버가 종료하는 화면이다.

채팅 종료

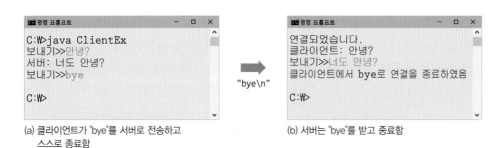

(a) 클라이언트가 "bye"를 서버로 전송하고
　스스로 종료함

(b) 서버는 "bye"를 받고 종료함

[그림 14-12] 클라이언트가 "bye"를 전송하면 채팅 종료

> **잠깐!** 　**소켓 사용시 JVM_Bind 오류 대처** ●
>
> 윈도우 운영체제에서 소켓을 이용하는 자바 응용프로그램을 실행하다가 비정상적으로 종료한 경우, 다시 실행시키면 다음 오류 메시지가 출력되고 실행이 되지 않는 경우가 더러 발생한다.
>
> ```
> java.net.BindException: Address already in use: JVM_Bind
> ```
>
> 이것은 소켓이 포트를 바인드(소유)하여 사용하다가 바인드를 풀어 놓지 않고 (비정상)종료된 상황에서, 추후 그 포트를 바인드할 때 나타나는 오류이다. 이런 경우, 명령창에 다음 명령을 입력하면 현재 윈도우에서 사용되고 있는 **TCP** 포트와 포트를 소유하고 있는 프로세스의 번호(**PID**) 리스트가 출력된다.
>
> ```
> c:\> netstat -a -n -o
> ```
>
> 명령창에 출력된 리스트에서 문제가 된 포트와 이를 소유하고 있는 프로세스 번호(**PID**)를 찾아 프로세스를 죽이면 된다. 만일 프로세스 번호가 **2692**라고 하면 명령창에 다음 명령을 입력한다.
>
> ```
> c:\> taskkill /f /pid 2692
> ```
>
> 이제 통신 프로그램을 실행하면 정상적으로 실행될 것이다.

14.4 수식 계산 서버-클라이언트 만들기 실습

문제 개요

독자들의 실습 시간이다. 클라이언트가 수식을 보내면 서버가 수식을 계산한 후 답을 전송하는 통신 프로그램을 만들어 보자. 프로그램의 구체적인 내용은 다음과 같다.

- 서버 클라이언트는 1:1 통신한다.
- 서버를 먼저 실행시키고 클라이언트를 실행시켜 서버에 접속한다.
- 클라이언트는 사용자로부터 수식을 입력받아 서버로 전송한다. 연산자는 +, -, *의 3가지만 허용하고 정수 연산만 가능하다.

- 서버가 식을 받으면 식을 서버의 화면에 출력하고, 계산하여 결과를 클라이언트로 전송한다.
- 클라이언트는 서버로부터 받은 답을 화면에 출력한다.
- 클라이언트와 서버는 전송할 데이터를 문자열로 만들고 "\n"을 덧붙여 전송하며, 받는 쪽에서는 라인 단위로 수신한다.
- 클라이언트가 "bye"를 보내면 양쪽 모두 종료한다.

실행 예시

[그림 14-13]은 수식 계산 통신 프로그램의 실행 과정 예시를 보여준다. 실행 전에 CalcClientEx.class와 CalcServerEx.class 파일은 미리 c:\에 옮겨져 있어야 한다. 서버가 먼저 실행되어 기다리며 클라이언트가 실행되면 연결이 이루어진다. 클라이언트가 사용자로부터 24 + 32의 수식을 입력받아 서버로 전송하고, 서버는 식을 계산하여 결과를 전송한다. 클라이언트는 결과 값을 받아 출력하고 다시 사용자로부터 수식을 입력받는다. 이 과정이 반복된다. 24 + 32에서 숫자와 + 기호 사이에는 반드시 빈칸으로 띈다.

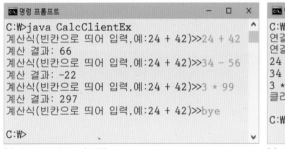

(a) 계산 클라이언트의 실행

(b) 계산 서버의 실행

[그림 14-13] 수식 계산 서버-클라이언트의 실행 과정

코드 부분 설명

이 실습 예제는 앞의 채팅 프로그램과 거의 유사하여 작성하는데는 큰 어려움이 없을 것으로 본다. 다만 서버 쪽에서는 전달받은 수식을 계산하는 calc() 메소드가 추가 작성되었는데 이 메소드에 대해서만 알아보자. 클라이언트부터 넘어오는 수식은 다음과 같은 모양의 문자열이다.

```
"24 + 32" 또는 "36 - 5", "5 * 6"
```

숫자와 연산기호 사이에 빈칸(' ')을 삽입하여 전송하도록 제한을 가한 이유는 StringTokenizer 클래스를 이용하여 숫자와 연산기호를 쉽게 분리하기 위함이다(예제가 쉽도록). 예를 들어 exp에 "24 + 32"의 문자열이 들어 있다면, 다음 코드를 이용하여 빈칸(' ')을 기준으로 exp의 문자열을 분리하면,

```java
StringTokenizer st = new StringTokenizer(exp, " ");
```

st는 다음과 같이 3개의 토큰으로 분리한다.

```
토큰 0 : "24"
토큰 1 : "+"
토큰 2 : "32"
```

calc() 메소드는 토큰 1의 연산기호(+)에 따라 계산을 수행하고 결과를 문자열로 만들어 리턴한다.

수식 계산 서버-클라이언트 소스 코드

전체 예제 코드는 다음과 같다.

• 서버 프로그램 CalcServerEx.java

```java
1    import java.io.*;
2    import java.net.*;
3    import java.util.*;
4
5    public class CalcServerEx {
6        public static String calc(String exp) {
7            StringTokenizer st = new StringTokenizer(exp, " ");
8            if (st.countTokens() != 3) return "error";
9
10           String res="";
11           int op1 = Integer.parseInt(st.nextToken());
12           String opcode = st.nextToken();
13           int op2 = Integer.parseInt(st.nextToken());
14           switch (opcode) {
15               case "+": res = Integer.toString(op1 + op2);
16                   break;
17               case "-": res = Integer.toString(op1 - op2);
18                   break;
19               case "*": res = Integer.toString(op1 * op2);
```

```java
20            break;
21          default : res = "error";
22        }
23        return res;
24      }
25
26      public static void main(String[] args) {
27        BufferedReader in = null;
28        BufferedWriter out = null;
29        ServerSocket listener = null;
30        Socket socket = null;
31        try {
32          listener = new ServerSocket(9999); // 서버 소켓 생성
33          System.out.println("연결을 기다리고 있습니다.....");
34          socket = listener.accept(); // 클라이언트로부터 연결 요청 대기
35          System.out.println("연결되었습니다.");
36          in = new BufferedReader(new InputStreamReader(socket.getInputStream()));
                                                            // 소켓 입력스트림
37          out = new BufferedWriter(new OutputStreamWriter(socket.getOutputStream()));
                                                            // 소켓 출력 스트림
38          while (true) {
39            String inputMessage = in.readLine(); // 클라이언트로부터 한 행 읽기. 수식
40            if (inputMessage.equalsIgnoreCase("bye")) {
41              System.out.println("클라이언트에서 연결을 종료하였음");
                                                      // 받은 메시지를 화면에 출력
42              break; // "bye"를 받으면 연결 종료
43            }
44            System.out.println(inputMessage); // 받은 메시지를 화면에 출력
45            String res = calc(inputMessage); // 계산. 계산 결과는 res
46            out.write(res + "\n"); // 계산 결과 문자열 전송
47            out.flush();
48          }
49        } catch (IOException e) {
50          System.out.println(e.getMessage());
51        } finally {
52          try {
53            if(socket != null) socket.close(); // 통신용 소켓 닫기
54            if(listener != null) listener.close(); // 서버 소켓 닫기
55          } catch (IOException e) {
56            System.out.println("클라이언트와 채팅 중 오류가 발생했습니다.");
57          }
58        }
59      }
60  }
```

• 클라이언트 프로그램 CalcClientEx.java

```java
1    import java.io.*;
2    import java.net.*;
3    import java.util.*;
4
5    public class CalcClientEx {
6        public static void main(String[] args) {
7            BufferedReader in = null;
8            BufferedWriter out = null;
9            Socket socket = null;
10           Scanner scanner = new Scanner(System.in); // 키보드에서 읽을 scanner 객체 생성
11           try {
12               socket = new Socket("localhost", 9999);
                                                 // 클라이언트 소켓 생성. 서버와 바로 연결
13               in = new BufferedReader(new InputStreamReader(socket.getInputStream()));
                                                 // 소켓 입력 스트림
14               out = new BufferedWriter(new OutputStreamWriter(socket.getOutputStream()));
                                                 // 소켓 출력 스트림
15               while (true) {
16                   System.out.print("계산식(빈칸으로 띄어 입력,예:24 + 42)>>"); // 프롬프트
17                   String outputMessage = scanner.nextLine(); // 키보드에서 수식 읽기
18                   if (outputMessage.equalsIgnoreCase("bye")) {
19                       out.write(outputMessage+"\n"); // "bye" 문자열 전송
20                       out.flush();
21                       break; // 사용자가 "bye"를 입력한 경우 서버로 전송 후 연결 종료
22                   }
23                   out.write(outputMessage + "\n"); // 키보드에서 읽은 수식 문자열 전송
24                   out.flush();
25                   String inputMessage = in.readLine(); // 서버로부터 계산 결과 수신
26                   System.out.println("계산 결과: " + inputMessage);
                                                 // 서버로부터 받은 계산 결과 화면 출력
27               }
28           } catch (IOException e) {
29               System.out.println(e.getMessage());
30           } finally {
31               try {
32                   scanner.close();
33                   if(socket != null) socket.close(); // 클라이언트 소켓 닫기
34               } catch (IOException e) {
35                   System.out.println("서버와 채팅 중 오류가 발생했습니다.");
36               }
37           }
38       }
39   }
```

❏ TCP/IP 기초

● 231.1.127과 같이 네트워크상에서 유일하게 식별될 수 있는 컴퓨터의 주소를 ❶ _____ 라고 한다.

● ❷ _____ 는 프로그램 간에 TCP 통신을 위한 가상의 연결 단으로서 통신할 프로그램을 식별한다.

● 통신 프로그램 개발자는 사용하고자 하는 TCP/IP 포트 번호를 임의로 선택할 수 있으나. 기존의 통신 프로그램이 사용하고 있는 잘 알려진 포트(well-known ports)를 사용해서는 안 된다. 잘 알려진 포트 번호는 21, 22, 23, 80 등이 있다.

● 소켓 통신은 TCP/IP를 이용하여 쉽게 통신 프로그램을 작성하도록 지원하는 기반 기술이다.

● 소켓 통신을 위해서는 상대방 컴퓨터의 ❸ _____ 주소와 ❹ _____ 번호를 알아야 한다.

❏ 소켓 프로그래밍

● 소켓 통신은 서버-클라이언트 형태로 통신하는 기반 기술이므로, 하나는 서버가 되고 하나는 클라이언트가 된다.

● 자바에서 소켓 통신을 위해 서버 소켓과 클라이언트 소켓의 2 종류 소켓을 두고 있다. 서버 소켓의 기능은 ❺ _____ 클래스가 클라이언트 소켓의 기능은 ❻ _____ 클래스를 제공한다.

● 서버 소켓의 기능은 클라이언트의 접속을 기다리는 목적으로만 사용된다.

● 클라이언트는 서버에 접속하기 위해 Socket 객체를 생성하고, Socket 객체에게 서버의 IP 주소(혹은 도메인 주소)와 포트 번호를 주어 접속하도록 한다.

● 서버는 서버 소켓을 생성하고 자신의 포트를 결합한 뒤, ❼ _____ 메소드를 호출하여 클라이언트로부터 연결 요청을 기다린다.

● 서버 소켓이 클라이언트로부터 연결을 수락하면, 데이터를 주고받을 Socket 객체를 생성하여 반환한다. 그리고 다시 다른 클라이언트의 연결을 기다린다. 클라이언트와의 데이터 통신은 모두 이 Socket 객체에 의해 이루어진다. 그러므로 서버 소켓은 연결을 기다리는(listen) 역할만 하고, 연결된 후 데이터 통신은 Socket 클래스의 역할이다.

● Socket 클래스는 응용프로그램이 네트워크에 데이터를 전송하거나 수신을 쉽게 하도록. ❽ _____ 을 제공한다. 응용프로그램은 Socket 객체로부터 ❽ _____ 을 알아내고 이를 통해 입출력함으로서 쉽게 네트워크로 송수신할 수 있다.

● 연결을 종료할 때는 Socket 클래스의 ❾ _____ 메소드를 호출한다.

● 서버 소켓을 닫으면 클라이언트는 더 이상 서버에 연결을 할 수 없다.

Open Challenge   스레드를 이용한 서버–클라이언트 채팅

(목적)
소켓 통신, 스레드를 이용하여
양방향 통신 작성

본문에서 다루었던 서버–클라이언트 **1:1** 채팅 예제는 클라이언트에서부터 시작하여 클라이언트와 서버가 순서내보 번갈아 가면서 메시지를 주고받았다. 이 예제를 순서에 상관없이 자유롭게 서버와 클라이언트가 메시지를 주고받을 수 있도록 스레드를 이용하여 스윙 프로그램으로 재작성하라. 서버와 클라이언트는 **JTextArea**를 이용하여 상대방으로부터 받은 메시지를 출력하고, **JTextField** 창을 이용하여 상대방에게 보낼 메시지를 사용자로부터 입력받고 **<Enter>**키가 입력되면 상대에게 바로 전송하도록 하라. 본문의 예제와 달리 어느 한쪽이 접속을 끊으면 프로그램이 종료되도록 한다.   난이도 중

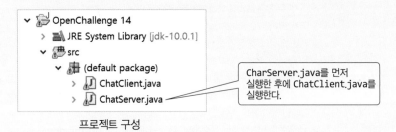

프로젝트 구성

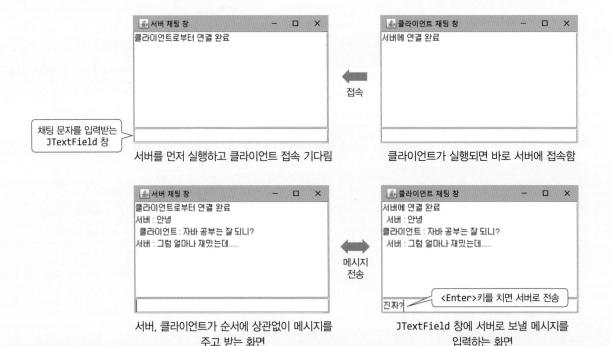

연습문제

EXERCISE

1. 윈도우 명령창에서 내 PC의 IP 주소를 확인하는 명령은 무엇인가? 명령창에서 독자 컴퓨터의 IP 주소를 확인해보라.

2. 포트에 대한 설명으로 틀린 것은?
① 포트 없이도 소켓 통신할 수 있다.
② 한 컴퓨터에는 여러 개의 포트가 있을 수 있지만, 통신 프로그램들끼리 포트의 충돌이 없어야 한다.
③ 포트는 통신에 있어 상대방 응용프로그램을 인식하는데 사용된다.
④ 잘 알려진 포트란 이미 범용으로 사용 중인 통신 소프트웨어가 사용하고 있다고 알려진 포트들이다.

3. 소켓 통신에 대한 설명으로 틀린 것은?
① 통신 소프트웨어는 서버 클라이언트로 나누어져 개발되어야 한다.
② 소켓에는 반드시 포트가 결합되어야 한다.
③ ServerSocket 클래스는 서버 쪽에서 데이터를 송수신하고, Socket 클래스는 클라이언트 쪽에서 데이터를 송수신할 때 사용된다.
④ 소켓은 TCP/IP 통신 프로토콜을 이용하여 상대방 소켓과 알아서 통신한다.

4. 다음 코드에 대한 설명으로 틀린 것은?

```
Socket socket = new Socket("203.1.20.9", 6000);
```

① 클라이언트 측에서 통신하기 위해 소켓을 생성하는 과정이다.
② 이 코드가 실행되면 203.1.20.9의 컴퓨터에 접속을 시도한다.
③ 생성된 클라이언트 소켓의 포트 번호는 6000이다.
④ 소켓 객체가 생성되는 과정에서 바로 서버에 접속한다.

5. 다음은 ServerSocket에 대한 설명으로 틀린 것은?

```
ServerSocket ss= new ServerSocket(5050);
```

① 서버 측에서 서버 소켓을 생성하는 과정이다.
② 소켓 객체 ss기 클라이인드로부터 접속을 받는 포트 번호는 **5050**이다.
③ 이 코드 이후 ss.accept() 메소드를 이용하여 클라이언트로부터 접속을 기다려야 한다.
④ 소켓 객체 ss는 접속 후 데이터를 주고받는데 사용된다.

6. 다음은 통신 서버 코드의 일부분이다. 주석에 따라 빈칸에 코드를 작성하라.

```
ServerSocket ss = _____  // 7000번 포트와 결합하는 서버 소켓 생성
Socket s = _____  // 클라이언트로부터의 접속을 기다린다.
BufferedWriter out = new BufferedWriter(new OutputStreamWriter
        (s. _____);       // 소켓 s로 데이터를 전송할 출력 스트림을 만든다.
out. _____       // 소켓으로 하여금 "사랑해"를 전송한다.
s. _____  // 소켓 s를 닫는다.
_____  // 서버 소켓을 닫는다.
```

7. accept() 메소드에 대한 설명으로 옳은 것은?
① ServerSocket 클래스에 있지만, Socket 클래스에는 없는 메소드이다.
② 클라이언트 측에서 서버에 접속을 요청하는 메소드이다.
③ 이 메소드는 연결이 될 때까지 기다린다. 타임아웃 시간은 시스템에 의해 통제되므로 사용자가 정할 수 없다.
④ 연결이 이루어지면 accept() 메소드는 **true**를 리턴한다.

8. 다음은 통신 클라이언트 코드의 일부분이다. 주석에 따라 빈칸에 코드를 작성하라.

```
Socket s = _____  // 203.1.20.19 주소의 7000번 포트에 접속을 시도한다.
BufferedReader in = new BufferedReader(new
        InputStreamReader(s. _____);  // 소켓 s로부터 데이터를 수신할 입력
                                                       스트림을 만든다.
in. _____  // 소켓으로부터 한 라인의 텍스트를 입력받는다.
s. _____  // 소켓 s를 닫는다.
```

1. 클라이언트에서는 사용자로부터 한 줄씩 텍스트를 입력 받아 서버로 보내고, 서버는 받은 텍스트를 출력하는 소켓 프로그램을 작성하라. 클라이언트가 "끝"을 전송하면 클라이언트와 서버 모두 연결을 끊고 종료하라. 실행 예시는 다음과 같다. 난이도 하

> 목적 클라이언트는 보내고 서버는 받기만 하는 간단한 1:1 통신 만들기

```
서버입니다. 클라이언트를 기다립니다...
연결되었습니다.
... 월드컵 축구 봤어?
... 독일을 이겼어!
... 독일 골키퍼가 하프라인을 넘었잖아.
... 손흥민이 전력질주. 그리고 골!
서버를 종료합니다.
```
서버 화면

← 접속, 텍스트 전송

```
서버에 접속하였습니다...
텍스트 입력 >> 월드컵 축구 봤어?
텍스트 입력 >> 독일을 이겼어!
텍스트 입력 >> 독일 골키퍼가 하프라인을 넘었잖아.
텍스트 입력 >> 손흥민이 전력질주. 그리고 골!
텍스트 입력 >> 끝
연결을 종료합니다.
```
클라이언트 화면

2. 클라이언트가 정수를 보내면 서버를 받은 숫자의 합을 누적하여 출력하는 프로그램을 작성하라. 음수를 보내면 연결을 끊고 종료하라. 실행 예시는 다음과 같다. 난이도 하

> 목적 클라이언트는 보내고 서버는 받기만 하는 간단한 1:1 통신 만들기

```
서버입니다. 클라이언트를 기다립니다...
연결되었습니다.
누적합 11
누적합 20
누적합 43
누적합 69
서버를 종료합니다.
```
서버 화면

← 접속, 정수 (문자열) 전송

```
서버에 접속하였습니다...
보낼 정수 입력 >> 11
보낼 정수 입력 >> 9
보낼 정수 입력 >> 23
보낼 정수 입력 >> 26
보낼 정수 입력 >> -1
연결을 종료합니다.
```
클라이언트 화면

> 힌트 클라이언트에서 정수 11을 보낼 때 문자열 "11"에 "\n"을 덧붙여 보내고 서버에서는 readLine()을 이용하여 문자열로 받는다. 그리고 Integer.parseInt()를 이용하여 문자열을 숫자로 바꾸어 합을 저장한다.

명점 클라이언트와 서버의 1:1
통신, Vector 컬렉션, 파일 읽기
종합 응용

3. 영어 스펠체크 프로그램이다. 클라이언트는 사용자로부터 영어 단어를 하나 입력받아 서버에 보내고 서버는 이 단어의 스펠에 문제가 없는지 체크하여 맞으면 "YES"를 틀리면 "NO"를 보내는 프로그램이다. 이를 위해 서버는 정상적인 영어 단어가 적힌 words.txt 파일을 읽어 벡터에 저장해두고 여기서 비교하여 판단한다. 클라이언트가 "그만"을 입력하면 종료한다. 실행 예시는 다음과 같다. 난이도 중

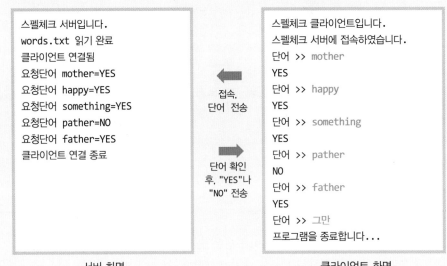

서버 화면

```
스펠체크 서버입니다.
words.txt 읽기 완료
클라이언트 연결됨
요청단어 mother=YES
요청단어 happy=YES
요청단어 something=YES
요청단어 pather=NO
요청단어 father=YES
클라이언트 연결 종료
```

접속,
단어 전송

단어 확인
후, "YES"나
"NO" 전송

클라이언트 화면

```
스펠체크 클라이언트입니다.
스펠체크 서버에 접속하였습니다.
단어 >> mother
YES
단어 >> happy
YES
단어 >> something
YES
단어 >> pather
NO
단어 >> father
YES
단어 >> 그만
프로그램을 종료합니다...
```

독자들은 1:1로 서버와 클라이언트가 통신하도록 작성하면 된다. 저자는 서버에 n명의 클라이언트가 동시 접속하여 사용할 수 있도록 프로그램을 작성하였으니 정답을 참고하기 바란다. words.txt 파일은 홈페이지의 자료에 들어 있다.

명점 클라이언트와 서버의 1:1
통신, Vector 컬렉션, 파일 읽기
종합 응용

4. 네트워크를 이용하여 서버 클라이언트의 1:1 끝말잇기 게임을 만들어 보자. 끝말잇기에 사용되는 한글 단어는 홈페이지의 자료에서 hangulwords.txt 파일로 제공한다. 이 파일에는 한 줄에 한글 한 단어가 들어있다. 서버가 먼저 실행하고 클라이언트의 접속을 기다린 후, 이 파일을 읽는다. 그리고 단어 하나를 선택하여 클라이언트로 보내면 게임이 시작된다. 게임 도중 끝내려면 클라이언트 사용자가 "그만"을 입력한다. 참고로 hangulwords.txt는 https://ko.wiktionary.org/wiki/부록:자주_쓰이는 한국어 낱말 5800의 어휘에서 명사만 저장한 파일이다. 난이도 중

```
끝말잇기 서버입니다.
hangulwords.txt 읽기 완료
```

(1) 서버 실행

```
끝말잇기 서버입니다.
hangulwords.txt 읽기 완료
클라이언트 연결됨
시작 단어는 농사일입니다.
서버>> 농사일
```

(3) 서버는 시작 단어 랜덤하게 선택

서버에 접속

시작 단어 전송

```
끝말잇기 클라이언트입니다.
끝말잇기 게임 서버에 접속하였습니다.
서버>> 농사일
클라이언트>>
```

(2) 클라이언트 실행

```
끝말잇기 서버입니다.
hangulwords.txt 읽기 완료
클라이언트 연결됨
시작 단어는 농사일입니다.
서버>> 농사일
클라이언트>> 일손
서버>> 손자
```

(5) 끝말잇기 확인하고, 사용자로부터 "손자"
    입력

"일손" 전송

"손자" 전송

```
끝말잇기 클라이언트입니다.
끝말잇기 게임 서버에 접속하였습니다.
서버>> 농사일
클라이언트>> 일손
```

(4) 사용자가 "일손" 입력

```
끝말잇기 서버입니다.
hangulwords.txt 읽기 완료
클라이언트 연결됨
시작 단어는 농사일입니다.
서버>> 농사일
클라이언트>> 일손
서버>> 손자
클라이언트>> 자신
서버>> 신고
클라이언트>> 고장
서버>> 장소
클라이언트>> 소개
서버>> 개똥
서버가 졌습니다.
```

(6) 서버 사용자가 사전에 없는 단어 "개똥"을 입
    력하여 게임 종료

게임 진행

클라이언트가
이겼음을 나타내는
정보 전송

```
끝말잇기 클라이언트입니다.
끝말잇기 게임 서버에 접속하였습니다.
서버>> 농사일
클라이언트>> 일손
서버>> 손자
클라이언트>> 자신
서버>> 신고
클라이언트>> 고장
서버>> 장소
클라이언트>> 소개
클라이언트가 이겼습니다.
```

(7) 이겼음을 출력

5. 네트워크 프로그래밍은 다른 문제들보다 기본적으로 더 어려울 수밖에 없다. 실행 예시와 같은 원격 제어 프로그램을 작성하라. 클라이언트에는 총 5개의 버튼을 두고, Connect 버튼을 클릭하면 서버에 접속하며, 나머지 4개의 버튼을 누르면 서버의 컨텐트팬에 있는 "Java" 문자열을 움직인다. 난이도 상

(1) 클라이언트 실행 초기(Connect 버튼만 활성화)

(2) 서버 실행 초기("Java" 레이블 비활성화)

(3) Connect 버튼을 눌러 서버에 접속 (Connect 버튼 비활성화, 나머지 버튼 모두 활성화)

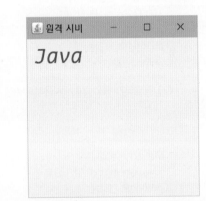

(4) 클라이언트와 연결("Java" 레이블 활성화)

(5) LEFT, RIGHT, UP, DOWN 버튼을 눌러 원격 서버의 "Java" 텍스트 이동시킴

"LEFT", "RIGHT", "UP", "DOWN" 등 문자열 전송

(6) 원격 클라이언트로부터 지시를 받아 서버의 "Java" 텍스트 이동

클라이언트는 LEFT, RIGHT, UP, DOWN 버튼이 눌러지면, 각각 "LEFT", "RIGHT", "UP", "DOWN" 문자열을 보낸다. 이때 서버가 라인 단위로 쉽게 읽을 수 있도록, "\n"을 덧붙여 보낸다. 서버는 클라이언트의 접속 후 별도의 스레드를 만들어 실행시킨다. 이 스레드는 네트워크로 전송받은 문자열("LEFT", "RIGHT", "UP", "DOWN")에 따라 "Java" 텍스트를 이동시킨다(예제 9-7의 코드 참고).

컴포넌트(글자나 버튼)를 비활성화 시키고자 하면, component.setEnabled(false);를, 활성화 시킬 때는 component.setEnabled(true);를 호출하면 된다.

CHECK TIME 정답

클래스 이름이 JavaApp이므로 파일 이름도 이에 맞게 JavaApp.java로 저장해야 한다.

1장 CHECK TIME 정답

CHECK TIME(p.21)

1. 어셈블리어는 시스템의 부트 로더(boot loader), 롬 바이오스(ROM BIOS), 장치 제어 프로그램 등과 같이 하드웨어를 직접 제어하는 저수준 프로그래밍에 사용된다.
2. 소스 프로그램을 기계어로 변환하는 과정이 필요하며 이를 컴파일이라 한다.
3. 자바 컴파일러는 자바 언어만 이해할 수 있으므로 C++ 소스 프로그램을 컴파일할 수 없다.

CHECK TIME(p.26)

1. ④ 효율적인 절차적 언어를 만들고자 하였다.
2. WORA는 Write Once Run Anywhere 약자이며, 한 번 프로그램을 작성하면 플랫폼에 독립적으로 어느 하드웨어에서나 또는 어느 운영체제에서나 자바 프로그램을 실행시킬 수 있다는 뜻이다.
3. 자바 가상 기계는 플랫폼 의존적이다. 그러나 자바 응용 프로그램은 플랫폼 독립적이다.
4.

> 자바 컴파일러가 자바 소스 프로그램을 컴파일한 기계어를 바이트 코드라고 부르며, 이 코드는 자바 가상 기계에 의해 번역되어 실행된다.

CHECK TIME(p.32)

1. public static void main(String[] args) 메소드
2. 빈칸을 채운 소스는 다음과 같다.

```
public class JavaApp {
   public static void main(String[] args) {
      System.out.println("헬로");
   }
}
```

2장 CHECK TIME 정답

CHECK TIME(p.52)

1. ⑥
2. public 지정이 빠져 있다. main() 메소드는 반드시 public static void로 선언되어야 한다.
3.

```
public class Hi {
   public static void main(String[] args) {
      System.out.println("Hi");
   }
}
```

CHECK TIME(p.62)

1. ① byte, Double, String은 객체 타입이며, bool은 자바의 타입이 아니다.
2.

```
final int YEAR = 365; // 또는 static final int YEAR = 365;
final int MONTH = 30; // 또는 static final int MONTH = 30;
final int WEEK = 7; // 또는 static final int WEEK = 7;
```

3. "a". 문자열은 기본 타입이 아니다.

CHECK TIME(p.75)

1. 11
2. 4
3. 4

3장 CHECK TIME 정답

CHECK TIME(p.100)

1. 1에서 19까지 정수에 대해 3의 배수가 아닌 수를 출력한다. 출력된 결과는 다음과 같다.

```
1 2 4 5 7 8 10 11 13 14 16 17 19
```

CHECK TIME(p.109)

1. char myChar[] = new char [10]; 또는
   char [] myChar = new char [10];
2.

```
public class Sum1To10 {
    public static void main(String[] args) {
        int n[] = new int[10]; // 배열 선언
        for (int i=0; i<n.length i++)
            n[i] = i+1; // 배열 초기화
        int sum = 0;
        for (int i=0; i<n.length i++)
            sum = sum + n[i]; // 배열의 합
        System.out.print(sum);
    }
}
```

CHECK TIME(p.114)

1. ③
2.

```
char [] makeCharArray() {
    char c[] = new char [4];
    return c;
}
```

CHECK TIME(p.119)

1.
   (1) java.lang.ArrayIndexOutOfBoundsException
   (2) java.lang.NullPointerException

4장 CHECK TIME 정답

CHECK TIME(p.138)

1. 자바에서 객체를 정의하는 틀은 클래스이다.
2. 다른 객체와의 통신을 위해, 다른 객체가 자신에게 접근할 수 있도록 객체의 일부 요소를 공개한다.
3. ② 흐름도
4.
   (1) 곤충은 태어나서 숨쉬고, 병들기도 하고, 나이를 먹고, 언젠가는 죽는 생물적 속성을 모두 가지므로 생물을 상속받았다고 할 수 있다. 메뚜기는 곤충의 한 인스턴스로서, 곤충이 상속받은 생물의 속성을 모두 가지고 있으므로 '메뚜기는 생물이다.'는 문구가 성립한다.
   (2) 캡슐화란 객체를 보호하기 위해 객체의 내부를 보거나 알 수 없게 하는 특성이다. TV는 튼튼한 플라스틱 외형으로 캡슐화하여, 사람들이 내부 회로를 만지거나 보지 못하게 하여 TV가 고장 나는 것을 방지한다. 이것은 캡슐화의 한 경우이다.
   (3) 다형성은 동일한 이름의 기능이지만 서로 다르게 구현되는 것을 말한다. 볼펜, 만년필, 연필의 쓰는 기능은 모두 동일하지만, 쓰는 방법이나 사용되는 소재, 다루는 방법은 모두 다르게 만들어져 있다. 이것이 쓰기 기능에 대한 다형성이다.

CHECK TIME(p.152)

1. 생성자는 리턴 타입을 가질 수 없고, this()의 호출은 맨 첫 줄에 와야 한다. 소스 코드에 이 부분이 잘못되어 있다. 수정하면 다음과 같다.

```
class Samp {
    int id;
    public Samp(int x) { this.id = x; } // void 삭제
    public Samp() { // void 삭제
        this(0); // this(0);는 생성자의 제일 첫 문장이 되어야 한다.
        System.out.println("생성자 호출");
    }
}
```

CHECK TIME(p.166)

1. 자바에서는 프로그램 개발자가 실행 중 필요 없는 메모리를 돌려주는 등 메모리 관리에 따른 코딩의 부담을 줄여

주기 위해, 할당받은 메모리를 돌려주는 기능을 아예 두지 않았다. 대신 자바 가상 기계의 가비지 컬렉션 기능을 통해 메모리 가용 공간이 일정 크기 이하로 줄어들게 되면 더 이상 참조되지 않는 객체 메모리를 스스로 회수한다.

2. for 문이 10번 반복되는 동안 new Scanner(System.in); 으로 할당받은 9개의 객체들이 가비지가 된다.

5장 CHECK TIME 정답

CHECK TIME(p.192)

1.

CHECK TIME(p.217)

1. 실행되는 라인 순서는 다음과 같다.

라인 14 -> 15 -> 9 -> 3 -> 4 -> 10 -> 5 -> 16 -> 종료

그 결과 출력은 다음과 같다.

```
Sub Object
Super Object
```

CHECK TIME(p.222)

1.
(1) f()의 코드가 없기 때문에 추상 메소드이다. 그러므로 클래스 A도 추상 클래스이다. 다음과 같이 수정해야 한다.

```
abstract class A {
    abstract void f();
}
```

(2) 클래스 A는 추상 메소드를 가지지 않는 추상 클래스이다. A를 상속받은 클래스 B는 구현할 추상 메소드가 없으므로 추상 클래스가 아니다. 틀린 부분이 없다.

2.

```
abstract class C {
    abstract void f();
}
public class D extends C {
    void f() { System.out.println("객체 생성"); }
    public static void main(String [] args) {
        D d = new D();
        d.f(); // 화면에 "객체 생성"을 출력한다.
    }
}
```

6장 CHECK TIME 정답

CHECK TIME(p.252)

1.

```
package Book;
public class Cost {
    public int sum(int a, int b) { return a + b; }
}
```

2.

```
package Using;
import Book.Cost;
public class UsingCost {
    public static void main(String[] args) {
        Cost c = new Cost();
        System.out.println(c.sum(1, 2));
    }
}
```

CHECK TIME(p.261)

1. 자바의 모든 클래스는 자동으로 java.lang.Object 클래스를 상속받는다.

2.

```
a==c
a is equal to b
```

CHECK TIME(p.265)

1. Wrapper 클래스는 int, char 등 8개의 기본 타입의 값을 객체로 다루기 위해 사용된다. JDK의 많은 클래스들이 기본 타입의 데이터를 다루지 않고 객체만을 다루기 때문에 기본 타입의 값들을 객체로 다룰 수 있도록 하기 위함이다.

2. 64

3. 120

7장 CHECK TIME 정답

CHECK TIME(p.290)

1. 배열은 생성 시에 요소의 개수를 정하기 때문에 배열의 크기 이상 요소를 저장할 수 없다. 그러나 컬렉션은 가변 개수를 다루기 때문에 요소의 개수에 제한을 받지 않는다. 또한 배열은 요소의 삽입, 삭제 시 개발자가 요소의 자리 이동을 시키는 코드를 작성해야 하지만, 컬렉션은 내부적으로 자리 이동을 처리하기 때문에 개발자의 부담이 없다.

2. ③ StringBuffer

3.

> Stack<E>는 스택을 일반화한 제네릭 클래스로서 E를 타입 매개 변수라고 부르며, E에 Integer, String, Point 등 특정 타입을 지정하여 특정 타입만 다루는 스택을 만들 수 있다. 예를 들어, Stack<E>를 실수만 다루는 스택으로 구체화하면 Stack<Double>로 표현한다.

4. ③ 패키지

CHECK TIME(p.309)

1. ③

2.

```
HashMap<Integer, String> m = new HashMap<Integer,
    String>();
m.put(10, "ten");
String val = m.get(10);
```

3.

```
ArrayList<Integer> a = new ArrayList<Integer>();
Iterator<Integer> it = a.iterator(); // Iterator 객체를
                                             얻어온다.
while(it.hasNext()) { // 요소를 모두 방문할 때까지 루프
  System.out.println(it.next()); // 다음 요소 출력
}
```

8장 CHECK TIME 정답

CHECK TIME(p.333)

1. ① JPanel

2. JFrame에 컴포넌트가 부착되는 영역을 컨텐트팬(content pane)이라고 부른다. 컨텐트팬에 "Hello" 버튼을 삽입하는 코드는 다음과 같다.

```
Container c = getContentPane();
c.add(new JButton("Hello"));
```

CHECK TIME(p.345)

1. 컨테이너는 컴포넌트를 포함할 수 있는 컴포넌트이며, 컴포넌트는 다른 컴포넌트를 포함할 수 없다.

2. container.setLayout(new FlowLayout());

3. container.setLayout(null);

4. 배치관리자의 역할은 컨테이너에 삽입되는 모든 컴포넌트의 위치와 크기를 결정하는 것이다. 그러므로 배치관리자가 없다면, 삽입되는 컴포넌트의 위치와 크기는 응용프로그램에서 지정하여야 한다.

9장 CHECK TIME 정답

CHECK TIME(p.358)

1. ③. 모든 컴포넌트가 키 이벤트를 받을 수 있기 때문에 버튼 역시 키 이벤트를 받을 수 있다. 또한 마우스 이벤트 역시 모든 컴포넌트가 발생시킬 수 있다. 그러나 버튼은 Item 이벤트를 발생시키지 않는다.

CHECK TIME(p.367)

1. ActionListener 인터페이스를 상속받고, 추상 메소드 public void actionPerformed(ActionEvent e) 메소드를 구현해야 한다.
2. 컴포넌트에 키를 눌렀다 떼면 Key 이벤트가 발생하며, KeyListener 인터페이스를 상속받아, public void keyReleased(KeyEvent e) 메소드를 구현해야 한다.
3. 이벤트 리스너의 코드가 짧고 한 군데에서만 사용하는 경우, 굳이 이벤트 처리 클래스를 만들 필요 없이 간단히 익명 클래스로 작성하면 좋다.

CHECK TIME(p.370)

1. 어댑터는 클래스이다.
2. 어댑터를 이용하면 필요한 메소드만 구현하면 되기 때문이다.
3. ActionListener와 ItemListener 인터페이스에는 추상 메소드가 하나뿐이기 때문에 굳이 어댑터 클래스를 둘 필요 없기 때문이다.

CHECK TIME(p.376)

1. ② getKeyCode()
2. ③ keyTyped()
3. component.requestFocus();는 component가 키 입력을 독점하도록 포커스를 주는 코드이다. 이 코드를 실행하면 모든 키 입력은 component에게 전달되며, component가 키 리스너를 가지고 있으면 키 리스너가 실행된다.
4. 가상 키는 KeyEvent 클래스에 선언된 상수이다.

11장 CHECK TIME 정답

CHECK TIME(p.446)

1. 자바에서 색은 new Color(r, g, b)로 생성하며, r, g, b 성분은 0~255로 표현되므로 총 256*256*256=$2^8*2^8*2^8=2^{24}$=16,581,375개의 색이다(16M개).

2.

```
g.setColor(Color.BLUE);
g.drawString("BLUE", 20, 20);
```

3.

```
g.setColor(Color.YELLOW);
g.setFont(new Font("Arial", Font.PLAIN, 20));
g.drawString("Yes", 100, 100);
```

CHECK TIME(p.451)

1.

　(1) (10, 10)에서 (30, 30)까지의 노란색 선 그리기

```
g.setColor(Color.YELLOW);
g.drawLine(10,10,30,30);
```

　(2) 중심이 (20, 20)이고 높이가 10, 폭이 20인 사각형에 내접하는 타원 그리기

```
g.drawOval(10,15,20,10);
```

　(3) (10, 10), (5, 15), (15, 20)의 3점으로 구성되는 삼각형 칠하기. 삼각형의 내부 색은 빨간색으로 한다.

```
int x[]={10,5,15};
int y[]={10,15,20};
g.setColor(Color.RED);
g.fillPolygon(x,y,3);
```

12장 CHECK TIME 정답

CHECK TIME(p.472)

1. 자전거 타면서 음악 듣기
2. 멀티스레딩
3. 하나의 자바 가상 기계(JVM)는 오직 하나의 자바 응용프로그램만을 실행한다.
4. 하나의 자바 가상 기계는 여러 개의 자바 스레드를 실행할 수 있다.

CHECK TIME(p.480)

1. public void run() 메소드
2. InterruptedException

CHECK TIME(p.483)

1. 한 번 종료한 스레드의 Thread 객체는 더 이상 새로운 스레드 생성에 이용할 수 없다.
2. Thread 클래스의 run() 메소드에서 return 문은 run() 메소드가 종료하게 하므로 스레드를 종료시키는 결과를 낳는다.

CHECK TIME(p.491)

1. ① 멀티스레드가 공유 데이터에 접근할 때
2. synchronized
3.
   (1) 화면에 출력하는 스레드는 buffer.wait() 호출하여 파일에서 버퍼로 읽어 들이는 스레드가 버퍼를 채운 뒤 자신의 깨워주기를 기다려야 한다. 파일에서 읽어 버퍼에 저장하는 스레드는 버퍼에 데이터를 기록하고 나서 buffer.notify()를 호출하여 버퍼가 차기를 기다리고 있는 스레드를 깨워야 한다.
   (2) 파일에서 읽어 버퍼에 저장하는 스레드는 buffer.wait()을 호출하여 버퍼가 비어 질 때까지 기다려야 한다. 화면에 출력하는 스레드는 버퍼에서 읽어 화면에 출력하고 난 뒤 buffer.notify()를 호출하여 버퍼에 쓰려고 대기하고 있는 스레드를 깨워야 한다.

14장 CHECK TIME 정답

CHECK TIME(p.535)

1. ④. IP 주소의 숫자 범위는 255를 넘지 못한다. 120.13.280.19에서 280이 255의 범위를 넘어선 잘못된 주소이다.
2. ipconfig 명령을 이용하여 확인하여 보라([그림 14-2] 참고).
3. ③

찾아보기

가비지 163, 164, 166
가비지 컬렉션 43, 166
가비지 컬렉션 스레드 166
가상 키 372
값 304
값에 의한 호출 157
강제 타입 변환 61
객체 132, 137
객체 배열 153
객체 비교 259
객체 속성 258
객체의 소멸 164
객체 이름 141
객체 지향 41, 132
객체 지향 언어 19
객체 지향 프로그래밍 137
객체 치환 162
경량 컴포넌트 322
공개 139
공백 63
공유 멤버 175
구분 문자 270
구체화 288, 310
그래픽 442
그래픽 컨텍스트 439
그린 프로젝트 21
기계어 19
기본 생성자 147, 199
기본 타입 54

나열 108
내부 클래스 42, 363
논리 연산자 70
논리 타입 리터럴 58

다운캐스팅 206
다중 상속 196
다형성 134, 161, 211
대입 연산자 68
데이터 타입 54
도형 그리기 446

도형 칠히기 449
동기화 객체 488
동적 바인딩 210, 213, 214, 217
둥근모서리사각형 446
디렉터리 생성 516
디렉터리의 파일 리스트 얻기 516
디폴트 169, 196
디폴트 메소드 223
디폴트 멤버 170
디폴트 배치관리자 336
디폴트 버튼 398
디폴트 생성자 147
디폴트 접근 지정 157, 167, 196
디폴트 클래스 168
디폴트 패키지 244

라디오버튼 405
레이블 395
레퍼런스 54, 103, 164
레퍼런스 변수 141
레퍼런스 치환 104
레퍼런스 타입 54
리스너 인터페이스 359
리터럴 56
리턴 타입 157
링크 25

멀티스레드 42
멀티스레딩 470
멀티태스킹 468
멀티프로세싱 470
메뉴 327, 416
메뉴바 327, 416
메뉴아이템 416, 419
메소드 51, 133, 139, 157
메소드 오버라이딩 134, 210
메소드 오버로딩 134, 157, 161
메소드 중복 161
메시지 다이얼로그 423
메인 스레드 480
멤버 접근 지정 169

모듈 30, 253
모듈화 255
모바일 40
문자 54
문자 리터럴 57, 81
문자 스트림 501, 504
문자열 55
문자열 그리기 443
문자열 리터럴 58, 81

바이너리 파일 511
바이트 72
바이트 스트림 501, 510
바이트 코드 24, 43
박싱 265
반복문 92
배열 101
배열 공유 104
배열 생성 102
배열 선언 102
배열의 크기 106
배치 333
배치관리자 333
버튼 397
버튼 그룹 406
벡터 290
변수 55
변수 선언 102
분리선 416
블록 509
비교 연산자 70
비트 72
비트 논리 연산 72
비트 시프트 연산 72

사각형 446
산술 연산자 66
상대 위치 343
상속 134, 170, 190
상속 선언 192, 194
상수 60, 177, 223

색 444
색상 443
생성자 144, 198
서버 소켓 536
서브 클래스 134, 192
선 446
선마이크로시스템즈 21
소켓 535
소프트웨어 18
슈퍼 클래스 134, 192
스레드 42, 469, 470
스레드 동기화 484, 485
스레드의 상태 480
스레드의 이름 480
스레드 종료 481
스윙 322
스윙 프레임 326, 327
스트림 연결 503
스트링 리터럴 266
시프트 연산자 73
식 66
식별자 53
실수 리터럴 57
실시간 43
실시간 처리 166
실체 133, 144

어댑터 클래스 367
어셈블리어 19
언박싱 265
업캐스팅 204
연산 66
연산자 66
예외 114, 115
예외 처리 115
예외 클래스 117
예외 타입 117
오라클 21
오버라이딩 177, 210, 211, 214, 217
오버로딩 217
오크 21
우선순위 480
원호 446, 448
유니코드 54, 57, 370
이미지 그리기 451
이미지 로딩 452
이미지 버튼 397

이벤트 354, 355
이벤트 객체 356, 357
이벤트 기반 프로그래밍 354
이벤트 리스너 354, 355, 356, 359
이벤트 분배 스레드 356
이벤트 소스 356, 357
이스케이프 시퀀스 57
이클립스 33
익명 클래스 364
인덱스 101, 104
인스턴스 137
인스턴스 멤버 173
인자 전달 157
인터페이스 196, 220, 222, 223
인터페이스 구현 224
인터페이스 상속 224
인터프리터 24, 43
임베디드 40
입력 다이얼로그 421
입력 스레드 488
입력 스트림 500
입출력 스트림 500

자동 박싱 288, 296
자동 언박싱 294, 296
자동 타입 변환 61
자바 API 253, 256
자바 API 클래스 255
자바 가상 기계 23, 163, 255
자바 스레드 471
자바스크립트 20
자바 실행 환경 255
자바의 표준 패키지 256
자바 플랫폼 253
작업 468
잘 알려진 포트 534
재생 스레드 488
전역 변수 174
전역 함수 174
절대 위치 343, 344
절차 지향 언어 19
절차 지향 프로그래밍 136
접근 지정자 139, 157, 167
정수 리터럴 56, 81
정적 바인딩 215, 217
제네릭 286, 287, 288
제네릭 클래스 310

제네릭 타입 288
제네릭 프로그래밍 309
제임스 고슬링 21
조건문 76
조건 연산자 70, 79
종료 333
주석문 51
중량 컴포넌트 322
증감 연산자 68

채팅 프로그램 544
체크박스 400
최상위 컨테이너 325
추상 메소드 218
추상 클래스 218
추상 클래스 구현 219
추상 클래스 상속 219
출력 스트림 500

캐스팅 61, 204
캡슐화 41, 132
커스텀 JRE 255
컨테이너 325
컨텐트팬 327, 330
컬렉션 286, 287
컴파일 20
컴파일러 20, 149
컴포넌트 325
컴포넌트 기반 프로그래밍 392
클라이언트 소켓 536
클래스 51, 133, 137
클래스 멤버 173
클래스 접근 지정 167
클래스 파일 25, 41
키 304

타원 446
타입 매개 변수 287, 288, 290, 310
타입 변환 61, 204
태스크 468
텍스트영역 410
텍스트필드 408
템플릿 288, 309
토큰 63, 270
통합 개발 환경 33
특성 132
특수문자 리터럴 57, 58

파일 복사 519
파일 삭제 516
파일의 경로명 517
파일의 확장자 20, 31
파일 크기 516
파일 타입 517
팝업 다이얼로그 421
패키지 42, 167, 240, 241, 242
패키지 명 243
패키지 선언 243
폐다각형 446, 448
포인터 43, 54
포커스 370
포트 534
폰트 443, 444
표준 입력 스트림 62
프로그래밍 언어 19
프로그램 종료 117
프로세스 470
프로젝트 35
플랫폼 독립 21
플랫폼 독립성 23, 41
플랫폼 종속 24
플랫폼 종속성 23
필드 133, 139

해시맵 304
행동 132
확인 다이얼로그 422
확장 191

Abstract 218
accept() 537, 541
ActionEvent 361
ActionListener 359, 361
actionPerformed() 359
Action 이벤트 361, 408, 419
Adapter 367
add() 292, 330, 339, 341, 416
addActionListener() 361
addItemListener() 402
addKeyListener() 371
addMouseListener() 377
addMouseMotionListener() 377
addSeparator() 416
ArithmeticException 115, 117
array 101

ArrayIndexOutOfBoundsException 117
ArrayList 298
ArrayList(E) 287, 298
AWT 322

Boolean 58
BorderLayout 335, 339
break 80, 99

Call-by-value 157
capacity() 294
CardLayout 335
case 80, 81
casting 204
catch 116
CENTER 339
class 51, 133, 139
ClassCastException 117
close() 505, 509, 540, 543
collection 286
Color 443, 444
Component 324
concat() 267
Container 330
continue 97, 98
currentThread() 480

Default 80
default constructor 147
default 메소드 223
delimiter 270
do-while 95
downcasting 206
drawArc() 448
drawImage() 451, 452
drawLine() 446
drawOval() 446
drawPolygon() 448
drawRect() 446
drawRoundRect() 446
drawString() 443
dynamic binding 213

EAST 339
elementAt() 293
equals() 259, 260
escape sequence 57

exception 114
extends 134, 192

False 58
field 133, 139
FileInputStream 513
FileNotFoundException 506, 507
FileOutputStream 511
FileReader 504
FileWriter 508
File 클래스 515
fillArc() 449
fillRect() 449
final 60, 176
finally 116
final 메소드 177
final 클래스 176
final 필드 177
FlowLayout 334, 337
flush() 540, 543
Font 443, 444
for 92
for-each 108

Garbage 164
garbage collection 166
gc() 166
generics 286, 287, 288
generic type 288
get() 293, 304, 305
getClickCount() 378
getContentPane() 330
getHeight() 453
getImage() 452
getInputStream() 539, 542
getItem() 402
getKeyChar() 371
getKeyCode() 372
getName() 517
getOutputStream() 539, 542
getParent() 517
getPath() 517
getSource() 357
getStateChange() 402
getWidth() 453
getX() 377
getY() 377

Graphics	439, 442	JButton	397	module	241, 253
GridLayout	335, 341	JCheckBox	400	modules	255
GUI	322	JComboBox	414	MouseAdapter	367, 368
GUI 라이브러리	322	JComponent	324, 393, 438	MouseEvent	359
GUI 컴포넌트	322	JDialog	325	MouseListener	359, 367, 376
GUI 패키지	324	JDK	253, 256	MouseMotionListener	376
GUI 프로그래밍	392	JFrame	325, 326, 327, 328	Mouse 이벤트	377
		JIT	43	multi-processing	470
HashMap⟨K, V⟩	287, 304	JLabel	395, 451	multitasking	468
HashSet⟨E⟩	287	jlink	255	multi-threading	469, 470
heavy weight component	322	JList	412		
		JMenu	416	New	103, 141, 146, 164
Icon()	398	JMenuBar	416	non-static 멤버	172, 173
IDE	33	JMenuItem	416	NORTH	339
IllegalArgumentException	117	jmod	253	notify()	484, 488
Image 객체	452	jmods 디렉터리	241	null	58
implements	224	JOptionPane	421	NullPointerException	117
import	63, 243, 244	JPanel	326, 440	NumberFormatException	117
inheritance	134	JRadioButton	405		
InputMismatchException	117, 119	JScrollPane	410	Object	196, 257
InputStreamReader	503	JSP	20	Object 클래스	257
instance	133, 137	JTextField	408	OutOfMemoryError	117
instanceof	207	JVM	471	overloading	134, 217
instanceof 연산자	207			overriding	134, 217
interface	196, 222, 223	KeyEvent 객체	371		
interrupt()	481, 482	KeyEvent 클래스	372	Package	167, 240, 243, 244
InterruptedException	475, 481, 482	KeyListener	370	paintComponent()	438
IOException	117, 506, 507	keyPressed()	370	parseDouble()	263
ipconfig	533	keyReleased()	370	parseInt()	263
IP 주소	533	keySet()	306	polymorphism	134
isDirectory()	517	keyTyped()	370	port	534
isFile()	517	Key 이벤트	370	private	157, 167, 169, 195, 196
ItemEvent	402			private 멤버	169
ItemListener	402, 406	Length()	516	producer-consumer	488
itemStateChanged()	402, 406	length 필드	106	protected	157, 167, 169, 196
Item 이벤트	402, 406	light weight component	322	protected 멤버	170, 197
iterator()	302	LinkedList⟨E⟩	287	public	51, 139, 157, 167, 169, 196
Iterator⟨E⟩	302	list()	517	public 멤버	169
		listFiles()	517	public 클래스	168
JApplet	325	localhost	533, 545	put()	304, 305
jar	25, 42				
java	32	Main()	42, 51, 480	Random()	272
Java 9	241, 253	main 스레드	480	read()	504, 505
Java 10	59	Math	272	Reader	503
java.base	253	method	51, 133, 139	readLine()	540, 542
javac	31	method overloading	157, 161	remove()	294, 306
Java SE	28	method overriding	210	removeAllElements()	294

repaint()   456
requestFocus()   370
rt.jar   255
run()   474, 477, 481
Runnable   477
Runnable 인터페이스   473, 477

Scanner   63
ServerSocket   537, 541
Set   306
setBackground()   440
setBounds()   344
setColor()   444
setDefaultCloseOperation   333
setFont()   444
setIcon()   398
setJMenuBar()   417
setLayout()   336, 343
setLocation()   344
setPressed   398
setRollover   398
setSelected()   402, 406
setSize()   344
setTitle()   330
showConfirmDialog()   422
showInputDialog()   421
showMessageDialog()   423
size()   294, 306
sleep()   475

socket   535
Socket   537, 538
SOUTH   339
Stack〈E〉   287
start()   475, 478
static   51, 60, 172, 177, 263, 272, 421
static 멤버   172, 173
Stream   503
String   55, 266
StringBuffer   269
StringTokenizer   270
sub class   134, 192
super   214, 215
super()   201, 329
super class   134, 192
super.paintComponent()   440
Swing   322
switch   80
synchronization   484
synchronized   484, 485
System.in   62, 63, 503
System.out.print()   52

TCP/IP   532
this   149, 176
this()   151
thread   469
Thread 클래스   473
Top Level Container   325

toString()   258
trim()   268
true   58
try   116
try-catch   475
try-catch-finally   115

Unicode   54, 370

Var   59
Vector   290
Vector〈E〉   287, 290
Virtual Key   372

Wait()   484, 488
well-known ports   534
WEST   339
while   94
WORA   23
workspace   33
Wrapper 클래스   262
write()   508, 511
Writer   503

〈Enter〉 키   408
.jmod   241, 253
@Override   216
2차원 배열   110